高职高专教育"十二五"电类规划教材

电子产品生产工艺与管理

主编 刘尧葵　副主编 唐幸儿　徐 勋　梁奕倩

华南理工大学出版社
SOUTH CHINA UNIVERSITY OF TECHNOLOGY PRESS
·广州·

内 容 简 介

本书按照电子产品现代化生产的工艺顺序，对电子产品生产工艺的内容进行有机整合。以培养电子行业的高级技能型人才为宗旨，注重理论与实践相结合，生产技能和管理方法相结合，介绍了电子产品生产工艺和电子产品生产管理两方面的知识。其内容包括：常用电子元器件的特性与选用，电子材料的选用工艺，电子产品生产工艺流程，电子产品的设计文件和工艺文件，装配与焊接工艺，SMT（贴片）技术，电子产品的调试工艺，电子产品的检验工艺，电子整机产品的生产管理等。

本书可作为高职高专院校电子信息工程和应用电子技术专业的教材，也可供从事电子技术行业的工程技术人员学习参考。

图书在版编目（CIP）数据

电子产品生产工艺与管理/刘尧葵主编. ——广州：华南理工大学出版社，2014.7
（2021.7 重印）
ISBN 978-7-5623-4344-8

Ⅰ. ①电… Ⅱ. ①刘… Ⅲ. ①电子产品-生产工艺 ②电子产品-生产管理 Ⅳ. ①TN05

中国版本图书馆 CIP 数据核字（2014）第 176535 号

电子产品生产工艺与管理
刘尧葵 主编

出 版 人：卢家明
出版发行：华南理工大学出版社
（广州五山华南理工大学17号楼，邮编510640）
http://www.scutpress.com.cn　　E-mail：scutc13@scut.edu.cn
营销部电话：020-87113487　87111048（传真）
策划编辑：兰新文
责任编辑：吴兆强
印 刷 者：广东虎彩云印刷有限公司
开　　本：787mm×1092mm　1/16　印张：17　字数：447千
版　　次：2014年7月第1版　2021年7月第5次印刷
定　　价：30.00元

版权所有　盗版必究　　印装差错　负责调换

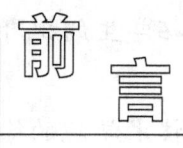

《电子产品生产工艺与管理》作为一门电子类专业课教科书，必须与时俱进，及时反映电子整机产品生产工艺与生产管理的最新进展，才能胜任现代电子技术对高职教育的要求。当今，电子产品的生产已经由传统的手工装配、半自动化装配向全自动化装配方向迈进，SMT技术在大批量电子整机产品的装配上已经普及。电子整机产品生产工艺课程的教学内容必须符合社会生产的实际情况，再也不能只教一些学而无用的理论知识和已经落后的生产工艺了。

本教材依据电子行业职业技能鉴定规范，参考了现代电子企业的生产技术文件，力图反映电子整机产品生产的新工艺和新技术，并按照电子产品生产的流程来编写，力求更好地为高职教育服务。

（1）"电子产品生产工艺与管理"是一门专业技能性质的课程，既要有知识的基础性，又要有技能的先进性，所以在内容的安排上，除了包含电子产品制造技术的基础知识，还必须把先进的电子产品生产工艺如SMT技术工艺纳入教学内容，使电子整机产品生产工艺教材的内容跟上时代的发展步伐。

（2）在教学内容方面，本书以"必须"和"够用"为原则，对基本知识不做过于繁杂的理论讲解，重点放在现代生产工艺的介绍和训练上；对先进电子整机产品装配内容的介绍，重在进行设备的认识和操作上，因为先进的电子整机产品装配已经基本实现了自动化操作。

（3）在实训内容的安排方面，以项目为中心，以实际电子整机产品为载体，进行单项技能训练介绍，以便更好地配合教学进度。

通过本课程的学习，将使学生初步了解电子整机产品生产工艺与管理知识，掌握生产电子整机的基本技能，帮助学生掌握电子产品的现代化加工流程、先进的制造技术和最新的加工工艺。本教材既强调基础知识，又力求体现新知识、新技术、新工艺，教学内容与国家职业技能鉴定规范相结合，在编写体例上采用新的形式，简洁的文字表述，加上大量的实物图片，直观明了。本书注重理论和实践的结合，为学生提供了有实用价值的技能技巧训练，相信会对提高学生的电子技术技能和开拓学生的视野有所帮助。

本书由江门职业技术学院的刘尧葵主编，江门职业技术学院的徐勋副教授、唐幸儿等老师也参加了编写工作。刘尧葵撰写前言，第三、四章并对全书进行统稿；唐幸儿老师编写第一、二章；徐勋副教授编写第六、七章；姜世芬副教授编写第八章；吴曙光老师编写第九章；雷友建老师编写实训。江门市道安汽车音响有限公司的梁奕倩工程师编写了第五章。感谢江门荣信电路板有限公司、广东海信电子有限公司对编写工作的支持。对书后所列的参考文献的各位作者，编者表示衷心的感谢。

由于作者水平所限，书中不妥之处在所难免，敬请兄弟院校的师生给予批评和指正。

编　者
2014 年 6 月

目 录

第1章 常用电子元器件的特性与选用 (1)

1.1 电子元器件的主要参数 (1)
1.1.1 概述 (1)
1.1.2 电子元器件的主要参数 (1)

1.2 电子元器件的检验和筛选 (10)
1.2.1 外观质量检验 (10)
1.2.2 功能性筛选 (10)
1.2.3 老化筛选 (11)

1.3 电子元器件的命名与标注 (12)
1.3.1 电子元器件的命名方法 (13)
1.3.2 型号及参数在电子元器件上的标注 (13)

1.4 常用元器件的识别与检测 (15)
1.4.1 电阻器 (15)
1.4.2 电位器(可调电阻器) (25)
1.4.3 电容器 (29)
1.4.4 电感器 (39)
1.4.5 机电元件 (45)
1.4.6 半导体分立器件 (56)
1.4.7 集成电路 (64)
1.4.8 电声元件 (71)
1.4.9 光电器件 (73)

思考题与习题 (77)

第2章 电子材料的选用工艺 (81)

2.1 常用导线与绝缘材料 (81)
2.1.1 导线 (81)
2.1.2 绝缘材料 (87)

2.2 制造印制电路板的材料——覆铜板 (89)
2.2.1 覆铜板的材料与制造 (89)
2.2.2 SMT技术的新型基板材料 (91)

2.3 焊接材料 (92)
2.3.1 焊料 (92)
2.3.2 助焊剂 (95)
2.3.3 膏状焊料 (97)

2.3.4　SMT所用的粘合剂 ……………………………………………………… (100)
2.4　磁性材料 ………………………………………………………………………… (102)
　　2.4.1　基本特性 …………………………………………………………………… (102)
　　2.4.2　磁性材料的分类 …………………………………………………………… (103)
　思考题与习题 ………………………………………………………………………… (105)

第3章　电子产品生产工艺流程 …………………………………………………… (107)

3.1　电子产品的构成和形成 ………………………………………………………… (107)
3.2　电子产品生产的基本工艺流程 ………………………………………………… (108)
3.3　电子企业的场地布局 …………………………………………………………… (110)
　　3.3.1　设计场地工艺布局应考虑的因素 ………………………………………… (110)
　　3.3.2　电子整机产品生产工艺过程举例 ………………………………………… (110)
　思考题与习题 ………………………………………………………………………… (111)

第4章　电子产品的设计文件和工艺文件 ………………………………………… (112)

4.1　电子产品的设计文件 …………………………………………………………… (112)
　　4.1.1　设计文件的作用 …………………………………………………………… (112)
　　4.1.2　设计文件的种类 …………………………………………………………… (113)
4.2　电子产品的工艺文件 …………………………………………………………… (114)
　　4.2.1　工艺文件 …………………………………………………………………… (114)
　　4.2.2　工艺文件的作用 …………………………………………………………… (114)
　　4.2.3　工艺文件的分类 …………………………………………………………… (115)
4.3　电子工程图的绘制 ……………………………………………………………… (115)
　　4.3.1　电子工程图 ………………………………………………………………… (115)
　　4.3.2　电路图 ……………………………………………………………………… (119)
　　4.3.3　方框图和流程图 …………………………………………………………… (123)
　　4.3.4　逻辑图 ……………………………………………………………………… (124)
　　4.3.5　实物装配图 ………………………………………………………………… (127)
　　4.3.6　印制板装配图 ……………………………………………………………… (128)
　　4.3.7　接线图 ……………………………………………………………………… (129)
4.4　工艺文件的编制和管理 ………………………………………………………… (130)
　　4.4.1　插件生产线工艺文件的编制 ……………………………………………… (130)
　　4.4.2　岗位作业指导书的编制 …………………………………………………… (131)
　　4.4.3　其他工艺文件的编制要求及文件的计算机管理 ………………………… (131)
　思考题与习题 ………………………………………………………………………… (132)

第5章　装配与焊接工艺 …………………………………………………………… (134)

5.1　电气安装 ………………………………………………………………………… (134)
　　5.1.1　安装的基本要求 …………………………………………………………… (134)
　　5.1.2　THT元器件在印制电路板上的安装 ……………………………………… (137)

5.2 焊接工具 ……………………………………………………………………………… (139)
  5.2.1 电烙铁分类及结构 ……………………………………………………… (139)
  5.2.2 电烙铁的合理使用 ……………………………………………………… (142)
  5.2.3 烙铁头的形状与修整 …………………………………………………… (143)
5.3 手工焊接技术 ………………………………………………………………………… (144)
  5.3.1 焊接分类与锡焊的条件 ………………………………………………… (144)
  5.3.2 焊接前的准备——镀锡 ………………………………………………… (146)
  5.3.3 手工烙铁焊接的基本技能 ……………………………………………… (146)
  5.3.4 焊点质量及检查 ………………………………………………………… (150)
  5.3.5 手工焊接技巧 …………………………………………………………… (155)
5.4 电子工业中的焊接技术 ……………………………………………………………… (158)
  5.4.1 浸焊 ……………………………………………………………………… (159)
  5.4.2 波峰焊 …………………………………………………………………… (160)
  5.4.3 再流焊 …………………………………………………………………… (165)
  5.4.4 无铅焊接的现状和发展 ………………………………………………… (171)
  5.4.5 其他焊接方法 …………………………………………………………… (172)
思考题与习题 ……………………………………………………………………………… (172)

第6章 SMT(贴片)技术 ………………………………………………………………… (174)

6.1 SMT(贴片)元器件 …………………………………………………………………… (174)
  6.1.1 SMT 元器件的特点 ……………………………………………………… (174)
  6.1.2 SMT 元器件的种类和规格 ……………………………………………… (174)
  6.1.3 无源表面安装元件(SMC) ……………………………………………… (175)
  6.1.4 SMD 分立器件 …………………………………………………………… (179)
  6.1.5 SMD 集成电路 …………………………………………………………… (180)
  6.1.6 SMD 的引脚形状 ………………………………………………………… (181)
  6.1.7 大规模集成电路的 BGA 封装 …………………………………………… (182)
6.2 表面安装元器件的基本要求及使用注意事项 ……………………………………… (184)
  6.2.1 SMT 元器件的基本要求 ………………………………………………… (184)
  6.2.2 使用 SMT 元器件的注意事项 …………………………………………… (184)
  6.2.3 SMT 元器件的选择 ……………………………………………………… (184)
6.3 SMT 装配焊接技术 …………………………………………………………………… (185)
  6.3.1 SMT 电路板安装方案 …………………………………………………… (185)
  6.3.2 SMT 电路板装配焊接设备 ……………………………………………… (188)
思考题与习题 ……………………………………………………………………………… (203)

第7章 电子产品的调试工艺 ……………………………………………………………… (204)

7.1 电子产品的调试设备与调试内容 …………………………………………………… (204)
  7.1.1 电子产品调试通用仪器设备 …………………………………………… (204)
  7.1.2 电子产品的调试内容 …………………………………………………… (204)

7.1.3　电子产品的调试程序 …………………………………………………… (205)
7.2　电子产品的调试类型 ………………………………………………………… (206)
　　7.2.1　样机产品调试 ………………………………………………………… (206)
　　7.2.2　批量产品的调试 ……………………………………………………… (208)
7.3　电子产品的测试方法 ………………………………………………………… (209)
　　7.3.1　观察法 ………………………………………………………………… (210)
　　7.3.2　电阻法 ………………………………………………………………… (210)
　　7.3.3　电压法 ………………………………………………………………… (211)
　　7.3.4　替代法 ………………………………………………………………… (211)
7.4　电子整机产品的调整内容 …………………………………………………… (212)
　　7.4.1　电子整机产品电路静态工作点的调整 ……………………………… (212)
　　7.4.2　电子整机电路的动态特性调整 ……………………………………… (213)
7.5　超外差式收音机的调试 ……………………………………………………… (214)
　　7.5.1　收音机电路的组成 …………………………………………………… (214)
　　7.5.2　收音机电路的调试 …………………………………………………… (215)
思考题与习题 ………………………………………………………………………… (217)

第8章　电子产品的检验工艺 …………………………………………………… (218)

8.1　电子产品检验的目的和方法 ………………………………………………… (218)
　　8.1.1　电子产品检验的目的 ………………………………………………… (218)
　　8.1.2　电子整机产品的检验方法 …………………………………………… (218)
8.2　电子整机产品的检验项目 …………………………………………………… (219)
　　8.2.1　电子整机产品的普遍检验项目 ……………………………………… (219)
　　8.2.2　电子整机产品的检验时间 …………………………………………… (219)
8.3　电子整机产品的样品试验 …………………………………………………… (220)
　　8.3.1　环境试验 ……………………………………………………………… (220)
　　8.3.2　寿命试验 ……………………………………………………………… (222)
　　8.3.3　中波调幅式超外差式收音机整机的检验 …………………………… (222)
8.4　实际电子产品的检验分析 …………………………………………………… (223)
　　8.4.1　电子产品检验的形式 ………………………………………………… (223)
　　8.4.2　电子产品检验的管理 ………………………………………………… (224)
　　8.4.3　电子产品检验的工艺规范 …………………………………………… (224)
　　8.4.4　最终检验和出货检验工艺规范 ……………………………………… (227)
8.5　电子产品的检验工艺文件 …………………………………………………… (229)
　　8.5.1　检验手册的内容 ……………………………………………………… (229)
　　8.5.2　电子产品检验质量原始记录 ………………………………………… (230)
　　8.5.3　检验报告 ……………………………………………………………… (233)
思考题与习题 ………………………………………………………………………… (235)

第9章　电子整机产品的生产管理 (236)

9.1 电子产品生产特点及生产基本条件 (236)
- 9.1.1 电子产品的特点 (236)
- 9.1.2 电子产品生产的基本条件 (237)

9.2 电子产品生产的组织形式 (237)

9.3 电子产品生产的标准和标准化 (238)
- 9.3.1 标准和标准化的定义 (238)
- 9.3.2 电子产品生产中的标准化 (238)
- 9.3.3 电子产品生产管理标准 (239)
- 9.3.4 标准的分级 (239)
- 9.3.5 企业标准化 (240)

9.4 生产工艺的制定和管理 (241)
- 9.4.1 生产工艺的制定 (241)
- 9.4.2 生产工艺的管理 (242)

9.5 电子新产品的开发策略与原则 (242)

9.6 试制新产品的组织管理 (244)
- 9.6.1 试制新品的三个阶段 (244)
- 9.6.2 新产品的鉴定和定型 (245)

9.7 ISO 9000 质量管理和质量标准 (245)
- 9.7.1 ISO 9000 质量标准的产生 (246)
- 9.7.2 ISO 9000 质量管理标准的组成 (246)
- 9.7.3 ISO 9000 质量管理标准的优越性 (246)
- 9.7.4 我国的 GB/T 19000 质量标准 (247)

思考题与习题 (248)

实训 (249)

- 实训一　色环电阻、电容器的识别与测量 (249)
- 实训二　二极管、三极管的识别与检测 (251)
- 实训三　手工焊接练习 (253)
- 实训四　波峰焊接 (255)
- 实训五　SMT 实训 (257)

第1章 常用电子元器件的特性与选用

教学基本要求

- 掌握常用电阻（位）器、电容器、电感器的种类、作用与标识方法；
- 掌握常用二极管、三极管、场效应管的种类、作用与标识方法；
- 掌握常用集成电路的种类、作用与标识方法；
- 能用目视法判断并识别常用电子元器件的种类，能正确叫出常用电子元器件的名称；
- 对常用电子元器件上标识的主要参数能正确识读，知晓该电子元器件的作用和用途；
- 会使用万用表对常用电子元器件进行正确测量，并对其质量做出评价。

1.1 电子元器件的主要参数

1.1.1 概述

电子元器件是在电路中具有独立电气功能的基本单元。元器件在各类电子产品中占有重要的地位，特别是通用电子元器件，如电阻器、电容器、电感器、晶体管、集成电路和开关、接插件等，更是电子设备中必不可少的基本材料。

通常，对电子元器件的主要要求是：可靠性高、精确度高、体积微小、性能稳定、符合使用环境条件等。电子元器件总的发展趋向是：集成化、微型化、提高性能、改进结构。

电子元器件可以分为有源元器件和无源元器件两大类。有源元器件在工作时，其输出不仅依靠输入信号，还要依靠电源，或者说，它在电路中起到能量转换的作用。例如，晶体管、集成电路等就是最常用的有源元器件。无源元器件一般又可以分为耗能元件、储能元件和结构元件三种。电阻器是典型的耗能元件；储存电能的电容器和储存磁能的电感器属于储能元件；接插件和开关等属于结构元件。这些元器件各有特点，在电路中起着不同的作用。通常，称有源元器件为"器件"（Device），称无源元器件为"元件"（Component）。

电子元器件的发展很快，品种规格也极为繁多。就装配焊接的方式来说，当前已经从传统的通孔插装（THT）方式全面转向表面安装（SMT）方式。本章主要介绍传统方式的电子元器件，从电子整机产品制造工艺基本原则的角度出发，简要地介绍一些最常用的电子元器件的主要特点、性能指标和表示方法。

1.1.2 电子元器件的主要参数

电子元器件的主要参数包括特性参数、规格参数和质量参数。这些参数从不同角度反映了一个电子元器件的电气性能及其完成功能的条件，它们是相互联系并相互制约的。

1.1.2.1 电子元器件的特性参数

电子元器件的特性参数用于描述电子元器件在电路中的电气功能，通常可以用该元件的名称来表示，例如电阻特性、电容特性或二极管特性等。一般用伏安特性，即元器件两端所加的电压与通过其中的电流的关系来表达该元器件的特性参数。电子元器件的伏安特性大多是一条直线或曲线，在不同的测试条件下，伏安特性也可以是一条折线或一族曲线。

图1.1画出了几种常用的电子元器件的伏安特性曲线。

图1.1a是线性电阻的伏安特性曲线。在一般情况下，线性电阻的阻值是一个常量，不随外加电压的大小而变化，符合欧姆定律 $R = U/I$，一般电路里常用的电阻大多数都属于这一类。

图1.1b是非线性电阻的伏安特性曲线。这类电阻的阻值不是常量，随外加电压或某些非电物理量的变化而变化，一般不用欧姆定律描述。一些具有特殊性能的半导体电阻，如压敏电阻、热敏电阻、光敏电阻等，都属于非线性电阻，它们可用于检测电压或温度、光通量等非电物理量。

图1.1c是半导体二极管的伏安特性曲线。从中可以清楚地看出，二极管的单向导电性能和它在某一特定电压值下的反向击穿特性。

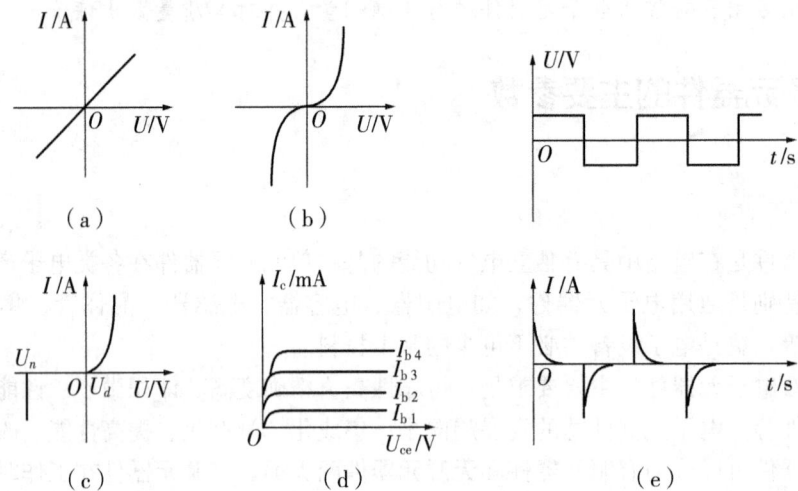

图1.1 伏安特性曲线

图1.1d是半导体三极管的伏安特性曲线，又称输出特性曲线。这是一族以基极电流 I_b 为参数的曲线，对应于不同的 I_b 数值，其 $U_{ce} \sim I_c$ 关系是其中的一条曲线。从这族曲线中，可以求出这只三极管的电流放大系数：

$$\beta = \frac{\Delta I_c}{\Delta I_b}$$

图1.1e是线性电容器的伏安特性曲线，这是一对以时间 t 为参数的曲线，从中可以看出电容器的伏安特性满足关系式：

$$i_C(t) = C \frac{dv_C}{dt} \quad 或 \quad v_C(t) = \frac{1}{C} \int i_C dt$$

需要注意的是，对于人们常说的线性元件，它的伏安特性曲线并不一定是直线，而非线性元件的伏安特性曲线也并不一定是曲线，这是两个不同的概念。例如，我们把某些放大器称为线性放大器，是指其输出信号 Y 与输入信号 X 满足函数关系 $Y = KX$，其电路增益（放大倍数 K）在一定工作条件下为一常量；又如，线性电容器是指其储存电荷的能力（电容量）是一个常数。所以，线性元件是指那些主要特性参数为一常量（或在一定条件、一定范围内是一个常量）的电子元器件。

不同种类的电子元器件具有不同的特性参数，并且，我们可以根据实际电路的需要，选用同一种类电子元器件的几种特性之一。例如，对于图 1.1c 所描绘的二极管的伏安特性，既可以利用它的单向导电性能，用在电路中进行整流、检波、箝位；也可以利用它的反向击穿性能，制成稳压二极管。

1.1.2.2 电子元器件的规格参数

描述电子元器件的特性参数的数量称为它们的规格参数。规格参数包括标称值、额定值和允许偏差值等。电子元器件在整机中要占有一定的体积空间，所以它的封装外形和尺寸也是一种规格参数。

1. **标称值和标称值系列**

电子设备的社会需求量是巨大的，电子元器件的种类繁多，年产量则更为巨大。然而，电子元器件在生产过程中，其数值不可避免地具有离散化的特点；并且，实际电路对于元器件数值的要求也是多种多样的。为了便于大批量生产，并让使用者能够在一定范围内选用合适的电子元器件，规定出一系列数值作为产品的标准值，称为标称值。

电子元器件的标称值分为特性标称值和尺寸标称值，分别用于描述它的电气功能和机械结构。例如，一只电阻器的特性标称值包括阻值、额定功率、精度（允许偏差）等，其尺寸标称值包括电阻本体及引线的直径、长度等。

一组有序排列的标称值叫作标称值系列。电阻、电容、电感等元件的特性数值是按照通项公式 $a_n = (\sqrt[E]{10})^{n-1}$ （$n = 1, 2, 3, \cdots, E$）取值的，常用的标称系列见表 1.1。

表 1.1　元件特性数值标称系列

系列	E24	E12	E6	E24	E12	E6
标志	J（Ⅰ）	K（Ⅱ）	M（Ⅲ）	J（Ⅰ）	K（Ⅱ）	M（Ⅲ）
允许偏差	±5%	±10%	±20%	±5%	±10%	±20%
特性标称数值	1.0	1.0	1.0	3.3	3.3	3.3
	1.1			3.6		
	1.2	1.2		3.9	3.9	
	1.3			4.3		
	1.5	1.5	1.5	4.7	4.7	4.7
	1.6			5.1		
	1.8	1.8		5.6	5.6	
	2.0			6.2		
	2.2	2.2	2.2	6.8	6.8	6.8
	2.4			7.5		
	2.7	2.7		8.2	8.2	
	3.0			9.1		

注：精密元件的数值还有 E48（允许偏差 ±2%）、E96（允许偏差 ±1%）、E192（允许偏差 ±0.5%）等几个系列。

元件的特性数值标称系列大多是两位有效数字（精密元件的特性数值一般是三位或四位有效数字）。电子元器件的标称值应该符合系列规定的数值，并用系列数值乘以倍率数 10^n（n 为整数）来具体表示一个元件的参数。例如，符合标称值系列的电阻有 1.0Ω、

10Ω、100Ω、1.0kΩ、10kΩ、100kΩ、1.0MΩ、10MΩ、100MΩ等，可以表示为：
$$1.0 \times 10^n \Omega \quad (n=0, 1, 2, 3, \cdots)$$

又如，符合标称值系列的电容量有1.5pF、15pF、150pF、1500pF（1.5nF）、0.015μF（15nF）、0.15μF（150nF）、1.5μF、15μF、150μF、1500μF（1.5mF）等，可以表示为：
$$1.5 \times 10^n F \quad (n=-12, -11, -10, \cdots)$$

我们知道，在机械设计中规定了长度尺寸标称值系列，并且分为首选系列和可选系列（也叫第一系列、第二系列）。同样，对电子元器件的封装形式及外形尺寸也规定了标准系列。例如，传统集成电路的封装方式可分为圆形、扁平形、双列直插形等几个系列；元件的引线有轴向和径向两个系列等。又如，大多数小功率元器件的引线直径标称值为0.5mm或0.6mm（英制20mil＝0.02inch或24mil＝0.024inch），双列和单列直插式集成电路的引脚间距一般是2.54mm或5.08mm（英制100mil＝0.1inch或200mil＝0.2inch）等。显然，在生产制造电子整机产品的时候，不仅要考虑电子元器件的电气功能是否符合要求，其封装方式及外形尺寸是否规范、是否符合标准也是重要的选择依据。特别是近年来迅速发展的SMT元器件，就是根据它们的封装方式和外形尺寸来分类的，有关概念将在第2章详细介绍。

规定了数值标称系列，就大大减少了必须生产的元器件的产品种类，从而使生产厂家有可能实现批量化、标准化的生产及管理，为半自动或全自动生产元器件提供了必要的前提。同时，由于标准化的元器件具有良好的互换性，为电子整机产品创造了结构设计和装配自动化的条件。

2. 允许偏差和精度等级

实际生产出来的元器件，其数值不可能和标称值完全一样，总会有一定的偏差。用百分数表示的实际数值和标称数值的相对偏差，反映了元器件数值的精密程度。对于一定标称值的元器件，大量生产出来的实际数值呈现正态分布，为这些实际数值规定了一个可以接受的范围，即为相对偏差规定了允许的最大范围，叫作数值的允许偏差（简称允差）。不同的允许偏差也叫作数值的精度等级（简称精度），并为精度等级规定了标准系列，用不同的字母表示。例如，常用电阻器的允许偏差有±5%、±10%、±20%三种，分别用字母J、K、M标志它们的精度等级（以前曾用Ⅰ、Ⅱ、Ⅲ表示）。精密电阻器的允许偏差有±2%、±1%、±0.5%，分别用G、F、D标志精度。常用元件数值的允许偏差符号见表1.2。

表1.2 常用元件数值的允许偏差符号

允许偏差/%	±0.1	±0.25	±0.5	±1	±2	±5	±10	±20	+20 −10	+30 −20	+50 −20	+80 −20	+100 0
符号	B	C	D	F	G	J	K	M	—	—	S	E	H
曾用符号	—	—	0	Ⅰ	Ⅱ	Ⅲ	Ⅳ	Ⅴ	Ⅵ	—	—		

根据电路对元器件的参数要求，允许偏差又可以分为双向偏差和单向偏差两种，如图1.2所示。

通常，元器件的特性标称数值允许有双向偏差，例如电阻器的阻值。但对于某些可能引起不良效果的数值，大多取单向偏差。例如，一般电解电容器的容量值虽然规定为双向偏差（偏差区间不对称），但在生产厂家出厂检验时，实际上都按照正向偏差取值。这是由于电解电容器在存储期间，其容量会逐渐降低，而容量偏小可能引起电路的工作特性变差（例

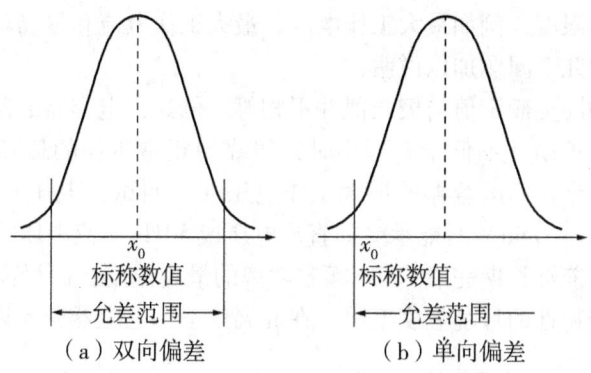

图1.2 元器件的数值分布

如用于滤波）。对于元器件的额定电压等指标，因为可能引起灾害性的后果，就更需要规定为单向偏差了。

应该注意到，特性数值标称系列和某一规定的精度等级是相互对应的。即：每两个相邻的标称数值及其允许偏差所形成的数值范围是互相衔接或部分重叠的。例如，在允许偏差为±5%的数值标称系列中，1.8与2.0是两个相邻的标称值，其允许偏差的范围分别是：

$$1.8 \times (1 \pm 5\%) = 1.71 \sim 1.89,$$
$$2.0 \times (1 \pm 5\%) = 1.90 \sim 2.10,$$

两者互相衔接；又如，4.7和5.1的数值范围分别是：

$$4.7 \times (1 \pm 5\%) = 4.465 \sim 4.935,$$
$$5.1 \times (1 \pm 5\%) = 4.845 \sim 5.355,$$

两者部分重叠。由此可见，标称系列数值实际上是根据不同的允许偏差确定的。从表1.1还可以看出，K系列（±10%）和M系列（±20%）的标称数值只不过是在高一级的系列中依次间隔取值。

精度等级越高，其数值允许的偏差范围越小，元器件就越精密；同时，它的生产成本及销售价格也就越高。在设计整机时，应该根据实际电路的要求，合理选用不同精度等级的电子元器件。

需要说明的是，数值的允许偏差（精度等级）与数值的稳定性是两个不同的概念。下面还将要介绍，工作环境条件不同，会引起电子元器件参数的变化，变化的大小称为数值的稳定性。一般说来，数值越精密，要求其稳定性也越高，而元器件的使用条件也要受到一定的限制。

3. 额定值与极限值

电子元器件在工作时，会受到电压、电流的作用，要消耗功率。电压过高，会使元器件的绝缘材料被击穿；电流过大，会引起消耗功率过大而发热，导致元器件被烧毁。电子元器件所能承受的电压、电流及消耗功率还要受到环境条件（如温度、湿度及大气压力等因素）的影响。为此，规定了电子元器件的额定值，一般包括：额定工作电压、额定工作电流、额定功率消耗及额定工作温度等。它们的定义是：电子元器件能够长期正常工作（完成其特定的电气功能）时的最大电压、最大电流、最大功率消耗及最高环境温度。与特性数值一样，电子元器件的额定值也有标称系列，其系列数值因元器件不同而异。

另外，还规定了电子元器件的工作极限值，一般为最大值的形式，分别表示元器件能够保证正常工作的最大限度,例如最大工作电压、最大工作电流和最高环境温度等。

在这里,需要对几个问题加以说明:

第一,元器件的同类额定值与极限值并不相等。例如,电容器的额定直流工作电压是指其在额定环境温度下长期(不低于1万小时)可靠地正常工作的最高直流电压,这个电压一般为击穿电压的一半;而电容器的最大工作电压(也叫试验电压)是指其在额定环境温度下短时(通常为5s~1min)所能承受的直流电压或50Hz交流电压峰值。又如,电阻器的额定环境温度是指其能够长期完成100%额定功率的最高温度;而最高环境温度则是使电阻器不失去其原有伏安特性的环境温度上限,在此温度下,电阻器所允许的负荷已经大大低于其额定功率。

第二,元器件的各个额定值(或极限值)之间没有固定的关系,等功耗规律往往并不成立。例如,半导体三极管的集电极最大耗散功率P_{cm}较大,并不说明它的集电极-发射极击穿电压V_{ceo}也大;而它的P_{cm}较大,相应的集电极最大电流I_{cm}也大一些。又如,对于电阻器来说,最大工作电压与它的额定功率有关,额定功率大的电阻,其最大工作电压也高一些。在环境温度≤+70℃、气压≤104kPa的条件下,RJ型金属膜电阻器的额定功率与最大工作电压的关系如表1.3所示。

表1.3 RJ型金属膜电阻器的额定功率与最大工作电压的关系

额定功率/W	0.25	0.5	1~2
最大工作电压/V	250	500	750

第三,当电子元器件的工作条件超过某一额定值时,其他参数指标就要相应地降低,这就是人们通常所要考虑的降额使用元器件问题。例如,RJ型金属膜电阻的额定工作温度≤+70℃,当实际使用温度超过此值时,其允许的功率限度就要线性地降低,如图1.3所示。

第四,对于某种电子元器件,通常都是根据其自身的特点及工作需要而定义几种额定值和极限值作为它的规格参数。例如,同是工作电压上限,对一般电阻器是按最大工作电压定义的,而对一般电容器却是按额定工作电压来定义的,应该注意到二者之间的差别。

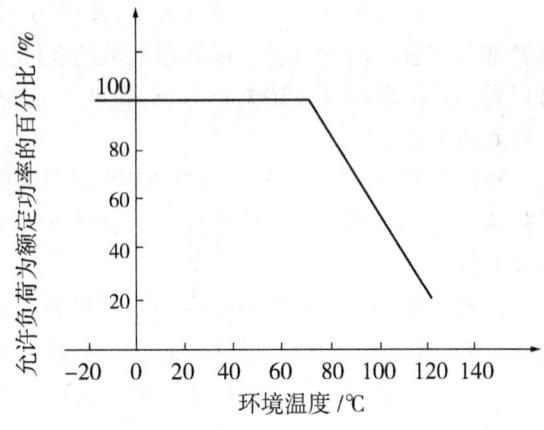

图1.3 RJ型金属膜电阻器的允许负荷与环境温度的关系

4. 其他规格参数

除了前面介绍的标称值、允许偏差值、额定值、极限值等以外,各种电子元器件还有其特定的规格参数。例如,半导体器件的特征频率f_T,截止频率f_α、f_β;线性集成电路的开环放大倍数K_0;数字集成电路的扇出系数N_0等。在选用电子元器件时,应该根据电路的需要考虑这些参数。

1.1.2.3 电子元器件的质量参数

质量参数用于度量电子元器件的质量水平,通常描述了元器件的特性参数、规格参数随环境因素变化的规律，或者划定了它们不能完成功能的边界条件。

电子元器件共有的质量参数一般有温度系数、噪声电动势和噪声系数、高频特性等，从整机制造工艺方面考虑，主要有机械强度和可焊性。

1. 温度系数

电子元器件的规格参数随环境温度的变化会略有改变。温度每变化1℃，其数值产生的相对变化叫作温度系数，单位为1/℃。温度系数描述了元器件在环境温度变化条件下的特性参数稳定性，温度系数越小，说明它的数值越稳定。温度系数还有正、负之分，分别表示当环境温度升高时，元器件数值变化的趋势是增加还是减少。电子元器件的温度系数（符号、大小）取决于它们的制造材料、结构和生产条件等因素。

在制作那些要求长期稳定工作或工作环境温度变化较大的电子产品时，应当尽可能选用温度系数较小的元器件，也可以根据工作条件考虑产品的通风、降温，以至采取相应的恒温措施。

显然，电子元器件的温度系数会影响电路的工作稳定性，对电子产品的工作环境提出了限制性要求，这是一个不利因素。但是，人们又可以利用某些材料对温度特别敏感的性质，制成各种各样的温度检测元件。例如，在工业自动控制设备中常用于检测温度的铜电阻、铂电阻及各类半导体热敏器件，就是利用了它们的温度系数比较大并且在很大的范围内是一个常数的特点。有时，还可以利用元器件的温度系数正、负互补，来实现电路的稳定。例如，在LC振荡电路中，有时候采用两个温度系数符号相反的电容并联代替一个电容，使它们的电容量随温度的变化而互相补偿，可以稳定电路的振荡频率。

2. 噪声电动势和噪声系数

在无线电设备中，接收机或放大器的输出端，除了有用信号以外，还夹杂着有害的干扰。干扰的种类很多，有些是从无线电设备外部来的，如雷电干扰、宇宙干扰和工业干扰等；有些则是设备内部产生的，如从通信接收机中常常可以听到一种"沙沙"声，这种噪声在通信停顿的间隙更为明显，这类噪声，通常叫作内部噪声；又如，在视频图像设备的屏幕背景上，经常可以看到一些雨雾状的斑点。在一般情况下，有用信号比电路的内部噪声大得多，噪声产生的有害影响很小，可以不予考虑。但当有用信号十分微弱时，噪声就可能把有用信号"淹没"，这时，其有害作用就不能不给予重视。

无线电设备的内部噪声主要是由各种电子元器件产生的。我们知道，导体内的自由电子在一定温度下总是处于"无规则"的热运动状态之中，从而在导体内部形成了方向及大小都随时间不断变化的"无规则"的电流，并在导体的等效电阻两端产生了噪声电动势。噪声电动势是随机变化的，在很宽的频率范围内都起作用。由于这种噪声是自由电子的热运动所产生的，通常又把它叫作热噪声。温度升高时，热噪声的影响也会加大。

除了热噪声以外，各种电子元器件由于制造材料、结构及工艺不同，还会产生其他类型的噪声。例如，碳膜电阻器因为碳粒之间的放电和表面效应而产生的噪声（这类噪声是金属膜电阻所没有的，所以金属膜电阻的噪声电动势比碳膜电阻的小一些），晶体管内部载流子产生的散粒噪声等。

通常，用"信噪比"来描述电阻、电容、电感一类无源元件的噪声指标，其定义为元件内部产生的噪声功率与其两端的外加信号功率之比，即

$$信噪比 = \frac{外加信号功率}{噪声功率}$$

对于晶体管或集成电路一类有源器件的噪声，则用噪声系数来衡量：

$$噪声系数 = \frac{输入端信噪比\ (S_i/N_i)}{输出端信噪比\ (S_o/N_o)}$$

在设计制作接收微弱信号的高增益放大器（如卫星电视接收机）时，应当尽量选用低噪声的电子元器件。使用专用仪器"噪声测试仪"可以方便地测量元器件的噪声指标。在各类电子元器件手册中，噪声指标也是一项重要的质量参数。

在高灵敏度、高增益的卫星通信接收机或军事雷达系统中，有时还采用超低温的办法来降低设备的内部噪声。超导技术和半导体致冷器件的研制，为制造低噪声的无线电设备开辟了良好的前景。

3. 高频特性

当工作频率不同时，电子元器件会表现出不同的电路响应，这是由在制造元器件时使用的材料及工艺结构所决定的。在对电路进行一般性分析时，通常是把电子元器件作为理想元器件来考虑的，但当它们处于高频状态下时，很多原来不突出的特点就会反映出来。例如，线绕电阻器工作在直流或低频电路中时，可以被看作是一个理想电阻，而当频率升高时，其电阻线绕组产生的电感就成为比较突出的问题，并且每两匝绕组之间的分布电容也开始出现。这时，线绕电阻器的高频等效电路如图1.4所示。当工作频率足够高时，其感抗值可能比电阻值大出很多倍，将会严重地影响电路的工作状态。又如，那些采用金属箔卷绕的电容器（如电解电容器或金属化纸介电容器）就不适合工作在频率很高的电路中，因为卷绕的金属箔会呈现出电感的性质。再如，半导体器件的结电容在低、中频段的作用可以忽略，而在高频段对电路工作状态的影响就必须进行考虑。

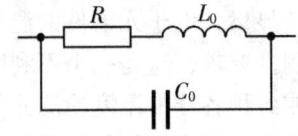

图1.4 线绕电阻器的高频等效电路

事实上，一切电子元器件工作在高频状态下时，都将表征出电抗特性，甚至是一段很短的导线，其电感、电容也会对电路的频率响应产生不可忽略的影响。因此在设计制作高频电路时，必须考虑元器件的频率响应，选择那些高频特性较好，自身分布电容、分布电感较小的元器件。

当然，元器件在电路板上的装配结构也会产生不同的频率响应，对于这一点，将在后面的章节进行介绍。

4. 机械强度及可焊性

电子元器件的机械强度是重要的质量参数之一。人们一般都希望电子设备工作在无震动、无机械冲击的理想环境中，然而事实上，对设备的震动和冲击是无法避免的。如果设备选用的元器件的机械强度不高，就会在震动时发生断裂，造成损坏，使电子设备失效，这种例子是屡见不鲜的。电阻器的陶瓷骨架断裂、电阻体两端的金属端脱落、电容本体开裂、各种元器件的引线折断、开焊等，都是经常可以见到的机械性故障。所以，在设计制作电子产品时，应该尽量选用机械强度高的元器件，并从整机结构方面采取抗震动、耐冲击的措施。

因为大部分电子元器件都是靠焊接实现电路连接的，所以元器件引线的可焊性也是它们的主要工艺质量参数之一。有经验的电子工程技术人员都知道，"虚焊"是引起整机失效最常见的原因。为了减少虚焊，不仅需要操作者经常练习，提高焊接的技术水平，积累发现虚焊点的经验，还应该尽量选用那些可焊性良好的元器件。如果元器件的可焊性不良，就必须在焊接前做好预处理——除锈镀锡，并在焊接时使用适当的助焊剂。

5. 可靠性和失效率

同其他任何产品一样，电子元器件的可靠性是指它的有效工作寿命，即它能够正常完成某一特定电气功能的时间。电子元器件的工作寿命结束，叫作失效。其失效的过程通常是这样的：随着时间的推移或工作环境的变化，元器件的规格参数发生改变，例如电阻器的阻值变大或变小，电容器的容量减小等；当它们的规格参数变化到一定限度时，尽管外加的工作条件没有改变，却再也不能承受电路的要求而彻底损坏，使它们的特性参数消失，例如二极管被电压击穿而短路，电阻因阻值变小而超负荷烧断等。显然，这是一个"从量变到质变"的过程。

度量电子产品可靠性的基本参数是时间，即用有效工作寿命的长短来评价它们的可靠性。电子元器件的可靠性用失效率表示。利用统计学的手段，能够发现描述电子元器件失效率的数学规律：

$$失效率 = \frac{失效数}{运用总数 \times 运用时间}$$

失效率的常用单位是 Fit（"菲特"），$1\text{Fit} = 10^{-9}/\text{h}$。即一百万个元器件运用一千小时，每发生一个失效，就叫作 1Fit。失效率越低，说明元器件的可靠性越高。

电子元器件的失效率还是时间的函数。统计数字表明，新制造出来的电子元器件，在刚刚投入使用的一段时间内，失效率比较高，这种失效称为早期失效，相应的这段时间叫作早期失效期。电子元器件的早期失效，是由于在设计和生产制造时选用的原材料或工艺措施方面的缺陷而引起的，它是隐藏在元器件内部的一种潜在故障，在开始使用后会迅速恶化而暴露出来。元器件的早期失效是十分有害的，但

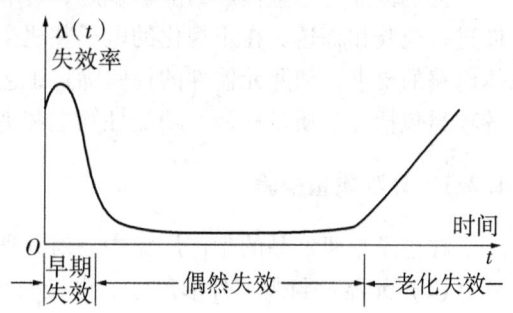

图 1.5　失效率函数曲线

又是不可避免的。人们还发现，在经过早期失效期以后，电子元器件将进入正常使用阶段，其失效率会显著地迅速降低，这个阶段叫作偶然失效期。在偶然失效期内，电子元器件的失效率很低，而且在极长的时间内几乎没有变化，可以认为它是一个很小的常数。在经过长时间的使用之后，元器件可能会逐渐老化，失效率又开始增高，直至寿命结束，这个阶段叫作老化失效期。电子元器件典型的失效率函数曲线如图 1.5 所示。从图中可以清楚地看出，在早期失效期、偶然失效期、老化失效期内，电子元器件的失效率是大不一样的，其变化的规律就像一个浴盆的剖面，所以这条曲线常被称为"浴盆曲线"。

应该指出，电子元器件的电气规格参数指标与其性能稳定可靠是两个不同的概念，这两者之间并没有必然的联系。规格参数良好的元器件，其可靠性不一定高；相反，规格参数差一些的元器件，其可靠性也不一定低。电子元器件的大部分规格参数都可以通过仪器仪表立即测量出来，但是它们的可靠性或稳定性，却必须经过各种复杂的可靠性试验，或者在经过大量的、长期的使用之后才能判断出来。

以前，人们对可靠性的概念知之甚少，特别是由于失效率的数据难以获得，一般都忽略了对于电子元器件可靠性的选择。近几十年来，随着可靠性研究的进步以及市场商品竞争的要求，人们逐渐认识到，元器件的失效率决定了电子整机产品的可靠性。因此，凡是那些实行了科学管理的企业，都已经在整机产品设计之初就把元器件的失效率作为使用选择的重要

依据之一。

由于在偶然失效期内，电子元器件的失效率可以近似为一个小常数。所以，正规化的元器件制造厂商都要采用各种试验手段，把电子元器件的早期失效消灭在产品出厂之前，并把它们在正常使用阶段的失效率作为向用户提供的一项主要参数。

6．其他质量参数

各种不同的电子元器件还有一些特定的质量参数。例如，对于电容器来说，绝缘电阻的大小、由于漏电而引起的能量损耗（用损耗角正切 $\tan\delta$ 表示）等都是重要的质量参数。又如，晶体三极管的反向饱和电流 I_{cbo}、穿透电流 I_{ceo} 和饱和压降 V_{ces} 等，都是三极管的质量参数。

电子元器件的这些特定的质量参数，都有相应的检验标准，应该根据实际电路的要求进行选用。

1.2　电子元器件的检验和筛选

为了保证电子整机产品能够稳定、可靠地长期工作，必须在装配前对所使用的电子元器件进行检验和筛选。在正规化的电子整机生产厂中，都设有专门的车间或工位，根据产品具体电路的要求，依照元器件的检验筛选工艺流程，对元器件进行严格的"使用筛选"。筛选的项目包括外观质量检验、功能性筛选和老化筛选。

1.2.1　外观质量检验

在电子整机产品的生产厂家中，对元器件外观质量检验的一般标准是：

（1）元器件封装、外形尺寸、电极引线的位置和直径应该符合产品标准外形图的规定。

（2）外观应该完好无损，其表面无凹陷、划痕、裂口、污垢和锈斑；外部涂层不能有起泡、脱落和擦伤现象。

（3）电极引出线应该镀层光洁，无压折或扭曲，没有影响焊接的氧化层、污垢和伤痕。

（4）各种型号、规格标志应该完整、清晰、牢固；特别是元器件参数的分档标志、极性符号和集成电路的种类型号，其标志、字符不能模糊不清或脱落。

（5）对于电位器、可变电容或可调电感等元器件，在其调节范围内应该活动平顺、灵活，松紧适当，无机械杂音；开关类元器件应该保证接触良好，动作迅速。

各种元器件用在不同的电子产品中，都有自身的特点和要求，除上述共同点以外，往往还有特殊要求，应根据具体的应用条件区别对待。

在业余条件下制作电子产品时，对元器件外观质量的检验，可以参照上述标准，但有些条款可以适当放宽。并且，有些元器件的毛病能够修复。例如，元器件引线上有锈斑或氧化层的，可以擦除后重新镀锡；玻璃或塑料封装的元器件表面涂层脱落的，可以用油漆涂补；可调元件或开关类元件的机械性能，可以经过细心调整改善，等等。但是，这绝不意味着业余制作时可以在装焊前放弃对电子元器件的检验。

1.2.2　功能性筛选

电子整机中使用的元器件，一般需要在长时间连续通电的情况下工作，并且要受到环境条件和其他因素的影响，因此要求它们必须具有良好的可靠性和稳定性。要使电子整机稳定可靠地工作，并能经受环境和其他一些不可预见的不利条件的考验，对元器件进行必要的筛选，是非常重要的一个环节。

前面已经介绍了电子元器件的失效率概念。我们知道，电子元器件的早期失效是十分有害的，但又是不可避免的。因此，怎样剔除早期失效的元器件，使它们在装配焊接时就已经进入失效率很低的正常使用阶段，从而保证整机的可靠性，这一直是工业产品生产中的重大研究课题。

每一台电子整机产品都要用到很多元器件，在装配焊接之前把元器件全部逐一检验筛选，事实上是十分困难的。所以，整机生产厂家在对元器件进行筛选时，通常是根据产品的使用环境要求和元器件在电路中的工作条件及其作用，按照国家标准和企业标准，分别选择确定某种元器件的筛选手段。在考虑产品的使用环境要求时，一般要区别该产品是否为军工产品、是否为精密产品、使用环境是否恶劣、产品损坏是否可能带来灾害性的后果等情况；在考虑元器件在电路中的工作条件及作用时，一般要分析该元器件是否为关键元器件、功率负荷是否较大、局部环境是否良好等因素，特别要认真研究元器件生产厂家提供的可靠性数据和质量认证报告。对那些要求不是很高的低档电子产品，一般采用随机抽样的方法检验筛选元器件；而对那些要求较高、工作环境严酷的产品，则必须采用更加严格的筛选方法来逐个检验元器件。

需要特别注意的是，采用随机抽样的方法对元器件进行检验筛选，并不意味着检验筛选是可有可无的——凡是科学管理的企业，即使是对于通过固定渠道进货、经过质量认证的元器件，也都要长年、定期进行例行的检验（例行试验）。例行试验的目的，不仅在于验证供应厂商提供的质量数据，还要判断元器件是否符合具体电路的特殊要求。所以，例行试验的抽样比例、样本数量及其检验筛选的操作程序，都是非常严格的。

1.2.3 老化筛选

老化筛选的原理及作用是，给电子元器件施加热的、电的、机械的或者多种结合的外部应力，模拟恶劣的工作环境，使它们内部的潜在故障加速暴露出来，然后进行电气参数测量，筛选剔除那些失效或参数变化了的元器件，尽可能把早期失效消灭在正常使用之前。

筛选的指导思想是，经过老化筛选，有缺陷的元器件会失效，而优质品能够通过。这里必须注意实验方法正确和外加应力适当，否则，可能对参加筛选的元器件造成不必要的损伤。

在电子整机产品生产厂家里，广泛使用的老化筛选项目有高温存储老化、高低温循环老化、高低温冲击老化和高温功率老化等，其中高温功率老化是目前使用最多的试验项目。高温功率老化是给元器件通电，模拟它们在实际电路中的工作条件，再加上 +80～+180℃ 之间的高温进行几小时至几十小时的老化，这是一种对元器件的多种潜在故障都有筛选作用的有效方法。

老化筛选需要专门的设备，投入的人力、工时、能源成本也很高。随着生产水平的进步，电子元器件的质量已经明显提高，并且电子元器件生产企业普遍开展在权威机构监督下的质量认证，一般都能够向用户提供准确的技术资料和质量保证书，这无疑可以减少整机厂对筛选元器件的投入。所以，目前除了军工、航天电子产品等可靠性要求极高的企业还对元器件进行100%的严格筛选以外，一般都只对元器件进行抽样检验，并且根据抽样检验的结果决定该种、该批的元器件是否能够投入生产。如果抽样检验不合格，则应该向供货方退货。

对于电子技术爱好者和初学者来说，在业余制作之前对电子元器件进行正规的老化筛选一般是不太可能的，通常可以采用的方法是：

（1）自然老化。人们发现，对于电阻等多数元器件来说，在使用前经过一段时间（如一年以上）的储存，其内部也会产生化学反应及机械应力释放等变化，使它的性能参数趋于稳定，这种情况叫作自然老化。但要特别注意的是，电解电容器的储存时间一般不要超过半年，这是因为在长期搁置不用过程中，电解液可能干涸，电容量将逐渐变小，甚至彻底损坏。存放时间超过半年的电解电容器，应该进行"电锻老化"恢复其性能；存储时间超过三年的，就应该认为已经失效。注意：电解液干涸或电容量减小的电解电容器，可能在使用中发热以致爆炸。

（2）简易电老化。对于那些工作条件比较苛刻的关键元器件，可以按照图1.6所示的方法进行简易电老化。其中，应该采用输出电压可以调整并且未经过稳压的脉动直流电压源，使加在元器件两端的电压略高于额定（或实际）工作电压，调整限流电阻 R，使通过元器件的电流达到1.5倍额定功率的要求，通电5分钟，利用元器件自身的功耗发热升温（注意不能超过允许温度的极限值），来完成简易功率老化。还可以利用图1.6的电路对存放时间超过半年的电解电容器进行电锻老化：先加上1/3的额定直流工作电压半小时，再升到2/3的额定直流工作电压1小时，然后加额定直流工作电压2小时。

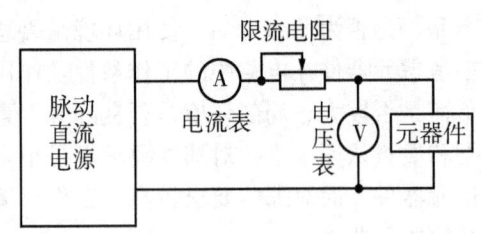

图1.6　简易电老化电路

（3）参数性能测试。经过外观检验及老化的元器件，应该进行电气参数测量。要根据元器件的质量标准或实际使用的要求，选用合适的专用仪表或通用仪表，并选择正确的测量方法和恰当的仪表量程。测量结果应该符合该元器件的有关指标，并在标称值允许的偏差范围内。具体的测试方法，这里不再详述，但有两点是必须注意的：

第一，绝不能因为元器件是购买的"正品"而忽略测试。很多初学者由于缺乏经验，把未经测试检验的元器件直接装配焊接到电路上。假如电路不能正常工作，就很难判断原因，结果使整机调试陷入困境，即使后来查明了电路失效是因为某种元器件不合格，也因为已经对元器件做过焊接，供货单位不予退换。

第二，要学会正确使用测量仪器仪表的方法，一定要避免由于测量方法不当而引起的错误或不良后果。例如，用晶体管特性测试仪测量三极管或二极管时，要选择合适的功耗限制电阻，否则可能损坏晶体管；用指针式万用表测量电阻时，要使指针指示在量程刻度中部的1/3范围内，否则读数误差很大；等等。

1.3　电子元器件的命名与标注

熟悉了解电子元器件的型号命名及标注方法，对于选择、购买、使用元器件，进行技术交流，都是非常必要的。

1.3.1 电子元器件的命名方法

国家电子工业管理部门对大多数国产电子元器件的种类命名都做出了统一的规定，可以从国家标准 GB 2470—1981 中查到。由于电子元器件的种类繁多，这里不可能一一列出。

通常，电子元器件的名称应该反映出它们的种类、材料、特征、型号、生产序号及区别代号，并且能够表示出主要的电气参数。电子元器件的名称由字母（汉语拼音或英语字母）和数字组成。对于元件来说，一般用一个字母代表它的主称，如 R 表示电阻器、C 表示电容器、L 表示电感器、W 表示电位器等；用数字或字母表示其他信息。半导体分立器件和集成电路的名称也由国家标准规定了具体意义，如二极管的主称用数字 2 表示，三极管的主称用数字 3 表示。但是，近年来的电子市场上已经很少见到完全是国产的半导体器件，而进口半导体器件、特别是模拟集成电路的命名往往又很复杂，在选用时必须查阅它们的技术资料，所以不再详述。

1.3.2 型号及参数在电子元器件上的标注

电子元器件的型号及各种参数，应当尽可能在元器件的表面上标注出来。常用的标注方法有直标法、文字符号法和色标法三种。

1.3.2.1 直标法

把元器件的主要参数直接印制在元件的表面上即为直标法，如图 1.7 所示。这种标注方法直观，只能用于体积比较大的元器件。

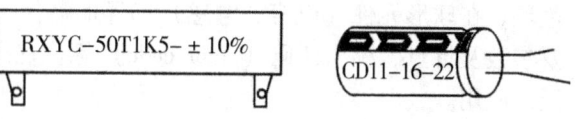

图 1.7 元器件参数直标法

例如，电阻器的表面上印有 RXYC－50T1k5－±10%，表示其种类为耐潮披釉线绕可调电阻器，额定功率为 50W，阻值为 1.5kΩ，允许偏差为±10%；又如，电容器的表面上印有 CD11－16－22，表示其种类为单向引线式铝电解电容器，额定直流工作电压为 16V，标称容量为 22μF。

1.3.2.2 文字符号法

以前，文字符号法主要用于标注半导体器件，用来表示其种类及有关参数，文字符号应该符合国家标准。例如，3DG6C 表示国产 NPN 型硅材料的高频小功率三极管，品种序号为 6，C 表示耐压规格。又如，集成电路上印有 CC4040，表示这是一个 4000 系列的国产 CMOS 数字集成电路，查手册可知其具体功能为十二级二进制计数器。

随着电子元器件不断小型化的发展趋势，特别是表面安装元器件（也称元件）（SMC 和 SMD）的制造工艺和表面安装技术（SMT）的进步，要求对元件表面上标注的文字符号也做出相应的改革。现在，在大批量制造元件时，把电阻器的阻值偏差控制在±5%之内、把电容器的容量偏差和电感器的电感量偏差控制在±10%之内已经很容易实现。因此，除了那些高精度元件以外，一般仅用三位数字标注元件的数值，而允许偏差（精度等级）不再表示出来，如图 1.8 所示。具体规定如下：

（1）用元件的形状及其表面的颜色区别元件的种类，如在表面装配元件中，除了形状的区别以外，黑色表示电阻，棕色表示电容，淡蓝色表示电感。

（2）电阻的基本标注单位是欧姆（Ω），电容的基本标注单位是皮法（pF），电感的基本标注单位是微亨（μH）；用三位数字标注元件的数值。

（3）对于十个基本标注单位以上的元件，前两位数字表示数值的有效数字，第三位数字表示数值的倍率。例如：

对于电阻器上的标注，100 表示其阻值为 $10×10^0=10$（Ω），223 表示其阻值为 $22×10^3=22$（kΩ）；

对于电容器上的标注，103 表示其容量为 $10×10^3=10000$（pF）$=0.01$（μF），475 表示其容量为 $47×10^5=4700000$（pF）$=4.7$（μF）；

对于电感器上的标注，820 表示其电感量为 $82×10^0=82$（μH）。

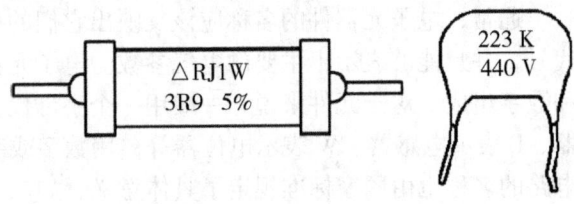

图 1.8　元器件参数文字符号法

（4）对于十个基本标注单位以下的元件，用字母"R"表示小数点，其余两位数字表示数值的有效数字。例如：

对于电阻器上的标注，R10 表示其阻值为 0.1Ω，3R9 表示其阻值为 3.9Ω；

对于电容器上的标注，1R5 表示其容量为 1.5pF；

对于电感器上的标注，6R8 表示其电感量为 6.8μH。

1.3.2.3　色标法

为了适应电子元器件不断小型化的发展趋势，在圆柱形元件（主要是电阻）体上印制色环、在球形元件（电容、电感）和异形器件（如三极管）体上印制色点，表示它们的主要参数及特点，称为色码（color code）标注法，简称色标法。今天，色标法已经得到了广泛的应用。

色环最早用于标注电阻，其标志方法也最为成熟、统一。现在，能否识别色环电阻，已经是考核电子行业从业人员的基本项目之一。下面对电阻的色环标注加以详细说明。

用背景颜色区别种类——用浅色（淡绿色、淡蓝色、浅棕色）表示碳膜电阻，用红色表示金属膜或金属氧化膜电阻，用深绿色表示线绕电阻。

用色码（色环、色带或色点）表示数值及允许偏差——国际统一的色码识别规定如表 1.4 所示。

表 1.4　色码识别定义

颜色	有效数字	倍率（乘数）	允许偏差/%	颜色	有效数字	倍率（乘数）	允许偏差/%
黑	0	10^0	—	紫	7	10^7	±0.1
棕	1	10^1	±1	灰	8	10^8	—
红	2	10^2	±2	白	9	10^9	−20～+50
橙	3	10^3	—	金	—	10^{-1}	±5
黄	4	10^4	—	银	—	10^{-2}	±10
绿	5	10^5	±0.5	无色			±20
蓝	6	10^6	±0.25				

常见元器件参数的色标法如图 1.9 所示。

普通电阻大多用四个色环表示其阻值和允许偏差。第一、第二环表示有效数字，第三环表示倍率（乘数），第四环与前三环距离较大（约为前几环间距的 1.5 倍），表示允许偏差。例如，红、红、红、银四环表示的阻值为 $22×10^2=2200$（Ω），允许偏差为 ±10%；又如，

  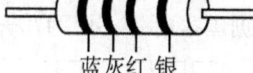

(a) 棕黑绿棕棕　电阻：阻值为 1.05kΩ 允许偏差为 ±1%
(b) 红红棕金　电感：标称值为 200μH 允许偏差为 ±5%
(c) 蓝灰红银　电容：标称值为 6800pF 允许偏差为 ±10%

图 1.9　元器件参数色标法

绿、蓝、金、金四环表示的阻值为 $56 \times 10^{-1} = 5.6$（Ω），允许偏差为 ±5%。

精密电阻采用五个色环标志，前三环表示有效数字，第四环表示倍率，与前四环距离较大的第五环表示允许偏差。例如，棕、黑、绿、棕、棕五环表示阻值为 $105 \times 10^{1} = 1050$（Ω）= 1.05（kΩ），允许偏差为 ±1%；又如，棕、紫、绿、银、绿五环表示阻值为 $175 \times 10^{-2} = 1.75$（Ω），允许偏差为 ±0.5%。

用色码表示数字编号也是常见的用法，例如，彩色扁平带状电缆就是依次使用顺序排列的棕、红、橙……黑色，表示每条线的编号 1，2，…，10。

色码还可用来表示元器件的某项参数。原电子工业部标准规定，用色点标在半导体三极管的顶部，表示共发射极直流放大倍数 β 或 h_{FE} 的分档，其意义见表 1.5。

表 1.5　用色点表示半导体三极管的放大倍数

色点	棕	红	橙	黄	绿	蓝	紫	灰	白	黑
β 分档	0~15	15~25	25~40	40~55	55~80	80~120	120~180	180~270	270~400	400 以上

另外，色点和色环还常用来表示电子元器件的极性。例如，电解电容器外壳上标有白色箭头和负号的一极是负极；玻璃封装二极管上标有黑色环的一端、塑料封装二极管上标有白色环的一端为负极；某些三极管的管脚非标准排列，在其外壳的柱面上用红色点表示发射极；等等。

1.4　常用元器件的识别与检测

电子元器件的种类繁多，性能差异，应用范围有很大区别。对于电子工程技术人员和业余爱好者来说，全面了解各类电子元器件的结构及特点，学会正确地选择应用，是电子产品研制成功的重要因素之一。下面将对研制、开发产品中最常用的电子元器件，做出简要的介绍。

1.4.1　电阻器

电阻器是电子整机中使用最多的基本元件之一。统计表明，电阻器在一般电子产品中要占到全部元器件总数的 50% 以上。电阻器是一种消耗电能的元件，在电路中用于稳定、调节、控制电压或电流的大小，起限流、降压、偏置、取样、调节时间常数、抑制寄生振荡等作用。

1.4.1.1 电阻器的命名方法及图形符号

根据国家标准 GB 2470—1981 的规定,电阻器的型号由以下几部分构成。

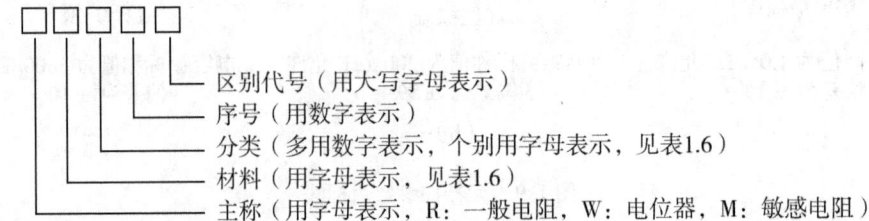

区别代号(用大写字母表示)
序号(用数字表示)
分类(多用数字表示,个别用字母表示,见表1.6)
材料(用字母表示,见表1.6)
主称(用字母表示,R:一般电阻,W:电位器,M:敏感电阻)

电阻器的图形符号如图 1.10 所示。

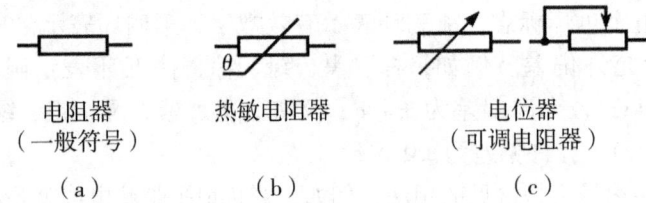

图 1.10 电阻器的图形符号

1.4.1.2 电阻器的分类

1. 按照制造工艺或材料分

(1)合金型:用块状电阻合金拉制成合金线或碾压成合金箔制成的电阻,如线绕电阻、精密合金箔电阻等。

(2)薄膜型:在玻璃或陶瓷基体上沉积一层电阻薄膜,膜的厚度一般在几微米以下,薄膜材料有碳膜、金属膜、化学沉积膜及金属氧化膜等。

(3)合成型:电阻体由导电颗粒和化学粘结剂混合而成,可以制成薄膜或实芯两种类型,常见有合成膜电阻和实芯电阻。

2. 按照使用范围及用途分

(1)普通型:指能适应一般技术要求的电阻,额定功率范围为 0.05~2W,阻值为 1Ω~22MΩ,允许偏差 ±5%、±10%、±20% 等。

(2)精密型:有较高精密度及稳定性,功率一般不大于 2W,标称值在 0.01Ω~20MΩ 之间,精度在 ±2%~±0.001% 之间分档。

(3)高频型:电阻自身电感量极小,常称为无感电阻。用于高频电路,阻值小于 1kΩ,功率范围宽,最大可达 100W。

(4)高压型:用于高压装置中,功率在 0.5~15W 之间,额定电压可达 35kV 以上,标称阻值可达 1GΩ(1000MΩ)。

(5)高阻型:阻值在 10MΩ 以上,最高可达 10^{14} Ω。

(6)集成电阻(电阻排):这是一种电阻网络,它具有体积小、规整化、精密度高等特点,特别适用于电子仪器仪表及计算机产品中。

电阻器的材料、分类代号及其意义见表1.6。

表1.6 电阻器的材料、分类代号及其意义

材料			分	类			
字母代号	意义	数字代号	意义		字母代号	意义	
			电阻器	电位器		电阻器	电位器
T	碳膜	1	普通	普通	G	高功率	—
H	合成膜	2	普通	普通	T	可调	—
S	有机实芯	3	超高频	—	W	—	微调
N	无机实芯	4	高阻	—	D	—	多圈
J	金属膜	5	高温	—			
Y	金属氧化膜	6	—	—			
C	化学沉积膜	7	精密	精密	说明：新型产品的分类根据发展情况予以补充		
I	玻璃釉膜	8	高压	函数			
X	线绕	9	特殊	特殊			

用于监测非电物理量的敏感电阻的材料、分类代号及其意义见表1.7。

表1.7 敏感电阻的材料、分类代号及其意义

材料			分 类		
字母代号	意义	数字代号	意义		
			温度	光敏	压敏
F	负温度系数热敏	1	普通	—	碳化硅
Z	正温度系数热敏	2	稳压	—	氧化锌
G	光敏	3	微波	—	氧化锌
Y	压敏	4	旁热	可见光	—
S	湿敏	5	测温	可见光	—
C	磁敏	6	微波	可见光	—
L	力敏	7	测量	—	—
Q	气敏	8	—	—	—

例如，RJ71型精密金属膜电阻器和WSW1A型微调有机实芯电位器：

又如，MF41旁热式热敏电阻器：

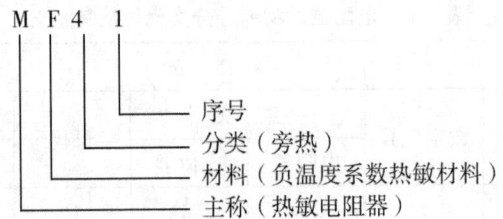

1.4.1.3 电阻器的主要技术指标及标志方法

电阻器的主要技术指标有额定功率、标称阻值、允许偏差（阻值精度）、温度系数、非线性度、噪声、极限电压等项。由于电阻器的表面积有限以及对参数关心的程度，一般只标明阻值、精度、材料和额定功率几项；对于额定功率小于 0.5W 的小电阻，通常只标注阻值和精度，其材料及额定功率通常由外形尺寸和颜色判断。电阻器的主要参数通常用色环或文字符号标出。

1. 额定功率

电阻器在电路中长时间连续工作不损坏，或不显著改变其性能所允许消耗的最大功率，称为电阻器的额定功率。电阻器的额定功率并不是电阻器在电路中工作时一定要消耗的功率，而是电阻器在电路中工作时，允许消耗功率的限额。

电阻实质上是把吸收的电能转换成热能的能量转换元件。电阻在电路中消耗电能，并使自身的温度升高，其负荷能力取决于电阻在长期稳定工作的情况下所允许发热的温度。根据部颁标准，不同类型的电阻有不同的额定功率系列。通常的功率系列值可以有 0.05~500W 之间的数十种规格。选择电阻的额定功率，应该判断它在电路中的实际功率，一般使额定功率是实际功率的 1.5~2 倍以上。

电阻器的额定功率系列见表 1.8。

表 1.8　电阻器额定功率系列　　　　　　　　　单位：W

线绕电阻器的额定功率系列	0.05；0.125；0.25；0.5；1；2；4；8；10；16；25；40；50；75；100；150；250；500
非线绕电阻器额定功率系列	0.05；0.125；0.25；0.5；1；2；5；10；25；50；100

在电路图中，电阻器的额定功率标志在电阻的图形符号上，如图 1.11 所示。

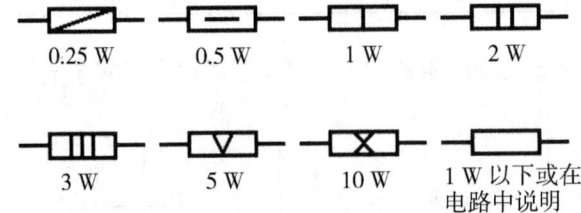

图 1.11　标有电阻器额定功率的电阻符号

额定功率 2W 以下的小型电阻，其额定功率值通常不在电阻体上标出，观察外形尺寸即可确定；额定功率 2W 以上的电阻，因为体积比较大，其功率值均在电阻体上用数字标出。电阻器的额定功率主要取决于电阻体的材料、外形尺寸和散热面积。一般说来，额定功率大的电阻器，其体积也比较大。因此，可以通过比较同类型电阻的尺寸，判断电阻的额定功率。常用电阻器的额定功率及其外形尺寸见表1.9。

表1.9 常用电阻器的额定功率及其外形尺寸

种类	型号	额定功率/W	最大直径/mm	最大长度/mm
超小型碳膜电阻	RT13	0.125	1.8	4.1
小型碳膜电阻	RTX	0.125	2.5	6.4
碳膜电阻	RT	0.25	5.5	18.5
		0.5	5.5	28.0
		1	7.2	30.5
		2	9.5	48.5
金属膜电阻	RJ	0.125	2.2	7.0
		0.25	2.8	8.0
		0.5	4.2	10.8
		1	6.6	13.0
		2	8.6	18.5

2. 标称阻值

阻值是电阻的主要参数之一，不同类型的电阻，阻值范围不同；不同精度等级的电阻，其数值系列也不相同。根据部颁标准，常用电阻的特性数值标称系列见表1.1。在设计电路时，应该尽可能选用阻值符合标称系列的电阻。电阻器的标称阻值，用色环或文字符号标志在电阻的表面上。

3. 阻值精度（允许偏差）

实际阻值与标称阻值的相对误差为电阻精度。允许相对误差的范围叫作允许偏差（简称允差，也称为精度等级）。普通电阻的允许偏差可分为±5%、±10%、±20%等，精密电阻的允许偏差可分为±2%，±1%，±0.5%，…，±0.001%等十多个等级。一般说来，精度等级高的电阻，价格也更高。在电子产品设计中，应该根据电路的不同要求，选用不同精度的电阻。

电阻的精度等级可以用符号标明，见表1.10。

表1.10 电阻的精度等级符号

%	±0.001	±0.002	±0.005	±0.01	±0.02	±0.05	±0.1
符号	E	X	Y	H	U	W	B
%	±0.2	±0.5	±1	±2	±5	±10	±20
符号	C	D	F	G	J	K	M

4. 温度系数

所有材料的电阻率都会随温度变化，电阻的阻值同样如此。在衡量电阻器的温度稳定性时，使用温度系数：

$$\alpha_r = \frac{R_2 - R_1}{R_1(t_2 - t_1)} \ (\text{℃}^{-1})$$

式中，α_r 是电阻的温度系数，单位为 1/℃；R_1 和 R_2 分别是温度为 t_1 和 t_2 时的阻值，单位为 Ω。一般情况下，应该采用温度系数较小的电阻；而在某些特殊情况下，则需要使用温度系数大的热敏电阻器，这种电阻器的阻值随着环境和工作电路的温度而敏感地变化。它有两种类型，一种是正温度系数型，另一种是负温度系数型。热敏电阻一般在电路中用作温度补偿或测量调节元件。

金属膜、合成膜电阻具有较小的正温度系数，碳膜电阻具有负温度系数。适当控制材料及加工工艺，可以制成温度稳定性很高的电阻。

5. 非线性度

通过电阻的电流与加在其两端的电压不成正比关系时，叫作电阻的非线性。图 1.12 描绘了电阻的非线性变化曲线。电阻的非线性用电压系数表示，即在规定的范围内，电压每改变 1V，电阻值的平均相对变化量：

$$K = \frac{R_2 - R_1}{R_1(U_2 - U_1)} \times 100\%$$

式中，U_1 为额定电压，U_2 为测试电压，单位为 V；R_1、R_2 分别是在 U_1、U_2 条件下测得的电阻值，单位为 Ω。

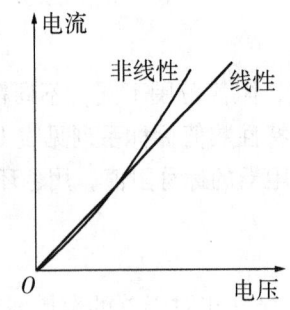

图 1.12 电阻的非线性变化曲线

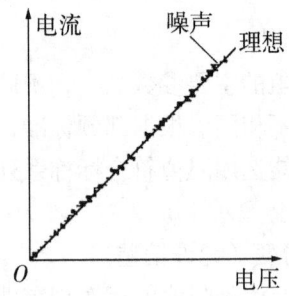

图 1.13 电阻的噪声

一般地，金属型电阻线性度很好，非金属型电阻常会出现非线性。

6. 噪声

噪声是产生于电阻中的一种不规则的电压起伏，见图 1.13。噪声包括热噪声和电流噪声两种。

热噪声是由于电子在导体中的不规则运动而引起的，既不决定于材料，也不决定于导体的形状，仅与温度和电阻的阻值有关。任何电阻都有热噪声。降低电阻的工作温度，可以减小热噪声。

电流噪声是由于导体流过电流时，导电颗粒之间以及非导电颗粒之间不断发生碰撞而产生的机械震动，并使颗粒之间的接触电阻不断变化的结果。当直流电压加在电阻两端时，电流将被起伏的噪声电流所调制，这样，电阻两端除了有直流压降外，还会有不规则的交变电压分量，这就是电流噪声。电流噪声与电阻的材料、结构有关，并和外加直流电压成正比。合金型电阻无电流噪声，薄膜型较小，合成型最大。

7. 极限电压

电阻两端电压加高到一定值时,电阻会发生电击穿使其损坏,这个电压值叫作电阻的极限电压。根据电阻的额定功率,可以计算出电阻的额定电压:

$$V = \sqrt{P \cdot R}$$

而极限电压无法根据简单的公式计算出来,它取决于电阻的外形尺寸及工艺结构。

1.4.1.4 几种常用电阻器的结构与特点

几种常用电阻器的外形如图 1.14 所示。其中,图 1.14a 是碳膜电阻;图 1.14b 是金属膜或金属氧化膜电阻;图 1.14c 是线绕电阻,图 1.14d 是热敏电阻,图 1.14e 是电阻网络(集成电阻、电阻排)。

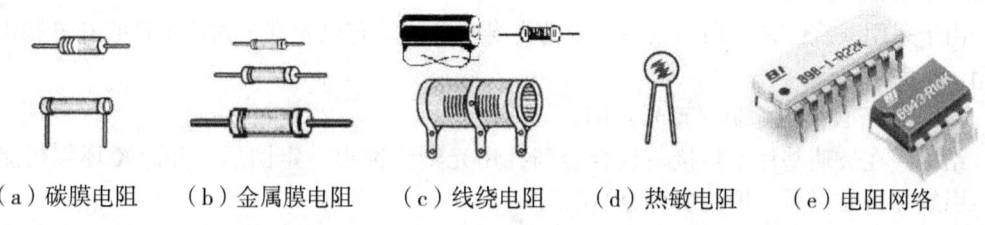

(a) 碳膜电阻　　(b) 金属膜电阻　　(c) 线绕电阻　　(d) 热敏电阻　　(e) 电阻网络

图 1.14　几种常用电阻器的外形

1. 薄膜类电阻

(1) 金属膜电阻(型号:RJ)。

结构:在陶瓷骨架表面,经真空高温或烧渗工艺蒸发沉积一层金属膜或合金膜。

特点:工作环境温度范围大(-55~+125℃)、温度系数小、稳定性好、噪声低、体积小(与相同体积的碳膜电阻相比,额定功率要大一倍左右),价格比碳膜电阻稍贵一些。以前生产的金属膜电阻外表通常涂成红色。

这种电阻广泛用在稳定性及可靠性有较高要求的电路中,额定功率有 0.125,0.25,0.5,1,2,5(W)等,标称阻值在 1Ω~100MΩ 之间,精度等级一般为 ±5%,高精度的金属膜电阻其精度可达 0.5%~0.05%。

(2) 金属氧化膜电阻(型号:RY)。

结构:高温条件下,在陶瓷本体的表面上以化学反应形式生成以二氧化锡为主体的金属氧化层。

特点:膜层比金属膜和碳膜电阻都厚得多,并与基体附着力强,因而它有极好的脉冲、高频、温度和过负荷性能;机械性能好,坚硬、耐磨;在空气中不会再氧化,因而化学稳定性好;能承受大功率(可高达 25W~50kW),但阻值范围较窄(1Ω~200kΩ)。

(3) 碳膜电阻(型号:RT)。

结构:碳氢化合物在真空中通过高温蒸发分解,在陶瓷骨架表面上沉积成碳结晶导电膜。

特点:这是一种应用最早、最广泛的薄膜型电阻。它的体积比金属膜电阻略大,阻值范围宽(1Ω~10MΩ),温度系数为负值。此外,碳膜电阻的价格特别低廉,因此在低档次的消费类电子产品中被大量使用。额定功率为 0.125~10W,精度等级为 ±5%、±10%、±20%,以前生产的碳膜电阻外表通常涂成淡绿色。

2. 合金类电阻

(1) 线绕电阻（型号：RX）。

结构：在磁管上用锰铜丝或镍铬合金丝绕制后，为防潮并防止线圈松动，将其外层用披釉（玻璃釉或珐琅）或漆加以保护。

特点：线绕电阻可分为精密型和功率型两类。精密型线绕电阻特别适用于测量仪表或其他高精度的电路，它的一般精度为 ±0.01%，最高可达到 ±0.005% 以上，温度系数小于 $10^{-6}/℃$，长期工作稳定性可靠，阻值范围是 $0.1\Omega \sim 5M\Omega$。功率型线绕电阻的额定功率在 2W 以上，最大功率可达 500W；阻值范围是 $0.1\Omega \sim 1M\Omega$，精度等级为 ±5% ~ ±20%。功率电阻又分为固定式和可调式两种，可调式是从电阻体上引出一个滑动端对阻值进行调整，通常用于功率电路的调试。

由于采用线绕工艺，因而线绕电阻的自身电感和分布电容都很大，不适宜在高频电路中使用。

(2) 精密合金箔电阻（型号：RJ）。

结构：在玻璃基片上粘接一块合金箔，用光刻法蚀出一定图形，并涂覆环氧树脂保护层，引线并封装以后，即制成合金箔电阻。

特点：具有自动补偿电阻温度系数的功能，可在较宽的温度范围内保持极小的温度系数，因而具有高精度、高稳定性、高频高速响应的特点，弥补了金属膜电阻和线绕电阻的不足。这种电阻的精度可达到 ±0.001%，稳定性为 $±5×10^{-4}\%/年$，温度系数约为 $±1×10^{-6}/℃$。

RJ711 型是一种国产的金属箔电阻。

3. 合成类电阻

合成类电阻，是将导电材料与非导电材料按一定比例混合成不同电阻率的材料后制成的电阻。这种电阻最突出的优点是可靠性高。例如，优质实芯电阻的可靠性通常要比金属膜和碳膜电阻高出 5~10 倍。因此，尽管它的电性能较差（噪声大、线性度差、精度低、高频特性不好等），但因它的高可靠性，仍在一些特殊领域（如宇航工业、海底电缆等）内广泛使用。

合成型电阻的种类较多，按电阻结构可分为实芯电阻和漆膜电阻；按粘结剂可分为有机型（如酚醛树脂）和无机型（如玻璃、陶瓷等）；按用途可分为通用型、高阻型、高压型等。

(1) 金属玻璃釉电阻（型号：RI）。

结构：以无机材料做粘合剂，用印刷烧结工艺在陶瓷基体上形成电阻膜，这种电阻膜的厚度比普通薄膜型电阻要厚得多。

特点：具有较高的耐热性和耐潮性。

小型化的贴片式（SMT）电阻通常是金属玻璃釉电阻。

(2) 实芯电阻（型号：RS）。

结构：用有机树脂和碳粉合成电阻率不同的材料后热压而成。

特点：体积大小与相同功率的金属膜电阻相当。阻值范围是 $4.7\Omega \sim 200M\Omega$，精度等级为 ±5%、±10%。

常见的国产实芯电阻有 RS11 型。

(3) 合成膜电阻（型号：RH）。

结构：合成膜电阻可制成高压型和高阻型。高压型的外形大多是一根无引线的电阻长棒，表面涂红色；耐压高的，其长度也更长。高阻型的电阻体封装在真空玻璃管内，防止合成膜受潮或氧化，提高阻值的稳定性。

特点：高压型电阻的阻值范围是 47～1000MΩ，精度等级为 ±5%、±10%，耐压分成 10kV 和 35kV 两档。高阻型电阻的阻值范围更大，为 10MΩ～10TΩ，允许偏差为 ±5%、±10%。

（4）电阻网络（电阻排）。

结构：综合掩膜、光刻、烧结等工艺技术，在一块基片上制成多个参数、性能一致的电阻，连接成电阻网络，也叫集成电阻。

特点：随着电子装配密集化和元器件集成化的发展，电路中常需要一些参数、性能、作用相同的电阻。例如计算机检测系统中的多路 A/D、D/A 转换电路，往往需要多个阻值相同、精度高、温度系数小的电阻，选用分立元件不仅体积大、数量多，而且往往难以达到技术要求，而使用电阻网络则很容易满足上述要求。

4. 特殊电阻

（1）熔断电阻。又叫作保险电阻，兼有电阻和熔断器的双重作用：在正常工作状态下它是一个普通的小阻值（一般几欧姆到几十欧姆）电阻，但当电路出现故障、通过熔断电阻器的电流超过该电路的规定电流时，它就会迅速熔断开路。与传统的熔断器和其他保护装置相比，熔断电阻器具有结构简单、使用方便、熔断功率小、熔断时间短等优点，被广泛用于电子产品中。选用熔断电阻要仔细考虑功率和阻值的大小，功率和阻值都不能太大，才能使它起到保护作用。

（2）水泥电阻。水泥电阻实际上是封装在陶瓷外壳里、并用水泥填充固化的一种线绕电阻，如图 1.15 所示。水泥电阻内的电阻丝和引脚之间采用压接工艺，如果负载短路，压接点会迅速熔断，起到保护电路的作用。水泥电阻功率大、散热好，具有良好的阻燃、防爆特性和高达 100MΩ 的绝缘电阻，被广泛使用在开关电源和功率输出电路中。

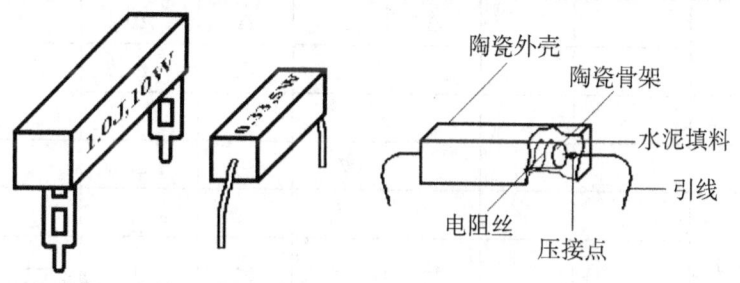

图 1.15 水泥电阻

（3）敏感型电阻。使用不同材料及工艺制造的半导体电阻，具有对温度、光通量、湿度、压力、磁通量、气体浓度等非电物理量敏感的性质，这类电阻叫作敏感电阻。通常有热敏、压敏、光敏、湿敏、磁敏、气敏、力敏等不同类型的敏感电阻。利用这些敏感电阻，可以制作用于检测相应物理量的传感器及无触点开关。各类敏感电阻，按其信息传输关系可分为"缓变型"和"突变型"两种，广泛应用于检测和自动化控制等技术领域。

1.4.1.5 电阻器的正确选用与质量判别

1. 电阻器的正确选用

在选用电阻时，不仅要求其各项参数符合电路的使用条件，还要考虑外形尺寸和价格等多方面的因素。一般说来，电阻器应该选用标称阻值系列，允许偏差多用±5%的，额定功率为在电路中实际功耗的1.5~2倍的。

在研制电子产品时，要仔细分析电路的具体要求。在那些稳定性、耐热性、可靠性要求比较高的电路中，应该选用金属膜或金属氧化膜电阻；如果要求功率大、耐热性能好，工作频率又不高，则可选用线绕电阻；对于无特殊要求的一般电路，可使用碳膜电阻，以便降低成本。表1.11对各种电阻的特性进行了比较，可以在选用时参考。

表1.11 电阻的特性及选用

性能	合成碳膜	合成碳实芯	热分解碳膜	金属氧化膜	金属膜	金属玻璃釉	块金属膜	电阻合金线
阻值范围	中~很高	中~高	中~高	低~中	低~高	中~很高	低~中	低~高
温度系数	尚可	尚可	中	良	优	良~优	极优	优~极优
非线性、噪声	尚可	尚可	良	良~优	优	中	极优	极优
高频、快速响应	良	尚可	优	优	极优	良	极优	差~尚可
比功率	低	中	中	中~高	中~高	高	中	中~高
脉冲负荷	良	优	优	优	中	良	良	良~优
储存稳定性	中	中	良	良	良~优	良~优	优	优
工作稳定性	中	良	良	良	优	优	极优	极优
耐潮性	中	中	良	良	良~优	良~优	良~优	良~优
可靠性		优	中	良~优	良~优	良~优	良~优	
通用		△	△	△				△
高可靠		△		△	△	△		
半精密			△					
精密					△	△	△	△
高精密							△	△
中功率								△
大功率				△				△
高频、快速响应			△	△	△		△	
高频大功率			△	△				
高压、高阻	△				△			
贴片式				△	△			
电阻网络	△			△	△	△		

注：表格中的△表示该品种具有的性能。

2．电阻器的质量判别方法

（1）查看电阻器表面有无烧焦、引线有无折断现象。

（2）再用万用表电阻档测量阻值，合格的电阻值应该稳定在允许的误差范围内，如超出误差范围或阻值不稳定,则不能选用。

(3) 根据"电阻器质量越好,其噪声电压越小"的原理,使用"电阻噪声测量仪"测量电阻噪声,判别电阻质量的好坏。

1.4.2 电位器(可调电阻器)

电位器也叫可调电阻器,其图形符号和外形如图 1.16 所示。电位器有三个引出端:其中两个引出端为固定端,固定端之间的电阻值是固定的;另一个是滑动端(也称中心抽头),滑动端可以在固定端之间的电阻体上做机械运动,使其与固定端之间的电阻发生变化。把输入电压加在两个固定端之间,在滑动端与一个固定端之间就能得到对输入电压的分压,调整滑动端在两个固定端之间的机械位置,就可以改变相应的输出电位(见图 1.16a)。当滑动端与一个固定端直接连接时,电位器就成为可调电阻器,调整滑动端在两个固定端之间的机械位置,两个固定端之间的电阻也被改变,常用来调节电路中某一支路的电阻值(见图 1.16b)。可见,因为接入电路的方式不同,才有了电位器和可调电阻器这两种名称。习惯上,把滑动端带有手柄、易于调节的称为电位器,把不带手柄、调节不方便的叫作可调(微调)电阻器。

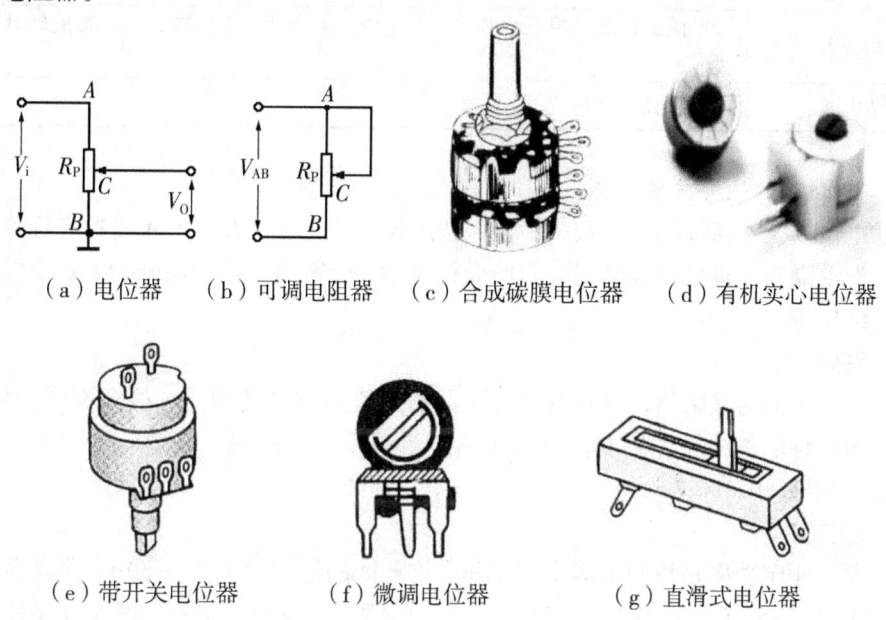

(a) 电位器　　(b) 可调电阻器　　(c) 合成碳膜电位器　　(d) 有机实心电位器

(e) 带开关电位器　　(f) 微调电位器　　(g) 直滑式电位器

图 1.16　电位器的图形符号及外形

电位器的种类很多,用途各异,可从不同的角度进行分类,介绍电位器的手册也往往是各厂家根据生产的品种而编排的,规格、型号的命名及代号也有所不同。因此,在产品设计中必须根据电路特点及要求,查阅产品手册,了解性能,合理选用。

1.4.2.1 电位器类别

电位器可按用途、材料、结构特点、阻值变化规律、驱动机构的运动方式等因素进行分类。常见的接触式电位器分类见表 1.12。

虽然部颁标准规定了电位器的命名符号,但市场上常见电位器的标号并不完全一致,在电位器壳体上标明的参数也不尽相同,但一般都要注明材料、标称阻值、额定功率、阻值变化特征等，个别电位器同时标出轴端形式及尺寸、电阻材料符号等，参见表1.12。

表1.12　接触式电位器分类

分类形式			举　　例
材料	合金型	线绕	线绕电位器（WX）
		金属箔	金属箔电位器（WB）
	薄膜型		金属膜电位器（WJ），金属氧化膜电位器（WY），复合膜电位器（WH），碳膜电位器（WT）
	合成型	有机	有机实芯电位器（WS）
		无机	无机实芯电位器，金属玻璃釉电位器（WI）
	导电塑料		直滑式（LP），旋转式（CP）
用途			普通，精密，微调，功率，专用（高频，高压，耐热）
阻值变化规律	线性		线性电位器（X）
	非线性		对数式（D），指数式（Z），正余弦式
结构特点			单圈，多圈，单联，多联，有止档，无止档，带推拉开关，带旋转开关，锁紧式
调节方式			旋转式，直滑式

1.4.2.2　电位器的主要技术指标

描述电位器技术指标的参数很多，但一般来说，最主要的几项基本指标有标称阻值、额定功率、滑动噪声、机械零件电阻、阻值变化规律、分辨力、启动与转动力矩、电位器的轴长与轴端结构等。

1. 标称阻值

标在产品上的名义阻值，其系列与电阻器的阻值标称系列相同。根据不同的精度等级，实际阻值与标称阻值的允许偏差范围为±20%、±10%、±5%、±2%、±1%，精密电位器的精度可达到±0.1%。

2. 额定功率

电位器的额定功率是指两个固定端之间允许耗散的最大功率。一般电位器的额定功率系列为0.063，0.125，0.25，0.5，0.75，1，2，3（W）；线绕电位器的额定功率比较大，有0.5，0.75，1，1.6，3，5，10，16，25，40，63，100（W）。应该特别注意，电位器的固定端附近容易因为电流过大而烧毁，滑动端与固定端之间所能承受的功率要小于电位器的额定功率。

3. 滑动噪声

当电刷在电阻体上滑动时，电位器中心端与固定端之间的电压出现无规则的起伏，这种现象称为电位器的滑动噪声。它是由材料电阻率分布的不均匀性以及电刷滑动时接触电阻的无规律变化引起的。

4. 分辨力

对输出量可实现的最精细的调节能力，称为电位器的分辨力。线绕电位器的分辨力较差。

5. 机械零位电阻

当电位器的滑动端处于机械零位时,滑动端与一个固定端之间的电阻应该是零。但由于接触电阻和引出电阻的影响,机械零位的电阻一般不是零。在某些应用场合,必须选择机械零位电阻小的电位器种类。

6. 阻值变化规律

调整电位器的滑动端,其电阻值按照一定规律变化,如图1.17所示。常见电位器的阻值变化规律有线性变化(X型)、指数变化(Z型)和对数变化(D型)。根据不同需要,还可制成按照其他函数(如正弦、余弦)规律变化的电位器。

7. 启动力矩与转动力矩

启动力矩是指转轴在旋转范围内启动时所需要的最小力矩;转动力矩是指转轴维持匀速旋转时所需要的力矩,这两者相差越小越好。在自控装置中与伺服电机配合使用的电位器,要求启动力矩小,转动灵活;而用于电路调节的电位器,则其启动力矩和转动力矩都不应该太小。

8. 电位器的轴长与轴端结构

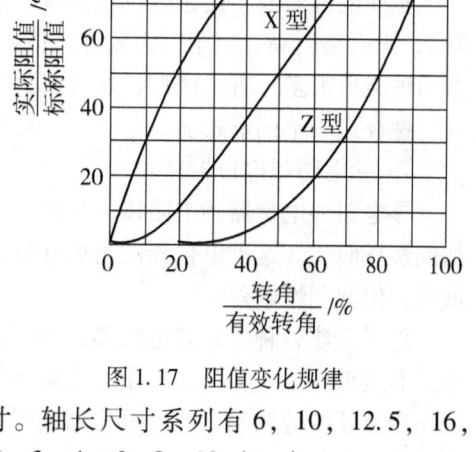

图1.17 阻值变化规律

电位器的轴长是指从安装基准面到轴端的尺寸。轴长尺寸系列有6,10,12.5,16,25,30,40,50,63,80(mm);轴的直径系列有2,3,4,6,8,10(mm)。

常用电位器的轴端结构是根据调节旋钮的要求确定的,有光轴的、开槽的、滚花的、单平面或双平面的很多种形式。电位器的轴长与轴端结构如图1.18所示。

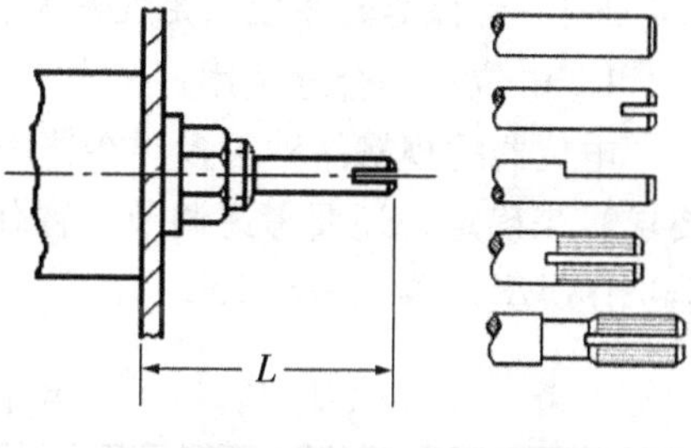

1.4.2.3 几种常用电位器

1. 线绕电位器(型号:WX)

结构:用合金电阻线在绝缘骨架上绕制成电阻体,中心抽头的簧片在电阻丝上滑动。可制成精度

图1.18 电位器的轴长与轴端结构

达 ±0.1% 的精密线绕电位器和额定功率达100W的大功率线绕电位器。线绕电位器有单圈、多圈、多联等几种结构。

特点:根据用途,可制成普通型、精密型、微调型线绕电位器;根据阻值变化规律,有线性、非线性(例如对数或指数函数)两种。线性电位器的精度易于控制,稳定性好,电阻的温度系数小,噪声小,耐压高,但阻值范围较窄,一般在几欧到几十千欧之间。

2. 合成碳膜电位器(型号:WTH)

结构:在绝缘基体上涂覆一层合成碳膜,经加温聚合后形成碳膜片,再与其他零件组合而成,其外观如图1.16c所示。阻值变化规律有线性和非线性的两种,轴端结构分为带锁紧与不带锁紧的两种。

特点:这类电位器的阻值变化连续,分辨力高,阻值范围宽(100Ω~5MΩ);对温度和湿度的适应性较差,使用寿命较短。但由于成本低,因而广泛用于收音机、电视机等消费类电子产品中。额定功率有0.125,0.5,1,2(W)等,精度一般为 ±20%。

3. 有机实芯电位器（型号：WS）

结构：由导电材料与有机填料、热固性树脂配制成电阻粉，经过热压，在基座上形成实芯电阻体，其外形如图 1.16d 所示。轴端尺寸与形状分为多种规格，有带锁紧和不带锁紧的两种。

特点：这类电位器的优点是结构简单、耐高温、体积小、寿命长、可靠性高；缺点是耐压稍低、噪声较大、转动力矩大。有机实芯电位器多用于对可靠性要求较高的电子仪器中。阻值范围是47Ω～4.7MΩ，功率多在0.25～2W之间，精度有±5%、±10%、±20%几种。

4. 多圈电位器

多圈电位器属于精密电位器，调整阻值需使转轴旋转多圈（旋转角 >360°，可多达40圈），因而精度高。当阻值需要在大范围内进行微量调整时，可选用多圈电位器。多圈电位器的种类也很多，有线绕型、块金属膜型、有机实芯型等；调节方式也可分成螺旋（指针）式、螺杆式等不同形式。

5. 导电塑料电位器

导电塑料电位器的电阻体由炭黑、石墨、超细金属粉与磷苯二甲酸、二烯丙酯塑料和胶粘剂塑压而成。这种电位器的耐磨性好，接触可靠，分辨力强，其寿命可达线绕电位器的一百倍，但耐潮性较差。

除了上述各种接触式电位器以外，还有非接触式（如光敏、磁敏）电位器和数字电位器。非接触式电位器没有电刷与电阻体之间的机械性接触，因此克服了接触电阻不稳定、滑动噪声及断线等缺陷。数字电位器实际是数字控制的模拟开关加上一组电阻器构成的功能电路，外观看起来就是一片集成电路，其特性和应用方式与其他集成电路相同。

1.4.2.4 电位器的合理选用及质量判别

1. 电位器的合理选用

电位器的规格品种很多，在选用时，不仅要根据具体电路的使用条件（电阻值及功率要求）来确定，还要考虑调节、操作和成本方面的要求。下面是针对不同用途推荐的电位器选用类型，参见表1.13。

表1.13 各类电位器性能比较

性能	线绕	块金属膜	合成实芯	合成碳膜	金属玻璃釉	导电塑料	金属膜
阻值范围/Ω	4.7～5.6k	2～5k	100～4.7M	470～4.7M	100～100M	50～100M	100～100k
线性精度（±%）	>0.1	—	—	>0.2	<10	>0.05	—
额定功率/W	0.5～100	0.5	0.25～2	0.25～2	0.25～2	0.5～2	—
分辨力	中～良	极优	良	优	优	极优	优
滑动噪声	—	—	中	低～中	中	低	中
零位电阻	低	低	中	中	中	中	中
耐潮性	良	良	差	差	优	差	优
耐磨寿命	良	良	优	优	优	优	良
负荷寿命	优良	优良	良	良	优良	良	优

- 普通电子仪器：合成碳膜或有机实芯电位器；
- 大功率低频电路、高温情况：线绕或金属玻璃釉电位器；
- 高精度：线绕、导电塑料或精密合成碳膜电位器；
- 高分辨力各类非线绕电位器或多圈式微调电位器；
- 高频、高稳定性：薄膜电位器；
- 调节后不需再动：轴端锁紧式电位器；
- 多个电路同步调节：多联电位器；
- 精密、微量调节：带慢轴调节机构的微调电位器；
- 要求电压均匀变化：直线式电位器；
- 音量控制电位器：指数式电位器。

2. 电位器的质量判别

（1）用万用表欧姆档测量电位器的两个固定端的电阻，并与标称值核对阻值。如果万用表指示的阻值比标称值大得多，表明电位器已坏；如指示的数值跳动，表明电位器内部接触不好。

（2）测量滑动端与固定端的阻值变化情况。移动滑动端，如阻值从最小到最大之间连续变化，而且最小值越小，最大值越接近标称值，说明电位器质量较好；如阻值间断或不连续，说明电位器滑动端接触不良，则不能选用。

（3）用"电位器动噪声测量仪"判别质量好坏。

1.4.2.5　安装使用电位器的注意事项

（1）焊接前要对焊点做好镀锡处理，去除焊点上的漆皮与污垢；焊接时间要适宜，不得加热过长，避免引线周围的壳体软化变形。

（2）有些电位器的端面上备有防止壳体转动的定位柱，安装时要注意检查定位柱是否正确装入安装面板上的定位孔里，避免壳体变形；用螺钉固定的矩形微调电位器，螺钉不可压得过紧，避免破坏电位器的内部结构。

（3）安装在电位器轴端的旋钮不要过大，应与电位器的尺寸相匹配，避免调节转动力矩过大而破坏电位器内部的停止档。

（4）插针式引线的电位器，为防止引线折断，不得用力弯曲或扭动引线。

1.4.3　电容器

电容器在各类电子线路中是一种必不可少的重要元件。它的基本结构是用一层绝缘材料（介质）间隔的两片导体。电容器是储能元件，当两端加上电压以后，极板间的电介质即处于电场之中。电介质在电场的作用下，原来的电中性不能继续维持，其内部也形成电场，这种现象叫作电介质的极化。在极化状态下的介质两边，可以储存一定量的电荷，储存电荷的能力用电容量表示。电容量的基本单位是法拉（F），常用单位是微法（μF）和皮法（pF）。$1\ F = 10^6 \mu F = 10^{12}\ pF$。

1.4.3.1　电容器的技术参数

1. 标称容量及偏差

电容量是电容器的基本参数，其数值标注在电容体上。不同类型的电容器有不同系列的容量标称数值。

应该注意：某些电容器的体积过小，在标注容量时常常不标单位符号，只标数值，这就需要根据电容器的材料、外形尺寸、耐压等因素加以判断，以读出真实的容量值。

电容器的容量偏差等级有许多种，一般偏差都比较大，均在 ±5% 以上，最大的可达 −10% ~ +100%。

2. 额定电压

在极化状态下，电荷受到介质的束缚而不能自由移动，只有极少数电荷摆脱束缚形成漏电流；当外加电场增强到一定程度，使介质被击穿，大量电荷脱离束缚流过绝缘材料，此时电容器已经遭到损坏。能够保证长期工作而不致击穿电容器的最大电压称为电容器的额定工作电压，俗称"耐压"。额定电压系列随电容器种类不同而有所区别，额定电压的数值通常在体积较大的电容器或电解电容器上标出。电子产品常用的电容器的额定电压系列见表 1.14。

表 1.14 常用电容器的额定电压系列   单位：V

1.6	4	6.3	10	16	25	(32)	40
(50)	63	100	(125)	160	250	(300)	400
(450)	500	630	1000	1600	2000	2500	…

注：带括号者仅为电解电容器所用。

3. 损耗角正切

电容器介质的绝缘性能取决于材料及厚度，绝缘电阻越大，漏电流越小。漏电流将使电容器消耗一定电能，这种消耗称为电容器的介质损耗（属于有功功率），如图 1.19 所示。图中 δ 角是由于介质损耗而引起的电流相移角度，叫作电容器的损耗角。

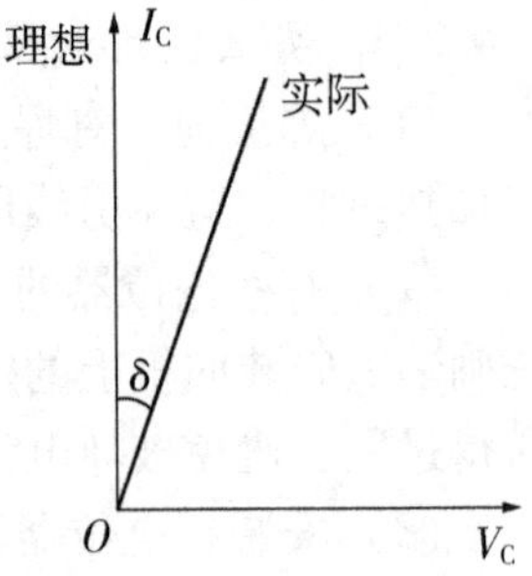

考虑了介质损耗的电容器，相当于在理想电容上并联一个电阻，其等效电路如图 2.20 所示。I_R 是通过等效电阻的漏电流，损耗的有功功率为

$$P = V \cdot I_R = V \cdot I \cdot \sin\delta$$

电容上存储的无功功率为

$$P_q = V \cdot I_C = V \cdot I \cdot \cos\delta$$

图 1.19 电容器的介质损耗

由此可见，只用损耗的有功功率数值来衡量电容器的质量是不准确的，因为功率的损耗不仅与电容器本身的质量有关，而且与加在电容器上的电压及电流有关；同时，损耗功率并不能反映出电容器的存储功率。为确切描述电容器的损耗特性，用损耗功率与存储功率之比来表示，即

$$\frac{P}{P_q} = \frac{V \cdot I \cdot \sin\delta}{V \cdot I \cdot \cos\delta} = \tan\delta$$

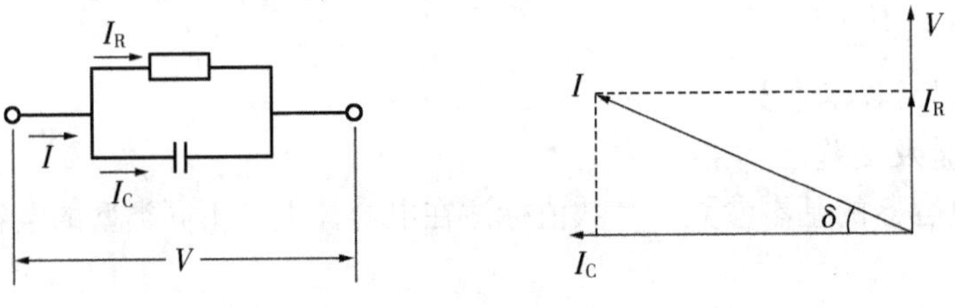

图 2.20 电容器的等效电路

tanδ 称为电容器损耗角正切,它真实地表征了电容器的质量优劣。不同类型的电容器,其 tanδ 的数值不同,一般为 $10^{-2} \sim 10^{-4}$。tanδ 大的电容器,漏电流比较大,漏电流在电路工作时产生热量,导致电容器性能变坏或失效,甚至使电解电容器爆裂。

4. 稳定性

电容器的主要参数,如容量、绝缘电阻、损耗角正切等,都受温度、湿度、气压、震动等环境因素的影响而发生变化,变化的大小用稳定性来衡量。

温度系数用来评价电容器的温度稳定性,表示电容量随环境温度改变而变化:

$$\alpha_c = \frac{1}{C_0} \cdot \frac{\Delta C}{\Delta t} \times 10^{-6} \quad (1/\text{℃})$$

式中,C_0 表示在常温 (20±5)℃下的电容量(F),ΔC(F)是当温度改变 Δt(℃)时,对应的电容改变量。

云母及瓷介电容器的温度稳定性最好,温度系数可达 10^{-4}/℃数量级,铝电解电容器的温度系数最大,可达 10^{-2}/℃。多数电容器的温度系数为正值,个别类型电容器(如瓷介电容器)的温度系数为负值。为使电路工作稳定,电容器的温度系数越小越好。

电容器介质的绝缘性能会随着湿度的增加而下降,并使损耗增加。湿度对纸介电容器的影响较大,对瓷介电容器的影响则很小。

1.4.3.2 电容器的命名与分类

根据国家标准,电容器型号的命名由四部分内容组成(见下图),其中第三部分作为补充,说明电容器的某些特征。如无说明,则只需三部分组成,即两个字母一个数字。大多数电容器的型号都由三部分内容组成,见表 1.15。

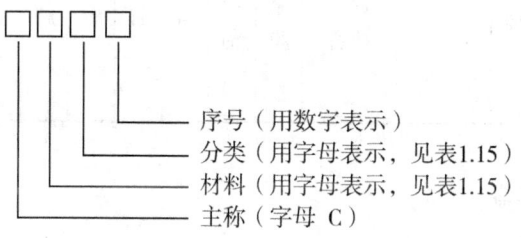

表 1.15 电容器的分类代号及其意义

第一部分(主称)		第二部分(材料)		第三部分(特征,依种类不同而含义不同)				
符号	含义	符号	含义	符号	瓷介	云母	有机	电解
C	电容器	C	高频瓷	1	圆形	非密封	非密封	箔式
		T	低频瓷	2	管形	非密封	非密封	箔式
		Y	云母	3	叠片	密封	密封	烧结粉液体
		V	云母纸	4	独石	密封	密封	烧结粉固体
		I	玻璃釉	5	穿心		穿心	
		O	玻璃膜	6	支柱形			
		B	聚苯乙烯	7			无极性	
		F	聚四氟乙烯	8	高压	高压	高压	
		L	聚酯(涤纶)	9			特殊	特殊
		S	聚碳酸酯	G	高功率			
		Q	漆膜	T	叠片式			
		Z	纸介	W	微调			

续表1.5

第一部分（主称）		第二部分（材料）		第三部分（特征，依种类不同而含义不同）				
符号	含义	符号	含义	符号	瓷介	云母	有机	电解
C	电容器	J	金属化纸介					
		H	复合介质					
		G	合金电解质					
		E	其他电解质					
		D	铝电解					
		A	钽电解					
		N	铌电解					
		T	钛电解					

电容器的种类很多，分类原则也各不相同。通常可按用途或介质、电极材料分成下列几种。见表1.16。

表1.16　常用电容器的种类

固定式								可变式	
有机介质			无机介质				电解	可变	半可变
纸质		有机薄膜	陶瓷		玻璃				
普通纸介	金属化纸介	涤纶 聚碳酸酯 聚苯乙烯 聚四氟乙烯 聚丙烯 漆膜	云母	瓷片 瓷管 独石	玻璃膜	玻璃釉	独石	铝电解	钽电解	铌电解	空气、云母、薄膜	瓷介、云母

1.4.3.3　几种常用电容器

1. 有机介质电容器

由于现代高分子合成技术的进步，新的有机介质薄膜不断出现，这类电容器发展很快。除了传统的纸介、金属化纸介电容器外，常见的涤纶、聚苯乙烯电容器等均属此类。

（1）纸介电容器（型号：CZ）。

结构：以纸作为绝缘介质、以金属箔作为电极板卷绕而成，见图1.21。

特点：这是生产历史最悠久的一种电容器，它的制造成本低，容量范围大，耐压范围宽（36V～30kV），但体积大，tanδ大，因而只适用于直流或低频电路中。在其他有机介质迅速发展的今天，纸介电容器已经被淘汰。

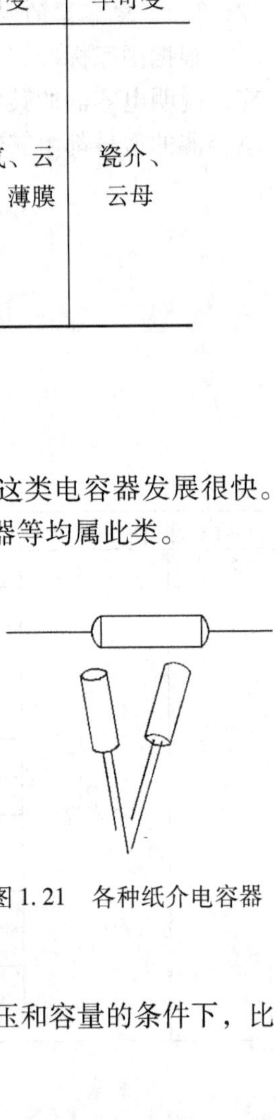

（2）金属化纸介电容器（型号：CJ1）。

结构：在电容器纸上蒸发一层金属膜作为电极，卷制后封装而成，有单向和双向两种引线方式。

特点：金属化纸介电容器的成本低、容量大、体积小，在相同耐压和容量的条件下，比

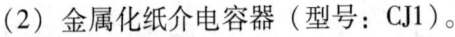

图1.21　各种纸介电容器

纸介电容器的体积小 3~5 倍。这种电容器在电气参数上与纸介电容器基本一致，突出的特点是受到高电压击穿后能够"自愈"，但其电容值不稳定，等效电感和损耗（tanδ 值）都较大，适用于频率和稳定性要求不高的电路中。现在，金属化纸介电容器也已经很少见到。

（3）有机薄膜电容器。

结构：与纸介电容器基本相同，区别在于介质材料不是电容纸，而是有机薄膜。有机薄膜在这里只是一个统称，具体又有涤纶、聚丙烯薄膜等数种。薄膜电容器如图 1.22 所示。

特点：这种电容器不论是体积、重量还是在电参数上，都要比纸介或金属化纸介电容器优越得多，它们的性能比较见表 1.17。最常见的涤纶薄膜电容器（型号：CL）的体积小，容量范围大，耐热、耐湿性能好；稳定性不高，但比低频瓷介或金属化纸介电容器要好，宜做旁路电容器使用。

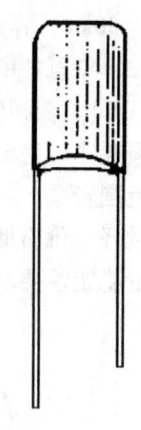

图 1.22 薄膜电容器

表 1.17 各种有机薄膜电容器性能比较

种类	聚酯（涤纶）	聚碳酸酯	金属化聚碳酸酯	聚丙烯	聚苯乙烯	聚四氟乙烯
型号	CL	CS	CSJ	CBB	CB	CF
容量范围/F	470pF~4.7μF	510pF~5μF	0.01~10μF	0.001~10μF	10pF~1μF	510pF~0.1μF
额定电压/V	63~630V	50~250V	50~500V	50V~2kV	63V~30kV	250V~1kV
tanδ/%	0.3~0.7	0.08~0.15	0.1~0.2	0.01~0.1	0.01~0.05	0.002~0.005
工作温度/℃	-55~+125	-55~+125	-55~+125	-55~+85	-10~+80	-55~+200
温度系数/$10^{-6}℃^{-1}$	+200~+600	±200	±200	-300~-100	±200	-100~-200
用途	低频或直流电路	低压交直流电路	低压交直流电路	高压电路	高精度、高频	高温、高频

2. 无机介质电容器

陶瓷、云母、玻璃等材料可制成无机介质电容器。

（1）瓷介电容器（型号：CC 或 CT）。

瓷介电容器也是一种生产历史悠久、容易制造、成本低廉、安装方便、应用极为广泛的电容器，一般按其性能可分为低压小功率和高压大功率（通常额定工作电压高于 1kV）的两种。

结构：常见的低压小功率电容器有瓷片、瓷管、瓷介独石等类型，如图 1.23 所示。在陶瓷薄片两面喷涂银层并焊接引线，披釉烧结后就制成瓷片电容器；若在陶瓷薄膜上印刷电极后叠层烧结，就能制成独石电容器。独石电容器的单位体积比瓷片电容器小很多，为瓷介电容器向小型化和大容量的发展开辟了良好的途径。

高压大功率瓷介电容器可制成鼓形、瓶形、板形等形式。这种电容器的额定直流电压可达30kV，容量范围为470~6800pF，通常用于高压供电系统的功率因数补偿。

特点：由于所用陶瓷材料的介电性能不同，因而低压小功率瓷介电容器有高频瓷介（CC）、低频瓷介（CT）电容器之分。高频瓷介电容器的体积小、耐热性好、绝缘电阻大、损耗小、稳定性高，常用于要求低损耗和容量稳定的高频、脉冲、温度补偿电路，但其容量范围较窄，一般为$1pF~0.1\mu F$；低频瓷介电容器的绝缘电阻小、损耗大、稳定性差，但重量轻、价格低廉、容量大，特别是独石电容器的容量可达$2\mu F$以上，一般用于对损耗和容量稳定性要求不高的低频电路，在普通电子产品中广泛用作旁路、耦合元件。

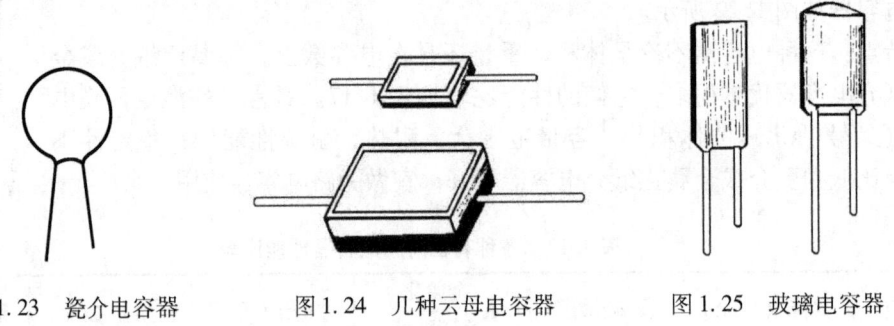

图1.23　瓷介电容器　　　图1.24　几种云母电容器　　　图1.25　玻璃电容器

（2）云母电容器（型号：CY）。

结构：以云母为介质，用锡箔和云母片（或用喷涂银层的云母片）层叠后在胶木粉中压铸而成。云母电容器如图1.24所示。

特点：由于云母材料优良的电气性能和机械性能，使云母电容器的自身电感和漏电损耗都很小，具有耐压范围宽、可靠性高、性能稳定、容量精度高等优点，被广泛用在一些具有特殊要求（如高温、高频、脉冲、高稳定性）的电路中。

目前应用较广的云母电容器的容量一般为4.7~51000pF，精度可达到±0.01%~0.03%，这是其他种类的电容器难以做到的。云母电容器的直流耐压通常在100V~5kV之间，最高可达到40kV。温度系数小，一般可达到10^{-6}/℃以内；可用于高温条件下，最高环境温度可达到460℃；长期存放后，容量变化小于0.01%~0.02%。

但是，云母电容器的生产工艺复杂，成本高、体积大、容量有限，因此它的使用范围受到了一定的限制。

（3）玻璃电容器。

结构：玻璃电容器以玻璃为介质，目前常见玻璃独石和玻璃釉独石两种，其外形如图1.25所示。玻璃独石电容器与云母电容器的生产工艺相似，即把玻璃薄膜与金属电极交替叠合后热压成整体而成；玻璃釉独石电容器与瓷介独石电容器的生产工艺相似，即将玻璃釉粉压成薄膜，在膜上印刷图形电极，交替叠合后剪切成小块，在高温下烧结成整体。

与云母和瓷介电容器相比，玻璃电容器的生产工艺简单，因而成本低廉。这种电容器具有良好的防潮性和抗震性，能在200℃高温下长期稳定工作，是一种高稳定性、耐高温的电容器。其稳定性介于云母与瓷介电容器之间，一般体积却只有云母电容器的几十分之一，所以在高密度的SMT电路中广泛使用。

3．电解电容器

电解电容器以金属氧化膜作为介质，以金属和电解质作为电容的两极，金属为阳极，电解质为阴极。使用电解电容器必须注意极性，由于介质单向极化的性质，它不能用于交流电路,极性不能接反,否则会影响介质的极化,使电容器漏液、容量下降,甚至发热、击穿、爆炸。

由于电解电容器的介质是一层极薄的氧化膜(厚度只有几纳米到几十纳米),因此比率电容(电容量/体积)比任何其他类型电容器的都要大。换言之,对于相同的容量和耐压,其体积比其他电容器都要小几个或几十个数量级,低压电解电容器的这一特点更为突出。在要求大容量的场合(如滤波电路等),均选用电解电容器。电解电容器的损耗大,温度特性、频率特性、绝缘性能差,漏电流大(可达毫安级),长期存放可能因电解液干涸而老化。因此,除体积小以外,其任何性能均远不如其他类型的电容器。常见的电解电容器有铝电解、钽电解和铌电解电容器。此外,还有一些特殊性能的电解电容器,如激光储能型、闪光灯专用型、高频低感型电解电容器等,用于不同要求的电路。

(1) 铝电解电容器(型号:CD)。

结构:铝电解电容器一般是用铝箔和浸有电解液的纤维带交叠卷成圆柱形后,封装在铝壳内,其外形见图 1.26。大容量的铝电解电容器的外壳顶端通常有"+"字形压痕,其作用是防止电容器内部发热引起外壳爆炸,假如电解电容器被错误接入电路,介质反向极化会导致内部迅速发热,电解液汽化,膨胀的气体就会顶开外壳顶端的压痕释放压力,避免外壳爆裂伤人。

特点:这是一种使用最广泛的通用型电解电容器,适用于电源滤波和音频旁路。铝电解电容器的绝缘电阻小,漏电损耗大,容量范围为 0.33~10000μF,额定工作电压一般在 6.3~450V 之间。

(2) 钽电解电容器(型号:CA)。

结构:采用金属钽(粉剂或溶液)作为电解质。

特点:钽电解电容器已经发展了大约 50 年。由于钽及其氧化膜的物理性能稳定,所以它与铝电解电容器相比,具有绝缘电阻大、漏电小、寿命长、比率电容大、长期存放性能稳定、温度及频率特性好等优点;但它的成本高、额定工作电压低(最高只有 160V)。这种电容器主要用于一些对电气性能要求较高的电路,如积分、计时、开关电路等。钽电解电容器分为有极性和无极性的两种。

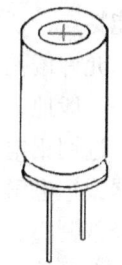

图 1.26 铝电解电容器的外形

除液体钽电容以外,近年来又发展了超小型固体钽电容器。高频片状钽电容器的最小尺寸可达 1mm×2mm,用于混合集成电路或采用 SMT 技术的微型电子产品中。其他电解电容器在这里不做介绍。

4. 可变电容器(型号:CB)

结构:可变电容器是由很多半圆形动片和定片组成的平行板式结构,动片和定片之间用介质(空气、云母或聚苯乙烯薄膜)隔开,动片组可绕轴相对于定片组旋转 0~180°,从而改变电容量的大小。可变电容器按结构可分为单联、双联和多联几种。图 1.27 是常见小型可变电容器的外形。双联可变电容器又分成两种,一种是两组最大容量相同的等容双联,另一种是两组最大容量不同的差容双联。目前最常见的小型密封薄膜介质可变电容器(CBM 型),采用聚苯乙烯薄膜作为片间介质。

特点:主要用在需要经常调整电容量的场合,如收音机的频率调谐电路。单联可变电容器的容量范围通常是 7/270pF 或 7/360pF;双联可变电容器的最大容量通常为 270pF。

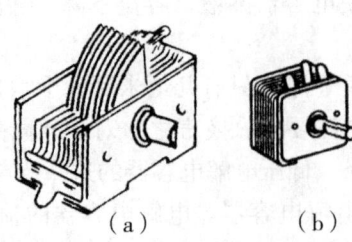 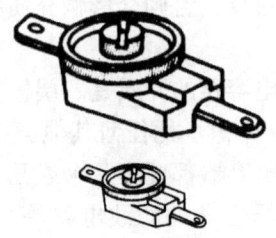

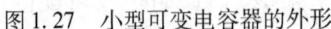

图1.27　小型可变电容器的外形　　　　图1.28　微调电容器

5. 微调电容器（CCW 型）

结构：在两块同轴的陶瓷片上分别镀有半圆形的银层，定片固定不动，旋转动片就可以改变两块银片的相对位置，从而在较小的范围内改变容量（几十皮法），如图1.28所示。

特点：一般在高频回路中用于不经常进行的频率微调。

1.4.3.4　电容器的合理选用

电容器的种类繁多，性能指标各异，合理选用电容器对于产品设计十分重要。所谓合理选用，就是要在满足电路要求的前提下综合考虑体积、重量、成本、可靠性等各方面的因素。为了合理选用电容器，应该广泛收集产品目录，及时掌握市场信息，熟悉各类电容器的性能特点；了解电路的使用条件和要求以及每个电容器在电路中的作用，如耐压、频率、容量、允许偏差、介质损耗、工作环境、体积、价格等因素。

一般地，电路各级之间耦合多选用金属化纸介电容器或涤纶电容器；电源滤波和低频旁路宜选用铝电解电容器；高频电路和要求电容量稳定的地方应该用高频瓷介电容器、云母电容器或钽电解电容器；如果在使用中要求电容量做经常性调整，可选用可变电容器；如不需要经常调整，可使用微调电容器。

在具体选用电容器时，还应该注意如下问题：

1. 电容器的额定电压

不同类型的电容器有不同的额定电压系列，所选电容器的耐压应该符合标准系列，一般应该高于电容器两端实际电压的1.5~2倍。不论选用何种电容器，都不得使其额定电压低于电路实际工作电压的峰值，否则电容器将会被击穿。因此，必须仔细分析电容器所加电压的性质。一般地，电路的工作电压是按照电压的有效值读数的，往往会忽略电压的峰值可能超过电容器的额定电压的情况。因此，在选择电容器的额定电压时，必须留有充分的裕量。

但是，选用电容器的耐压也不是越高越好，耐压高的电容器体积大、价格高。不仅如此，由于液体电解质的电解电容器自身结构的特点，一般应使电路的实际电压相当于所选额定电压的50%~70%，才能充分发挥电解电容器的作用。如果实际工作电压低于其额定电压的一半，让高耐压的电解电容器在低电压的电路中长期工作，反而容易使它的电容量逐渐减小、损耗增大，导致工作状态变差。

2. 标称容量及精度等级

各类电容器均有其容量标称值系列及精度等级。电容器在电路中的作用各不相同，某些特殊场合（如定时电路）要求一定的容量精度，而在更多场合，容量偏差可以很大，例如，在电路中用于耦合或旁路，电容量相差几倍往往都没有很大关系。在制造电容器时，控制容量比较困难，不同精度的电容器，价格相差很大。所以，在确定电容器的容量精度时，应该仔细考虑电路的要求，不要盲目追求电容器的精度等级。

3. 对 tanδ 值的选择

介质材料的区别使电容器的 tanδ 值相差很大。在高频电路或对信号相位要求严格的电路中，tanδ 值对电路性能的影响很大，直接关系到整机的技术指标，所以应该选择 tanδ 值较小的电容器。

4. 电容器的体积和比率电容

在产品设计中，一般都希望体积小、重量轻，特别是在密度较高的电路中，更要求选用小型电容器。由于介质材料不同，电容器的体积往往相差几倍或几十倍。单位体积的电容量称为电容器的比率电容，即

$$比率电容 = \frac{电容量}{电容器体积} \quad (F/m^3)$$

比率电容越大，电容器的体积越小，价格也贵一些。

5. 成本

由于各类电容器的生产工艺相差很大，因此价格也相差很大。在满足产品技术要求的情况下，应该尽量选用价格低廉的电容器，以便降低产品成本。

表 1.18 中列出了常见固定电容器的性能特点及适用范围，表 1.19 是固定电容器在常温条件下的 tanδ 和绝缘电阻（时间常数）值，供选用时参考。

表1.18 常见固定电容器的性能特点及适用范围

用途	电容器种类	电容量/F	工作电压/V	损耗角正切/tanδ
高频旁路	高频陶瓷	8.2~1000p	500	0.0015
	云母	51~4700p	500	0.001
	玻璃膜	100~3300p	500	0.0012
	涤纶	100~3300p	400	0.015
	玻璃釉	10~3300p	100	0.001
低频旁路	低频陶瓷	0.001~0.047μ	<500	0.04
	铝电解	10~1000μ	25~450	0.2
	涤纶	0.001~0.047μ	400	0.015
滤波	铝电解	10~10000μ	25~450	<0.2
	复合纸介	0.01~10μ	2000	0.015
	液体钽电解	220~3300μ	16~125	<0.5
滤波器	陶瓷	100~4700p	500	0.0015
	聚苯乙烯	100~4700p	500	0.0015
	云母	51~4700p		
调谐	高频陶瓷	1~1000p	500	0.0015
	云母	51~1000p	500	0.0015
	玻璃膜	51~1000p	500	0.0012
	聚苯乙烯	51~1000p	<1600	0.001
高频耦合	云母	470~6800p	500	0.001
	聚苯乙烯	470~6800p	400	0.001
	高频陶瓷	10~6800p	500	0.0015

续表 1.18

用途	电容器种类	电容量/F	工作电压/V	损耗角正切/tanδ
低频耦合	铝电解	1~47μ	<450	0.15
	低频陶瓷	0.001~0.047μ	<500	0.04
	涤纶	0.001~0.1μ	<400	<0.015
	液体钽电解	0.33~470μ	<63	<0.15
电源输入端抗高频干扰	低频陶瓷	0.001~0.047μ	<500	0.04
	云母	0.001~0.047μ	500	0.001
	涤纶	0.001~0.1μ	<1000	<0.015
储能	复合纸介	10~50μ	1k~30k	0.015
	铝电解	100~10000μ	1k~5k	0.15
开关电源	铝电解	1000~10000μ	25~100	>0.3
高频、高压	高频陶瓷	470~6800p	<12k	0.001
	聚苯乙烯	180~4000p	<30k	0.001
	云母	330~2000p	<10k	0.001
一般电路中的小型电容器	金属化纸介	0.001~10μ	<160	<0.01
	高频陶瓷	1~500p	<160	0.0015
	低频陶瓷	680~0.047μ	63	<0.04
	云母	4.7~10000p	100	<0.001
	铝电解	1~3300μ	6.3~50	<0.2
	钽电解	1~3300μ	6.3~63	<0.15
	聚苯乙烯	0.47p~0.47μ	50~100	<0.001
	玻璃釉	10~3300p	<63	0.0015
	金属化涤纶	0.1~1μ	63	0.0015
	聚丙烯	0.01~0.47μ	63~160	0.001

表 1.19 固定电容器在常温条件下的 tanδ 和时间常数

类型	参数	
	损耗角正切/tanδ	时间常数/(MΩ·μF)
纸介	0.0012~0.01	2000~20000
金属化纸介	0.003~0.02	500~10000
聚酯	0.0012~0.01	6000~100000
金属化聚酯	0.0012~0.02	500~15000
聚碳酸酯	0.0005~0.002	15000~120000
聚苯乙烯	0.00012~0.001	50000~1000000
聚丙烯	0.0001~0.001	600000~1000000
聚四氟乙烯	0.0001~0.0005	600000~1000000
云母	0.0002~0.002	20000~60000
高频陶瓷	0.0005~0.005	15000~100000
低频陶瓷	0.012~0.05	6000~10000
半导体陶瓷	0.02~0.2	0.8~10
铝电解	0.05~0.5	1.2~150

续表1.19

类型	参数	
	损耗角正切/tanδ	时间常数/（MΩ·μF）
固体钽电解	0.02~0.1	80~2000
液体钽电解	0.01~0.5	800~40000

1.4.3.5 用万用表判断电容器的质量

如果没有专用检测仪器，使用万用表也能简单判断电容器的质量。

1. 检测小容量电容器

（1）对于容量大于 5100pF 的电容器，用万用表的欧姆档测量电容器的两引线，应该能观察到万用表显示的阻值变化，这是电容器充电的过程。数值稳定后的阻值读数就是电容器的绝缘电阻（也称漏电电阻）。假如数字式万用表显示绝缘电阻在几百 kΩ 以下或者指针式万用表的表针停在距"∞"较远的位置，表明电容器漏电严重，不能使用。

（2）对于容量小于 5100pF 的电容器，由于充电时间很快，充电电流很小，直接使用万用表的欧姆档就很难观察到阻值的变化。这时，可以借助一个 NPN 三极管的放大作用进行测量。测量电路如图 1.29 所示。电容器接到 A、B 两端，由于晶体管的放大作用，就可以测量到电容器的绝缘电阻。判断方法同上所述。

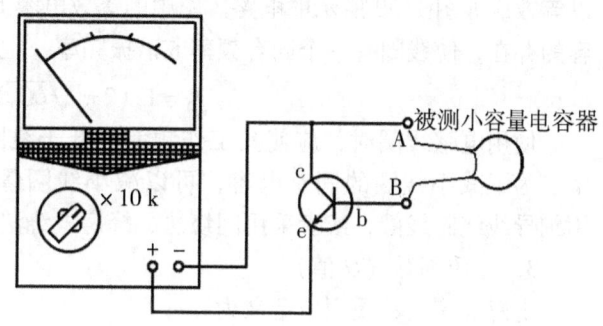

图 1.29 测量电路

2. 测量电解电容器

应该注意它的极性。一般地，电容器正极的引线长一些。测量时万用表内电源的正极与电容器的正极相接，电源负极与电容器负极相接，称为电容器的正接。电容器的正向连接比反向连接时的漏电电阻大。注意：数字式万用表的红表笔内接电源正极，而指针式万用表的黑表笔内接电源正极。

当电解电容器引线的极性无法辨别时，可以根据电解电容器正向连接时绝缘电阻大、反向连接时绝缘电阻小的特征来判别。用万用表红、黑表笔交换来测量电容器的绝缘电阻，绝缘电阻大的一次，连接表内电源正极的表笔所接的就是电容器的正极，另一极为负极。

3. 测量可变电容器

可变电容器的漏电或碰片短路，可用万用表的欧姆档来检查。将万用表的两只表笔分别与可变电容器的定片和动片引出端相连，同时将电容器来回旋转几下，阻值读数应该极大且无变化。如果读数为零或某一较小的数值，说明可变电容器已发生碰片短路或漏电严重。

1.4.4 电感器

电感器俗称电感或电感线圈，是利用电磁感应原理制成的元件，在电路里起阻流、变压、传送信号的作用。电感器的应用范围很广泛，它在调谐、振荡、耦合、匹配、滤波、陷波、延迟、补偿及偏转聚焦等电路中都是必不可少的。由于其用途、工作频率、功率、工作环境不同，对电感器的基本参数和结构就有不同的要求，因此导致电感器类型和结构的多样化。

电感器按工作特征分成电感量固定的和电感量可变的两种类型；按磁导体性质分成空心电感、磁心电感和铜心电感；按绕制方式及其结构分成单层、多层、蜂房式、有骨架式或无骨架式电感。

1.4.4.1 电感器的基本参数

1. 电感量

在没有非线性导磁物质存在的条件下，一个载流线圈的磁通量 Ψ 与线圈中的电流 I 成正比，其比例常数称为自感系数，用 L 表示，简称电感。即

$$L = \Psi/I。$$

电感的基本单位是 H（亨利），实际常用单位有 mH（毫亨）、μH（微亨）和 nH（毫微亨）。一般电感器的电感量精度在 ±5% ~ ±20% 之间。

2. 固有频率

电感线圈的各匝绕组之间通过空气、绝缘层和骨架而存在着分布电容，同时，在屏蔽罩之间、多层绕组的每层之间、绕组与底板之间也都存在着分布电容。这样，电感器实际上可以等效成如图 1.30 所示的电路。图中的等效电容 C_0，就是电感器的固有电容。由于固有电容的存在，使线圈有一个固有频率或谐振频率，记为 f_0，其值为

$$f_0 = 1/(2\pi\sqrt{LC_0})\quad(\text{Hz})$$

使用电感线圈时，应使其工作频率远低于线圈的固有频率。为了减小线圈的固有电容，可以减小线圈骨架的直径，用细导线绕制线圈，或者采用间绕法、蜂房式绕法。

3. 品质因数（Q 值）

电感线圈的品质因数定义为

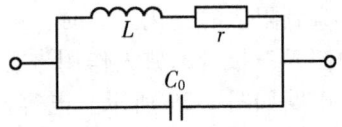

图 1.30 电感器的等效电路

$$Q = \frac{2\pi f L}{r}$$

式中，f 是工作频率（Hz）；L 是线圈的电感量（H）；r 是线圈的损耗电阻（Ω），包括直流电阻、高频电阻及介质损耗电阻。

Q 值反映线圈损耗的大小，Q 值越高，损耗功率越小，电路效率越高。一般谐振电路要求电感器的 Q 值高，以便获得更好的选择性。

为提高电感线圈的品质因数，可以采用镀银导线、多股绝缘线绕制线匝，使用高频陶瓷骨架及磁心（提高磁通量）。

4. 额定电流

额定电流是电感线圈中允许通过的最大电流。当电感线圈在供电回路里作为高频扼流圈或在大功率谐振电路里作为谐振电感时，都必须考虑它的额定电流是否符合要求。

5. 稳定性

线圈产生几何变形、温度变化引起的固有电容和漏电损耗增加，都会影响电感器的稳定性。电感线圈的稳定性，通常用电感温度系数 α_L 和不稳定系数 β_L 来衡量，它们越大，表示电感线圈的稳定性越差。

$$\alpha_L = \frac{L_2 - L_1}{L_1(t_2 - t_1)}\quad(1/℃)$$

式中，L_2 和 L_1 分别表示温度为 t_2 和 t_1 时的电感量（H），α_L 用于衡量电感量相对于温度的稳定性。

$$\beta_L = \frac{L - L_t}{L}$$

式中，L 和 L_t 分别为原来的和温度循环变化后的电感量（H），β_L 表示电感量经过温度循环变化后不再能恢复到原来数值的这种不可逆变化（无单位数值，可以用小数或百分数表示）。

温度对电感量的影响，主要是由于导线受热膨胀使线圈产生几何变形而引起的。为减小这一影响，可以采用热绕法（绕制时将导线加热，冷却后导线收缩，紧紧贴合在骨架上）或烧渗法（在高频陶瓷骨架上烧渗一层旋绕的银薄膜，代替原来的导线），保证线圈不变形。

湿度增大时，线圈的固有电容和漏电损耗增加，也会降低线圈的稳定性。改进的方法是将线圈用绝缘漆或环氧树脂等防潮物质浸渍密封。但这样处理后，由于浸渍材料的介电常数比空气大，会使线匝间的分布电容增大，同时还引入介质损耗，影响 Q 值。

测量电感器的参数比较复杂，一般都是通过电感测量仪和电桥等专用仪器进行的。同类仪器也很多，具体使用和测量的方法详见各仪器的使用说明书。

1.4.4.2 常用电感器

1. 小型固定电感器

结构：有卧式（LG1、LGX 型）和立式（LG2、LG4 型）两种，其外形如图 1.31 所示。这种电感器是在棒形、工字形或王字形的磁心上直接绕制一定匝数的漆包线或丝包线，外表裹覆环氧树脂或封装在塑料壳中。有些环氧树脂封装的固定电感器用色码标注其电感量，故也称为色码电感。

小型固定电感器的电感量范围一般为 0.1μH～10mH，允许偏差有 Ⅰ、Ⅱ、Ⅲ 三档，分别表示 ±5%、±10% 和 ±20%。Q 值在 40～80 之间。额定电流用 A、B、C、D、E 档表示，分别代表 50，150，300，700，1600（mA）。显然，相同电感量的固定电感，A 档的体积最小，E 档的体积最大。

特点：具有体积小、重量轻、结构牢固（耐震动、耐冲击）、防潮性能好、安装方便等优点，常用在滤波、扼流、延迟、陷波等电路中。

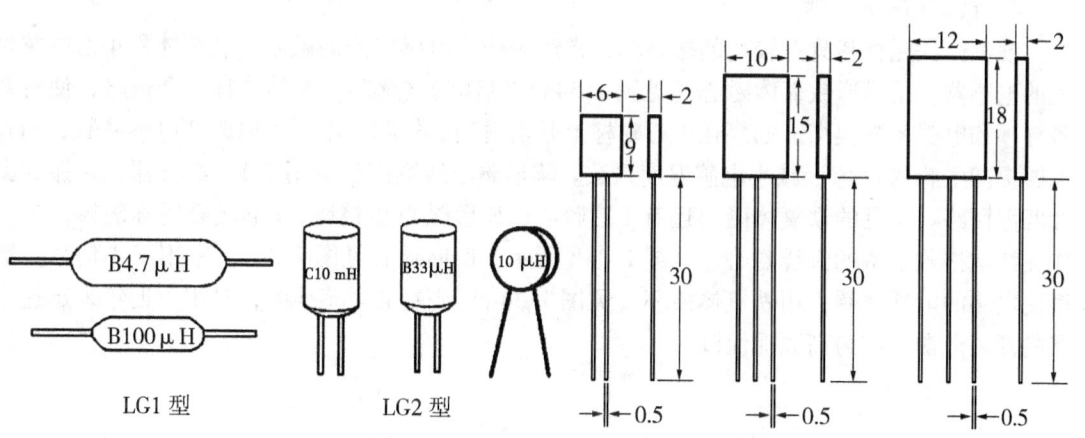

图 1.31 小型固定电感器　　图 1.32 平面电感

2. 平面电感

结构：主要采用真空蒸发、光刻电镀及塑料包封等工艺，在陶瓷或微晶玻璃片上沉积金属导线制成，见图 1.32。目前的工艺水平已经可以在 $1cm^2$ 的面积上制作出电感量为 $2\mu H$ 以上的平面电感。

特点：平面电感的稳定性、精度和可靠性都比较好，适用在频率范围为几十 MHz 到几百 MHz 的高频电路中。

3. 中周线圈

结构：由磁心、磁罩、塑料骨架和金属屏蔽壳组成，线圈绕制在塑料骨架上或直接绕制在磁心上，骨架的插脚可以焊接到印制电路板上。有些中周线圈的磁罩可以旋转调节，有些则是磁心可以旋转调节。调整磁心和磁罩的相对位置，能够在 ±10% 的范围内改变中周线圈的电感量。常用的中周线圈的外形结构如图 1.33 所示。

特点：中周线圈是超外差式无线电设备中的主要元件之一，作为电感元件，它广泛应用在调幅、调频接收机、电视接收机、通信接收机等电子设备的振荡调谐回路中。由于中周线圈的技术参数根据接收机的设计要求确定，并直接影响接收机的性能指标，所以各种接收机中的中周线圈的参数都不完全一致。为了正确选用，应该针对实际情况，查阅有关资料。

我国生产的超外差式调幅中波无线电广播接收机中，变频后的工作中频都是 465kHz。所以，有些厂家生产的产品，已经把配用的回路电容装配在中周线圈的结构上，在选用时查表可知各种回路电容的电容量。

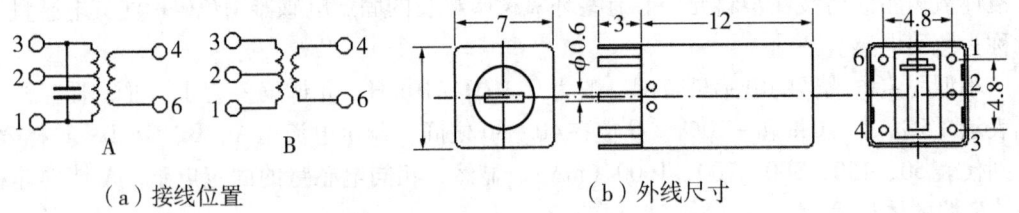

（a）接线位置　　　　　　　　（b）外线尺寸

图 1.33　中周线圈

4. 铁氧体磁心线圈

铁氧体铁磁材料具有较高的磁导率，常用来作为电感线圈的磁心，制造体积小而电感量大的电感器。用罐形铁氧体磁心（见图 1.34a）制作的电感器，因其具有闭合磁路，使有效磁导率和电感系数很高。如果在中心磁柱上开出适当的气隙，不但可以改变电感系数，而且能够提高电感的 Q 值，减小电感温度系数。罐形磁心线圈广泛应用于 LC 滤波器、谐振回路和匹配回路。常见的铁氧体磁心还有 I 形磁心、E 形磁心和磁环。I 形磁心俗称磁棒，常用作无线电接收设备的天线磁心，如图 1.34b 所示；E 形磁心见图 1.34c，常用于小信号高频振荡电路的电感线圈；用铁氧体磁环（见图 1.34d）绕制的电感线圈，多用于近年来迅速发展的开关电源，作为高频扼流圈。

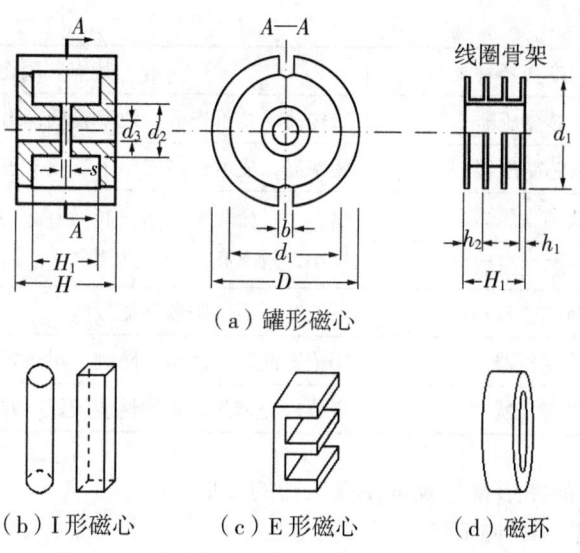

图 1.34 铁氧体磁心

5. 其他电感器

在各种电子设备中,根据不同的电路特点,还有很多结构各异的专用电感器。例如,半导体收音机的磁性天线,电视机中的偏转线圈、振荡线圈等。

1.4.4.3 变压器

两个电感线圈相互靠近,就会产生互感现象。因此从原理上来说,各种变压器都属于电感器。变压器在电子产品中能够起到交流电压变换、电流变换、传递功率和阻抗变换的作用,是不可缺少的重要元件之一。电子产品中常用变压器的分类方法、种类、特点和用途见表 1.20。

表 1.20 电子产品中常用变压器的分类方法、种类、特点和用途

变压器的分类方法	变压器种类		特点、用途
按用途分类	电源变压器		一般变压器,用于低档电子产品
	隔离变压器		初/次级绕组匝数1:1,多在实验室内使用
	调压器		调整滑动端改变输出电压,多在实验室内使用
	输入/输出变压器	音频变压器	在音频电路里阻抗变换,失真小
		中频变压器	在无线电设备里工作在谐振频率上,金属外壳电磁屏蔽
		高频变压器	在高频电路里阻抗变换,失真小
	脉冲变压器		传递脉冲信号失真小
按导磁材料分类	硅钢片(或玻莫合金片)变压器		价格低,效率较低
	低频铁氧体磁心变压器		体积小,效率高,用于信号变换
	高频铁氧体磁心变压器		工作频率高,体积小,效率高,用于开关电源

续表 1.20

变压器的分类方法	变压器种类	特点、用途
按铁芯形状分类	E 形铁芯变压器	结构简单，价格低，效率较低，用于低档电子产品
	C 形铁芯变压器	效率高，成本较高，用于工业电子产品及仪器设备
	R 形铁芯变压器	漏磁小，体积小，损耗低，寿命长，噪声低，重量轻，干扰小，效率高，用于高档电子产品及数字设备
	O 形铁芯变压器	
按防潮方式分类	非密封式变压器	一般变压器，防潮性能较差
	灌封式变压器	用绝缘油罐封绕组，防潮、耐热好，用于大功率输出
	密封式变压器	金属外壳密封，防潮性能较好，并能防止磁场泄露

图 1.35 是变压器的图形符号及常用变压器的外形。

变压器的主要性能参数如下：

(1) 额定功率。在规定的电压和频率下，变压器能够长期连续工作而不超过规定温升的输出功率（单位：VA、kVA 或 W、kW）。一般电子产品中的变压器，额定功率都在数百瓦以下。

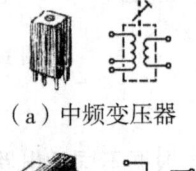
(a) 中频变压器

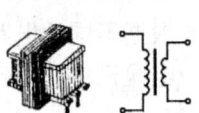
(b) 输出变压器

(c) 电源变压器

(2) 变压比。变压器次级电压与初级电压的比值或次级绕组匝数与初级绕组匝数的比值，通常在变压器外壳上直接标出电压变化数值，例如 220V/12V。变阻比是变压比的另一种表达形式，可以用来表示初级和次级的阻抗变换关系，例如用 4∶1 表示初级、次级的阻抗比值。

图 1.35 变压器的图形符号及常用变压器的外形

(3) 效率。输出功率与输入功率的比值，一般用百分数表示。变压器的效率由设计参数、材料、制造工艺及额定功率决定。通常 20W 以下的变压器的效率为 70% ~ 80%，而 100W 以上的变压器的效率可达 95% 左右。

(4) 温升。指线圈的温度。当变压器通电工作以后，线圈温度上升到稳定值时，比环境温度升高的数值。温升高的变压器，绕组导线和绝缘材料容易老化。

(5) 绝缘电阻和抗电强度。指线圈之间、线圈与铁心之间以及引线之间，在规定的时间内（例如 1 分钟）可以承受的试验电压。它是判断电源变压器能否安全工作特别重要的参数。不同的工作电压、不同的使用条件和要求，对变压器的绝缘电阻和抗电强度有不同的要求。一般要求，电子产品中的小型电源变压器的绝缘电阻≥500MΩ，抗电强度≥2000V。

(6) 空载电流。变压器初级加额定电压而次级空载，这时的初级电流叫作空载电流。空载电流的大小，反映变压器的设计、材料和加工质量。空载电流大的变压器自身损耗大，输出效率低。一般地，空载电流不超过变压器额定电流的 10%。设计和制作优良的变压器，空载电流可小于额定电流的 5%。

(7) 信号传输参数。用于阻抗变换的音频、高频变压器，还要考虑漏电感、频带宽度和非线性失真等参数。

变压器的常见故障有开路和短路。开路故障大部分是因为引出端断线，用万用表的电阻档容易检查出来。短路故障则不太容易判断，除了线圈电阻比标准阻值明显变小以外，绕组局部短路很难用万用表准确检查出来。一般地，可以观察空载电流是否过大，空载温升是否超过正常温升。

1.4.5 机电元件

机电元件是利用机械力或电信号实现电路接通、断开或转接的元件。电子产品中常用的开关、继电器和接插件就属于机电元件。它的主要功能有：

（1）传输信号和输送电能；

（2）通过金属接触点的闭合或开启，使其所联系的电路接通或断开。

影响机电元件可靠性的主要因素是温度、潮热、盐雾、工业气体和机械震动等。高温影响弹性材料的机械性能，容易造成应力松弛，导致接触电阻增大，并使绝缘材料的性能变坏；潮热使接触点受到腐蚀并造成结构材料的绝缘电阻下降；盐雾使接触点和金属零件被腐蚀；工业气体二氧化硫或二氧化氢对接触点特别是银镀层有很大的腐蚀作用；震动易造成焊接点脱落，接触不稳定。选用机电元件时，除了应该根据产品技术条件规定的电气、机械、环境要求以外，还要考虑元件动作的次数、镀层的磨损等因素。

在对可靠性有较高要求的地方，为了有效地改善机电元件金属接触点的性能，可以使用固体薄膜保护剂。

1.4.5.1 接插件的分类和几种常用接插件

习惯上，常按照接插件的工作频率和外形结构特征来分类。

按照接插件的工作频率分类，低频接插件通常是指适合在频率 100MHz 以下工作的连接器。而适合在频率 100MHz 以上工作的高频接插件，在结构上需要考虑高频电场的泄漏、反射等问题，一般都采用同轴结构，以便与同轴电缆连接，所以也称为同轴连接器。

按照外形结构特征分类，常见的有圆形接插件、矩形接插件、印制板接插件、带状电缆接插件等。

1. 圆形接插件

圆形接插件的插头具有圆筒状外形，插座焊接在印制电路板上或紧固在金属机箱上，插头与插座之间有插接和螺接两类连接方式，广泛用于系统内各种设备之间的电气连接。插接方式的圆形接插件用于插拔次数较多、连接点数少且电流不超过 1A 的电路连接，常见的台式计算机键盘、鼠标插头（PS/2 端口）就属于这一种。螺接方式的圆形接插件俗称航空插头、插座，见图 1.36。它有一个标准的螺旋锁紧机构，特点是接点多、插拔力较大、连通电流大、连接较方便、抗震性极好，容易实现防水密封及电磁屏蔽等特殊要求。这类连接器的接点数目从两个到多达近百个，额定电流可从 1A 到数百安培，工作电压均在 300~500V 之间。

图 1.36 圆形接插件

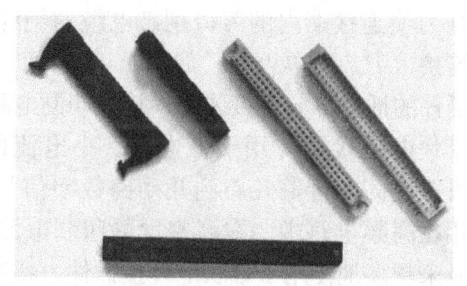

图 1.37 矩形接插件

2. 矩形接插件

矩形接插件见图1.37。矩形接插件的体积较大，电流容量也较大，并且矩形排列能够充分利用空间，所以这种接插件被广泛用于印刷电路板上安培级电流信号的互相连接。有些矩形接插件带有金属外壳及锁紧装置，可以用于机外的电缆之间和电路板与面板之间的电气连接。

3. 印制板接插件

印制板接插件如图1.38所示，用于印制电路板之间的直接连接，外形是长条形，结构有直接型、绕接型、间接型等形式。插头由印制电路板（"子"板）边缘上镀金的排状铜箔条（俗称"金手指"）构成；插座根据设计要求订购，焊接在"母"板上。"子"电路板插入"母"电路板上的插座，就连接了两个电路。印制板插座的型号很多，主要规格有排数（单排、双排）、针数（引线数目，从7线到近200线不等）、针间距（相邻接点簧片之间的距离）以及有无定位装置、有无锁定装置等。从台式计算机的主板上最容易见到符合不同的总线规范的印制板插座，用户选择的显卡、声卡等就是通过这种插座与主板实现连接。

4. 同轴接插件

同轴接插件又叫作射频接插件或微波接插件，用于传输射频信号、数字信号的同轴电缆之间连接，工作频率可达数千MHz以上，见图1.39。Q9型卡口式同轴接插件常用于示波器的探头电缆连接。

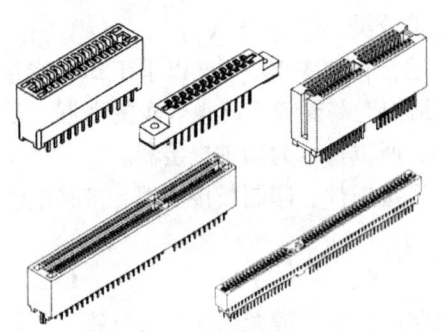

图1.38 印制板接插件

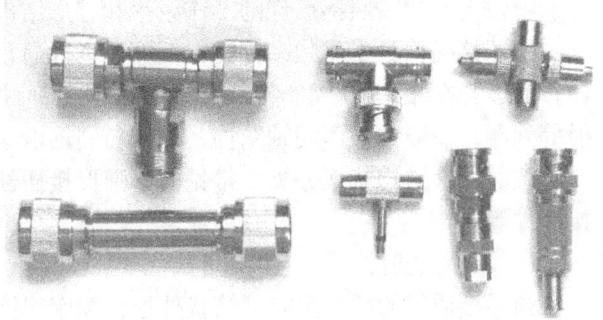

图1.39 同轴接插件

5. 带状电缆接插件

带状电缆是一种扁平电缆，从外观看像是几十根塑料导线并排粘合在一起。带状电缆占用空间小，轻巧柔韧，布线方便，不易混淆。带状电缆插头是电缆两端的连接器，它与电缆的连接不用焊接，而是靠压力使连接端内的刀口刺破电缆的绝缘层实现电气连接，工艺简单可靠，如图1.40所示。带状电缆接插件的插座部分直接装配焊接在印制电路板上。

带状电缆接插件用于低电压、小电流的场合，能够可靠地同时传输几路到几十路数字信号，但不适合用在高频电路中。在高密度的印制电路板之间已经越来越多地使用了带状电缆接插件，特别是在微型计算机中，主板与硬盘、软盘驱动器

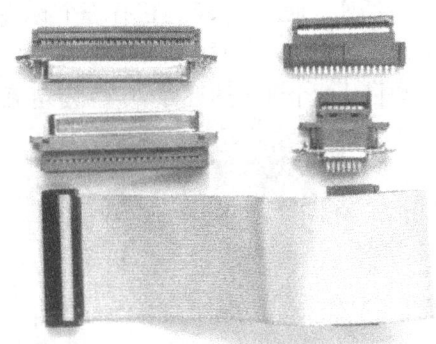

图1.40 带状电缆接插件

等外部设备之间的电气连接几乎全部使用这种接插件。

6. 插针式接插件

插针式接插件常见到两类,如图1.41a为民用消费电子产品常用的插针式接插件,插座可以装配焊接在印制电路板上,插头压接(或焊接)导线,连接印制板外部的电路部件。例如,电视机里可以使用这种接插件连接开关电源、偏转线圈和视放输出电路。如图1.41b所示接插件为数字电路常用,插头、插座分别装焊在两块印制电路板上,用来连接两者。这种接插件比标准的印制板体积小,连接更加灵活。

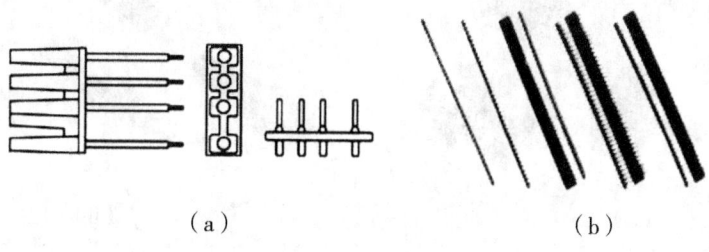

图1.41 插针式接插件

7. D形接插件

这种接插件的端面很像字母D,具有非对称定位和连接锁紧机构,如图1.42所示。常见的接点数有9、15、25、37等几种,连接可靠,定位准确,用于电器设备之间的连接。典型的应用有计算机的RS-232串行数据接口和LPT并行数据接口(打印机接口)。

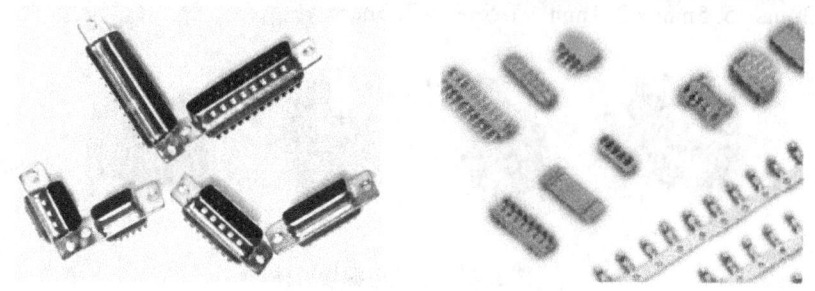

图1.42 D形接插件　　　　图1.43 条形接插件

8. 条形接插件

条形接插件如图1.43所示,广泛用于印制电路板与导线的连接。接插件的插针间距有2.54mm(额定电流1.2A)和3.96mm(额定电流3A)两种,工作电压250V,接触电阻约0.01Ω。插座焊接在电路板上,导线压接在插头上,压接质量对连接可靠性的影响很大。这种接插件保证插拔次数约30次。

9. 音视频接插件

这种接插件也称AV连接器,用于连接各种音响设备、摄录像设备、视频播放设备,传输音频、视频信号。音视频接插件有很多种类,常见的有耳机/话筒插头座和莲花插头座。

耳机/话筒插头、插座比较小巧,用来连接便携式、袖珍型音响电子产品,如图1.44a所示。插头直径φ2.5的用于微型收录机耳机,φ3.5的用于计算机多媒体系统输入/输出音频信号,φ6.35的用于台式音响设备,大多是话筒插头。这种接插件的额定电压30V,额定电流30mA,不宜用来连接电源。一般使用屏蔽线作为音频信号线与插头连接,可以传送单声道或双声道信号。

莲花插头、插座也叫同心连接器，它的尺寸要大一些，如图1.44b所示。插座常被安装在声像设备的后面板上，插头用屏蔽线连接，传输音频和视频信号。选用视频屏蔽线要注意导线的传输阻抗与设备的传输阻抗相匹配。这种接插件的额定电压为50V（AC），额定电流为0.5 A，保证插拔次数约100次。

图1.44 音视频接插件

10. 直流电源接插件

如图1.45所示，这种接插件用于连接小型电子产品的便携式直流电源，例如"随身听"收录机（Walkman）的小电源和笔记本电脑的电源适配器（AC Adaptor）都是使用这类接插件连接。插头的额定电流一般为2～5A，尺寸有三种规格，外圆直径×内孔直径为3.4mm×1.3mm、5.5mm×2.1mm、5.5mm×2.5mm。

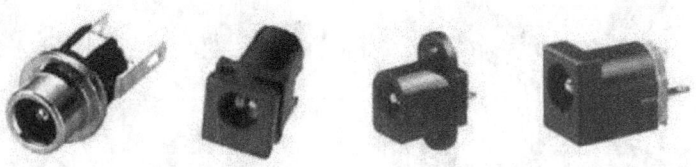

图1.45 直流电源接插件

1.4.5.2 开关的主要参数及种类

开关是在电子设备中用于接通或切断电路的广义功能元件，种类繁多，分类方式见表1.21。

传统的开关都是手动式机械结构，由于构造简单、操作方便、廉价可靠，使用十分广泛。随着新技术的发展，各种非机械结构的电子开关，例如气动开关、水银开关以及高频振荡式、感应电容式、霍尔效应式的接近开关等，正在不断出现。但它们已经不是传统意义上的开关，往往包括了比较复杂的电子控制单元。

开关的主要技术参数如下：
- 额定电压：正常工作状态下所能承受的最大直流电压或交流电压有效值。
- 额定电流：正常工作状态下所允许通过的最大直流电流或交流电流有效值。
- 接触电阻：一对接触点连通时的电阻，一般要求≤20mΩ。
- 绝缘电阻：不连通的各导电部分之间的电阻，一般要求≥100MΩ。
- 抗电强度（耐压）：不连通的各导电部分之间所能承受的电压，一般开关要求≥

100V，电源开关要求≥500V。

- 工作寿命：在正常工作状态下使用的次数，一般开关为5000～10000次，高可靠开关可达到$5 \times 10^4 \sim 5 \times 10^5$次。

表1.21 电子产品中常用开关的分类

分类方法	动作方式或结构	开关种类	分类方法	动作方式或结构	开关种类
按机械动作方式或结构分类	旋转式	旋转片式	按使用方法分类	手动或机械控制	微动开关
		凸轮开关			电子开关
		刷形开关			电源开关
		拨盘编码开关			波段开关
		组合开关			多位开关
	按动式	单按钮开关			转换开关
		组合按钮开关			拨码开关
	扳钮式	钮子开关		非电物理量控制	光电开关
		波形开关			磁控开关
	双列直插式	拨动开关			压力开关
		滑动开关			延时开关
		钮柄开关			温控开关
	滑动式	拨动开关			声控开关
		推拉开关	按驱动方式分类	手动	
		杠杆开关		机械控制	
	键盘式	琴键开关		声、光、磁、温度控制	
		触摸开关			
		薄膜开关			

这里只简要介绍几种机械类开关。由开关机械结构带动的活动触点俗称"刀"，也称"极"，对应同一活动触点的静触点数（即活动触点各种可能的位置）俗称"掷"，也称"位"。因此，开关的性能规格常用"×刀×掷"或"×极×位"来表示，如图1.46所示。

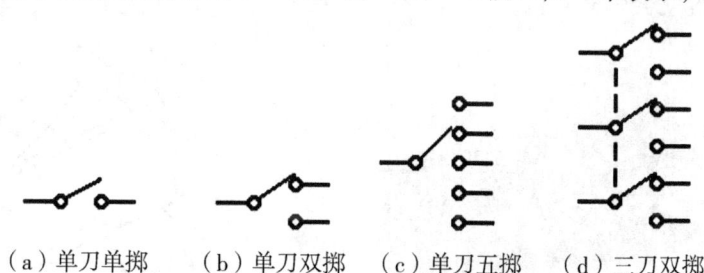

(a) 单刀单掷　(b) 单刀双掷　(c) 单刀五掷　(d) 三刀双掷

图1.46 开关的"刀"与"掷"

1. 旋转式开关

(1) 波段开关：波段开关如图 1.47 所示，分为大、中、小型三种。波段开关靠切入或咬合实现接触点的闭合，可有多刀位、多层型的组合，绝缘基体有纸质、瓷质或玻璃布环氧树脂板等几种。旋转波段开关的中轴带动其各层的接触点联动，同时接通或切断电路。波段开关的额定工作电流一般为 0.05~0.3A，额定工作电压为 50~300V。

图 1.47　波段开关　　　　　图 1.48　刷形开关

(2) 刷形开关：刷形开关如图 1.48 所示，靠多层簧片实现接点的摩擦接触，额定工作电流可达 1A 以上，也可分为多刀、多层的不同规格。

2. 按动式开关

(1) 按钮开关。按钮开关分为大、小型，形状多为圆柱体或长方体，其结构主要有簧片式、组合式、带指示灯和不带指示灯的几种。按下或松开按钮开关，电路则接通或断开，常用于控制电子设备中的电源或交流接触器。

(2) 键盘开关。键盘开关如图 1.49 所示，多用于计算机（或计算器）中数字式电信号的快速通断。键盘有数码键、字母键、符号键及功能键，或是它们的组合。触点的接触形式有簧片式、导电橡胶式和电容式等多种。

(3) 直键开关。直键开关俗称琴键开关，属于摩擦接触式开关，有单键的，也有多键的，如图 1.50 所示。每一键的触点个数均是偶数（即二刀、四刀……以至十二刀）；键位状态可以锁定，也可以是无锁的；可以是自锁的，也可以是互锁的（当某一键按下时，其他键就会弹开复位）。

图 1.49　键盘开关

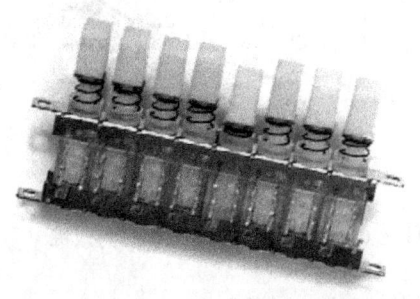 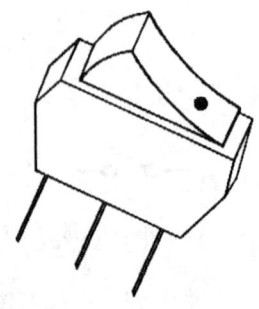

图 1.50　直键开关　　　　　图 1.51　波形开关

（4）波形开关。波形开关俗称船形开关，其结构与钮子开关相同，只是把扳动方式的钮柄换成波形而按动换位，见图1.51。波形开关常用作设备的电源开关。其触点分为单刀双掷和双刀双掷的几种，有些开关带有指示灯。

3．钮子开关与拨动开关

（1）钮子开关。图1.52所示的钮子开关是电子设备中最常用的一种开关，有大、中、小型和超小型的多种，触点有单刀、双刀及三刀的几种，接通状态有单掷和双掷的两种，额定工作电压一般为250V，额定工作电流为0.5～5A范围中的多档。

图1.52　钮子开关　　　　　　　　　图1.53　拨动开关

（3）拨动开关。拨动开关见图1.53，一般是水平滑动式换位，切入咬合式接触，常用于计算器、收录机等民用电子产品中。

1.4.5.3　其他连接元件

1．接线柱

如图1.54所示的接线柱常用作仪器面板的输入、输出端口，种类很多。

 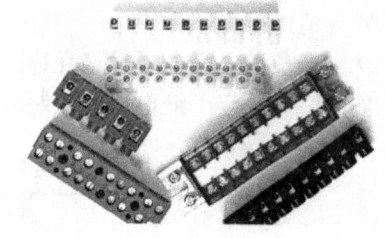

图1.54　接线柱　　　　　　　　　图1.55　接线端子

2．接线端子

接线端子常用于大型设备的内部接线，见图1.55。

1.4.5.4　继电器

继电器是根据输入电信号变化而接通或断开控制电路，实现自动控制和保护的自动电器，它是自动化设备中的主要元件之一，起到操作、调节、安全保护及监督设备工作状态等作用。从广义的角度说，继电器是一种由电、磁、声、光等输入物理参量控制的开关。

继电器的种类繁多，在电子产品中常用的，有利用电磁吸力工作的电磁继电器、用极化磁场作用保持工作状态的磁保持继电器、专用于转换高频电路并与同轴电缆匹配的高频继电器、由各种非电量（热、温度、压力等）控制的控制继电器、利用舌簧管工作的舌簧继电器、具有时间控制作用的时间继电器、作为无触点电子开关的固态继电器等。

这里主要介绍最常用的小型电磁式继电器、舌簧继电器和固态继电器。

1. 继电器的型号命名与分类

继电器型号命名不一，部分常用继电器的型号命名法如表 1.22 所示。

表 1.22 部分常用继电器的型号命名法

第一部分		第二部分		第三部分		第四部分	第五部分	
主称		产品分类		形状特征		序号	防护特性	
符号	意义	符号	意义	符号	意义		符号	意义
J	继电器	R	小功率	S	时间	数字	F	封闭式
		Z	中功率	A	舌簧		M	密封式
		Q	大功率	M	脉冲			
		C	电磁	J	特种			
		V	温度					
				X	小型			
				C	超小型			
				Y	微型			

继电器的种类繁多，分类方法也不一样。按功率的大小可分为微功率、小功率、中功率、大功率继电器。按用途的不同可分为控制、保护、时间继电器等。

电磁式继电器的主要参数如下：

- 额定工作电压：继电器正常工作时加在线圈上的直流电压或交流电压有效值。它随型号的不同而不同。
- 吸合电压或吸合电流：继电器能够产生吸合动作的最小电压或最小电流。为了保证吸合动作的可靠性，实际工作电流必须略大于吸合电流，实际工作电压也可以略高于额定电压，但不能超过额定电压的 1.5 倍，否则容易烧毁线圈。
- 直流电阻：指线圈绕组的电阻值。
- 释放电压或电流：继电器由吸合状态转换为释放状态，所需的最大电压或电流值，一般为吸合值的 1/10～1/2。
- 触点负荷：继电器触点允许的电压、电流值。一般地，同一型号的继电器触点的负荷是相同的，它决定了继电器的控制能力。一般继电器的触点负荷见表 1.23。

表 1.23 一般继电器的触点负荷

功率级别	微功率	小功率	中功率	大功率
触点负荷	<0.2A（接通电压<28V）	0.5～1A	2～5A	10～20A

此外，继电器的体积大小、安装方式、尺寸、吸合释放时间、使用环境、绝缘强度、触点数、触点形式、触点寿命（工作次数）、触点是控制交流还是直流信号等，在设计时都需要考虑。

2. 几种传统继电器

（1）电磁继电器。电磁继电器是各种继电器中应用最广泛的一种，它是以电磁系统为主体构成。图 1.56 是电磁继电器的结构示意图。

当继电器线圈通过电流时，在铁芯、轭铁、衔铁和工作气隙 δ 中形成磁通回路，使衔铁受到电磁吸力的作用被吸向铁芯，此时衔铁带动的支杆将板簧推开，断开常闭触点（或接通常开触点）。当切断继电器线圈的电流时，电磁力失去，衔铁在板簧的作用下恢复原位，触点又闭合。

电磁继电器的特点是触点接触电阻很小，结构简单，工作可靠。缺点是动作时间较长，触点寿命较短，体积较大。

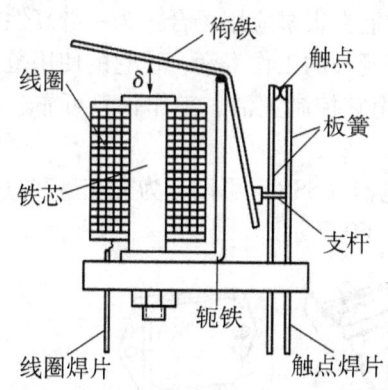
图 1.56 电磁继电器结构示意图

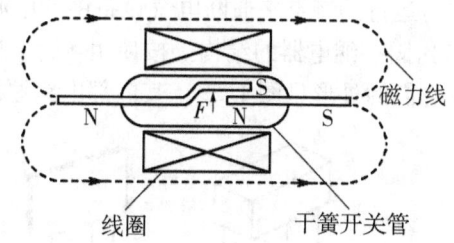
图 1.57 干簧继电器结构示意图

（2）舌簧继电器。舌簧继电器是一种结构简单的小型继电器，具有动作速度快、工作稳定、机电寿命长以及体积小等优点。常见的有干簧继电器和湿簧继电器两类。

干簧继电器由一个或多个干式舌簧开关（又称干簧管）和励磁线圈（或永久磁铁）组成，结构示意图如图 1.57 所示。干簧管内有一组导磁簧片，封装在充有惰性气体的玻璃管内，导磁簧片又兼做接触簧片，起着电路开关和导磁的双重作用。当线圈通过电流或将磁铁接近干簧管时，两个簧片的端部形成极性相反的磁极而相互吸引。当吸引力 F 大于簧片的弹力时，两者接触，使常开触点闭合；当线圈中的电流减小或磁铁远离时，簧片间的吸引力 F 小于簧片的弹力，动簧片又返回到初始位置，触点断开。

湿簧继电器是在干簧继电器的基础上发展起来的。它是在干簧管内充入了水银和高压氢气，使触点被水银浸润而成为汞润触点，氢气不断地净化触点上的水银，使触点一直被纯净的汞膜保护着。用湿簧管制成的舌簧继电器称为湿簧继电器。根据动作原理，湿簧继电器可分为非极化和极化两种。根据触点形式，又分为常开触点及转换触点两种，转换触点又有两位置偏移式及三位置极化式之分。

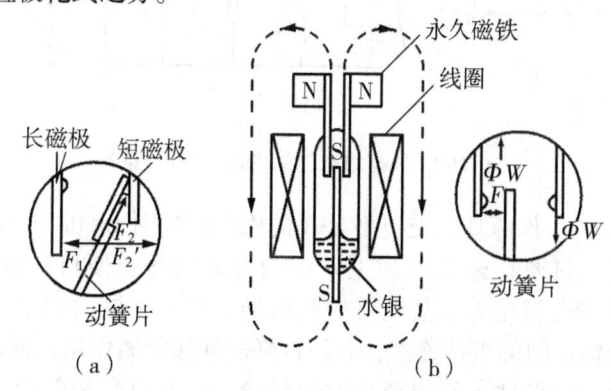
图 1.58 两种湿簧继电器结构原理图

如图1.58a为非极化转换触点湿簧继电器的动作原理图,如图1.58b为极化式湿簧继电器的结构简图,它和非极化式的区别,是在对称的两个电极上分别焊有两个永久磁铁,能够把上磁极和动簧片端头先行磁化。

3. 固态继电器

固态继电器是由固体电子元器件组成的无触点开关,简称SSR（Solid State Relay）。从工作原理上说,固态继电器并不属于机电元件,但它能在很多应用场合作为一种高性能的继电器替代品。对被控电路优异独特的通断能力和显著延长的工作寿命,让它的使用范围迅速从继电器的范畴扩大到电源开关的范畴,即直接利用它控制灵活、工作长寿可靠、防爆耐震、无声运行的特点来通断电气设备中的电源。

（1）固态继电器的结构。按使用场合,固态继电器（SSR）可以分为交流型和直流型两大类。它们的外形见图1.59,其内部电路原理如图1.60所示。

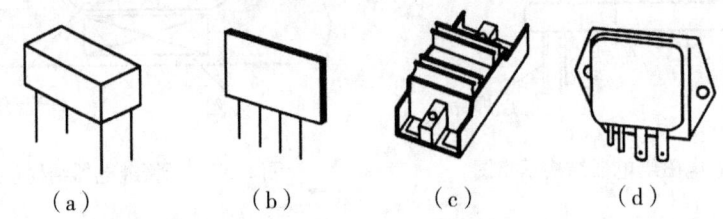

图1.59　固态继电器的外形

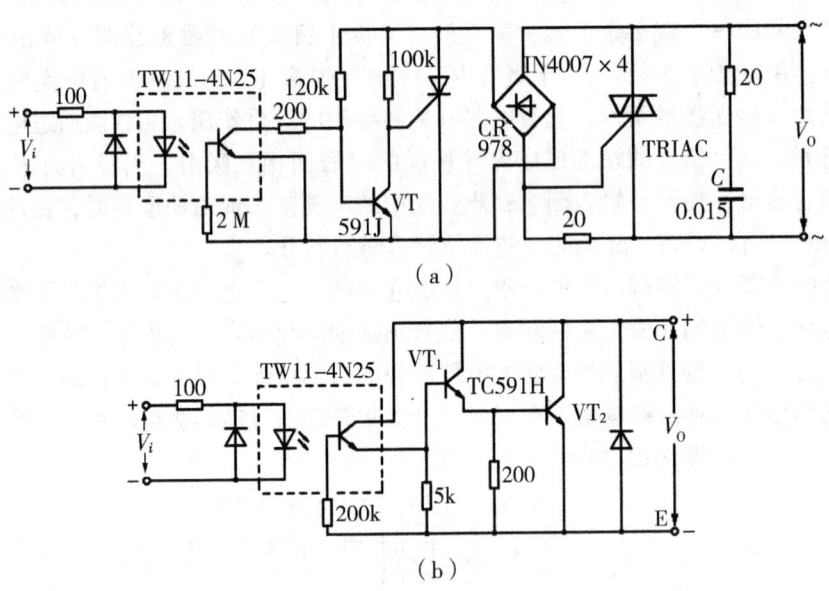

图1.60　固态继电器的内部电路原理图

（2）交流型SSR的工作原理。交流型SSR的原理图如图1.60a所示。它有两个输入端、两个输出端。工作时,只要在输入端加上一定的控制信号,便可控制输出端的"通"与"断"。由于使用了光耦合器电路,故既有控制信号在输入、输出端之间的耦合功能,又能在电气上断开输入与输出间的直接连接,起到良好的绝缘隔离作用。同时,由于输入端的负载是发光二极管,使SSR的输入端很容易做到与输入信号电平相匹配,在使用中可直接与计算机输出端口连接,接受数字逻辑电平控制。

(3) 直流型 SSR 的工作原理。根据电路结构不同,直流型 SSR 分为输出三端型及两端型。三端型由于正负电源直接引入 SSR 内电路,在设计上易于做到控制 VT_2 输出管的深度饱和,其输出端临界导通电压与释放电压差可以做得很小,输出电路没有线性区,对输入端控制电压要求不严。但使用时要注意型号标称电压与实际工作电压相对应,所以互换性差,且输出端多,带来安装时的麻烦。输出两端型是近年来发展的多用途直流开关,它的结构相当于一支大功率光电耦合器,其输出特性与三极管一样,分为截止区、线性区和饱和区。当输入电压足够大时,就进入饱和区(见图 1.61),它的输入端控制电压比前者严格,限制在一定范围内。

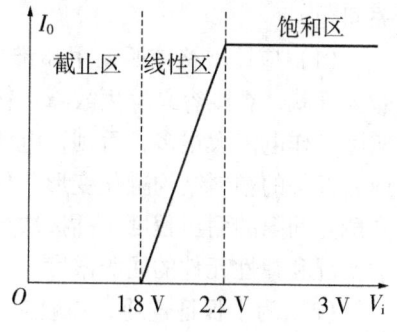

图 1.61 直流型 SSR 的转移特性

直流型 SSR 的工作原理与交流型相同,但二者的输出电路稍有不同,如图 1.60b 所示是直流型 SSR 的内部电路原理图。

(4) SSR 的主要参数。SSR 的参数包括输入参数和输出参数,表 1.24 列出了国产 SSR 的参数范围,供选用时参考。

表 1.24 SSR 的主要参数

	参数名称	典型数值	
		交流型	直流型
输入	输入电压/V	3~30	
	输入电流/mA	3~30	
	临界导通电压/V	≤3	
	临界导通电流/mA	≥1	
	释放电压/V	≥1	
输出	额定工作电压/V	30~380	4~50
	额定工作电流/A	1~25	1~3
	过零电压/|V|	5~25	1
	浪涌电流/工作电流(培)	10	
	通态压降/V	≤1.5~1.8	≤1.5
	通态电阻/Ω		≤20
	断态漏电流/mA	≤5~8	<0.01
	断态电阻/MΩ	≤2	≤2
	接通与关断时间	<10 ms	<100μs
	工作频率/Hz	45~65	
	输入/出绝缘电阻/MΩ	≥10^3	
	输入/出绝缘电压/kV	≥1~2	

1.4.5.5　正确选用机电元件

能否正确地选用开关及接插件，对于电子产品可靠性的影响极大，下面是必须考虑的有关问题。

（1）应该严格按照使用和维护所需要的电气、机械、环境要求来选择机电元件，不能勉强迁就，否则容易发生故障。例如，在大电流工作的场合，选用接插件的额定电流必须比实际工作电流大很多，否则，电流过载将会引起触点温度的升高，导致弹性元件失去弹性，或者开关的塑料结构融化变形，使开关的寿命大大降低；在高电压下，要特别注意绝缘材料和触点间隙的耐压程度；插拔次数多的接插件或开关频度高的开关，应注意其触点镀层的耐磨情况和弹性元件的屈服限度。

（2）为了保证连通，一般应该把多余的接触点并联使用，并联的接触点数目越多，可靠性就越高。设计接触对时，应该尽可能增加并联的点数，保证可靠接触。

（3）要特别注意接触面的清洁。经验证明，接触点表面肮脏是机电元件的主要故障之一。在购买或领用新的开关及接插件后，应该保持清洁并且尽可能减少不必要的插拔或拨动，避免触点磨损；在装配焊接时，应该注意焊锡、焊剂或油污不要流到接触表面上；如果可能，应该定期清洗或修磨开关及接插件的接触对。

（4）在焊接开关和接插件的连线时，应避免加热时间过长、焊锡和焊剂使用过多，否则可能使塑料结构或接触点损伤变形，引起接触不良。

（5）接插件和开关的接线端要防止虚焊或连接不良，为避免接线端上的导线从根部折断，在焊接后应加装塑料热缩套管。

（6）要注意开关及接插件在高频环境中的工作情况。当工作频率超过 100kHz 时，小型接插件或开关的各个触点上，往往同时分别有高、低电平的信号或快速脉冲信号通过，应该特别注意避免信号的相互串扰，必要时可以在接触对之间加接地线，起到屏蔽作用。高频同轴电缆与接插件连接时，电缆的屏蔽层要均匀梳平，内外导体焊接后都要修光，焊点不宜过大，不允许残留可能引起放电的毛刺。

（7）当信号电流小于几个微安时，由于开关内的接触点表面上有氧化膜或污染层，假如接触电压不足以击穿膜层，将会呈现很大的接触电阻，所以应该选用密封型或压力较大的滑动接触式开关。

（8）多数接插件一般都设有定位装置以免插错方向，插接时应该特别注意；对于没有定位装置的接插件，更应该在安装时做好永久性的接插标志，避免使用者误操作。

（9）插拔力大的连接器，安装一定要牢固。对于这样的连接器，要保证机械安装强度足够高，避免在插拔过程中因用力使安装底板变形而影响接触的可靠性。

（10）电路通过电缆和接插件连通以后，不要为追求美观而绷紧电缆，应该保留一定的长度余量，防止电缆在震动时受力拉断；选用没有锁定装置的多线连接器（例如微型计算机系统中的总线插座），应在确定整机的机械结构时采取锁定措施，避免在运输、搬动过程中由于震动冲击而引起接触面磨损或脱落。

1.4.6　半导体分立器件

半导体分立器件自从 20 世纪 50 年代问世以来，曾为电子产品的发展起到重要的作用。现在，虽然集成电路已经广泛使用，并在不少场合取代了晶体管，但是应该相信，晶体管到任何时候都不会被全部废弃。因为晶体管有其自身的特点，还会在电子产品中发挥其他元器件所不能取代的作用。所以，晶体管不仅不会被淘汰，而且一定还将有所发展。

晶体管的应用原理、性能特点等知识，在电子学课程中已经详细介绍过，这里简要介绍实际应用中的工艺知识。

1.4.6.1 常用半导体分立器件及其分类

1. 常用半导体分立器件分类

按照习惯，通常把半导体分立器件分成如下类别：

（1）半导体二极管。

普通二极管：整流二极管、检波二极管、稳压二极管、恒流二极管、开关二极管等。

特殊二极管：微波二极管、变容二极管、雪崩二极管、SBD、TD、PIN、TVP管等。

敏感二极管：光敏二极管、热敏二极管、压敏二极管、磁敏二极管。

发光二极管。

（2）双极型晶体管。

锗管：高频小功率管（合金型、扩散型），低频大功率管（合金型、台面型）。

硅管：低频大功率管、大功率高压管（扩散型、扩散台面型、外延型）、高频小功率管、超高频小功率管、高速开关管（外延平面工艺）、低噪声管、微波低噪声管、超β管（外延平面工艺、薄外延、钝化技术）、高频大功率管、微波功率管（外延平面型、覆盖型、网状结构、复合型）。

专用器件：单结晶体管、可编程单结晶体管。

（3）晶闸管。

普通晶闸管：高频快速晶闸管。

双向晶闸管：可关断晶闸管（GTO）。

特殊晶闸管：正反向阻断管、逆导管等。

（4）场效应晶体管。

结型硅管：N沟道（外延平面型）、P沟道（双扩散型）、隐埋栅、V沟道（微波大功率）。

结型砷化镓管：肖特基势垒栅（微波低噪声、微波大功率）。

硅MOS耗尽型：N沟道、P沟道。

硅MOS增强型：N沟道、P沟道。

2. 常用半导体分立器件的一般特点

（1）二极管。按照结构工艺不同，半导体二极管可以分为点接触型和面接触型。因为点接触型二极管PN结的接触面积小，结电容小，适用于高频电路，但允许通过的电流和承受的反向电压也比较小，所以只适合在检波、变频等电路中工作；面接触型二极管PN结的接触面积大，结电容比较大，不适合在高频电路中使用，但它可以通过较大的电流，多用于频率较低的整流电路。

半导体二极管可以用锗材料或用硅材料制造。锗二极管的正向电阻很小，正向导通电压约为0.2V，但反向漏电流大，温度稳定性较差，现在在大部分场合被肖特基二极管（正向导通电压约为0.2V）取代；硅二极管的反向漏电流比锗二极管小很多，缺点是需要较高的正向电压（为0.5~0.7V）才能导通，只适用于信号较强的电路。

二极管应该按照极性接入电路。大部分情况下，应该使二极管的正极（或称阳极）接电路的高电位端，负极（或称阴极）接低电位端；而稳压二极管的负极要接电路的高电位端，其正极接电路的低电位端。

在采用国产元器件的电子产品中，常用的检波二极管多为2AP型，常用的整流二极管为2CP或2CZ型，稳压二极管多用2CW型，开关二极管多用2CK型，变容二极管常用的型号是2CC型。

（2）双极型三极管。三极管的种类很多，按照结构工艺分类，有PNP和NPN型。按照制造材料分类，有锗管和硅管。锗管的导通电压低，更适合在低电压电路中工作；但是硅管的温度特性比锗管稳定，穿透电流I_{ceo}很小。按照工作频率分类，低频管可以用在工作频率为3MHz以下的电路中；高频管的工作频率可以达到几百MHz甚至更高。按照集电极耗散的功率分类，小功率管的额定功耗在1W以下，而大功率管的额定功耗可达几十瓦以上。

（3）场效应晶体管。和普通双极型三极管相比，场效应晶体管有很多特点。从控制作用来看，三极管是电流控制器件，而场效应管是电压控制器件。场效应晶体管栅极的输入电阻非常高，一般可达几百兆欧甚至几千兆欧，所以对栅极施加电压时，基本上不分取电流，这是一般三极管不能与之相比的。另外，场效应管还具有噪声低、动态范围大等优点。场效应晶体管广泛应用于数字电路、通信设备和仪器仪表，已经在很多场合取代了双极型三极管。

场效应晶体管的三个电极分别叫作漏极（D）、源极（S）和栅极（G），可以把它们类比作普通三极管的c、e、b三极，而且D、S极能够互换使用。场效应管分为结型场效应管和绝缘栅型场效应管两种。

1.4.6.2 半导体分立器件的型号命名

自从国产半导体分立器件问世以来，国家就对半导体分立器件的型号命名制定了统一的标准。但是，近年来国内生产半导体器件的厂家纷纷引进国外的先进生产技术，购入原材料、生产设备及全套工艺标准，或者直接购入器件管芯进行封装。因此，市场上多见的是按照日本、欧洲、美国产品型号命名的半导体器件，符合我国标准命名的器件反而不易买到。在选用进口半导体器件时，应该仔细查阅有关技术资料，比较性能指标。

1. 国产半导体分立器件的型号命名

按照国家标准规定，国产半导体分立器件的型号命名如表1.25所示。

表1.25 国产半导体分立器件的型号命名

第一部分		第二部分		第三部分		第四部分	第五部分
用数字表示器件的电极数目		用汉语拼音字母表示器件的材料和极性		用汉语拼音字母表示器件的类别		用数字表示器件序号	用汉语拼音字母表示规格号
符号	意义	符号	意义	符号	意义		
2	二极管	A	N型锗材料	P	普通管		
		B	P型锗材料	V	微波管		
		C	N型硅材料	W	稳压管		
		D	P型硅材料	C	参量管		

续表1.25

第一部分		第二部分		第三部分		第四部分	第五部分
用数字表示器件的电极数目		用汉语拼音字母表示器件的材料和极性		用汉语拼音字母表示器件的类别		用数字表示器件序号	用汉语拼音字母表示规格号
符号	意义	符号	意义	符号	意义		
3	三极管	A	PNP型锗材料	F	发光管		
				Z	整流器		
				L	整流堆		
				S	隧道管		
				N	阻尼管		
				X	低频小功率管, f_{hfb} <3MHz, P_c <1W		
		B	NPN型锗材料	G	高频小功率管, f_{hfb} ≥3MHz, P_c <1W		
				D	低频大功率管, f_{hfb} <3MHz, P_c ≥1W		
		C	PNP型硅材料	A	高频大功率管, f_{hfb} ≥3MHz, P_c ≥1W		
				U	光电器件		
				K	开关管		
		D	NPN型硅材料	T	可控整流器		
				Y	体效应器件		
				B	雪崩管		
				J	阶跃恢复管		
				CS	场效应器件		
				BT	半导体特殊器件		
		E	化合物材料	FH	复合管		
				PIN	PIN型管		
				JG	激光器件		

注:场效应管、半导体特殊器件、复合管、PIN型管和激光器件的型号命名只有三、四、五部分。

例如:

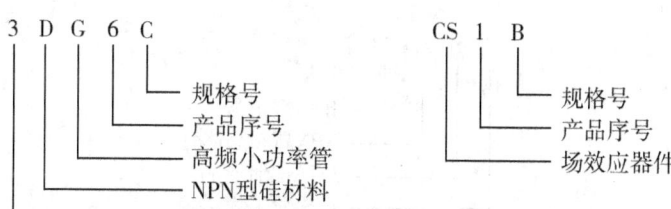

2. 日本半导体分立器件的型号命名

日本半导体分立器件的型号命名具体见表1.26。

表1.26 日本半导体分立器件的型号命名

第一部分		第二部分		第三部分		第四部分	第五部分
用数字表示器件的有效电极数目或类型		注册标志		用字母表示器件的使用材料极性类别		用多位数字表示登记号	用字母表示改进型标志
符号	意义	符号	意义	符号	意义	意义	意义
0	光电二极管或三极管或包括上述器件的组合管	S	已经在日本电子工业协会（JEIA）注册登记的半导体器件	A	PNP高频晶体管	此器件在日本电子工业协会的注册登记号，不同厂家生产的性能相同的器件可以使用同一登记号	此器件是原型号产品的改进型
				B	PNP低频晶体管		
1	二极管			C	NPN高频晶体管		
2	三极管或具有三个电极的其他器件			D	NPN低频晶体管		
3	具有四个有效电极的器件			E	P控制极可控硅		
				G	N控制极可控硅		
…				H	基极单结晶体管		
n－1	具有n个有效电极的器件			J	P沟道场效应管		
				K	N沟道场效应管		
				M	双向可控硅		

例如：

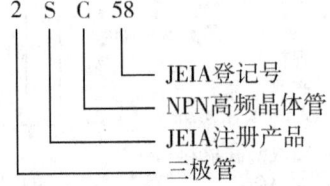

3．欧洲半导体分立器件的型号命名

欧洲半导体分立器件的型号命名具体见表1.27。

表1.27 欧洲半导体分立器件的型号命名

第一部分		第二部分		第三部分		第四部分
用字母表示材料		用字母表示类型及主要特性		用数字或字母加数字表示登记号		用字母对同一型号分档
符号	意义	符号	意义	符号	意义	意义
A	锗材料，禁带0.6~1.0eV	A	检波、开关、混频二极管	3位数字	通用半导体器件的登记序号	同一型号的半导体器件按某个参数分档
B	硅材料，禁带1.0~1.3eV	B	变容二极管			
		C	低频小功率三极管（R_{Tj} > 15℃/W）			
C	砷化镓材料，禁带>1.3eV	D	低频大功率三极管（R_{Tj} ≤ 15℃/W）	字母加2位数字	专用半导体器件的登记序号	
D	锑化铟材料，禁带<1.3eV	E	隧道二极管			
		F	高频小功率三极管（R_{Tj} > 15℃/W）			
R	复合材料	G	复合器件及其他器件			
		H	磁敏二极管			
		K	开放磁路中的霍尔元件			
		L	高频大功率三极管（R_{Tj} ≤ 15℃/W）			
		M	封闭磁路中的霍尔元件			
		P	光敏器件			
		Q	发光器件			
		R	小功率可控硅（R_{Tj} > 15℃/W）			
		S	小功率开关管（R_{Tj} > 15℃/W）			
		T	大功率可控硅（R_{Tj} > 15℃/W）			
		U	大功率开关管（R_{Tj} > 15℃/W）			
		X	倍增二极管			
		Y	整流二极管			
		Z	稳压二极管			

例如：

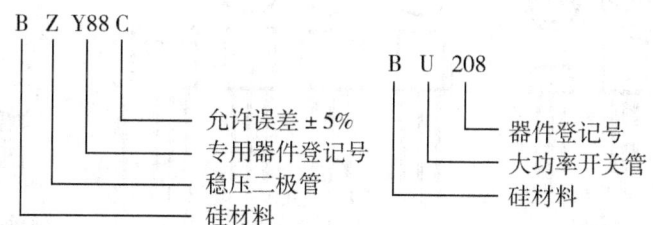

4. 美国半导体分立器件的型号命名

美国半导体分立器件的型号命名具体见表1.28。

表1.28 美国半导体分立器件的型号命名

第一部分		第二部分		第三部分		第四部分	第五部分
用符号器件的类别		用数字表示PN结的数目		登记标志		用多位数字表示登记号	用字母表示器件分档
符号	意义	符号	意义	符号	意义	意义	意义
JAN或J	军用品	1	二极管	N	已经在美国电子工业协会（EIA）注册登记	在美国电子工业协会的注册登记号	同一型号的不同档次
		2	三极管				
		3	3个PN结器件				
—	非军用品	⋮	⋮				
		n	n个PN结器件				

例如：

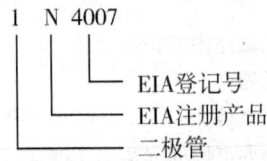

1.4.6.3 半导体分立器件的封装及管脚

常见的半导体分立器件的封装及引线如图1.62所示。目前，常见的器件封装多是塑料封装或金属封装，也能见到玻璃封装的二极管和陶瓷封装的三极管。金属外壳封装的晶体管可靠性高、散热性好并容易加装散热片，但造价比较高；塑料封装的晶体管造价低，应用广泛。

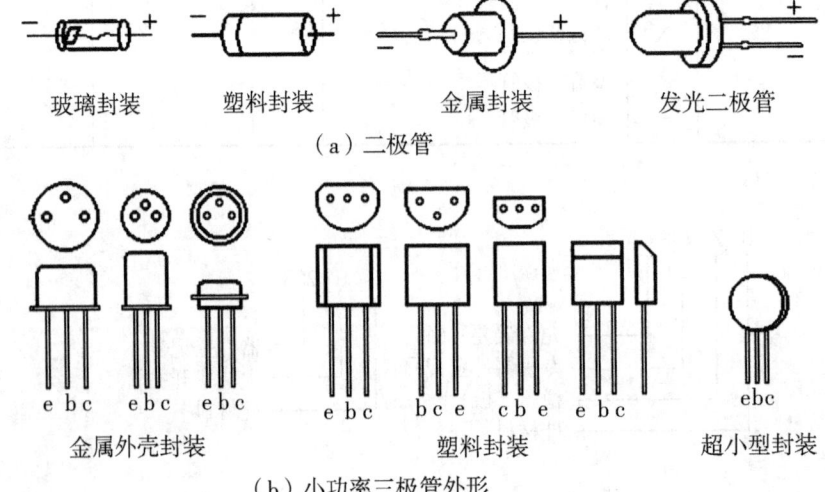

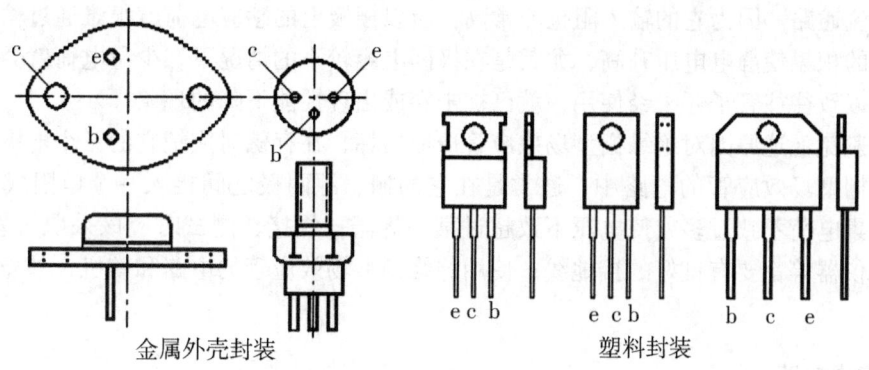

（c）小功率三极管外形

图1.62 国产晶体管的封装及引线

1.4.6.4 选用半导体分立器件的注意事项

晶体管正常工作需要一定的条件。如果工作条件超过允许的范围，则晶体管不能正常工作，甚至造成永久性的损坏。为使晶体管能够长期稳定运行，必须注意下列事项。

1. 二极管

（1）切勿使电压、电流超过器件手册中规定的极限值，并应根据设计原则选取一定的余量。

（2）允许使用小功率电烙铁进行焊接，焊接时间应为3～5s，在焊接点接触型二极管时，要注意保证焊点与管芯之间有良好的散热。

（3）玻璃封装的二极管引线的弯曲处距离管体不能太小，一般至少2mm。

（4）安装二极管的位置尽可能不要靠近电路中的发热元件。

（5）接入电路时要注意二极管的极性。

2. 三极管

使用三极管的注意事项与二极管基本相同，此外还有如下几点：

（1）安装时要分清不同电极的管脚位置，焊点距离管壳不要太近，一般三极管应该距离印制板2～3mm以上。

（2）大功率管的散热器与管壳的接触面应该平整光滑，中间应该涂抹导热硅脂以便减小热阻并减少腐蚀；要保证固定三极管的螺丝钉松紧一致。

（3）对于大功率管，特别是外延型高频功率管，在使用中要防止二次击穿。所谓二次击穿是指这样一种现象：三极管在工作时，可能V_{ce}并未超过BV_{ceo}，P_c也未达到P_{cm}，而三极管已被击穿损坏了。为了防止二次击穿，就必须大大降低三极管的使用功率和工作电压。其安全工作区的判定，应该依据厂家提供的资料，或在使用前进行必要的检测筛选。

应当注意，大功率管的功耗能力并不服从等功耗规律，而是随着工作电压的升高，其耗散功率相应减小。对于相同功率的三极管而言，低电压、大电流的工作条件要比在高电压、小电流条件下使用更为安全。

3. 场效应管

（1）结型场效应管和一般晶体三极管的使用注意事项相仿。

（2）对于绝缘栅型场效应管，应该特别注意避免栅极悬空，即栅、源两极之间必须经常保持直流通路。因为它的输入阻抗非常高,所以栅极上的感应电荷就很难通过输入电阻泄漏,电荷的积累使静电电压升高,尤其是在极间电容较小的情况下,少量电荷就会产生很高的电压,以致往往管子还未经使用,就已被击穿或出现性能下降的现象。

为了避免上述原因对绝缘栅型场效应管造成损坏,在存储时应把它的三个电极短路;在采用绝缘栅型场效应管的电路中,通常是在它的栅、源两极之间接入一个电阻或稳压二极管,使积累电荷不致过多或使电压不致超过某一界限;焊接、测试时应该采取防静电措施,电烙铁和仪器等都要有良好的接地线;使用绝缘栅型场效应管的电路和整机,外壳必须良好接地。

1.4.7 集成电路

集成电路是利用半导体工艺或厚膜、薄膜工艺,将电阻、电容、二极管、双极型三极管、场效应晶体管等元器件按照设计要求连接起来,制作在同一硅片上,成为具有特定功能的电路。这种器件打破了电路的传统概念,实现了材料、元器件、电路的三位一体,与分立元器件组成的电路相比,具有体积小、功耗低、性能好、重量轻、可靠性高、成本低等许多优点。几十年来,集成电路的生产技术取得了迅速的发展,也得到了极其广泛的应用。

1.4.7.1 集成电路的基本类别

对集成电路分类,是一个很复杂的问题,分类方法有很多种:按照制造工艺分类、按照基本单元核心器件分类、按照集成度分类、按照电气功能分类、按照应用环境条件分类、按照通用或专用的程度分类等。

1. 按照制造工艺分类

(1) 半导体集成电路;

(2) 薄膜集成电路;

(3) 厚膜集成电路;

(4) 混合集成电路。

用厚膜工艺(真空蒸发、溅射)或薄膜工艺(丝网印刷、烧结)将电阻、电容等无源元件连接制作在同一片绝缘衬底上,再焊接上晶体管管芯,使其具有特定的功能,叫作厚膜或薄膜集成电路。如果再连接上单片集成电路,则称为混合集成电路。这三种集成电路通常为某种电子整机产品专门设计而专用。

用平面工艺(氧化、光刻、扩散、外延工艺)在半导体晶片上制成的电路称为半导体集成电路(也称单片集成电路)。这种集成电路作为独立的商品,品种最多,应用最广泛,一般所说的集成电路就是指半导体集成电路。

2. 按照基本单元核心器件分类

(1) 双极型集成电路;

(2) MOS 型集成电路;

(3) 双极–MOS 型(BIMOS)集成电路。

用双极型三极管或 MOS 场效应晶体管作为基本单元的核心器件,可以分别制成双极型集成电路或 MOS 型集成电路。由 MOS 器件作为输入级、双极型器件作为输出级电路的双极–MOS 型(BIMOS)集成电路,结合了以上二者的优点,具有更强的驱动能力且功耗较小。

3. 按照集成度分类

有小规模（集成了几个门电路或几十个元件）、中规模（集成了一百个门或几百个元件以上）、大规模（一万个门或十万个元件）、超大规模（十万个元件以上）集成电路。

4. 按照电气功能分类

一般可以把集成电路分成数字集成电路和模拟集成电路两大类，见表 1.29。这种分类方法可以算是一种传统的方法，由于近年来的技术进步，新的集成电路层出不穷，已经有越来越多的品种难以简单地照此归类。

表 1.29 半导体集成电路的分类

数字集成电路	逻辑电路	门电路、触发器、计数器、加法器、延时器、锁存器等 算术逻辑单元、编码器、译码器、脉冲发生器、多谐振荡器 可编程逻辑器件（PAL、GAL、FPGA、ISP） 特殊数字电路
	微处理器	通用微处理器、单片机电路 数字信号处理器（DSP） 通用/专用支持电路 特殊微处理器
	存储器	动态/静态 RAM ROM、PROM、EPROM、E^2 PROM 特殊存储器件
模拟集成电路	接口电路	缓冲器、驱动器 A/D、D/A、电平转换器 模拟开关、模拟多路器、数字多路/选择器 采样/保持电路 特殊接口电路
	光电器件	光电传输器件 光发送/接收器件 光电耦合器、光电开关 特殊光电器件
	音频/视频电路	音频放大器、音频/视频信号处理器 视频电路、电视机电路 音频/视频数字处理电路 特殊音频/视频电路
	线性电路	线性放大器、模拟信号处理器 运算放大器、电压比较器、乘法器 电压调整器、基准电压电路 特殊线性电路

（1）数字集成电路

数字电路是能够传输"0"和"1"两种状态信息并完成逻辑运算的电路。与模拟电路相比，数字电路的工作形式简单、种类较少、通用性强、对元器件的精度要求不高。数字电路中最基本的逻辑关系有"与""或""非"三种，再由它们组合成各类门电路和某一特定功能的逻辑电路，如触发器、计数器、寄存器、译码器等。按照逻辑电平的定义，数字电路分为正逻辑和负逻辑两种。正逻辑是用"1"状态表示高电平，"0"状态表示低电平，而负逻辑则与其相反。

在各种集成电路中，衡量器件性能的一项重要指标是工作速度。对于TTL（也称晶体管－晶体管逻辑）数字电路来说，传输速度可以做得很高，这是MOS电路所不及的。另外，在双极型集成电路中，还有低速的DTL（二极管－晶体管逻辑）电路，高速的ECL（高速逻辑）电路，以及HTL（高阈值逻辑）电路。

常用的双极型数字集成电路有54××、74××、74LS××系列。

MOS型数字集成电路包括CMOS、PMOS、NMOS三大类，具有构造简单、集成度高、功耗低、抗干扰能力强、工作温度范围大等特点。因此，MOS型数字集成电路已广泛应用于计算机电路。近年来，PMOS、NMOS器件已经趋于淘汰。

常用的CMOS型数字集成电路有4000、74HC××系列。

大规模数字集成电路（LST）同普通集成电路一样，也分为双极型和MOS型两大类。由于MOS型电路具有集成度易于提高、制造工艺简单、成品率高、功耗低等许多优点，所以LST电路多为MOS电路，计算机电路中的CPU、ROM（只读存储器）、RAM（随机存储器）、EPROM（可编程只读存储器）以及多种电路均属于此类。

（2）模拟集成电路。

除了数字集成电路，其余的集成电路统称为模拟集成电路。模拟集成电路的精度高、种类多、通用性小。按照电路输入信号和输出信号的关系，模拟集成电路还分为线性集成电路和非线性集成电路。

线性集成电路指输出、输入信号呈线性关系的集成电路。它以直流放大器为核心，可以对模拟信号进行加、减、乘、除以及微分、积分等各种数学运算，所以又称为运算放大器。线性集成电路广泛应用在消费类、自动控制及医疗电子仪器等设备上。这类电路的型号很多，功能多样。根据功能可分类如下：

- 一般型——低增益、中增益、高增益、高精度；
- 特殊型——高输入阻抗、低漂移、低功耗、高速度。

非线性集成电路大多是特殊集成电路，其输入、输出信号通常是模拟－数字、交流－直流、高频－低频、正－负极性信号的混合，很难用某种模式统一起来。例如，用于通信设备的混频器、振荡器、检波器、鉴频器、鉴相器，用于工业检测控制的模－数隔离放大器、交－直流变换器，稳压电路及各种消费类家用电器中的专用集成电路，都是非线性集成电路。

5. 按应用环境条件分类

集成电路的质量等级分为军用级、工业级和商业（民用）级。在军事工业、航天、航空等领域，环境条件恶劣、装配密度高，军用级集成电路应该有极高的可靠性和温度稳定性，对价格的要求退居其次；商业级集成电路工作在一般环境条件下，保证一定的可靠性和技术指标，追求更低廉的价格；工业级集成电路是介于二者之间的产品，但不是所有集成电路都有这三个等级的品种。一般说来，对于相同功能的集成电路，工业级芯片的单价是商业级芯片的2倍以上，而军用级芯片的单价则可能达到4~10倍。

6. 按照通用或专用的程度分类

集成电路还可以分成通用型、半专用、专用等几个类型。

半专用集成电路也叫半定制集成电路（SCIC），是指那些由器件制造厂商提供母片，再经整机厂用户根据需要确定电气性能和电路逻辑的集成电路。常见的半通用集成电路有门阵列（GA）、标准单元器件（CBIC）、可编程逻辑器件（PLD）、模拟阵列和数字－模拟混合阵列。

专用集成电路也叫定制集成电路（ASIC），是整机厂用户根据本企业产品的设计要求，从器件制造厂专门定制、专用于本企业产品的集成电路。

显然，从有利于采用法律手段保护知识产权、实现技术保密的角度看，ASIC集成电路最好，SCIC比通用集成电路好；从技术上说，ASIC、SCIC芯片的功能更强、性能更稳定，大批量生产的成本更低。

1.4.7.2 集成电路的型号与命名

近年来，集成电路的发展十分迅速，特别是中、大规模集成电路的发展，使各种性能的通用、专用集成电路大量涌现，类别之广、型号之多令人眼花缭乱。国外各大公司生产的集成电路在推出时已经自成系列，但除了表示公司标志的电路型号字头有所不同以外，一般说来在数字序号上基本是一致的。大部分数字序号相同的器件，功能差别不大而可以代换。因此，在使用国外集成电路时，应该查阅手册或几家公司的产品型号对照表，以便正确选用器件。

在国内，半导体集成电路研制生产的起步并不算晚，但由于设备条件落后和工艺水平低下，除了产品类型不如国外多样，更主要的问题在于质量不够稳定，特别是大多数品种的生产合格率很低，使平均成本过高，无法参与国际市场商品竞争。近年来，国内半导体器件的生产厂家通过技术设备引进，在发展微电子产品技术方面取得了一些进步。国家标准规定，国产半导体集成电路的型号命名由五部分组成，见表1.30。

表1.30 国产半导体集成电路的命名符号及意义

第一部分		第二部分		第三部分	第四部分		第五部分	
字母表示器件符合国家标准		字母表示器件的类型		数字表示器件的系列和品种代号	字母表示器件的工作温度范围/℃		字母表示器件的封装形式	
符号	意义	符号	意义		符号	意义	符号	意义
C	中国制造	T	TTL电路	（与国际接轨）	C	0 ~ +70	W	陶瓷扁平封装
		H	HTL电路		E	-40 ~ +85	B	塑料扁平封装
		E	ECL电路		R	-55 ~ +85	F	全密封扁平封装
		C	CMOS电路		M	-55 ~ +125	D	陶瓷直插封装
		F	线性放大器				P	塑料直插封装
		D	音响电路				J	玻璃直插封装
		W	稳压器				H	玻璃扁平封装
		J	接口电路				K	金属壳菱形封装
		B	非线性电路				T	金属壳圆形封装
		M	存储器					
		μ	微处理器					
		AD	模－数转换器					
		DA	数－模转换器					
		S	特殊电路					

例如，CC4013CP——CMOS 双触发器：

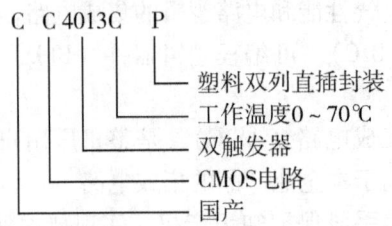

又如，CF3140CP——低功耗运算放大器：

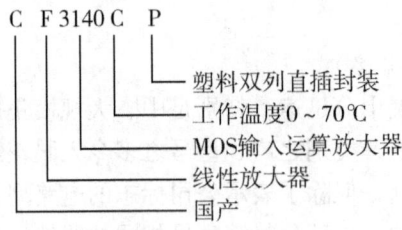

过去，国产集成电路大部分按照旧的国家标准命名，也有一些是按照企业自己规定的标准命名；现在，新的国家标准规定，国产集成电路的命名方法要和国际接轨，如表 1.30 所示。因此，如果选用按照国家标准命名的集成电路，应该检索厂家的产品手册以及性能对照表。不过，采用国家标准命名的集成电路目前在市场上不易见到。

进口集成电路的型号命名一般是用前几位字母符号表示制造厂商，用数字表示器件的系列和品种代号。常见外国公司生产的集成电路的字头符号见表 1.31。

表 1.31 常见外国公司生产的集成电路的字头符号

字头符号	生产国及厂商名称	字头符号	生产国及厂商名称
AN，DN	日本，松下	UA，F，SH	美国，仙童
LA，LB，STK，LD	日本，三洋	IM，ICM，ICL	美国，英特尔
HA，HD，HM，HN	日本，日立	UCN，UDN，UGN，ULN	美国，斯普拉格
TA，TC，TD，TL，TM	日本，东芝	SAK，SAJ，SAT	美国，ITT
MPA，Mpb，μPC，μPD	日本，日电	TAA，TBA，TCA，TDA	欧洲，电子联盟
CX，CXA，CXB，CXD	日本，索尼	SAB，SAS	德国，SIGE
MC，MCM	美国，摩托罗拉	ML，MH	加拿大，米特尔

1.4.7.3 集成电路的封装

集成电路的封装，按材料基本分为金属、陶瓷、塑料三类，按电极引脚的形式分为通孔插装式及表面安装式两类。这几种封装形式各有特点，应用领域也有区别。这里主要介绍通孔插装式引脚的集成电路封装，对于近年来迅速发展的表面安装技术（SMT）及表面安装元器件的封装，则在第 2 章里进行系统的介绍。

1. 金属封装

金属封装散热性好，电磁屏蔽好，可靠性高，但安装不够方便，成本较高。这种封装形式常见于高精度集成电路或大功率器件。符合国家标准的金属封装有 T 型和 K 型两种，外形见图 1.63。

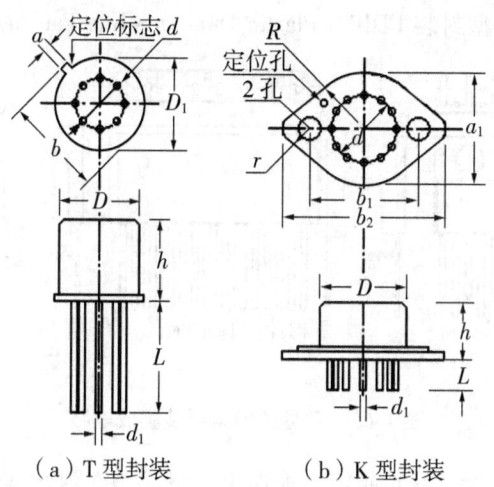

(a) T 型封装　　　(b) K 型封装

图 1.63　金属封装集成电路

2. 陶瓷封装

采用陶瓷封装的集成电路导热好且耐高温，但成本比塑料封装高，所以一般都是高档芯片，参见图 1.64。国家标准规定的陶瓷封装集成电路可分为扁平型（W 型，见图 1.64a）和双列直插型（D 型，国外一般称为 DIP 型，见图 1.64b）两种。但 W 型封装的陶瓷扁平集成电路的水平引脚较长，现在被引脚较短的 SMT 封装所取代，已经很少见到。直插型陶瓷封装的集成电路，随着引脚数的增加，发展为 CPGA（Ceramic Pin Grid Array）形式，图 1.64c 是微处理器 80586（Pentium CPU）的陶瓷 PGA 型封装。

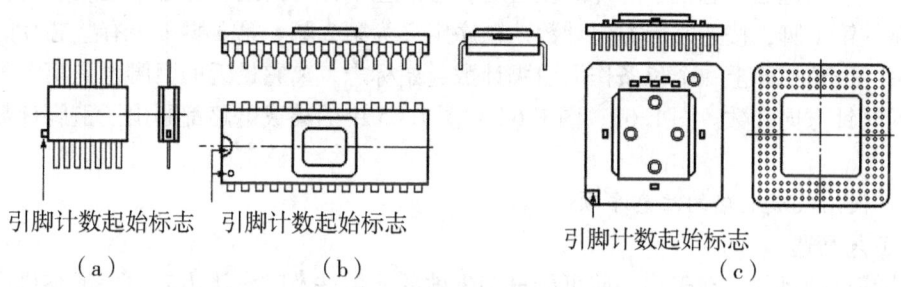

(a)　　　(b)　　　(c)

图 1.64　陶瓷封装集成电路

3. 塑料封装

这是最常见的封装形式，其最大特点是工艺简单、成本低，因而被广泛使用。国家标准规定的塑料封装的形式，可分为扁平型（B 型）和直插型（D 型）两种。

随着集成电路品种规格的增加和集成度的提高，电路的封装已经成为一个专业性很强的工艺技术领域。现在，国内外的集成电路封装名称逐渐趋于一致，不论是陶瓷材料的还是塑料材料的，均按集成电路的引脚布置形式来区分。图 1.65 是常见的几种集成电路封装。

图 1.65a 是塑料单列封装 PSIP（Plastic Single In – line Package）。

图 1.65b 是塑料 V – DIP 型封装 PV – DIP（Plastic Vertical Dual In – line Package）。

图 1.65c 是塑料 ZIP 型封装 PZIP（Plastic Zigzag In – line Package）。

以上三种封装，多用于音频前置放大、功率放大集成电路。

图 1.65d 是塑料 DIP 型封装 PDIP（Plastic Dual In – line Package）。

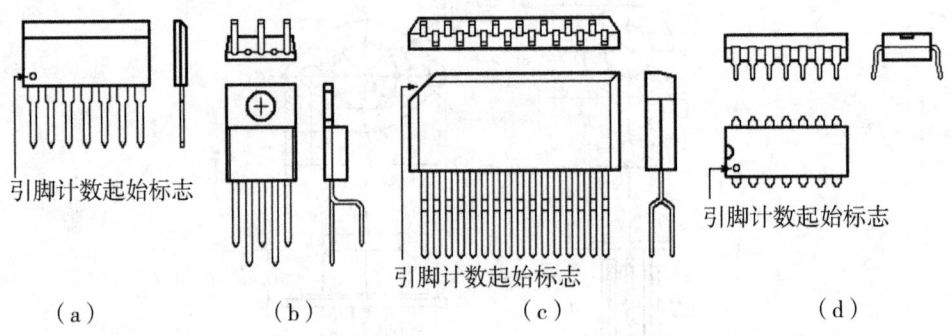

图 1.65　常见的塑料封装集成电路

中功率器件为降低成本、方便使用，现在也大量采用塑料封装形式。但为了限制温升并有利于散热，通常如图 1.65b 所示，同时封装一块导热金属板，便于加装散热片。

4. 集成电路的引脚分布和计数

集成电路是多引脚器件，在电路原理图上，引脚的位置可以根据信号的流向摆放，但在电路板上安装芯片，就必须严格按照引脚的分布位置和计数方向插装。绝大多数集成电路相邻两个引脚的间距是 2.54mm（英制 100mil），宽间距的是 5.08mm（200mil），窄间距的是 1.778mm（70mil）；DIP 封装芯片两列引脚之间的距离是 7.62mm（300mil）或 15.24mm（600mil）。

集成电路的表面一般都有引脚计数起始标志，在 DIP 封装集成电路上，有一个圆形凹坑或弧形凹口：当起始标志位于芯片的左边时，芯片左下方、离这个标志最近的引脚被定义为集成电路的第 1 脚，按逆时针方向计数，顺序定义为第 2 脚、第 3 脚……有些芯片的封装被斜着切去一个角或印上一个色条作为引脚计数起始标志，离它最近的引脚也是第 1 脚，其余引脚按逆时针方向计数。图 1.63、图 1.64 和图 1.65 中的集成电路都画出了引脚计数起始标志。

1.4.7.4　使用集成电路的注意事项

1. 工艺筛选

工艺筛选的目的，在于将一些可能早期失效的元器件及时淘汰出来，保证整机产品的可靠性。由于从正常渠道供货的集成电路在出厂前都要进行多项筛选试验，可靠性通常都很高，用户在一般情况下也就不需要进行老化或筛选了。问题在于，近年来集成电路的市场情况比较混乱，常有一些从非正常渠道进货的次品鱼目混珠。所以，实行了科学质量管理的企业，都把元器件的使用筛选作为整机产品生产的第一道工序。特别是那些对于设备及系统的可靠性要求很高的产品，必须对元器件进行使用筛选。

事实上，每一种集成电路都有多项技术指标，而对于使用这种集成电路的具体产品，往往并不需要用到它的全部功能以及技术指标的极限。这样，就为元器件的使用筛选留出了很宽的余地。有经验的电子工程技术人员都知道，对廉价元器件进行关键指标的使用筛选，既可以保证产品的可靠性，也有利于降低产品的成本。

2. 正确使用

（1）在使用集成电路时，其负荷不允许超过极限值；当电源电压变化不超出额定值 ±10% 的范围时，集成电路的电气参数应符合规定标准；在接通或断开电源的瞬间，不得有高电压产生,否则将会击穿集成电路。

(2) 输入信号的电平不得超出集成电路电源电压的范围(即:输入信号的上限不得高于电源电压的上限,输入信号的下限不得低于电源电压的下限;对于单个正电源供电的集成电路,输入电平不得为负值)。必要时,应在集成电路的输入端增加输入信号电平转换电路。

(3) 一般情况下,数字集成电路的多余输入端不允许悬空,否则容易造成逻辑错误。"与门""与非门"的多余输入端应该接电源正端,"或门""或非门"的多余输入端应该接地(或电源负端)。为避免多余端,也可以把几个输入端并联起来,不过这样会增大前级电路的驱动电流,影响前级的负载能力。

(4) 数字集成电路的负载能力一般用扇出系数 N_o 表示,但它所指的情况是用同类门电路作为负载。当负载是继电器或发光二极管等需要大电流的元器件时,应该在集成电路的输出端增加驱动电路。

(5) 使用模拟集成电路前,要仔细查阅它的技术说明书和典型应用电路,特别注意外围元件的配置,保证工作电路符合规范。对线性放大集成电路,要注意调整零点漂移、防止信号堵塞、消除自激振荡。

(6) 商业级集成电路的使用温度一般在 0 ~ +70℃ 之间。在系统布局时,应使集成电路尽量远离热源。

(7) 在手工焊接电子产品时,一般应该最后装配焊接集成电路;不要使用大于 45W 的电烙铁,每次焊接时间不得超过 10s 钟。

(8) 对于 MOS 集成电路,要特别防止栅极静电感应击穿。一切测试仪器(特别是信号发生器和交流测量仪器)、电烙铁以及线路本身,均须良好接地。当 MOS 电路的 D – S 电压加载时,若 G 输入端悬空,很容易因静电感应造成击穿,损坏集成电路。对于使用机械开关转换输入状态的电路,为避免输入端在拨动开关的瞬间悬空,应该在输入端接一个几十千欧的电阻到电源正极(或负极)上。此外,在存储 MOS 集成电路时,必须将其收藏在防静电盒内或用金属箔包装起来,防止外界电场将栅极击穿。

1.4.8 电声元件

电声元件用于电信号和声音信号之间的相互转换,常用的有扬声器、耳机、传声器(送话器、受话器)等,这里仅对扬声器和传声器进行简单的介绍。

1.4.8.1 扬声器

扬声器俗称喇叭,是音响设备中的主要元件。扬声器的种类很多,除了已经淘汰的舌簧式以外,现在多见的是电动式、励磁式和晶体压电式,图 1.66 是常见扬声器的结构与外形。

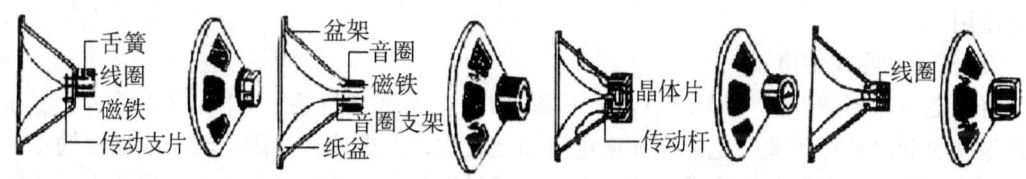

(a) 舌簧式扬声器　　(b) 电动式扬声器　　(c) 晶体式扬声器　　(d) 励磁式扬声器

图 1.66　常见扬声器的外形与结构示意

1. 电动式扬声器

按所采用的磁性材料不同,电动式扬声器分为永磁式和恒磁式两种。永磁式扬声器的磁体很小,可以安装在内部,所以又称内磁式。它的特点是漏磁少、体积小但价格稍高。彩色电视机和电脑多媒体音箱等对磁屏蔽有要求的电子产品一般采用的全防磁喇叭就是永磁式电动扬声器。恒磁式扬声器的磁体较大,要安装在外部,所以又称外磁式。其特点是漏磁大、体积大但价格便宜,通常用在普通收音机等低档电子产品中。

电动式扬声器的结构见图 1.67,由纸盆、音圈、磁体等组成。当音圈内通过音频电流时,音圈产生变化的磁场,与固定磁体的磁场相互作用,使音圈随电流变化而前后运动,带动纸盆振动发出声音。

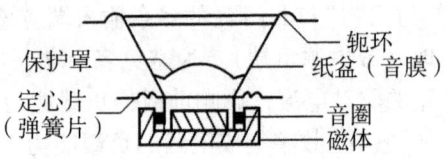

图 1.67 电动式扬声器的结构示意

2. 压电陶瓷扬声器和蜂鸣器

压电陶瓷随两端所加交变电压产生机械振动的性质叫作压电效应,为压电陶瓷片配上纸盆就能制成压电陶瓷扬声器。这种扬声器的特点是体积小、厚度薄、重量轻,但频率特性差、输出功率小,目前还在改进研制之中。压电陶瓷蜂鸣器则广泛用于电子产品输出音频提示、报警信号。

3. 耳机和耳塞机

耳机和耳塞机在电子产品的放音系统中代替扬声器播放声音。它们的结构和形状各有不同,但工作原理和电动式扬声器相似,也是由磁场将音频电流转变为机械振动而还原声音。耳塞机的体积微小,携带方便,一般应用在袖珍收、放音机中。耳机的音膜面积较大,能够还原的音域较宽,音质、音色更好一些,一般价格也比耳塞机更贵。

1.4.8.2 传声器

传声器俗称话筒,它的作用与扬声器相反,是将声能转换为电能的元件。常见的话筒种类有动圈式、晶体式、铝带式、电容式等,以动圈式和驻极体电容式应用最广泛。

1. 动圈式传声器

动圈式传声器由永久磁铁、音圈、音膜和输出变压器等组成,其结构如图 1.68 所示。声压使传声器的音膜振动,带动音圈在磁场里前后运动,切割磁力线产生感应电动势,把感受到的声音转换为电信号。输出变压器进行阻抗变换并实现输出匹配。这种话筒有低阻(200~600Ω)和高阻(10~20kΩ)两类,以阻抗 600Ω 的最常用,频率响应一般在 200~5000Hz。动圈式传声器的结构坚固,性能稳定,经济耐用。

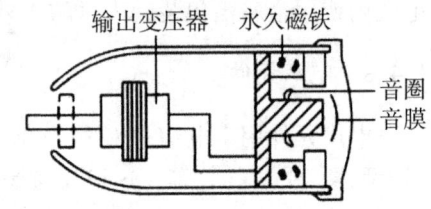

图 1.68 动圈式传声器的结构示意

2. 普通电容式传声器

普通电容式传声器由一固定电极和一膜片组成,其结构与接线如图 1.69 所示。声压使膜片振动引起电容量改变,电路中充电电流随之变化,此电流在电阻上转换成电压输出。普通电容式话筒带有电源和放大器,给电容振膜提供极化电压并将微弱的电信号放大。这种话筒的频率响应好,输出阻抗极高,但结构复杂,体积大,又需要供电系统,使用不够方便,适合在对音质要求高的固定录音室内使用。

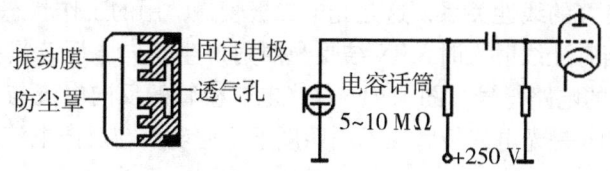

图 1.69　普通电容式传声器的结构与接线

3. 驻极体电容式传声器

驻极体电容式传声器除了具有普通电容式传声器的优良性能以外，还因为驻极体振动膜不需要外加直流极化电压就能够永久保持表面的电荷，所以结构简单、体积小、重量轻、耐震动、价格低廉、使用方便，得到广泛的应用。但驻极体电容式传声器在高温高湿的工作条件下寿命较短。

这种传声器的内部结构见图 1.70，驻极体电容的输出阻抗很高，可能达到几十兆欧，所以传声器内一般用场效应管进行阻抗变换以便与音频放大电路相匹配。

图 1.70　驻极体电容式传声器的结构

1.4.8.3　选用电声元件的注意事项

（1）电声元件应该远离热源，这是因为电动式电声元件内大多有磁性材料，如果长期受热，磁铁就会退磁，动圈与音膜的连接就会损坏；压电陶瓷式、驻极体式电声元件会因为受热而改变性能。

（2）电声元件的振动膜是发声、传声的核心部件，但共振腔是它产生音频谐振的条件之一。假如共振腔对振动膜起阻尼作用，就会极大降低振动膜的电－声转换灵敏度。例如，扬声器应该安装在木箱或机壳内才能扩展音量、改善音质；外壳还可以保护电声元件的结构部件。

（3）电声元件应该避免潮湿的环境，纸盆式扬声器的纸盆会受潮变形，电容式传声器会因为潮湿降低电容的品质。

（4）应该避免电声元件的撞击和振动，防止磁体失去磁性、结构变形而损坏。

（5）扬声器的长期输入功率不得超过其额定功率。

1.4.9　光电器件

1.4.9.1　光电二极管

1. 结构和工作原理

光电二极管又叫作光敏二极管，管壳上有接收入射光的窗口，使光线能进入 PN 结。光电二极管可以在两种状态下工作：第一种，光电二极管加反向工作电压，没有光线射入时，它只能流过很小的反向电流。此时，反向电流的大小与普通二极管相同；有光线射入时，在耗尽层中产生自由载流子，所产生的载流子移出耗尽层，反向电流增大。反向电流与入射光线的照度之间呈现良好的线性关系，这是光电二极管最常用的工作状态。第二种，光电二极管不加工作电压，当有光线射入时，PN 结受光照射产生正向电压，具有光电池的性质。图 1.71a 是光电二极管的电路符号，图 1.71b 是光电二极管的反向电流与入射光线的照度之间的关系曲线，图 1.71c 是光电二极管在不同照度下反向电压与反向电流之间的关系曲线。

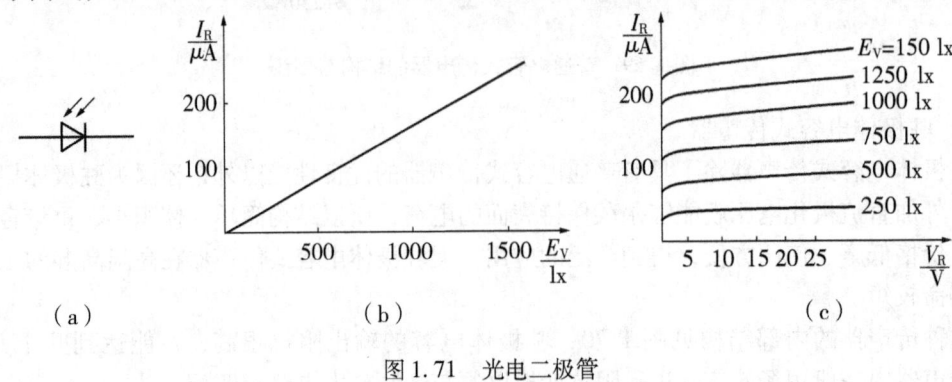

图 1.71　光电二极管

同所有的半导体光电器件一样，光电二极管也具有一定的光谱灵敏度。灵敏度从紫外区延伸到红外区。

2．特征参数和极限参数

光电二极管的主要特征参数是光电灵敏度 E。它表示照度增加时，反向电流增大了多少（单位：nA/lx）。其他重要的特征参数还有最大光电灵敏度波长 λ_{ES}、截止频率 f_g 和耗尽层电容 C_S。

常用的光电二极管的典型参数为：$E \approx 120\text{nA/lx}$；$\lambda_{ES} \approx 0.85\mu\text{m}$；$f_g \approx 1\text{MHz}$；$C_S \approx 20 \sim 150\text{pF}$。

光电二极管的极限参数有最大允许反向电压（一般为 20~30V）和环境温度范围（一般为 -50~+100℃）。

1.4.9.2　光电晶体管

1．结构和工作原理

光电晶体管是一种特殊的硅晶体管，光线可以照射到基极 - 集电极耗尽层上，一定强度的光线可以控制电晶体管 c - e 极间的导通电流。对于某些类型的光电晶体管，将其基极用引线引出，通过基极偏置电路，可预调工作点。另一些光电晶体管的基极不用引线引出，只能由外部光线唯一控制其导通。图 1.72a 是光电晶体管的等效电路，图 1.72b 是光电晶体管在不同照度下的 I_C - V_{CE} 特性曲线。

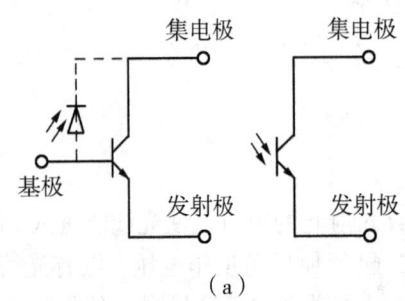
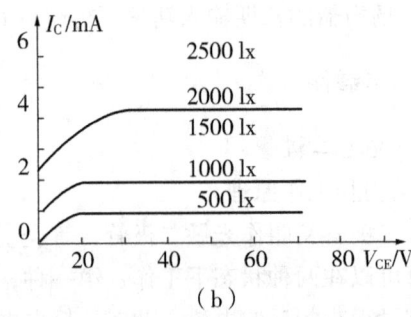

图 1.72　光电晶体管

2. 特征参数和极限参数

光电晶体管的主要特征参数有以下几项：

集电极亮电流 I_{Ch}；集电极暗电流 I_{Cd}；最大光电灵敏度的波长 λ_{ES}；光电灵敏度 E。

常用光电晶体管的典型特征参数如下：

$E \approx 0.15\mu A/lx$；$\lambda_{ES} \approx 0.85\mu m$；$I_{Ch} \approx 0.8mA$；$I_{Cd} \approx 0.2\mu A$。

1.4.9.3 发光二极管

1. 结构和工作原理

发光二极管（LED）是将电能转化为光能的一种器件，其电路符号及其外形如图1.73所示。正向流过一定强度的电流时，发光二极管能发出可见光或不可见光，例如发出红色光线或红外光线。

发光二极管由诸如砷化镓（GaAs）、磷砷化镓（GaAsP）、磷化镓（AsP）这样一些半导体材料制成。

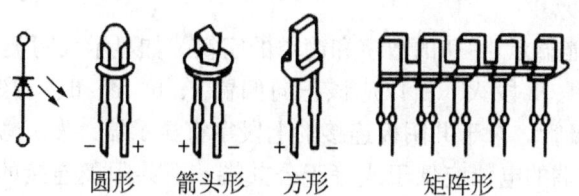

图1.73 发光二极管的电路符号及其外形

发光二极管也具有单向导电性，工作在正向偏置状态，但它的正向导通电压降比较大，一般在2V左右，当正向电流达到2mA时，发光二极管开始发光，而且光线强度的增加与电流强度成正比。发光二极管发出的光线颜色主要取决于晶体材料及其所掺杂质。常见发光二极管光线的颜色有：红色、黄色、绿色和蓝色。

2. 特征参数和极限参数

发光二极管的主要特征参数有发光面积 A、发光强度 I_V 等。

极限参数有最大允许正向直流电流 I_{Fmax}，最大允许反向电压 V_{Rmax}，最大允许功耗 P_{TOTmax}，允许的环境温度范围 U_T。

发光二极管的典型极限参数如下：

$I_{Fmax} \approx 50mA$；$V_{Rmax} \approx 3V$；$P_{TOTmax} \approx 120mW$；$U_T \approx -40 \sim +100℃$。

发光二极管主要用作显示器件，用来指示电子产品的工作状态。表示数字的7段发光管字符显示器也是由发光二极管组成的。

1.4.9.4 七段字符显示器

1. 结构和工作原理

利用发光二极管的光电效应，可以制成简单的显示器件，最典型的就是七段字符显示器，也叫作七段码显示器，如图1.74a所示。通常使用的七段字符显示器，是由八个条状发光二极管按图1.74所示的形式排列，每一段就是一个发光二极管，通常表示小数点的段叫作h段，8字的每一段分别叫作a-g段。按规定使某些笔段的发光二极管点亮，就能组成数字或字母。

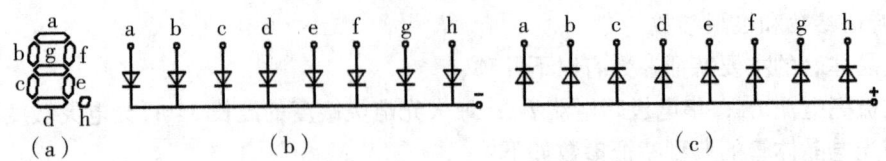

图 1.74 七段字符显示器

在实际应用中，小数点段不常使用，所以叫七段字符显示器。

七段字符显示器内部发光二极管的连接形式有两种，即共阴极和共阳极接法。如图 1.74b 是共阴极连接，图 1.74c 是共阳极连接。七段字符显示器的外形一般是长方形，有 9 个引脚，分别叫作 com（公共端）和 a–h 端（字段端）。

七段字符显示器中某一段发光二极管正向导通电流大于 2mA 时，该段被点亮发光。导通电流越大，所发光线越强，人眼感觉越亮，但光电二极管寿命就越短。可以在电路中采用限流电阻控制发光强度。

七段字符显示器能显示 0~9 的数字和简单的字符，如显示大写英文字母 E，需要 a、b、c、d、g 段亮，而 e、f、h 段灭。所以应该正向偏置 a、b、c、d、g 段发光二极管，反向偏置 e、f、h 段发光二极管。对于共阴极连接的七段字符显示器，发光段端的电位要高于公共端（com），不发光段端的电位应低于或等于公共端；而共阳极连接的七段字符显示器则与此相反。

2. 多位七段字符显示器

七段字符显示器在实际应用中，通常是多个字符一起使用，一般按图 1.75 的形式排列。

这时，每一个七段字符显示器的 a–h 端相连，统一引出仍然叫 a–h 端。由于它们决定了每一个七段字符显示器的显示字符形式，所以叫字选控制端；每一个七段字符显示器的公共端独立引出并用其控制每个七段字符显示器的亮与灭，叫位选控制端。显示时，利用人眼的视觉暂留现象，采用动态扫描的显示方法，即某一时刻只有一个七段字符显示器被点亮。

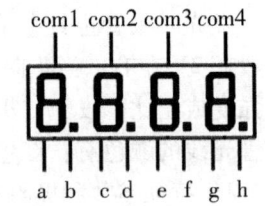

图 1.75 多位七段字符显示器

七段字符显示器的驱动电路比较简单，用数字电路或通用的微处理器芯片都可以实现。

1.4.9.5 光电耦合器

1. 结构和工作原理

光电耦合器是利用光束实现电信号的传递。工作时，把电信号加到输入端，使发光器件发光，受光器件在光辐射的作用下产生并输出电流，从而实现以光为媒介的电–光–电两次转换，通过光进行输入端和输出端之间的耦合。光电耦合器由光发送器和一个光接收器组成，如图 1.76a 所示。

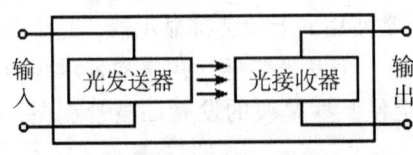

(a) 光电耦合器原理示意图

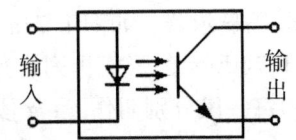

(b) 光敏三极管输出型光电耦合器

图 1.76 光电耦合器

光电耦合器的种类繁多。常用的是以砷化镓发光二极管为发光部分和以硅光敏器件为受光部分构成的光电耦合器，硅光敏器件与砷化镓发光二极管的光谱匹配十分理想。由于受光器件的不同，而有不同的光电耦合器品种。例如，常见的光电耦合器有光敏二极管输出型、光敏三极管输出型、达林顿光敏三极管输出型、光控晶体闸流管输出型以及集成电路输出型等。光敏三极管输出型光电耦合器在一般电子产品中经常用到，其结构示意图见图1.76b。

单个光电耦合器通常做成普通晶体管式的外形；多个光电耦合器做在一起的集成式光电耦合器，通常做成常用的双列直插式封装。用在数字电路中的光电耦合器相当于一个光控开关。集成式光电耦合器中输出光敏三极管的基极通常不引出来。

光电耦合器的主要特点是：

- 输入端与输出端之间没有电的直接联系，实现了输入电路与输出电路之间的电气隔离；
- 信号单向传递，输出信号对输入信号无影响；
- 抗干扰能力强。

2. 光电耦合器的主要极限参数

光电耦合器的主要极限参数如下：

信号输入端（光发送器）

反向电压 $V_R \approx 3V$；

正向电流 $I_F \approx 60mA$。

信号输出端（光接收器）

集电极 - 发射极反向电压 $V_{CEO} \approx 70V$；

发射极 - 基极反向电压 $V_{EBO} \approx 7V$；

集电极电流 $I_{Cmax} \approx 100mA$。

光电耦合器主要应用在输入与输出电路之间的电气隔离以及抗干扰的场合，例如，电脑控制系统中，在输入/输出部分与微处理器之间加入光电耦合器来保护微处理器。

思考题与习题

1. 试总结电子元器件大致分为几代？对电子元器件的主要要求是什么？
2. 电子元器件的主要参数有哪几项？
3. 试绘出电阻的伏安特性。某些元器件有负阻性质，试绘出负阻段的伏安特性。线性元件的伏安特性是否一定是直线？
4. 电子元器件的规格参数有哪些？
5. 什么叫标称值和标称值系列？举例说明。
6. 请解释允许偏差、双向偏差、单向偏差。允许偏差与其稳定性之间有无必然的联系？
7. 什么叫额定值？什么情况下要考虑降额使用？举例说明极限值的含义。
8. 举例说明电子元器件的主要质量参数的含义。
9. （1）什么叫内部噪声？内部噪声是怎样产生的？
   （2）什么叫噪声电动势？如何描述无源元件的噪声指标？噪声系数是如何定义的？
10. 解释失效率及其单位，解释"浴盆曲线"各段的含义。
11. 如何对电子元器件进行检验和筛选？

12. 试叙述老化筛选的原理、作用及方法。"电解电容器在使用前经过一年的存储时间，就可以达到自然老化"，这句话对吗？
13. 在元器件上常用的数值标注方法有哪三种？
14. 请说明以下表面安装元件上文字的含义及元件名称：
    黑色，6R2；黑色，1M5；半黑半白，100，6V；
    带一字槽可微调，三个引脚的 SMD 元件，上面标注是 502。
15. （1）试默写出色标法的色码定义。
    （2）将表 2.1 中 E24 系列标称值改用色标法表示出来。
    （3）请用四色环标注出电阻：$6.8k\Omega \pm 5\%$，$47\Omega \pm 5\%$。
    （4）用五色环标注电阻：$2.00k\Omega \pm 1\%$，$39.0\Omega \pm 1\%$。
    （5）已知电阻上色标排列次序如下，试写出各对应的电阻值及允许偏差：
    "橙白黄　金"，"棕黑金　金"，"绿蓝黑棕　棕"，"灰红黑银　棕"。
16. （1）电阻器如何命名？
    （2）电阻器如何分类？电阻器的主要技术指标有哪些？
    （3）如何正确选用电阻器？
17. （1）电位器有哪些类别？有哪些技术指标？如何选用？如何安装？
    （2）自己去查阅资料，找出一个电子整机线路（例如六管收音机），试分析其中电阻元件，并请你为它选型。
18. （1）电容器有哪些技术参数？哪种电容器的稳定性较好？
    （2）电容器的额定工作电压是指其允许的最大直流电压或交流电压有效值吗？
19. 电容器如何命名，如何分类？
20. （1）常用的电容器有哪几种？它们的特点如何？
    （2）简述电解电容器的结构、特点及用途。
21. （1）怎样合理选用电容器？
    （2）找一个六管超外差收音机实物，分析内部电路各部分所用电容器的类型，为什么要用这些类型的电容？可否改型？
    （3）查阅并分析有关以下电路的资料：普通串联稳压电源、开关电源、低频功放电路、低频前放电路。对其中所用的电容器从型号、体积、耐压、特性等方面做出比较（可以列表）。
    （4）在用精密运算放大器构成反向积分器、PI 调节器、PID 调节器、移相器时，都要用到电容器。试分析在上述运算电路中，怎样合理选用电容器。
22. 试简述电感器的应用范围、类型、结构。
23. （1）变压器的作用是什么？请说明变压器是如何分类的？变压器的种类、特点和用途。
    （2）变压器的主要性能参数有哪些？
24. 电感器有哪些基本参数？为什么电感线圈有一个固有频率？使用中应注意什么？什么叫 Q 值？如何提高 Q 值？
25. （1）请总结几种常用电感器的结构、特点及用途。
    （2）请自己查资料，找出一个多波段收音机的线路图（如有实物及随机图纸，则更好）。指出图中各种电感器的结构、特点及用途。

(3) 在开关电源中，在 DC/DC 电源变换器中，经常用到电感器，请自行查阅资料，作出资料卡片。

(4) 用运放及阻容元件，可以构成"模拟电感器"，请注意并自行索阅这方面的信息，作出资料卡片。

26. (1) 简述开关和插接元件的功能及其可靠性的主要因素；选用何种保护剂，可以有效改善开关的性能？

(2) 简述接插件的分类，列举常用接插件的结构、特点及用途。

(3) 列举机械开关的动作方式及类型。

(4) 查阅资料：查找出一种万用表的内部电路，分析开关在各档位时电路的功能。

(5) 查阅资料：查找出一种立体声收录机线路，分析其中的开关档位及电路流程（这叫"开关档位读图法"）。

(6) 如何正确选用开关及接插件？

27. (1) 继电器如何分类？选用电磁式继电器应考虑的主要参数是哪些？

(2) 干簧继电器和电磁式继电器相比有哪些特点？

(3) 选择和使用固态继电器应注意哪些问题？

28. 如何正确选用机电元件？

29. (1) 半导体分立器件如何分类？

(2) 半导体分立器件型号如何命名？

(3) 半导体分立器件的封装形式有哪些？

(4) 如何选用半导体分立器件？

30. (1) 简述集成电路按功能分类的基本类别。

(2) 国产集成电路如何命名？国外的呢？注意收集信息。

(3) 对集成电路封装形式进行小结，并收集信息。

(4) 总结使用集成电路的注意事项。

(5) 数字集成电路的输入信号电平可否超过它的电源电压范围？

(6) 数字集成电路的电源滤波应该如何进行？为什么要滤波？

31. 题 31 图所示是一个串联型直流稳压电源。

(1) 请改正图中的错误，在错误处画"×"并改画正确。

(2) 从题 31 表（a）给出的元器件库存表内，选择合适的型号填入题 31 表（b），使之成为正确的元件清单（其中电阻只需选择正确的标称值填入）。

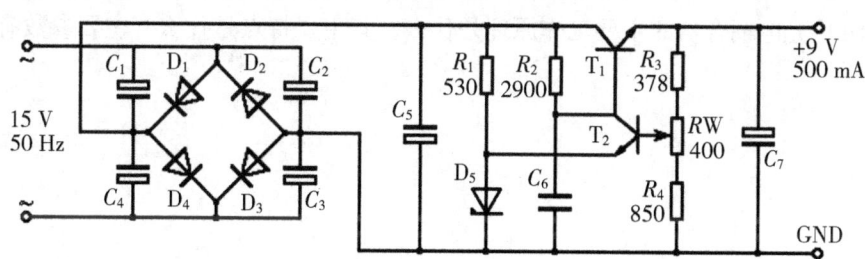

题 31 图

题 31 表（a）　材料库存表

编号	型　号	编号	型　号	编号	型　号
1	2AP9	9	3DD01A	17	CD11 − 6.3V − 220μ
2	2CZ82	10	3DK4	18	CA − 16V − 47μ
3	2CK44	11	3AX22	19	CD11 − 10V − 470μ
4	2CW14	12	3CT6	20	CJ11 − 63V − 0.01μ
5	3CG21	13	CS2B	21	CD11 − 16V − 1000μ
6	3DG6	14	CCW3 − 1 − 5/20p	22	CL10 − 63V − 0.01μ
7	3AG15	15	CBM − X − 270p	23	CD11 − 25V − 1000μ
8	3AD18A	16	CJ10 − 160V − 0.1μ	24	CD11 − 16V − 220μ

题 31 表（b）　元器件清单

R_1	RT − 0.125 − b −	− ±5%	$C_1 \sim C_4$	
R_2	RT − 0.125 − b −	− ±10%	C_5	
R_3	RT − 0.125 − b −	− ±10%	C_6	
R_4	RT − 0.125 − b −	− ±5%	C_7	
R_w	WS − 1 − 0.5W −	− ±10%	T_1	
$D_1 \sim D_4$			T_2	
D_5				

32. （1）请说明电动式扬声器和压电陶瓷扬声器的主要特点？

（2）请分别说明动圈式传声器、普通电容式传声器、驻极体电容式传声器的主要特点。

（3）选用电声元件时应注意哪些问题？

33. （1）试说明光电二极管的结构和工作原理。

（2）试说明光电晶体管的结构和工作原理。

（3）试说明发光二极管的结构和工作原理。发光二极管的特征参数和极限参数有哪些？

（4）光电耦合器的主要工作原理是什么？其主要特点是什么？主要参数有哪些？

第2章 电子材料的选用工艺

教学基本要求

- 掌握各种安装导线的种类、名称与特点；
- 掌握绝缘材料的种类、作用与标识方法；
- 掌握印刷电路板的种类、作用与特点；
- 掌握焊接材料的种类、作用与特点；
- 掌握磁性材料的种类、作用与特点；
- 能用目视法判断并识别常见的安装导线，能正确叫出各种导线的名称；
- 能用目视法判断并识别常见的绝缘材料，能正确叫出各种绝缘材料的名称；
- 能根据使用场合正确选择合适的安装导线和绝缘材料；
- 能根据电路的复杂程度选择合适的印刷电路板和焊接材料；
- 能根据使用场合正确选择合适的磁性材料。

2.1 常用导线与绝缘材料

2.1.1 导线

导线是能够导电的金属线，是电能的传输载体。工业及民用导线有好几百种，有些导线线径细得像头发丝，有些线径粗得如金属棒，这里仅介绍那些电子产品生产中常用的电线电缆和电磁线。

2.1.1.1 导线材料

1. 导线分类

电子产品中常用的导线包括电线与电缆，又能细分成裸线、电磁线、绝缘电线电缆和通信电缆四类。裸线是指没有绝缘层的单股或多股导线，大部分作为电线电缆的线芯，少部分直接用在电子产品中连接电路。电磁线是有绝缘层的导线，绝缘方式有表面涂漆或外缠纱、丝、薄膜等，一般用来绕制电感类产品的绕组，所以也叫作绕组线。绝缘电线电缆包括固定敷设电线、绝缘软电线和屏蔽线，用作电子产品的电气连接。通信电缆包括用在电信系统中的电信电缆、高频电缆和双绞线。电信电缆一般是成对的对称多芯电缆，通常用于工作频率在几百 kHz 以下的信号传输；高频电缆对高频信号传输损耗小，效率高。双绞线用于计算机和电信信号的传输，频率在十 MHz 至几百 MHz。

2. 导线的构成材料

除了裸线，导线一般由导体芯线和绝缘体外皮组成。

（1）导体材料。

导体材料主要是导电性能好的铜线和铝线，大多制成圆形截面，少数根据特殊要求制成矩形或其他形状的截面。对于电子产品来说，几乎都是使用铜线。纯铜线的表面很容易氧化，一般导线是在铜线表面镀耐氧化金属。例如：
- 普通导线——镀锡能提高可焊性；
- 高频用导线——镀银能提高电性能；
- 耐热导线——镀镍能提高耐热性能。

后两种导线的成本较高，使用不如镀锡导线普遍。

导线的粗细标准称为线规，有线号和线径两种表示方法：按导线的粗细排列成一定号码的叫作线号制，线号越大，其线径越小，英、美等国家采用线号制；线径制则是用导线直径的毫米（mm）数表示线规，中国采用线径制。

（2）绝缘外皮材料。

导线绝缘外皮的作用，除了电气绝缘、能够耐受一定电压以外，还有增强导线机械强度、保护导线不受外界环境腐蚀的作用。

导线绝缘外皮的材料主要有：塑料类（聚氯乙烯、聚四氟乙烯等）、橡胶类、纤维类（棉、化纤等）、涂料类（聚酯、聚乙烯漆）。它们可以单独构成导线的绝缘外皮，也能组合使用。常见的塑料导线、橡皮导线、纱包线、漆包线等，就是以外皮材料区分的。因绝缘材料不同，它们的用途也不相同。

2.1.1.2 安装导线、屏蔽线

在电子产品生产中常用的安装导线，主要是塑料线。常用几种安装导线的外观见图2.1，其型号、名称及用途见表2.1。其中有屏蔽层的导线称为屏蔽线，如图2.1c、h所示。屏蔽线能够实现静电（或高电压）屏蔽、电磁屏蔽和磁屏蔽的效果。屏蔽线有单芯、双芯和多芯的数种，一般用在工作频率为1MHz以下的场合。

表2.1 常用安装导线

型号	名称	工作条件	主要用途	结构与外形
AV，BV	聚氯乙烯绝缘安装线	250V/AC 或 500V/DC，-60~+70℃	弱电流仪器仪表、电信设备，电器设备和照明装置	图2.1a
AVR，BVR	聚氯乙烯绝缘安装软电线	250V/AC 或 500V/DC，-60~+70℃	弱电流电器仪表、电信设备要求柔软导线的场合	图2.1b
SYV	聚氯乙烯绝缘同轴射频电缆	-40~+60℃	固定式无线电装置（50Ω）	图2.1c
RVS	聚氯乙烯绝缘双绞线	450V 或 750V/AC，<50℃	家用电器、小型电动工具，仪器仪表、照明装置	图2.1d
RVB	聚氯乙烯绝缘平行软线	450V 或 750V/AC，<50℃	家用电器、小型电动工具，仪器仪表、照明装置	图2.1e
SBVD	聚氯乙烯绝缘双绞线	-40~+60℃	电视接收天线馈线（300Ω）	图2.1f

续表2.1

型号	名称	工作条件	主要用途	结构与外形
AVV	聚氯乙烯绝缘安装电缆	250V/AC 或 500V/DC，−40~+60℃	弱电流电器仪表、电信设备	图2.1g
AVRP	聚氯乙烯绝缘屏蔽安装电缆	250V/AC 或 500V/DC，−60~+70℃	弱电流电器仪表、电信设备	图2.1h
SIV−7	空气−聚氯乙烯绝缘同轴射频电缆	−40~+60℃	固定式无线电装置（75Ω）	图2.1i

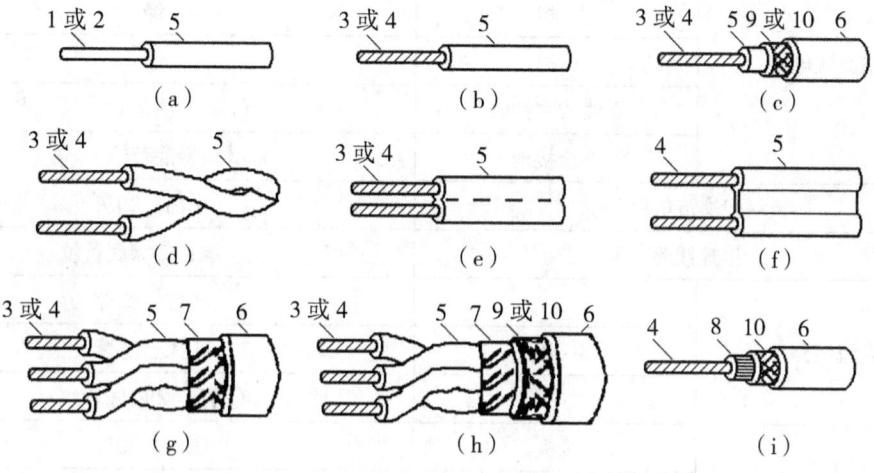

图2.1　常用安装导线

1—单股镀锡铜芯线；　　　5—聚氯乙烯绝缘层；　　　9—镀锡铜编织线屏蔽层；
2—单股铜芯线；　　　　　6—聚氯乙烯护套；　　　　10—铜编织线屏蔽层
3—多股镀锡铜芯线；　　　7—聚氯乙烯薄膜绕包；
4—多股铜芯线；　　　　　8—聚乙烯星形管绝缘层；

选择使用安装导线，要注意以下几点。

1. 安全载流量

表2.2中列出的安全载流量，是铜芯导线在环境温度为25℃、载流芯温度为70℃的条件下架空敷设的载流量。当导线在机壳内、套管内等散热条件不良的情况下，载流量应该打折扣，取表中数据的1/2是可行的。一般情况下，载流量可按$5A/mm^2$估算，这在各种条件下都是安全的。

表2.2　铜芯导线的安全载流量（25℃）

截面积/mm^2	0.2	0.3	0.4	0.5	0.6	0.7	0.8	1.0	1.5	4.0	6.0	8.0	10.0
载流量/A	4	6	8	10	12	14	17	20	25	45	56	70	85

2. 最高耐压和绝缘性能

随着所加电压的升高，导线绝缘层的绝缘电阻将会下降；如果电压过高，就会导致放电击穿。导线标志的试验电压，是表示导线加电 1 分钟不发生放电现象的耐压特性。实际使用中，工作电压为试验电压的 1/5~1/3。

3. 导线颜色

塑料安装导线有棕、红、橙、黄、绿、蓝、紫、灰、白、黑等各种单色导线，还有在基色底上带一种或两种颜色花纹的花色导线。为了便于在电路中区分使用，习惯上经常选择的导线颜色见表 2.3，可供参考。

表 2.3 选择安装导线颜色的一般习惯

电路种类		导线颜色
三相交流电路	A 相	红
	B 相	绿
	C 相	蓝
	零线或中性线	淡蓝
	安全接地	绿底黄纹
一般交流电路		①白；②灰
接地线路		①绿；②绿底黄纹
直流线路	+	①红；②棕
	GND	①黑；②紫
	—	①青；②白底青纹
晶体管电极	E 极	①红；②棕
	B 极	①黄；②橙
	C 极	①青；②绿
指示灯		青
电子管电极	+B	棕
	阳极	红
	帘栅极	橙
	控制栅极	黄
	阴极	绿
	灯丝	青
立体声电路	右声道	①红；②橙
	左声道	①白；②灰
有号码的接线端子		1~10 单色无花纹（10 是黑色） 11~99 基色有花纹

4. 工作环境条件

（1）室温和电子产品机壳内部空间的温度不能超过导线绝缘层的耐热温度。

（2）当导线（特别是电源线）受到机械力作用的时候，要考虑它的机械强度。对于抗拉强度、抗反复弯曲强度、剪切强度及耐磨性等指标，都应该在选择导线的种类、规格及连线操作、产品运输等方面进行考虑，留有充分的余量。

5. 便于连线操作

应该选择使用便于连线操作的安装导线。例如，带丝包绝缘层的导线用普通剥线钳很难剥出端头，如果不是机械强度的需要，不要选择这种导线作为普通连线。

2.1.1.3 电磁线

电磁线是具有绝缘层的导电金属线，用来绕制电工、电子产品的线圈或绕组。其作用是实现电能和磁能转换：当电流通过时产生磁场；或者在磁场中切割磁力线产生电流。电磁线包括通常所说的漆包线和高频漆包线。表2.4中列出了常用电磁线的型号、特点及用途。

表2.4 常用电磁线的型号、特点及用途

型号	名称	线径规格 ϕ/mm	主要特点	用途
QQ	高强度聚乙烯醇缩醛漆包圆铜线	0.06～2.44	机械强度高，电气性能好	电机、变压器绕组
QZ	高强度聚酯漆包圆铜线	0.06～2.44	同QQ型，且耐热130℃，抗溶剂性能好	耐热要求B级的电机、变压器绕组
QSR	单丝（人造丝）漆包圆铜线	0.05～2.10	工作温度范围达 -60～+125℃	小型电机、电器和仪表绕组
QZB	高强度聚酯漆包扁铜线	(2.00～10.00)×(0.2～2.83)	绕线满槽率高	同QZ型，用于大型线圈绕组
QJST	单丝包绞合漆包高频电磁线	0.05～0.20	高频性能好	高频线圈、变压器的绕组

在生产电子产品时，经常要使用电磁线（漆包线或高频漆包线）绕制高频振荡电路中的电感线圈。在模具或骨架上绕线并不困难，但刮去线端的漆皮时容易损伤导线。采用热熔法可以去除线端的漆皮：将线端浸入小锡炉，漆皮就融化在熔融的锡液中，同时线端被镀上锡。燃烧法也是去除线端漆皮的简便方法之一，将线端放在酒精灯上燃烧，使漆皮炭化，然后迅速浸入乙醇中，取出后用棉布即可擦净线端的漆皮。

2.1.1.4 带状电缆（电脑排线）

在数字电路特别是计算机类产品中，数据总线、地址总线和控制总线等连接导线往往是成组出现的，其工作电平、导线走向都大体一致。在这种情况下，使用安装排线（又叫带状电缆或扁平安装电缆）很方便。这种安装排线与安装插头、插座的尺寸、导线的数目相对应，并且不用焊接就能实现可靠的连接，不容易产生导线错位的情况（参见本章前面介绍带状电缆接插件的内容）。

目前使用较多的排线，单根导线内是 $\phi 0.1 \times 7$ 的线芯，外皮为聚氯乙烯。导线根数为8、12、16、20、24、28、32、37、40线等规格。选购带状电缆的时候，一定要注意它的外形尺寸，如图2.2所示。

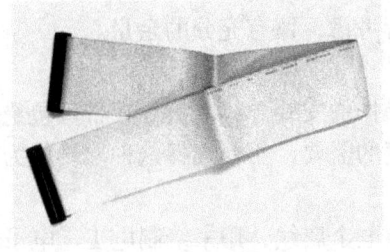

图 2.2 带状电缆的外形

2.1.1.5 电源软导线

从电源插座到机器之间的电源线是露在外面的,用户经常需要插、拔、移动,所以电源线不同于其他导线,在选用时不仅要符合安全标准,还要考虑到在恶劣条件下能够正常使用。

(1)选择电源线的载流量,要比机壳内导线的安全系数大,因为即便是正常的温升也会使用户产生不安全感。

(2)在寒冷的环境中,塑料导线会发硬。要考虑气候的变化,应该能经受弯曲和移动。

(3)要有足够的机械强度,电源线经常被提拉并可能被重物挤压或缠绕。所以,导线的保护层必须能够承受这些外力作用。

RVB、RVS、YHR 几种软导线都适合用作电源线。其中,又以有橡胶护套的 YHR 型为最好。

2.1.1.6 高压电缆

高压电缆一般采用绝缘耐压性能好的聚乙烯或阻燃性聚乙烯作为绝缘层,而且耐压越高,绝缘层就越厚。表 2.5 是绝缘层厚度与耐压的关系,可在选用高压电缆时参考。

表 2.5 绝缘层厚度与耐压的关系

耐压(DC)	6kV	10kV	20kV	30kV	40kV
绝缘层厚度/mm	0.7	1.2	1.7	2.1	2.5

2.1.1.7 双绞线

在计算机网络通信中,由于频率较高,信号电平较弱,通常采用双绞线,双绞线抗电磁干扰性强,双绞线的接线质量会影响网络的整体性能。双绞线在各种设备之间的接法也非常有讲究,应按规范连接。

双绞线分成六类,即一类线、二类线、三类线、四类线、五类线和六类线,其中三类以下的线已不再使用。目前使用最多的是五类线。五类线分五类和超五类线,超五类目前应用最多,共 4 对绞线用来提供 10~100MB/s 服务,六类已经投放使用好长一段时间了,多用来提供 1000MB/s 服务。

本书主要介绍双绞线的标准接法及其与各种设备的连接方法,目的是使大家掌握规律,提高工作效率,保证网络正常运行。

双绞线的标准接法:双绞线一般用于星型网络的布线,每条双绞线通过两端安装的RJ-45 连接器(俗称水晶头)将各种网络设备连接起来。双绞线的标准接法不是随便规定的,目的是保证线缆接头布局的对称性,这样就可以使接头内线缆之间的干扰相互抵消。

超五类线是网络布线最常用的网线,分屏蔽和非屏蔽两种。如果是室外使用,屏蔽线要好些,在室内一般用非屏蔽五类线就够了,而由于不带屏蔽层,线缆会相对柔软些,但其连接方法都是一样的。一般的超五类线里都有四对绞在一起的细线,并用不同的颜色标明。

双绞线有两种接法:EIA/TIA 568B 标准和 EIA/TIA 568A 标准。具体接法如图 2.3 所示。

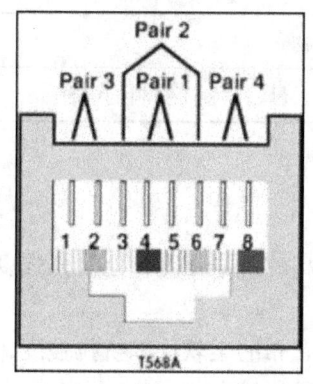

T568A 线序

1	2	3	4	5	6	7	8
绿白	绿	橙白	蓝	蓝白	橙	棕白	棕

T568B 线序

1	2	3	4	5	6	7	8
橙白	橙	绿白	蓝	蓝白	绿	棕白	棕

直通线:两头都按 T568B 线序标准连接

图 2.3 双绞线的接法

2.1.2 绝缘材料

绝缘材料又称电介质,它在直流电压的作用下,只允许极微小的电流通过。绝缘材料的电阻率(电阻系数)一般都大于 $10^9\Omega\cdot cm$,在电子工业中的应用相当普遍。这类材料品种很多,要根据不同要求及使用条件合理选用。

2.1.2.1 绝缘材料的主要性能及选择

1. 抗电强度

抗电强度又叫耐压强度,即每毫米厚度的材料所能承受的电压,它同材料的种类及厚度有关。对一般电子产品生产中常用的材料来说,抗电强度比较容易满足要求。

2. 机械强度

绝缘材料的机械强度一般是指抗张强度,即每平方厘米所能承受的拉力。对于不同用途的绝缘材料,机械强度的要求不同。例如,绝缘套管要求柔软,结构绝缘板则要求有一定的硬度并且容易加工。同种材料因添加料不同,强度也有较大差异,选择时应该注意。

3. 耐热等级

耐热等级是指绝缘材料允许的最高工作温度,它完全取决于材料的成分。按照一般标准,耐热等级可分为七级,参见表 2.6。在一定耐热级别的电机、电器中,应该选用同等耐热等级的绝缘材料。必须指出,耐热等级高的材料,价格也高,但其机械强度不一定高。所以,在不要求耐高温处,要尽量选用同级别的材料。

表 2.6 绝缘材料的耐热等级

级别代号	最高温度/℃	主要绝缘材料
Y	90	未浸渍的棉纱、丝、纸等制品
A	105	上述材料经浸渍

续表 2.6

级别代号	最高温度/℃	主要绝缘材料
E	120	有机薄膜、有机磁漆
B	130	用树脂粘合或浸渍的云母、玻璃纤维、石棉
F	155	用相应树脂粘合或浸渍的无机材料
H	180	耐热有机硅、树脂、漆或其他浸渍的无机物
C	>200	硅塑料、聚氟乙烯、聚酰亚胺及与玻璃、云母、陶瓷等材料的组合

2.1.2.2 常用绝缘材料

（1）薄型绝缘材料。主要应用于包扎、衬垫、护套等。

绝缘纸：常用的有电容器纸、青壳纸、铜版纸等，具有较高的抗电强度，但抗张强度和耐热性都不高。主要用于要求不高的低压线圈绝缘。

绝缘布：常用的有黄腊布、黄腊绸、玻璃漆布等。它们具有布的柔软性和抗拉强度，适用于包扎、变压器绝缘等。这种材料也可制成各种套管，用作导线护套。

有机薄膜：常用的有聚酯、聚酰亚胺、聚氯乙烯、聚四氟乙烯薄膜。厚度范围是 0.04～0.1mm。其中以聚酯薄膜使用最为普遍，在大部分情况下可以取代绝缘纸、绝缘布，并提高耐压、耐热性能。性能卓越的聚四氟乙烯薄膜，耐热可达到 C 级，但价格高。

粘带：上述有机薄膜涂上胶粘剂就成为各种绝缘粘带，俗称塑料胶带，可以取代传统的"黑胶布"，大大提高了耐热、耐压等级。

塑料套管：除绝缘布套管外，大量用在电子装配中的是塑料套管，即用聚氯乙烯为主料制成各种规格、各种颜色的套管。由于耐热性差（工作温度为 -60～+70℃），不宜用在受热部位。还有一种热缩性塑料套管，经常用作电线端头的护套。

（2）绝缘漆。使用最多的地方是浸渍电器线圈和表面覆盖。

常用的绝缘漆有油性浸渍漆（1012）、醇酸浸渍漆（1030）、环氧浸渍漆（1033）、环氧无溶剂浸渍漆（515-1/2）、有机硅漆（1053）、覆盖漆、醇酸磁漆、有机硅磁漆等。其中，有机硅漆能耐受较高的温度（H级），无溶剂漆使用较为方便。

（3）热塑性绝缘材料。这类材料有硬聚乙烯板、软管及有机玻璃板、棒。可以进行热塑加工，但耐热性差。一般只用于不受热、不受力的绝缘部位。例如，作为护套、护罩、仪器盖板等。透明的有机玻璃适用于加工仪器面罩、铭牌等绝缘零件。

（4）热固性层压材料。常用的层压板材（板厚为 0.5～50mm）有酚醛层压纸板（3020～3023）、酚醛层压布板（3025、3027 等）、酚醛层压玻璃布板（3230～3232）、有机硅环氧层压玻璃布板（3250）、环氧酚醛层压玻璃布板（3240）等。上述各类材料都有相应的管材和棒材。棒材的直径从 6mm 到数百毫米，管材的壁厚是 1～9mm。从粘合剂来看这些材料的性能，环氧优于酚醛，有机硅耐热最佳（达 H 级）。对基板来说，玻璃布最优，布板次之，纸板再次。它们共同的特点是具有良好的电气性能和机械性能，耐潮、耐热、耐油。

（5）云母制品。云母是具有良好的耐热、传热、绝缘性能的脆性材料。将云母用粘合剂粘附在不同的材料上，就构成性能不同的复合材料。常用的有云母带（沥青绸云母带、环氧玻璃粉云母带、有机硅云母带等），主要用作耐高压的绝缘衬垫。

(6) 橡胶制品。橡胶在较大的温度范围内具有优良的弹性、电绝缘性、耐热、耐寒和耐腐蚀性，是传统的绝缘材料，用途非常广泛。近年来电子工业所用的天然橡胶已被合成橡胶取代。

2.2 制造印制电路板的材料——覆铜板

覆铜板是用减成法制造印制电路板的主要材料。所谓覆铜板，全称为覆铜箔层压板，就是经过粘接、热挤压工艺，使一定厚度的铜箔牢固地附着在绝缘基板上的板材。

2.2.1 覆铜板的材料与制造

2.2.1.1 覆铜板的组成

所用基板材料及厚度不同、铜箔与粘结剂不同，制造出来的覆铜板在性能上就有很大区别。铜箔覆在基板一面的，叫作单面覆铜板，覆在基板两面的称为双面覆铜板。

1. 覆铜板的基板

高分子合成树脂和增强材料组成的绝缘层压板可以作为覆铜板的基板。合成树脂作为粘合剂，是基板的主要成分，决定电气性能；增强材料一般有纸质和布质两种，决定基板的热性能和机械性能，如耐浸焊性、抗弯强度等。这些基板除了可以用来制造覆铜板，本身也是生产材料，可以作为电器产品的绝缘底板。几种常用覆铜板的基板材料及其性质如下。

(1) 酚醛树脂基板和酚醛纸基覆铜板。用酚醛树脂浸渍绝缘纸或棉纤维板，两面加无碱玻璃布，就能制成酚醛树脂层压基板。在基板一面或两面粘合热压铜箔制成的酚醛纸基覆铜板，价格低廉，但容易吸水。吸水以后，绝缘电阻降低。受环境温度影响大，当环境温度高于100℃时，板材的机械性能明显变差。这种覆铜板在民用或低档电子产品中广泛使用，高档电子产品或工作在恶劣环境条件和高频条件下的电子设备中极少采用。酚醛纸基铜箔板的标准厚度有1.0mm、1.5mm、2.0mm等几种，一般优先选用1.5mm和2.0mm厚的板材。

(2) 环氧树脂基板和环氧玻璃布覆铜板。纤维纸或无碱玻璃布用环氧树脂浸渍后热压而成的环氧树脂层压基板，电气性能和机械性能良好。环氧树脂用双氰胺作为固化剂的环氧树脂玻璃布板材，性能更好，但价格偏高；将环氧树脂和酚醛树脂混合使用制造的环氧酚醛玻璃布板材，价格降低了，也能达到满意的质量。在这两种基板的一面或两面粘合热压铜箔制成的覆铜板，常用于工作在恶劣环境下的电子产品和高频电路中。两者在机械加工、尺寸稳定、绝缘、防潮、耐高温等方面的性能指标相比，前者更好一些。直接观察两者，前者的透明度较好。这两种板材的厚度规格较多，1.0mm和1.5mm厚的最常用来制造印制电路板。

(3) 聚四氟乙烯基板和聚四氟乙烯玻璃布覆铜板。用无碱玻璃布浸渍聚四氟乙烯分散乳液后热压制成的层压基板，是一种高度绝缘、耐高温的新型材料。把经过氧化处理的铜箔粘合、热压到这种基板上制成的覆铜板，可以在很宽的温度范围（-230～+260℃）内工作，间断工作的温度上限甚至达到300℃。这种高性能的板材介质损耗小，频率特性好，耐潮湿、耐浸焊性，化学稳定性好，抗剥强度高，主要用来制造超高频（微波）电子产品、特殊电子仪器和军工产品的印制电路板，但它的成本较高，刚性比较差。

此外，常见的覆铜板材还有聚苯乙烯覆铜板和柔性聚酰亚胺覆铜板等品种。

2. 铜箔

铜箔是制造覆铜板的关键材料，必须有较高的导电率及良好的焊接性。铜箔质量直接影响覆铜板的性能。要求铜箔表面不得有划痕、砂眼和皱折，金属纯度不低于 99.8%，厚度误差不大于 ±5μm。按照原电子工业部的部颁标准规定，铜箔厚度的标称系列为 18μm、25μm、35μm、50μm、70μm 和 105μm，目前普遍使用的是 35μm 厚度的铜箔。铜箔越薄，越容易蚀刻和钻孔加工，特别适合于制造线路复杂的高密度印制板。铜箔可通过压延法和电解法两种方法制造，后者易于获得表面光洁、无皱折、厚度均匀、纯度高、无机械划痕的高质量铜箔，是生产铜箔的理想工艺。

3. 粘合剂

铜箔能否牢固地附着在基板上，粘合剂是重要因素。覆铜板的抗剥强度主要取决于粘合剂的性能。常用的覆铜板粘合剂有酚醛树脂、环氧树脂、聚四氟乙烯和聚酰亚胺等。

2.2.1.2 覆铜板的生产工艺流程

铜箔氧化，使零价铜变为二价氧化铜或一价氧化亚铜，可以提高它与基板的粘合力。铜箔氧化后在其粗糙面上胶，然后放入烘箱使之预固化。玻璃布（或纤维纸）预先浸渍树脂并烘烤，也使其处于半固化状态。将胶处于半固化状态的铜箔与玻璃布（或纤维纸）对贴，根据基板厚度要求选择玻璃布（或纤维纸）层的数量，按尺寸剪切后进行压制。压制中使用蒸汽或电加热，使半固化的粘结剂彻底固化，铜箔与基板牢固地粘合成一体，冷却后即为覆铜板。覆铜板的生产工艺流程如图 2.4 所示。

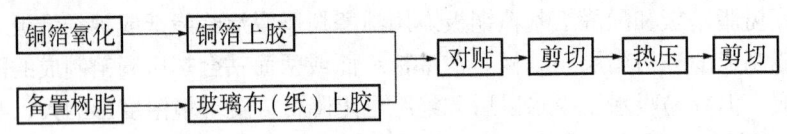

图 2.4 覆铜板的生产工艺流程

2.2.1.3 覆铜板的非电技术指标

1. 抗剥强度

使单位宽度的铜箔剥离基板所需要的最小力，用这个指标来衡量铜箔与基板之间的结合强度，单位为 Pa。在常温下，普通覆铜板的抗剥强度应该在 $1.2 \times 10^5 \text{Pa}$ 以上。目前，国内生产的环氧酚醛玻璃布覆铜板的抗剥强度可达到 $2.3 \times 10^5 \text{Pa}$。这项指标主要取决于粘合剂的性能、铜箔的表面处理和制造工艺质量。

2. 翘曲度

指单位长度上的翘曲（弓曲或扭曲）值，是衡量覆铜板相对于平面的平直度指标。由于国内各生产厂家的试验、测试方法不同，所取试样的尺寸不同，故尚无统一的标准。覆铜板的翘曲度取决于基板材料和板材厚度。目前以环氧酚醛玻璃布覆铜板的质量为最好。同样材料的翘曲度，双面覆铜板比单面板小，厚的比薄的小。在制作较大面积的印制板时，应该注意这一指标。如果翘曲度大，则不仅印制板的外观不佳，还可能导致严重的问题：把电路板装入电子产品的机壳时，紧固电路板的矫正力会引起电路的插接部分接触不良，甚至使元器件受到机械损伤或开焊。

3. 抗弯强度

这是表明覆铜板所能承受弯曲的能力，以单位面积所受的力来计算，单位为 Pa。这项指标主要取决于覆铜板的基板材料及厚度。在同样厚度下，环氧酚醛玻璃布层压板的抗弯强度为酚醛纸质板的30倍左右。相同材料的板材，厚度越大则抗弯强度越高。在确定印制板厚度时应考虑这一指标。

4. 耐浸焊性（耐热性）

指覆铜板置入一定温度的熔融焊料中停留一段时间（大约10s）后，所能承受的铜箔抗剥能力。这项指标取决于基板材料和粘合剂，对印制电路板的质量影响很大。一般要求覆铜板经过焊接不起泡、不分层。如果耐浸焊性差，印制板在经过多次焊接时，将可能使铜箔焊盘或线条脱落。环氧酚醛玻璃布覆铜板能在260℃的熔锡中停放180~240s而不出现起泡和分层现象。

除了上述几项以外，衡量覆铜板质量的非电技术指标还有表面平整度、光滑度、坑深、耐化学溶剂侵蚀等多项。

2.2.1.4 几种常用覆铜板的性能特点

覆铜板质量的优劣，直接影响印制电路板的质量。衡量覆铜板质量的主要技术指标有电气性能和非电气性能两类。电气性能包括工作频率、介电性能（介质损耗）、表面电阻、绝缘电阻和耐压强度等几项；非电气性能包括抗剥强度、翘曲度、抗弯强度和耐浸焊性等。

表2.7给出了几种常用覆铜板的性能特点。

表2.7 几种常用覆铜板的性能特点

品种	标称厚度/mm	铜箔厚度/μm	性能特点	典型应用
酚醛纸基覆铜板	1.0, 1.5, 2.0, 2.5, 3.0, 3.2, 6.4	50~70	价格低，易吸水，不耐高温，阻燃性差	中、低档消费类电子产品，如收音机、录音机等
环氧纸基覆铜板	同上	35~70	价格高于酚醛纸基板，机械强度、耐高温和耐潮湿较好	工作环境好的仪器仪表和中、高档消费类电子产品
环氧玻璃布覆铜板	0.2, 0.3, 0.5, 1.0, 1.5, 2.0, 3.0, 5.0, 6.4	35~50	价格较高，基板性能优于酚醛纸板且透明	工业装备或计算机等高档电子产品
聚四氟乙烯玻璃布覆铜板	0.25, 0.3, 0.5, 0.8, 1.0, 1.5, 2.0	35~50	价格高，介电性能好，耐高温，耐腐蚀	超高频（微波）、航空航天和军工产品
聚酰亚胺覆铜板	0.2, 0.5, 0.8, 1.2, 1.6, 2.0	35	重量轻，用于制造绕性印制电路板	工业装备或消费类电子产品，如计算机、仪器仪表等

2.2.2 SMT技术的新型基板材料

采用SMT工艺的印制电路基板，适应布线的细密化是主要的技术要求。造成布线细密化的原因有两个：大规模集成电路电极引脚的间距日趋缩小，目前已经达到0.3mm；元器件在印制板上装配的高度密集，使PCB的布线越来越密，导线的宽度正向0.1mm进展。这些发展都要求基板材料有更好的机械性能、电性能和热性能。

由于元器件在板上的散热量增多，酚醛纸基板或环氧玻璃布基板散热性能差成为明显的缺点，而采用金属芯印制板能够解决这个问题。

金属芯印制板，就是用一块厚度适当的金属板代替环氧玻璃布基板，经过特殊处理以后，电路导线在金属板两面相互连通，而与金属板本身高度绝缘。金属芯印制板的优点是散热性能好，尺寸稳定；所用金属材料具有电磁屏蔽作用，可以防止信号之间相互干扰；并且制造成本也比较低。金属芯印制板的制造方法有很多种，典型的工艺流程如图2.5所示。

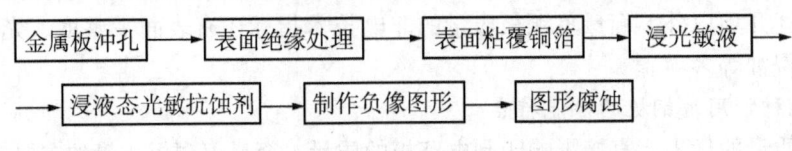

图2.5　金属芯印制板的制造工艺流程

2.3　焊接材料

焊接材料包括焊料和焊剂（又叫助焊剂）。掌握焊料和焊剂的性质、成分、作用原理及选用知识，是电子工艺技术中的重要内容之一，对于保证产品的焊接质量具有决定性的影响。

2.3.1　焊料

焊料是易熔金属，它的熔点低于被焊金属。焊料熔化时，将被焊接的两种相同或不同的金属结合处填满，待冷却凝固后，把被焊金属连接到一起，形成导电性能良好的整体。一般要求焊料具有熔点低、凝固快的特点，熔融时应该有较好的润湿性和流动性，凝固后要有足够的机械强度。按照组成的成分，有铅锡焊料、银焊料、铜焊料等多种。目前在一般电子产品的装配焊接中，主要使用铅锡焊料，一般俗称为焊锡。

2.3.1.1　铅锡合金与铅锡合金状态图

锡（Sn）是一种质软低熔点的金属，熔点为232℃，纯锡较贵，质脆而机械性能差；在常温下，锡的抗氧化性强。高于13.2℃时，锡呈银白色；低于13.2℃时，锡呈灰色；低于-40℃时，锡变成粉末。锡容易同多数金属形成金属化合物。

铅（Pb）是一种浅青白色的软金属，熔点为327℃，机械性能也很差。铅的塑性好，有较高的抗氧化性和抗腐蚀性。铅属于对人体有害的重金属，在人体中积蓄能够引起铅中毒。

1. 铅锡合金

铅与锡以不同比例熔合成铅锡合金以后，熔点和其他物理性能都会发生变化。铅锡焊料具有一系列铅和锡所不具备的优点：

（1）熔点低，低于铅和锡的熔点，有利于焊接；

（2）机械强度高，合金的各种机械强度均优于纯锡和铅；

（3）表面张力小、粘度下降，增大了液态流动性，有利于在焊接时形成可靠接头；

（4）抗氧化性好，铅的抗氧化性优点在合金中继续保持，使焊料在熔化时减少氧化量。

2. 铅锡合金状态图

图2.6表示了不同比例的铅和锡的合金状态随温度变化的曲线。

从图中可以看出，当铅与锡用不同的比例组成合金时，合金的熔点和凝固点也各不相同。除了纯铅在330℃（图中C点）左右、纯铅在230℃（图中D点）左右的熔化点和凝固点是一个点以外，只有T点所示比例的合金是在一个温度下熔化。其他比例的合金都在一个区域内处于半熔化、半凝固的状态。

在图2.6中，$C-T-D$线叫作液相线，温度高于这条线时，合金为液相；$C-E-T-F-D$叫作固相线，温度低于这条线时，合金为固相；在两条线之间的两个三角形区域内，合金是半熔融、半凝固状态。例如，铅、锡各占50%的合金，熔点是212℃，凝固点是182℃，在182～212℃之间，合金为半熔化、半凝固的状态。因为在这种比例的合金中锡的含量少，所以成本较低，一般的焊接可以使用；但又由于它的熔点较高而凝固点较低，所以不宜用来焊接电子产品。

图中$A-B$线表示最适合焊接的温度，它高于液相线约50℃。

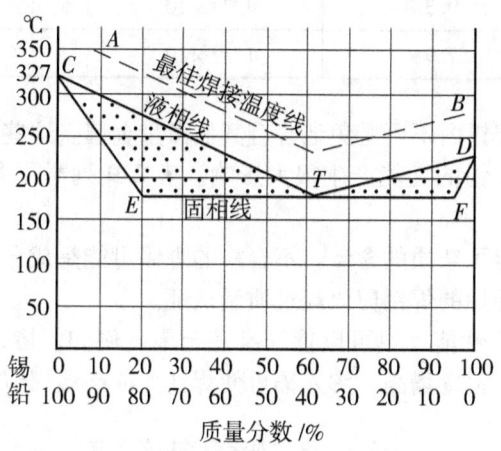

图2.6　铅锡合金状态图

3. 共晶焊锡

图2.6中的T点叫作共晶点，对应合金成分为Pb-38.1%、Sn-61.9%的铅锡合金称为共晶焊锡，它的熔点最低，只有182℃，是铅锡焊料中性能最好的一种。它具有以下优点：

（1）低熔点，降低了焊接时的加热温度，可以防止元器件损坏。

（2）熔点和凝固点一致，可使焊点快速凝固，几乎不经过半凝固状态，不会因为半熔化状态时间间隔长而造成焊点结晶疏松，强度降低。这一点对于自动焊接有着特别重要的意义，因为在自动焊接设备的传输系统中，不可避免地存在振动。

（3）流动性好，表面张力小，润湿性好，有利于提高焊点质量。

（4）机械强度高，导电性好。

由于上述优点，共晶焊锡在电子产品生产中获得了广泛的应用。

在实际应用中，铅和锡的比例不可能也不必要严格控制在共晶焊料的理论比例上，一般把Sn-60%、Pb-40%左右的焊料就称为共晶焊锡，其熔化点和凝固点也不是在单一的183℃上，而是在某个小范围内。从工程的角度分析，这是经济的。

2.3.1.2 常用焊料及杂质的影响

表2.8列出了不同比例铅锡合金的物理性能和机械性能。由表中可以看出,含锡60%的焊料,抗张强度和抗剪切强度都比较好,而含锡量过高或过低都不理想。

表2.8 不同比例铅锡合金的物理性能和机械性能

锡	铅	导电性(铜:100%)	抗张强度/Pa	剪切强度/Pa
100	0	13.9	1.49×10^7	2.0×10^7
95	5	13.6	3.15×10^7	3.1×10^7
60	40	11.6	5.36×10^7	3.5×10^7
50	50	10.7	4.73×10^7	3.1×10^7
42	58	10.2	4.41×10^7	3.1×10^7
35	65	9.7	4.57×10^7	3.6×10^7
30	70	9.3	4.73×10^7	3.5×10^7
0	100	7.9	1.42×10^7	1.4×10^7

除了铅和锡以外,焊锡内不可避免地含有其他微量金属。这些微量金属就是杂质,它们超过一定限量,就会对焊锡的性能产生很大影响。表2.9列举了各种杂质对焊锡性能的影响。

不同标准的焊锡规定了杂质的含量。不合格的焊锡可能是成分不准确,也可能是杂质含量超标。在生产中大量使用的焊锡应该经过质量认证。

为了使焊锡获得某些性能,也可以掺入某些金属。例如,掺入少量(0.5%~2%)的银,可使焊锡熔点降低,强度增高;渗入镉可使焊锡变成高温焊锡。

表2.9 杂质对焊锡性能的影响

杂质	对焊料的影响
铜	强度增大,熔点上升,0.2%就会生成不熔性化合物;粘性增大,焊接印制电路板时出现桥接和拉尖
锌	尽管含量微小,也会降低焊料的流动性,使焊料失去光泽;焊接印制电路板时出现桥接和拉尖
铝	尽管含量很小,也会降低焊料的流动性,使焊料失去光泽;特别是腐蚀性增强,症状很像锌的影响
金	机械强度降低,焊点呈白色
锑	抗拉强度增大,但变脆,电阻大,降低流动性;为增加硬度,有时可添加≤4%
铋	硬而脆,熔点下降,光泽变差。为增强耐寒性,需要时可加入微量
砷	焊料表面变黑,流动性降低
铁	量很少就饱和,难熔入焊料中,带磁性;熔点上升,难以焊接

2.3.1.3 常用焊锡

表 2.10 是一般铅锡焊料的成分及用途。

表 2.10 一般铅锡焊料的成分及用途

名称	牌号	主要成分/%			杂质	熔点/℃	抗拉强度/Pa	用途及焊接对象
		锡	锑	铅				
10 锡铅焊料	HLSnPb10	89~91	≤0.15	余量	<0.1%	220	4.3×10^5	仪器、器皿、医药卫生物品
39 锡铅焊料	HLSnPb39	59~61				183	4.7×10^5	电子、电气制品
50 锡铅焊料	HLSnPb50	49~51	≤0.8			210	3.8×10^5	计算机、散热器、黄铜制品
58-2 锡铅焊料	HLSnPb58-2	39~41				235		工业及物理仪表等
68-2 锡铅焊料	HLSnPb68-2	29~31	1.5~2			256	3.3×10^5	电缆护套、铅管等
80-2 锡铅焊料	HLSnPb80-2	17~19				277	2.8×10^5	油壶、容器、散热器
90-6 锡铅焊料	HLSnPb90-6	3~4	5~6		<0.6%	265	5.9×10^5	黄铜和铜制品
73-2 锡铅焊料	HLSnPb73-2	24~26	1.5~2				2.8×10^5	铅制品
45 锡铅焊料	HLSnPb45	53~57				200		

在电子产品的生产中，常使用表 2.11 中的几种焊锡。

手工烙铁焊接经常使用管状焊锡丝。将焊锡制成管状，内部是优质松香添加一定活化剂组成的助焊剂。由于松香很脆，拉制时容易断裂，造成局部缺少焊剂的现象，而多芯焊丝则能克服这个缺点。焊料成分一般是含锡量为 60%~65% 的铅锡合金。焊锡丝直径有 0.5, 0.8, 0.9, 1.0, 1.2, 1.5, 2.0, 2.3, 2.5, 3.0, 4.0, 5.0（mm）；还有扁带状、球状、饼状等形状的成型焊料。

表 2.11 电子产品生产常用的低温焊锡

序号	$\omega(Pb)$/%	$\omega(Sn)$/%	$\omega(Bi)$/%	$\omega(Cd)$/%	熔点/℃
1	40	20	40		110
2	40	23	37		125
3	32	50		18	145
4	42	35	23		150

2.3.2 助焊剂

金属同空气接触以后，表面会生成一层氧化膜。温度越高，氧化就越厉害。这层氧化膜会阻止液态焊锡对金属的润湿作用，犹如玻璃沾上油就会使水不能润湿一样。助焊剂就是用于清除氧化膜，保证焊锡润湿的一种化学溶剂。它不像电弧焊中的焊药那样参与焊接的冶金过程，仅仅起到清除氧化膜的作用。所以，不要企图用助焊剂清除焊件上的各种污物。

2.3.2.1 助焊剂的作用

(1) 去除氧化膜。其实质是助焊剂中的氯化物、酸类同焊接面上的氧化物发生还原反应，从而除去氧化膜。反应后的生成物变成悬浮的渣，漂浮在焊料表面。

(2) 防止氧化。液态的焊锡及加热的焊件金属都容易与空气中的氧接触而氧化。助焊剂融化以后，形成漂浮在焊料表面的隔离层，防止焊接面的氧化。

(3) 减小表面张力。增加熔融焊料的流动性，有助于焊锡润湿和扩散。

(4) 使焊点美观。合适的助焊剂能够整理焊点形状，保持焊点表面的光泽。

2.3.2.2 助焊剂的分类

助焊剂的分类及主要成分见表 2.12。

表 2.12 助焊剂的分类及主要成分

助焊剂	无机系列	酸	盐正磷酸（H_3PO_4）
			盐酸（HCl）
			氟酸
		盐	氯化物（$ZnCl_2$、NH_4Cl、$SnCl_2$ 等）
	有机系列		有机酸（硬脂酸、乳酸、油酸、氨基酸等）
			有机卤素（盐酸苯胺等）
			氨基酰胺、尿素、$CO(NH_4)_2$、乙二胺等
	松花系列		松香
			活化松香
			氧化松香

上面三类助焊剂中，以无机焊剂的活性最强，在常温下即能除去金属表面的氧化膜。但这种焊剂的强腐蚀作用容易损伤金属及焊点，不能在焊接电子产品中使用。无机焊剂用机油乳化以后，可制成一种膏状物质，俗称焊油。焊油可以帮助焊接那些难以焊接且焊接后容易清洗的物品。虽然焊油的活性很强，焊接后可用溶剂清洗，但在电子产品的电路焊点中像接线柱间隙内、导线绝缘皮内、元器件根部等溶剂难以到达的部位，就很难清除焊油的残渣。因此，除非特别准许，不允许使用无机焊剂焊接一般电子产品。

有机焊剂的活性次于氯化物，有较好的助焊作用，但是也有一定腐蚀性，残渣不易清理，且挥发物对操作者有害。

松香的主要成分是松香酸（约占 80%）和海松酸等。松香在常温下几乎没有任何化学活力，呈中性；当被加热到 70℃ 以上时开始融化，液态松香有一定的化学活性，呈现较弱的酸性，可与金属表面的氧化物发生化学反应，变成松香酸铜等化合物悬浮在液态焊锡表面。这也起到使焊锡表面不被氧化的作用，同时还能降低液态焊锡表面的张力，增加它的流动性。焊接完毕恢复常温以后，松香又变成稳定的固体，无腐蚀性，绝缘性强。因此，正确使用松香是获得合格焊点的重要条件。

松香很容易溶于酒精、丙酮等溶剂。在电子焊接中，常常将松香溶于酒精制成"松香水"，松香同酒精的比例一般以 1:3 为宜，也可以根据使用经验增减，但不宜过浓，否则使用时流动性变差。

在松香水中加入活化剂如三乙醇胺，可以增加它的活性。不过这在一般手工焊接中并非必要，只是在浸焊或波峰焊的情况下才使用。

应当注意：松香加热到300℃以上或经过反复加热，就会分解并发生化学变化，成为黑色的固体，失去化学活性。有经验的焊接操作者都知道，炭化发黑的松香不仅不能起到帮助焊接的作用，还会降低焊点的质量。

目前推广使用的氢化松香焊剂，是从松脂中提炼而成，常温下性能比普通松香稳定，加热后酸价高于普通松香，因此有更强的助焊作用。

2.3.3 膏状焊料

用再流焊设备焊接SMT电路板要使用膏状焊料。膏状焊料俗称焊膏，由于当前焊料的主要成分是铅锡合金，故也称铅锡焊膏或焊锡膏。焊膏应该有足够的粘性，可以把SMT元器件粘附在印制电路板上，直到再流焊完成。焊锡膏由焊粉和糊状助焊剂组成。

2.3.3.1 焊粉

焊粉是合金粉末，是焊膏的主要成分。焊粉是把合金材料在惰性气体（如氩气）中用喷吹法或高速离心法生产的，并储存在氮气中避免氧化。焊粉的合金组分、颗粒形状和尺寸对焊膏的特性和焊接的质量（焊点的润湿、高度和可靠性）产生关键性的影响。

焊粉的合金成分和配比决定膏状焊料的温度特性（熔点和凝固点），可因此分为高温焊料、低温焊料、有铅焊料和无铅焊料。不同金属成分的焊粉，其性质与用途也不相同，必须慎重选择。这里还存在热浸析的问题。所谓热浸析，是指当焊料熔融时，焊料的金属成分对被焊接材料的金属成分发生置换反应。浸析率高，容易把镀在焊接面上的金属置换出来，影响焊料的润湿，不利于在焊接面上产生成分一致的、稳定的合金层。因此，为避免浸析率过高，还要分析焊接对象的金属成分，选择不同合金组分的膏状焊料。合金粉对其中有害杂质（如锌、铝、镉、锑、铜、铁、砷、硫等）的含量有严格的限制。铅锡共晶焊锡膏在焊接电子产品中应用最为广泛，但它具有较高的浸析率，不推荐使用在焊接金、银导体的场合。金锡焊料（Au_{80}/Sn_{20}）对于金导体表面有很好的焊接质量，常用于焊接高密度的SMT元器件。在铅锡合金中加入银，可以增加焊料的强度，提高耐热性和润湿性，减少对镀银导线表面的浸析，但不宜用于焊接金导体。在铅锡合金中加入铋，既可以提高强度，又可以降低熔点，便于在低温中进行焊接。铅铟焊料有很好的延展性，对金导体的浸析率较低，适用于SMT元器件和一般电路的焊接。

理想的焊粉应该是粒度一致的球状颗粒，国内外销售的焊粉的粒度有150目、200目、250目、350目和400目等的数种。粒度用来描述颗粒状物质的粗细程度，原指筛网在每1英寸长度上有多少个筛孔（目数），目数越多，筛孔就越小，能通过的颗粒就越细小。粒度大，即目数大，表示颗粒的尺寸小。粒度的单位是目。焊粉的形状、粒度大小和均匀程度，对焊锡膏的性能影响很大：如果印制电路板上的图形比较精细，焊盘的间距比较狭窄，应该使用粒度大的焊粉配制的焊锡膏。焊粉中的大颗粒会影响焊膏的印刷质量和粘度，微小颗粒在焊接时会生成飞溅的焊料球导致短路。焊粉表面的氧化物含量应该小于0.5%（质量分数），最好控制在0.008%以下。

常用焊粉的金属成分对温度特性及焊膏用途的影响见表2.13。对不同粒度等级的焊粉的质量要求见表2.14。

表2.13 常用焊粉的金属成分对温度特性及焊膏用途的影响

合金组分/%				温度特性/℃		焊膏用途
Sn	Pb	Ag	Bi	熔点	凝固点	
63	37			183	共晶	适用于焊接普通 SMT 电路板,不能用来焊接电极含有 Ag、Ag/Pa 材料的元器件
60	40			183	188	同上
62	36	2		179	共晶	适用于焊接电极含有 Ag、Ag/Pa 材料的元器件,印制板表面镀层不能是水金
10	88	2		268	290	适用于焊接耐高温元器件和需要两次再流焊的首次焊接,印制板表面镀层不能是水金
96.5		3.5		221	共晶	适用于焊接焊点强度高的 SMT 电路板,印制板表面镀层不能是水金
42			58	138	共晶	适用于焊接 SMT 热敏元件和需要两次再流焊的第二次焊接

表2.14 对不同粒度等级的焊粉的质量要求

型号	多于80%的颗粒尺寸/μm	应少于1%的大颗粒尺寸/μm	应少于10%的微颗粒尺寸/μm
1 型	75~105	>150	<20
2 型	545~75	>75	
3 型	20~45	>45	
4 型	20~38	>38	

2.3.3.2 焊膏组成和技术要求

焊膏是用合金焊料粉末和触变性助焊剂均匀混合的乳浊液。焊膏已经广泛应用在 SMT 的焊接工艺中,可以采用丝网印刷、漏板印刷等自动化涂敷或手工滴涂的方式进行精确的定量分配,便于实现和再流焊工艺的衔接,能满足各种电路组件对焊接可靠性和高密度性的要求。并且,在再流焊开始之前具有一定粘性的焊膏,可以起到固定元器件的作用,使它们不会在传送和焊接过程中发生移位。由于焊接时熔融焊膏的表面张力作用,可以校正元器件相对于 PCB 的微小位移。

对焊膏的技术要求如下:

(1) 合金组分尽量达到或接近共晶温度特性,保证与印制电路板表面镀层、元器件焊端或引脚的可焊性好,焊点的强度高。

(2) 在存储期间,焊膏的性质应该保持不变,合金焊粉与助焊剂不分层。

(3) 在室温下连续印刷涂敷焊膏时,焊膏不容易干燥,可印刷性(焊粉的滚动性)好。

(4) 焊膏的粘度满足工艺要求,具有良好的触变性。所谓触变性,是指胶体物质随外力作用而改变粘度的特性。触变性好的焊膏,既能保证用模板印刷时受到压力会降低粘度,使之容易通过网孔、容易脱模,又要保证印刷后除去外力时粘度升高,使焊膏图形不塌落、不漫流，保持形状。涂敷焊膏的不同方法对焊膏粘度的要求见表2.15。

（5）焊料中合金焊粉的颗粒均匀，微粉少，助焊剂融熔汽化时不会爆裂，保证在再流焊时润湿性好，减少焊料球的飞溅。

表2.15 涂敷焊膏的不同方法对焊膏粘度的要求

涂敷焊膏的方法	丝网印刷	模板印刷	手工滴涂
焊膏粘度/（Pa·s）	300~800	普通密度 SMD：500~900 高密度、窄间距 SMD：700~1300	150~300

2.3.3.3 常用焊锡膏及选择依据

目前国内生产焊锡膏的厂家较多，常见的销售商品见表2.16。

表2.16 市场销售的焊锡膏品种及适用范围

使用方式	名 称	化学活性等级	适用范围
丝网印刷	无卤素焊锡膏		航天及军用电子设备
丝网印刷	轻度活化焊锡膏	RMA	军用及专用电子设备
丝网印刷	活化松香焊锡膏	RA	民用消费产品及电子设备
丝网印刷	常温保存焊锡膏	RMA	专用电子设备
定量分配器	定量分配器用焊锡膏	RMA	定量分配器滴涂

注：关于化学活度等级的解释，在缩写符号 RMA 和 RA 中，R 表示松香助焊剂（Rosin flux）；
  RMA 型——中等活性（Middle Activated），主要成分为松香加有机活化剂（有机胺、有机卤化物）；
  RA 型——活化性（Activated），主要成分为松香加无机活化剂。

（1）要根据电子产品本身的价值和用途选择焊膏的档次。可靠性要求高的产品应该使用高质量的焊膏。当然，高质量焊膏的价格也高。

（2）根据产品的生产流程、印制电路板的制板工艺和元器件的情况来确定焊膏的合金组分：
- 最常用的焊膏合金组分是 Sn63Pb37 和 Sn62Pb36Ag2；
- 焊端或引脚采用钯金、钯银厚膜电极或可焊性差的元器件应该选择含银焊膏；
- 印制板焊盘表面是水金镀层的，不要采用含银焊膏。

（3）根据对印制电路板清洁度的要求以及焊接以后的清洗工艺来选择焊膏：
- 采用溶剂清洗工艺时，要选用溶剂清洗型焊膏；
- 采用水清洗工艺时，要选用水溶性焊膏；
- 采用免清洗工艺时，要选用不含卤素和强腐蚀性化合物的免清洗焊膏；焊接 BGA、CSP 封装的集成电路，芯片的焊点处难以清洗，应该选用高质量的免清洗含银焊膏。

需要特别说明：免清洗焊膏减少了清洗剂的处理与排放，降低了生产能耗与成本，有利于环境保护，免清洗工艺已经被越来越多的现代化电子产品制造企业采用。

（4）根据印制电路板和元器件的库存时间和表面氧化程度选择不同活性的焊膏。
- 焊接一般 SMT 产品，采用活性 RMA 级的焊膏；
- 高可靠性、航天和军工电子产品，可以选择 R 级活性的焊膏；

• 印制板和元器件存放的时间长，表面氧化严重的，应该采用 RA 级活性的焊膏，焊接以后要清洗。

（5）根据电路板的组装密度选择不同合金焊粉粒度的焊膏，焊接窄间距焊盘和引脚的电路板，要采用粒度 3 型（20~45μm）的焊膏。

（6）根据在电路板上涂敷焊膏的方法和组装密度选择不同粘度的焊膏，高密度印刷工艺要求焊膏的粘度高，手工滴涂要求焊膏的粘度低。

2.3.3.4 焊膏管理与使用的注意事项

（1）焊膏通常应该保存在 5~10℃ 的低温环境下，可以储存在电冰箱的冷藏室内。

（2）一般应该在使用的前一天从冰箱中取出焊膏，至少要提前 2h 取出来，待焊膏达到室温后，才能打开焊膏容器的盖子，以免焊膏在解冻过程中凝结水汽。假如有条件使用焊膏搅拌机，焊膏回到室温只需要 15min。

（3）观察锡膏，如果表面变硬或有助焊剂析出，必须进行特殊处理，否则不能使用；如果焊锡膏的表面完好，则要用不锈钢棒搅拌均匀以后再使用。如果焊锡膏的粘度大而不能顺利通过印刷模板的网孔或定量滴涂分配器，应该适当加入稀释剂，充分搅拌稀释以后再用。

（4）使用时取出焊膏后，应该盖好容器盖，避免助焊剂挥发。

（5）涂敷焊膏和贴装元器件时，操作者应该戴手套，避免污染电路板。

（6）把焊膏涂敷印制板上的关键是要保证焊膏能准确地涂覆到元器件的焊盘上。如涂敷不准确，必须擦洗掉焊膏再重新涂敷。擦洗免清洗焊膏不得使用酒精。

（7）印好焊膏的电路板要及时贴装元器件，尽量在 4h 内完成再流焊。

（8）免清洗焊膏原则上不允许回收使用，如果印刷涂敷的间隔超过 1h，必须把焊膏从模板上取下来并存放到当天使用的焊膏容器里。

（9）再流焊的电路板，需要清洗的应该在当天完成清洗，防止焊锡膏的残留物对电路产生腐蚀。

2.3.4 SMT 所用的粘合剂

粘合剂在电子产品中的应用已有长久的历史，但它作为在焊接前把元器件固定在电路基板上的一种手段，却是 SMT 技术创造的新方法。

在传统的 THT 安装方法中，元器件在焊接以前，是把引线插入印制板的通孔，靠引线的弯折或整形产生的弹力固定在板上。而 SMT 则完全不同，只需要把元器件简单地放置在电路基板表面上，用粘合剂粘接固定后使用波峰焊设备进行焊接。使用波峰焊接的电路板，由于元器件在焊接时位于基板的下面，所以必须使用粘合剂来固定它们。用于粘贴 SMT 元器件的粘合剂，俗称贴片胶或贴装胶。

在使用再流焊方法的 SMT 电路板上一般不需要使用粘合剂，因为漏印在板上的焊锡膏已经可以粘住元器件。

2.3.4.1 SMT 工艺对粘合剂的要求

（1）对应用于 SMT 工艺来说，理想的粘合剂应该具有下列性能：

• 化学成分简单——制造容易；

• 存放期长——不需要冷藏而不易变质；

• 良好的填充性能——能填充电路板与元器件之间的间隙；

- 不导电——不会造成短路；
- 触变性好——滴下的轮廓良好，不流动，不会因流动而污染元器件的焊盘；
- 无腐蚀——不会腐蚀基板或元器件；
- 充分的预固化粘性——能靠粘性从贴装头上取下元器件；
- 充分的固化粘接强度——能够可靠地固定元器件；
- 化学性质稳定——与助焊剂和清洗剂不会发生反应；
- 可鉴别的颜色——适合于视觉检查。

（2）从加工操作的角度考虑，粘合剂还应该符合的要求有：
- 使用操作方法简单——点滴、注射、丝网印刷等；
- 容易固化——固化温度低（不超过 150~180℃，一般小于或等于150℃）、耗能少、时间短（≤5s）；
- 耐高温——在波峰焊的温度（250±5）℃下不会融化；
- 可修正——在固化以后，用电烙铁加热能再次软化，容易取下元器件。

从环境保护出发，粘合剂还要具有阻燃性、无毒性、无气味、不挥发。

2.3.4.2 SMT 工艺常用的粘合剂

在现有的许多种粘合剂中，没有哪一种能够完全满足以上要求。但经过多年选择，证实热固性粘合剂最适合自动化 SMT 贴装工艺。常用品种的构成与特点见表 2.17。

表 2.17 SMT 工艺常用贴片胶的构成与固化方法

贴片胶的基本树脂	特性	固化方法
环氧树脂	热敏感，必须低温储存才能保持使用寿命（5℃下 6 个月，常温下 3 个月）。温度升高使寿命缩短，40℃时，寿命和质量迅速下降； 固化温度较低，固化速度慢，时间长； 粘接强度高，电气特性优良； 高速点胶性能不好	单一热固化
丙烯酸酯	性能稳定，不必特殊低温储存，常温下使用寿命 12 个月； 固化温度较高，但固化速度快，时间短； 粘接强度和电气特性一般； 高速点胶性能优良	双重固化：紫外光 + 热

相应地，市场上能够买到的贴片胶也有两大类：

（1）环氧树脂类贴片胶。这类贴片胶在固化过程中产生的气体对人体有害，应该安装排气系统。

- 单组分环氧树脂贴片胶要求低温保存，在烘箱内进行固化，可以加快聚合反应速度；
- 双组分环氧树脂低温固化型贴片胶，其典型重量比配方为环氧树脂63%、无机填料 30%、胺系固化剂 4 和无机颜料3%。

（2）聚丙烯类贴片胶。这类贴片胶不能在室温下固化，必须采用适当的设备。固化设备应配有通风系统，固化温度约为150℃，时间为数十秒到几分钟。

- 以丙烯酸酯或甲基丙烯酸酯为基料的 UV 贴片胶，采用紫外线光照和烘箱加热固化；

- 以环氧丙烯树脂为基料的 UVI 贴片胶，采用紫外线光照和红外线热辐射结合固化。

2.4 磁性材料

磁性材料，是古老而用途十分广泛的功能材料，而物质的磁性早在 3000 年以前就被人们所认识和应用，例如中国古代用天然磁铁作为指南针。现代磁性材料已经广泛地应用在我们的生活之中，例如将永磁材料用作马达、应用于变压器中的铁芯材料、作为存储器使用的磁光盘、计算机用磁记录软盘等。可以说，磁性材料与信息化、自动化、机电一体化、国防、国民经济的方方面面紧密相关。而通常认为，磁性材料是指由过渡元素铁、钴、镍及其合金等能够直接或间接产生磁性的物质。

2.4.1 基本特性

2.4.1.1 磁性材料的磁化曲线

磁性材料是由铁磁性物质或亚铁磁性物质组成的，在外加磁场 H 作用下，必有相应的磁化强度 M 或磁感应强度 B，它们随磁场强度 H 的变化曲线称为磁化曲线（$M \sim H$ 或 $B \sim H$ 曲线），如图 2.7 所示。磁化曲线一般来说是非线性的，具有 2 个特点：磁饱和现象及磁滞现象。即当磁场强度 H 足够大时，磁化强度 M 达到一个确定的饱和值 M_s，继续增大 H，M_s 保持不变；以及当材料的 M 值达到饱和后，外磁降低为零时，M 并不恢复为零；此时 M 为剩余磁化强度 M_r（对应的磁感应强度为 B_r）；当反向 H 达 H_c 时，磁感应强度 B 为零；当反向磁场强度 H 感应足够大时，磁化强度 M 达到一个确定的饱和值 M_s，继续增大 H，M_s 保持不变；总之，磁感应强度 B 是沿磁化曲线变化的，B 总是跟不上 H 的变化，此现象称为磁带。材料的工作状态相当于 $M \sim H$ 曲线或 $B \sim H$ 曲线上的某一点，该点常称为工作点。

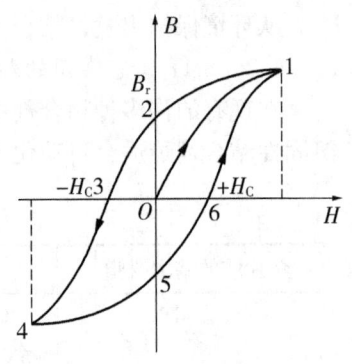

图 2.7 磁性材料的磁化曲线

2.4.1.2 软磁材料的常用磁性能参数

饱和磁感应强度 B_s：其大小取决于材料的成分，它所对应的物理状态是材料内部的磁化矢量整齐排列。

剩余磁感应强度 B_r：是磁滞回线上的特征参数，H 回到 0 时的 B 值。

矩形比：B_r/B_s。

矫顽力 H_c：表示材料磁化难易程度的量，取决于材料的成分及缺陷（杂质、应力等）。

磁导率 μ：是磁滞回线上任何点所对应的 B 与 H 的比值，与器件工作状态密切相关。

初始磁导率 μ_i、最大磁导率 μ_{mmax}、微分磁导率 μ_d、振幅磁导率 μ_a、有效磁导率 μ_e、脉冲磁导率 μ_p。

居里温度 T_c：铁磁物质的磁化强度随温度升高而下降，达到某一温度时，自发磁化消失，转变为顺磁性，该临界温度为居里温度。它确定了磁性器件工作的上限温度。

损耗 P：磁滞损耗 P_h 及涡流损耗 P_e

$$P = P_h + P_e = af + bf^2$$
$$P_h \propto f, \ P_e \propto f^2, \ a \propto H_c, \ b \propto t^2/\rho$$

式中 f 为频率。降低磁滞损耗 P_h 的方法是降低矫顽力 H_C；降低涡流损耗 P_e 的方法是减薄磁性材料的厚度 t 及提高材料的电阻率 ρ。

2.4.1.3 软磁材料的磁性参数与器件的电气参数之间的转换

在设计软磁器件时，首先要根据电路的要求确定器件的电压 – 电流特性。器件的电压 – 电流特性与磁芯的几何形状及磁化状态密切相关。设计者必须熟悉材料的磁化过程并掌握材料的磁性参数与器件电气参数的转换关系。设计软磁器件通常包括三个步骤：正确选用磁性材料；合理确定磁芯的几何形状及尺寸；根据磁性参数要求，模拟磁芯的工作状态得到相应的电气参数。

2.4.2 磁性材料的分类

磁性材料具有磁有序的磁性物质，广义还包括可应用其磁性和磁效应的弱磁性及反铁磁性物质。磁性是物质的一种基本属性。物质按照其内部结构及其在外磁场中的性状可分为抗磁性、顺磁性、铁磁性、反铁磁性和亚铁磁性物质。铁磁性和亚铁磁性物质为强磁性物质，抗磁性和顺磁性物质为弱磁性物质。磁性材料按性质分为金属和非金属两类，前者主要有电工钢、镍基合金和稀土合金等，后者主要是铁氧体材料。按使用又分为软磁材料、永磁材料和功能磁性材料。功能磁性材料主要有磁致伸缩材料、磁记录材料、磁电阻材料、磁泡材料、磁光材料、旋磁材料以及磁性薄膜材料等，反映磁性材料基本磁性能的有磁化曲线、磁滞回线和磁损耗等。

2.4.2.1 永磁材料

一经外磁场磁化以后，即使在相当大的反向磁场作用下，仍能保持一部分或大部分原磁化方向的磁性。对这类材料的要求是剩余磁感应强度 B_r 高，矫顽力 H_C（即抗退磁能力）强，磁能积 $(BH)_{max}$（即给空间提供的磁场能量）大。相对于软磁材料而言，它亦称为硬磁材料。

永磁材料有合金、铁氧体和金属间化合物三类。①合金类：包括铸造、烧结和可加工合金。铸造合金的主要品种有：AlNi(Co)、FeCr(Co)、FeCrMo、FeAlC、FeCo(V)（W）；烧结合金有：Re – Co（Re 代表稀土元素）、Re – Fe 以及 AlNi(Co)、FeCrCo 等；可加工合金有：FeCrCo、PtCo、MnAlC、CuNiFe 和 AlMnAg 等，后两种中 BHC 较低者亦称半永磁材料。②铁氧体类：主要成分为 $MO \cdot 6Fe_2O_3$，M 代表 Ba、Sr、Pb 或 SrCa、LaCa 等复合组分。③金属间化合物类：主要以 MnBi 为代表。

永磁材料有多种用途。①基于电磁力作用原理的应用主要有：扬声器、话筒、电表、按键、电机、继电器、传感器、开关等。②基于磁电作用原理的应用主要有：磁控管和行波管等微波电子管、显像管、钛泵、微波铁氧体器件、磁阻器件、霍尔器件等。③基于磁力作用原理的应用主要有：磁轴承、选矿机、磁力分离器、磁性吸盘、磁密封、磁黑板、玩具、标牌、密码锁、复印机、控温计等。其他方面的应用还有：磁疗、磁化水、磁麻醉等。

根据使用的需要，永磁材料可有不同的结构和形态。有些材料还有各向同性和各向异性之别。

2.4.2.2 软磁材料

它的功能主要是导磁、电磁能量的转换与传输。因此，对这类材料要求有较高的磁导率和磁感应强度，同时磁滞回线的面积或磁损耗要小。与永磁材料相反，其 B_r 和 H_C 越小越好，但饱和磁感应强度 B_s 则越大越好。

软磁材料大体上可分为四类。①合金薄带或薄片：FeNi(Mo)、FeSi、FeAl等。②非晶态合金薄带：Fe基、Co基、FeNi基或FeNiCo基等配以适当的Si、B、P和其他掺杂元素，又称磁性玻璃。③磁介质（铁粉芯）：FeNi（Mo）、FeSiAl、羰基铁和铁氧体等粉料，经电绝缘介质包覆和粘合后按要求压制成形。④铁氧体：包括尖晶石型——$MO \cdot Fe_2O_3$（M代表NiZn、MnZn、MgZn、Li1/2/Fe1/2Zn、CaZn等），磁铅石型——$Ba_3Me_2Fe_{24}O_{41}$（Me代表Co、Ni、Mg、Zn、Cu及其复合组分）。软磁材料的应用甚广，主要用于磁性天线、电感器、变压器、磁头、耳机、继电器、振动子、电视偏转轭、电缆、延迟线、传感器、微波吸收材料、电磁铁、加速器高频加速腔、磁场探头、磁性基片、磁场屏蔽、高频淬火聚能、电磁吸盘、磁敏元件（如磁热材料作开关）等。

软磁材料的种类、特点和应用范围如表2.18所示。

表2.18 软磁材料的种类、特点和应用范围

分类	名称	牌号	主要用途
金属软磁材料	电磁纯铁	DT3～6	用不磁体屏蔽、话筒膜片、直流继电器磁心等恒定磁场（不适用于交流）
	硅钢片	DQ, QW 系列	作电源变压器、音频变压器、铁芯扼流圈、电磁继电器的铁芯，还可作为驱动控制用微电机的铁芯（低频）
	铁镍合金	1J50, 1J79系列	作中、小功率变压器、扼流圈、继电器及控制微电机的铁芯
		1J51 1J85～87	中、小功率的脉冲变压器和记忆元件，作扼流圈、音频变压器铁芯，也可用于录音机磁头
	软磁合金	1J6, 1J12, J13, J16等	微电机铁芯、中功率音频变压器、水声和超声器件、磁屏蔽等
	非晶态软磁材料	Fe, Fe-Ni Fe-Co 系列	50～400Hz电源变压器、20～200kHz开关电源变压器
	磁介质（铁粉芯）	Fe	用于制造高频电路中磁性线圈（可达几十兆赫兹）
非金属软磁材料	铁氧体磁性材料（铁淦氧）	锰锌铁氧体	适用于2MHz以下的磁性元件，如滤波线圈、中频变压器、偏转线圈、中波磁性天线等的磁芯
		MnO, ZnO, Fe_2O_3	高频性能（1～800MHz），用作短波天线磁棒及调频中周和高频线圈磁芯

2.4.2.3 矩磁材料和磁记录材料

主要用作信息记录、无接点开关、逻辑操作和信息放大。这种材料的特点是磁滞回线呈

矩形。

2.4.2.4 旋磁材料

具有独特的微波磁性，如磁导率的张量特性、法拉第旋转、共振吸收、场移、相移、双折射和自旋波等效应。据此设计的器件主要用作微波能量的传输和转换，常用的有隔离器、环行器、滤波器（固定式或电调式）、衰减器、相移器、调制器、开关、限幅器及延迟线等，还有尚在发展中的磁表面波和静磁波器件（见微波铁氧体器件）。常用的材料已形成系列，有 Ni 系、Mg 系、Li 系、YIG 系和 BiCaV 系等铁氧体材料；并可按器件的需要制成单晶、多晶、非晶或薄膜等不同的结构和形态。

2.4.2.5 压磁材料

这类材料的特点是在外加磁场作用下会发生机械形变，故又称磁致伸缩材料，它的功能是作磁声或磁力能量的转换。常用于超声波发生器的振动头、通信机的机械滤波器和电脉冲信号延迟线等，与微波技术结合则可制作微声（或旋声）器件。由于合金材料的机械强度高，抗振而不炸裂，故振动头多用 Ni 系和 NiCo 系合金；在小信号下使用则多用 Ni 系和 NiCo 系铁氧体。非晶态合金中新出现的有较强压磁性的品种，适宜于制作延迟线。压磁材料的生产和应用远不及前面四种材料。

磁性材料是电子产品中广泛使用的材料。如制造电力技术中的各种电机、变压器，电子技术中的各种磁性元件和微波电子管，通信技术中的滤波器和增感器，国防技术中的磁性水雷、电磁炮，各种家用电器等。此外，磁性材料在地矿探测、海洋探测以及信息、能源、生物、空间新技术中也获得了广泛的应用。磁性材料的用途广泛。主要是利用其各种磁特性和特殊效应制成元件或器件；用于存储、传输和转换电磁能量与信息，或在特定空间产生一定强度和分布的磁场；有时也以材料的自然形态而直接利用（如磁性液体）。磁性材料在电子技术领域和其他科学技术领域中都有重要的作用。

思考题与习题

1. （1）请总结常用导线和绝缘材料的类型、用途及导线色别的习惯用法。
   （2）选择使用安装导线时应注意哪些问题？
   （3）常用绝缘材料的性能怎样？如何选择绝缘材料？
2. 电磁线的作用是什么？请总结归纳各类电磁线的特点和用途。
3. 选用电源软导线时应该考虑哪些因素？
4. （1）请说明常用覆铜板的基板材料及其各自的性能。
   （2）请简要说明覆铜板的生产工艺流程。
   （3）覆铜板的技术指标有哪些？其性能特点是什么？
5. （1）小结焊料的种类和选用原则。
   （2）请说明铅锡焊料具有哪些优点？
   （3）为什么要使用助焊剂？对助焊剂的要求有哪些？
   （4）小结助焊剂的分类及应用。
6. （1）磁性材料分为哪两类？
   （2）铁氧体磁性材料的性能如何？

（3）铁氧体磁性材料有哪些性能指标？

7. 什么是焊粉？常用焊粉的金属成分会对温度特性及焊膏用途产生什么样的影响？

8. （1）什么是焊膏？焊接工艺对焊膏提出哪些技术要求？

（2）常用的焊锡膏有哪些？如何选用焊锡膏？其依据是什么？

（3）焊锡膏在管理和使用时应注意哪些问题？

9. （1）SMT再流焊中使用的膏状焊料含有什么成分？有哪些品种？

（2）如何保存和正确使用焊锡膏？

10. （1）SMT工艺对粘合剂有何要求？SMT工艺常用的粘合剂有哪些？

（2）试说明粘合剂的涂敷方法和固化方法。

第 3 章 电子产品生产工艺流程

教学基本要求

- 掌握电子产品的组成结构；
- 了解电子产品生产工艺流程。

3.1 电子产品的构成和形成

电子产品有的简单，有的复杂，一般地讲，电子产品的组成结构可以用图 3.1 表示。

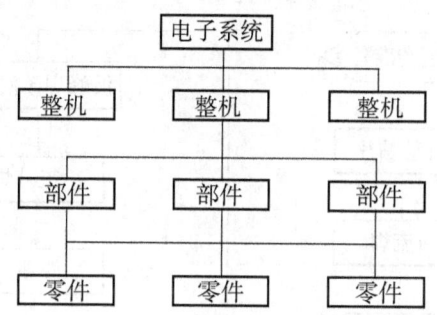

图 3.1 电子产品的组成图

例如，一套闭路电视系统，是由前端的卫星接收机、节目摄录设备、编辑播放设备、信号混合设备组成，传输部分的线路电缆、线路放大器、分配器、分支器等，以及终端的接收机等组成。卫星接收机、放大器等是整机，而接收机和放大器中的电路板、变压器等是其中的部件，电路板中的元器件、变压器中的骨架等则是其中的零件。有些电子产品的构成比较简单，例如一台收音机，是由电路板、元器件、外壳等组成，这些分别是整机、部件和零件，没有系统这个级别的东西。

电子产品的形成也和其他产品一样，须经历新产品的研制、试制试产、测试验证和大批量生产几个阶段，才能进入市场并到达用户手中。在产品形成的各个阶段，都有工艺技术人员参与，解决和确定其中的工艺方案、生产工艺流程和方法。

在新产品研制阶段，工艺工程师参与研发项目组，分析新产品的技术特点和工艺要求，确定新产品研制和生产所需的设备、手段，提出和确定新产品生产的工艺方案；在试制试产阶段，工艺技术人员参加新产品样机的工艺性评审，对新产品的元器件选用、电路设计的合理性、结构的合理性、产品批量生产的可行性、性能功能的可靠性和生产手段的适用性提出评审意见和改进要求，并在产品定型时，确定批量生产的工艺方案；产品在批量投产前，工艺技术人员要做好各项工艺技术的准备工作，根据产品设计文件编制好生产工艺流程、岗位操作的作业指导书，设计和制作必要的检测工装，编制调试 ICT、SMT 的程序，对元器件、原材料进行确认，培训操作员工。生产过程中要注意搜集各种信息，分析原因，控制和改进产品质量，提高生产效率，等等。

3.2 电子产品生产的基本工艺流程

从上节知道，电子产品系统是由整机组成，整机是由部件组成，部件是由零件、元器件等组成。由整机组成系统的工作主要是连接和调试，生产的工作不多，所以我们这里讲的电子产品生产工艺是指整机的生产工艺。

电子产品的装配过程是先将零件、元器件组装成部件，再将部件组装成整机，其核心工作是将元器件组装成具有一定功能的电路板部件或组件（PCBA）。本书所指的电子工艺基本上是指电路板组件的装配工艺。

在电路板组装中，可以划分为机器自动装配和人工装配两类。机器装配主要指自动铁皮装配（SMT）、自动插件装配（AI）和自动焊接，人工装配指手工插件、手工补焊、修理和检验等。电路板生产的基本工艺流程如图3.2所示。

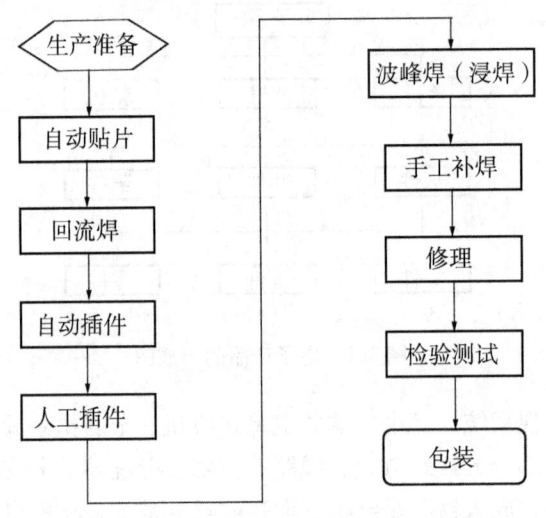

图 3.2　电路板生产工艺流程

生产准备是将要投入生产的原材料、元器件进行整形，如元件剪脚、弯曲成需要的形状，导线整理成所需的长度，装上插接端子，等等。这些工作是必须在流水线开工以前就完成的。

自动贴片是将贴片封装的元器件用 SMT 技术贴装到印制板上，经回流焊工艺固定焊接在印制板上。

经装贴有表面封装元器件的电路板，送到自动插件机上，机器将可以机插的元器件插到电路板上的相应位置，经机器弯角初步固定后就可转交到手工插接线上了。

人工将那些不适合机插、机贴的元器件插好，经检验后送入波峰焊机或浸焊炉中焊接，焊接后的电路板个别不合格部分由人工进行补焊、修理，然后进行 ICT 静态测试、功能性能的检测和调试、外观检测等检测工序，完成以上工序的电路板即可进入整机装配了。图 3.3是一种电磁炉功率板的装配流程图。

××电子公司	工序流程图	产品名称	产品型号	编号	YK-MC-EF196N-M-L
		美的电磁炉控制板	YK-MC-EF196N-M		共1页 第1页
发文号		人数	产量/(件/h)		周期/s
		58	180		20

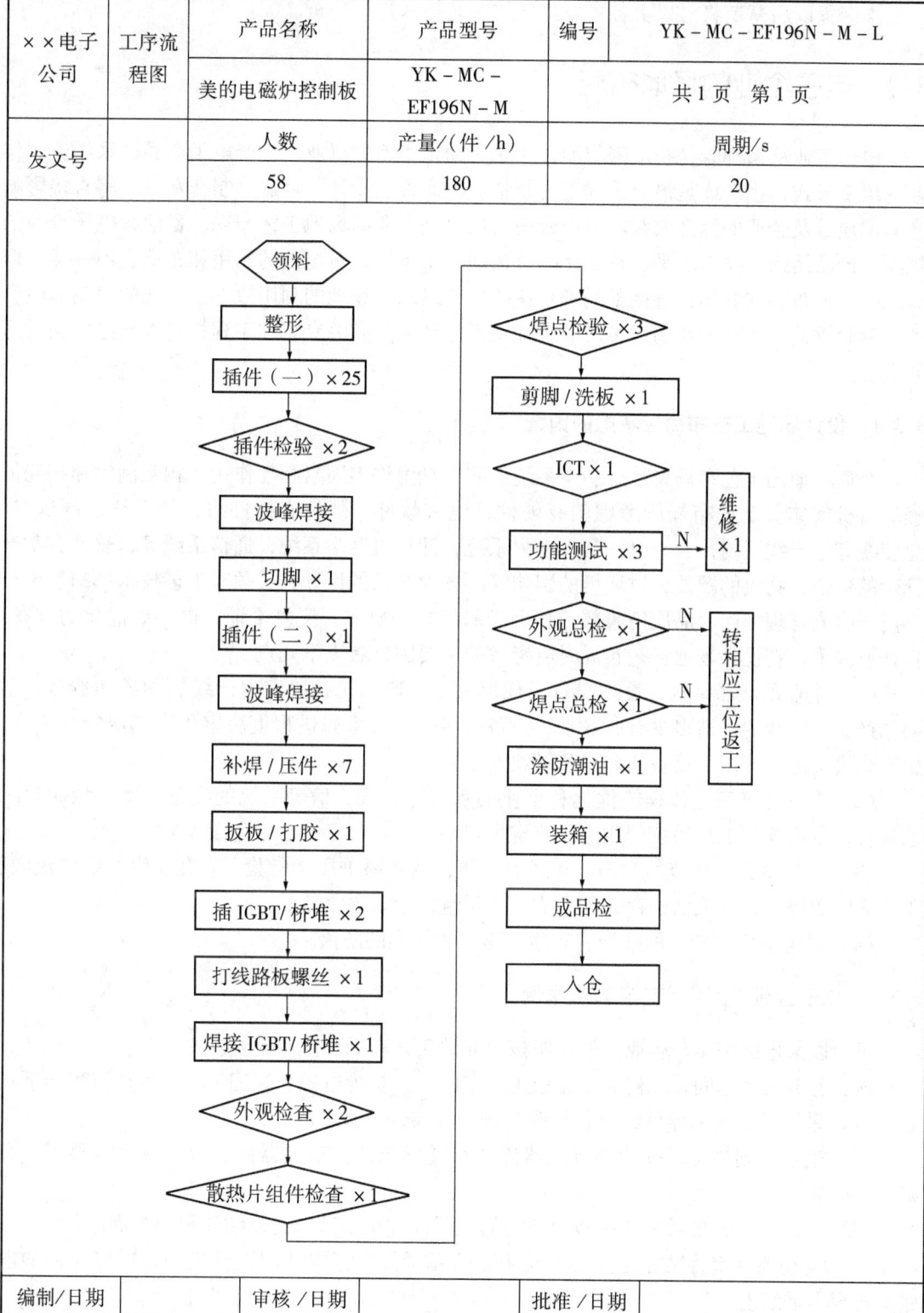

图 3.3 电磁炉功率板装配流程图

本课程以后章节将对以上各主要工序的工艺技术进行分析。

3.3 电子企业的场地布局

电子工业从来都既是技术密集型，又是劳动密集型的行业。生产电子产品，采用流水作业的组织形式，生产线是最合适的工艺装备。生产线的设计、订购、制造水平，将直接影响产品的质量及企业的经济效益。生产线的布局也是企业的场地工艺布局。目前各电子企业的规模、产品结构、技术水平、资金状况及场地大小不同，对场地的利用和布局大不一样，但场地的工艺布局的好坏，直接影响到企业的生产组织、场地的利用效率、物流的通畅、生产的效率和效益。提高生产场地布局的设计水平已经成为有关专家和工程技术人员必须面对的问题。

3.3.1 设计场地工艺布局应考虑的因素

企业场地的工艺布局设计是一个系统工程，是由许多因素相互作用、相互制约和相互依赖的有机整体。工艺布局所考虑的有硬件，也有软件。硬件有插件线、SMT 线、调试线、总装线等生产线系统，水、电、气等动力系统，计算机网络系统，通信系统等，软件有生产管理的顺畅、物流的顺差，对环境的影响等。场地布局的设计，必须有工艺技术部门、生产部门、物流管理部门、品质检验部门和市场部门共同研究、反复论证，提出最优化的方案，报企业决策。在设计场地工艺布局时应考虑的主要因素有以下几点。

（1）企业的产品结构、设备投资、规模大小。产品机构决定生产线的种类和数量，不同的产品生产线的构造多少有所区别；设备的多少、技术先进程度决定了工艺流程和工序；生产规模决定生产线、设备的多少和场地大小。

（2）产品生产工艺流程的优化和企业的水、电、气、信等系统的配备，要尽量简化工艺流程，尽量缩短上述系统的线路，节省投资。

（3）要尽量保证物流的顺畅、管理的方便，从物料进厂、检验、仓存、生产线的流向、工序之间的周转以及成品的存储和发货，要尽量简短、不重复。

（4）要考虑生产环境的整洁、有序、噪声和污染的防治。

3.3.2 电子整机产品生产工艺过程举例

下面以某电磁炉生产企业为例说明该企业的工艺布局和生产流程。

该企业分两个车间，二楼为电路板生产车间，一楼为电磁炉装配车间。生产流程如下：

（1）采购进厂的元器件经进货检验后进入元器件仓管理。

（2）生产计划排出后按计划将元器件发给整形部门，对元器件、印制板进行整形，做好上线准备。

（3）贴片室将整形后的印制板及所需的元器件领至本部门进行贴片和回流焊。

（4）自动插件室将贴好元件的板及所需的元器件领至本部门进行机插，插好元件的电路板送至手插线上。

（5）这里安排了三条插件焊接生产线，整个企业的产能是每天 5000 台，电路板车间安装三条插件焊接线，其中一条生产线生产显示板，两条生产线生产控制主板。经过自动贴片和自动插件的电路板在手工插件线上插好剩下的元器件后送入波峰焊机焊接，然后经补焊、修理、测试检验合格后送到装配车间装配。

（6）二楼的其他几个单元是生产、技术、品质等管理部门和设备工装维修部门。

（7）总装车间的主要生产设备是两条装配线和一个产品老化室，经装配好的产品送到老化室进行高温、高电压、大负荷、长时间通电老化，最后经检验合格后包装进入成品仓库。

（8）品质检验部门还将对产品进行抽检和环境试验。

思考题与习题

1. 电子产品的构成是怎样的？
2. 工艺工作在电子产品形成的各阶段应完成哪些工作？
3. 电子产品生产的主要工艺流程是怎样的？
4. 设计电子产品生产的工艺布局应考虑哪些因素？

第4章 电子产品的设计文件和工艺文件

教学基本要求

- 了解电子产品生产中的设计文件和工艺文件的种类及作用;
- 掌握收音机制造工艺文件的识读方法;
- 会识读电子产品设计文件和工艺文件;
- 能按照电子产品设计文件和工艺文件进行实际操作。

现代电子产业发展日新月异,不仅仅表现在原材料、元器件的迅速更新和发展上,其设计技术、制造技术也出现了突飞猛进的发展,产品的性能和构造日益复杂,功能日益强大。生产效率不断提高,周期不断缩短,品种越来越繁多,质量要求越来越高。因此,用于描述产品技术性能、功能和结构的设计文件和指导产品生产制造的工艺文件就显得越来越重要。产品生产再也不是手工作坊式的口头传授,而要由准确的文件和图纸来指导。电子产品制造部门的工程技术人员、管理人员和实际操作者都要正确阅读和理解相应的文件,才能准确无误地、保质保量地满足市场需求,否则将会造成无法弥补的失误。

4.1 电子产品的设计文件

设计文件是设计部门在产品研发设计过程中形成的反映产品功能、性能、构造特点及测试试验要求等方面的产品技术文件。设计文件的种类很多,全部算起来有数十种之多(这在SJ207.1~4—1982《设计文件管理制度》中做出了明确的规定),例如产品标准、技术条件、明细表、电路图、方框图、零件图、印制板图、技术说明书,等等。

4.1.1 设计文件的作用

设计文件是能反映产品全貌的技术文件,这些文件的主要作用是:

(1)用来组织和指导企业内部的产品生产。生产部门的工程技术人员利用设计文件给出的产品信息,编制指导生产的工艺文件,如工艺流程、材料定额、工时定额、设计工装夹具、编制岗位作业指导书等文件,连同必要的设计文件一起指导生产部门的生产。

(2)政府主管部门和监督部门,根据设计文件提供的产品信息,对产品进行监测,确定其是否符合有关标准,是否对社会、环境和群众健康造成危害,同时也可对产品的性能、质量等做出公正评价。

(3)产品使用人员和维修人员根据设计文件提供的技术说明和使用说明,便于对产品进行安装、使用和维修,无需设计人员或生产技术人员亲自到场。

(4)技术人员和单位利用设计文件提供的产品信息进行技术交流,相互学习,不断提高产品水平。

4.1.2 设计文件的种类

设计文件的种类很多，各种产品的设计文件所需的文件种类可能是各不相同的。文件的多少以能完整地表达所需意义而定。可以按文件的样式将设计文件分为三大类：文字性文件、表格性文件和工程图。

4.1.2.1 文字性设计文件

文字性设计文件主要有：产品标准或技术条件；技术说明、使用说明、安装说明、调试说明。

1. 产品标准或技术条件

产品标准或技术条件是对产品性能、技术参数、试验方法和检验要求等所做的规定。产品标准是反映产品技术水平的文件。有些产品标准是国家标准或行业标准做了明确规定的，文件可以引用，国家标准和行业标准未包括的内容文件应补充进去。一般来讲，企业制订的产品标准不能低于国家标准和行业标准。家用电器产品控制器中按技术条件要求编成的技术规格书类似产品标准。

2. 技术说明、使用说明、安装说明、调试说明

技术说明是供研究、使用和维修产品用的，对产品的性能、工作原理、结构特点应说明清楚，其主要内容应包括产品技术参数、结构特点、工作原理、安装调整、使用和维修等内容。

使用说明是供使用者正确使用产品而编写的，其主要内容是说明产品性能、基本工作原理、使用方法和注意事项。

安装说明是供使用产品前的安装工作而编写的，其主要内容是产品性能、结构特点、安装图、安装方法及注意事项。

调试说明是用来指导产品生产时调试其性能参数的文件。

4.1.2.2 表格性设计文件

表格性设计文件主要有：明细表、软件清单、接线表。

1. 明细表

明细表是构成产品（或某部分）的所有零部件、元器件和材料的汇总表，也叫物料清单。从明细表可以查到组成该产品的零部件、元器件及材料。

2. 软件清单

软件清单是记录软件程序的清单。

3. 接线表

接线表是用表格形式表述电子产品两部分之间的接线关系的文件，用于指导生产时该两部分的连接。

4.1.2.3 电子工程图

电子工程图主要有：电路图、方框图、装配图、零件图、逻辑图、软件流程图。

1. 电路图

电路图也叫原理图，或电路原理图，是用电气制图的图形符号的方式画出产品各元器件之间、各部分之间的连接关系，用以说明产品的工作原理。它是电子产品设计文件中最基本的图纸。

2. 方框图

方框图是用一个一个方框表示电子产品的各个部分，用连线表示它们之间的连接，进而说明其组成结构和工作原理，是原理图的简化示意图。

3. 装配图

用机械制图的方法画出的表示产品结构和装配关系的图，从装配图可以看出产品的实际构造和外观。

4. 零件图

一般用零件图表示电子产品某一个需加工的零件的外形和结构，在电子产品中最常见也必须要画的零件图是印制板图。

5. 逻辑图

逻辑图是用电气制图的逻辑符号表示电路工作原理的一种工程图。

6. 软件流程图

用流程图的专用符号画出软件的工作程序。

电子产品设计文件通常由产品开发设计部门编制和绘制，经工艺部门和其他有关部门会签，开发部门技术负责人审核批准后生效。

4.2 电子产品的工艺文件

4.2.1 工艺文件

按照一定的条件选择产品最合理的工艺过程（即生产过程），将实现这个工艺过程的程序、内容、方法、工具、设备、材料以及每一个环节应该遵守的技术规程，用文字和图表的形式表示出来，称为工艺文件。

工艺文件是工艺部门根据产品的设计文件进行编制的，是设计文件转化来的，但工艺文件又要根据各企业的生产设备、规模及生产的组织形式不同而有所不同。

工艺文件是用于指导生产的因此要做到正确、完整、统一、清晰。

4.2.2 工艺文件的作用

在产品的不同阶段，工艺文件的作用有所不同。试制试产阶段，主要是验证产品的设计（结构、功能）和关键工艺；批量生产阶段，主要是验证工艺流程、生产设备和工艺装备是否满足批量生产的要求。

工艺文件的主要作用如下：

（1）为生产部门提供规定的流程和工序，便于组织产品有序地生产；

（2）提出各工序和岗位的技术要求和操作方法，保证操作员工生产出符合质量要求的产品；

（3）为生产计划部门和核算部门确定工时定额和材料定额，控制产品的制造成本和生产效率；

（4）按照文件要求组织生产部门的工艺纪律管理和员工的管理。

4.2.3 工艺文件的分类

电子产品的工艺文件种类也和设计文件一样,是根据产品生产中的实际需要来决定的。电子产品的设计文件也可以用于指导生产,所以有些设计文件可以直接用作工艺文件。例如电路图可以供维修岗位维修产品使用,调试说明可以供调试岗位生产中调试用。此外,电子产品还有其他一些工艺文件,主要有:

1. 通用工艺规范

通用工艺规范是为了保证正确的操作或工作方法而提出的对生产所有产品或多种产品时均适用的工作要求。例如"手工焊接工艺规范""防静电管理办法"等。

2. 产品工艺流程

产品工艺流程是根据产品要求和企业内生产组织、设备条件而拟制的产品生产流程或步骤,一般由工艺技术人员画出工艺流程图来表示。生产部门根据流程图可以组织物料采购、人员安排和确定生产计划等。

3. 岗位作业指导书

岗位作业指导书是供操作员工使用的技术指导性文件,例如设备操作规程、插件作业指导书、补焊作业指导书、程序读写作业指导书、检验作业指导书等。

4. 工艺定额

工艺定额是供成本核算部门和生产管理部门作人力资源管理和成本核算用的,工艺技术人员根据产品结构和技术要求,计算出在制造每一件产品时所消耗的原材料和工时,即工时定额和材料定额。

5. 生产设备工作程序和测试程序

生产设备工作程序和测试程序主要指某些生产设备,如贴片机、插件机等贴装电子产品的程序,以及某些测试设备如 ICT 检测产品所用的测试程序。程序编制完成后供所在岗位的员工使用。

6. 生产用工装或测试工装的设计和制作文件

生产用工装或测试工装的设计和制作文件是为制作生产工装和测试工装而编制的工装设计文件和加工文件。

4.3 电子工程图的绘制

电子工程图在电子产品工艺文件和设计文件中均大量采用,绘制好电子工程图是电子工程技术人员的基本技能。

4.3.1 电子工程图

电子工程图是以 GB/T 4728.1 ~ GB/T 4728.13《电气简图用图形符号》和 GB 7159—1987《电气技术中的文字符号制定通则》为标准绘制的电子产品的简化工程图,在电子行业广泛采用着。电子产品在设计开发和生产中的设计文件和工艺文件也离不开电子工程图,例如电路图、接线图、流程图、印制板图、逻辑图等。

4.3.1.1 图形符号

电子工程图常用的图形符号见本书附录。其中除了介绍标准的元器件符号以外,还列出了一些在我国书刊杂志中经常出现的符合其他标准的非国标图形符号和新型元器件的图形符号。

在实际应用图形符号的时候,只要不会发生误解,人们总是希望尽量简化。图4.1中是几种实践中常见的简化画法,使用这些简化画法的符号一般不会发生误解,现在已经被国家标准所承认。

- 晶体管省去圆圈;
- 接地简化成一小段粗实线;
- 电解电容、电池的负极用细实线画。

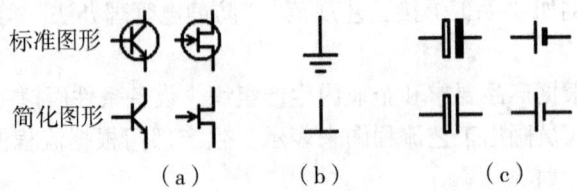

图4.1　图形符号的简化画法

有关符号还遵守下列规定:

(1) 在工程图中,符号所在的位置及其线条的粗细并不影响含义。

(2) 符号的大小不影响含义,可以画成任意一种和全图尺寸相配的图形。在放大或缩小图形时,其各部分应该按相同的比例放大或缩小。

(3) 在元器件符号的端点加上"○"不影响符号原义,如图4.2a所示。但在逻辑电路的元件中,"○"另有含义。在开关元件中,"○"表示接点,一般不能省去,如图4.2b所示。

(4) 符号之间的连线画成直线或斜线,不影响符号本身的含义,但表示符号本身的直线和斜线不能混淆,见图4.2c。

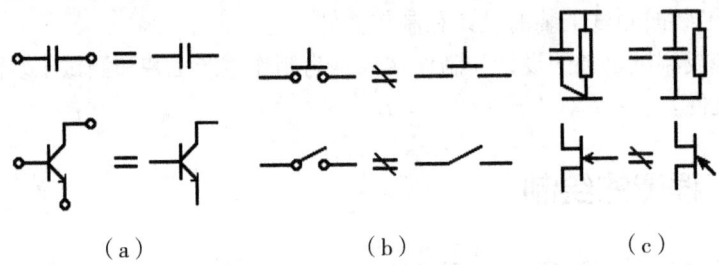

图4.2　符号规定示例

4.3.1.2　元器件代号

在电路中,代表各种元器件的符号旁边,一般都标上字符记号,这是该元器件的标志说明,不是元器件符号的一部分。同样,在计算机辅助设计电路板软件中,每个元件都必须有唯一的字符作为该元件的名称,也是该元件的说明,称为元件名(Component Reference Designator)。在实际工作中,习惯用一个或几个字母表示元件的类型:有些元器件是用多种记号表示的,一个字母也不仅仅代表某一种元件。

常用元器件的字符代号见表4.1。

表 4.1　部分元器件代号

名　称	代　号			名　称	代　号		
天线	TX	E	ANT	开关	K	S	
保险丝	BX	F	RD	插头	DK		
二极管	D	CR		插座	CT	T	
三极管	BG	T	Q	继电器	CZ	J	Z
集成电路	IC	JC	U	传感器	J	K	
运算放大器	A	OP		线圈	MT		
硅可控整流器	Q	SCR		接线排（柱）	Q	L	
变压器	B	T		指示灯	JX		
石英晶体	SJT	Y	XTAL	按钮	ZD		
光电管、光电池	V			互感器	AN		H

在表 4.1 中，第一列字母是国内常用的代号。在同一电路图中，不应出现同一元器件使用不同代号，或者一个代号表示一种以上元器件的现象。

4.3.1.3　下脚标码

（1）同一电路图中，下脚标码表示同种元器件的序号，如 R_1，R_2，…；BG_1，BG_2，…。

（2）电路由若干单元电路组成，可以在元器件名的前面缀以标号，表示单元电路的序号。例如有两个单元电路：

$1R_1$，$1R_2$，…；$1BG_1$，$1BG_2$，…　表示单元电路 1 中的元器件；

$2R_1$，$2R_2$，…；$2BG_1$，$2BG_2$，…　表示单元电路 2 中的元器件。

或者，对上述元器件采用 3 位标码表示它的序号以及所在单元电路，例如：

R_{101}，R_{102}，…；BG_{101}，BG_{102}，…　表示单元电路 1 中的元器件；

R_{201}，R_{202}，…；BG_{201}，BG_{202}，…　表示单元电路 2 中的元器件。

（3）下脚标码字号小一些的标注方法，如 $1R_1$，$1R_2$，…，常见于电路原理性分析的书刊，但在工程图里这样的标注不好：第一，采用小字号下标的形式标注元器件，为制图增加了难度，计算机 CAD 电路设计软件中一般不提供这种形式；第二，工程图上的小字号下脚

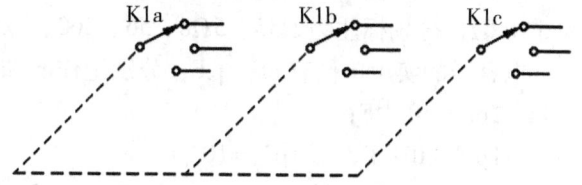

图 4.3　三刀三掷开关的表示方法

标码容易被模糊、污染，可能导致混乱。所以，一般采用下脚标码平排的形式，如 1R1，1R2，…或 R101，R102，…，这样就更加安全可靠。

（4）一个元器件有几个功能独立的单元（Unit）时，在标码后面再加附码，如图 4.3 中三刀三掷开关（Switch）的表示方法。

4.3.1.4　元器件标注

在一般情况下，对于实际用于生产的正式工程图，通常不把元器件的参数直接标注出

来，而是另附文件详细说明。这不仅使标注更加全面准确，避免混淆误解，同时也有利于生产管理（材料供应、材料更改）和技术保密。

在说明性的电路图纸中，则要在元器件的图形符号旁边标注出它们最主要的规格参数或型号名称。标注的原则主要是根据以下几点确定的：

（1）图形符号和文字符号共同使用，尽可能准确、简捷地提供元器件的主要信息。例如，电阻的图形符号表示了它的电气特性和额定功率，图形符号旁边的文字标注出了它的阻值；电容器的图形符号不仅表示出它的电气特性，还表示了它的种类（有无极性和极性的方向），用文字标注出它的容量和额定直流工作电压；对于各种半导体器件，则应该标注出它们的型号名称。在图纸上，文字标注应该尽量靠近它所说明的那个元器件的图形符号，避免与其他元器件的标注混淆。

（2）应该减少文字标注的字符串长度，使图纸上的文字标注既清楚明确，又只占用尽可能小的面积；同时，还要避免因图纸印刷缺陷或磨损破旧而造成的混乱。在对电路进行分析计算时，人们一般直接读（写）出元器件的数值，如电阻47Ω、1.5kΩ，电容0.01μF、1000pF等，但把这些数值标注到图纸上去，不仅五位、六位的字符太长，而且假如图纸印刷（复印）质量不好或经过磨损以后，字母"Ω"的下半部丢失就可能把47Ω误认为470，小数点丢失就可能把1.5kΩ误认为15kΩ。

（3）为此，采取一些相应的规定，在工程图纸的文字标注中取消小数点，小数点的位置上用一个字母代替，并且数字后面一般不写表示单位的字符，使字符串的长度不超过四位。

（4）对常用的阻容元件进行标注，一般省略其基本单位，采用实用单位或辅助单位。电阻的基本单位Ω和电容的基本单位F，一般不出现在元器件的标注中。如果出现了表示单位的字符，则是用它代替了小数点。

电阻器的实用单位有mΩ、kΩ、MΩ和GΩ，分别记作m、k、M和G：

$1\text{m}\Omega = 10^{-3}\Omega$，即$1\Omega = 10^3\text{m}\Omega$（mΩ比较少见）；

$1\text{k}\Omega = 10^3\Omega$；

$1\text{M}\Omega = 10^6\Omega$，即$1\text{M}\Omega = 10^3\text{k}\Omega$；

$1\text{G}\Omega = 10^9\Omega$，即$1\text{G}\Omega = 10^6\text{k}\Omega = 10^3\text{M}\Omega$。

所以，对于电阻器的阻值，应该把0.56Ω、5.6Ω、56Ω、560Ω、5.6kΩ、56kΩ、560kΩ和5.6MΩ，分别标注为Ω56、5Ω6、56、560、5k6、56k、560k和5M6。

电容器的实用单位有pF、μF，分别记作p和μ：

$1\text{pF} = 10^{-12}\text{F}$；

$1\mu\text{F} = 10^{-6}\text{F}$，即$1\mu\text{F} = 10^6\text{pF}$。

例如，对于电容器的容量，应该把4.7pF、47pF、470pF分别记作4p7、47、470，把4.7μF、47μF、470μF分别记作4μ7、47、470。因为大容量的电容器一般是电解电容，所以在电解电容器的图形旁边标注47，是不会把47μF当作47pF的；同样，在一般电容图形符号旁边标注47，是不会把47pF当成47μF的（在某些容易混淆的地方，还需要注出p或μ，例如在无极性电容器符号旁注出1p或1μ）。为了便于表示容量大于1000pF、小于1μF以及大于1000μF的电容，采用辅助单位nF和mF：

$1\text{nF} = 10^{-9}\text{F}$，即$1\text{nF} = 10^3\text{pF} = 10^{-3}\mu\text{F}$；

$1\text{mF} = 10^{-3}\text{F}$，即$1\text{mF} = 10^3\mu\text{F}$。

所以，1n、4n7、10n、22n、100n、560n、1m、3m3分别表示容量为1000pF、4700pF、

0.01μF、0.022μF、0.1μF、0.56μF、1000μF 和 3300μF。

另外，对于有工作电压要求的电容器，文字标注要采取分数的形式：横线上面按上述格式表示电容量，横线下面用数字标出电容器所要求的额定工作电压。例如，图4.4中的 C_2 的标注是 $\frac{3m3}{160}$，表示电容量为3300μF、额定工作电压为160V的电解电容器。

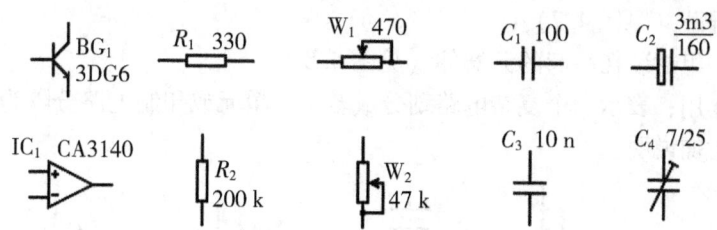

图4.4　元器件标注举例

图中微调电容器7/25虽然未标出单位，但按照一般规律这种电容器的容量都很小，单位只可能是pF，所以不会误解。

也有一些电路图中，所用某种相同单位的元件特别多，则可以附加注明。例如，某电路中有100支电容，其中90支是以pF为单位的，则可将该单位省去，并在图上添加附注："所有未标电容均以p为单位"。

由于SMT元器件特别细小，一般采用3位数字在元件上标注其参数。例如，电阻上标注101表示其阻值是100Ω，电容器上标注474表示其容量是0.47μF。这一点已经在第二章里进行过介绍。现在，这种方法也开始应用于图纸的标注，应该引起初学者的注意。

4.3.2　电路图

电路图用来表示设备的电气工作原理，它使用各种图形符号，按照一定的规则，表示元器件之间的连接以及电路各部分的功能。

电路图不表示电路中各元器件的形状或尺寸，也不反映这些器件的安装、固定情况。所以，一些整机结构和辅助元件如紧固件、接线柱、焊片、支架等组成实际产品必不可少的东西，在电路图中都不要画出来。

1. 电路图中的连线

（1）连线要尽可能画成水平或垂直的，斜线不代表新的含义。

（2）相互平行线条的间距不要小于1.6mm；较长的连线应按功能分组画出，线间应留出2倍的线间距离，如图4.5a所示。

（3）一般不要从一点上引出多于三根的连线，见图4.5b。

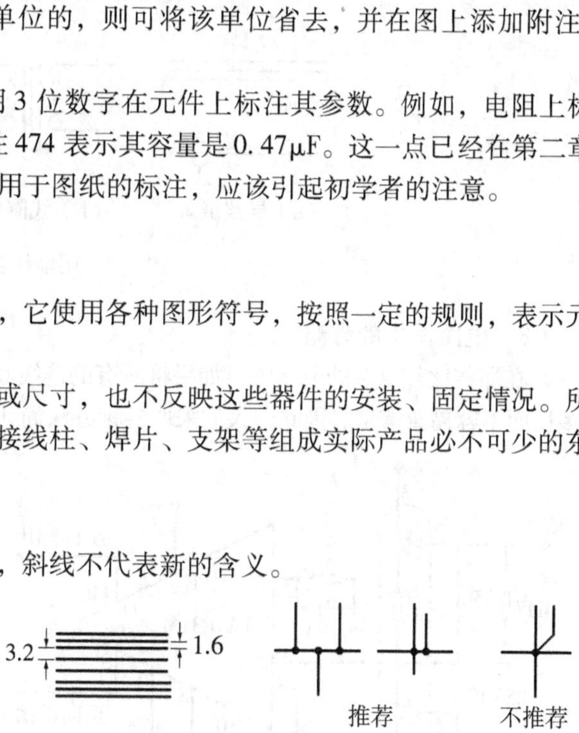

（a）两组直线的间距　　（b）线的连接

图4.5　连接线画法

（4）线条粗细如果没有说明，不代表电路连接的变化。

（5）连线可以任意延长或缩短。

2. 电原理图中的虚线

在电原理图中，虚线一般是作为一种辅助线，没有实际电气连接的意义。它的辅助作用

如下:

(1) 表示两个或两个以上元件的机械连接。例如图 4.6a 表示带开关的电位器,这种电位器常用在音量控制电路中,调整 W 可以通过改变音频信号的大小改变音量,当调整音量至最小时,开关 K 断开电源;图 4.6b 表示两个同步调谐的电容器,这种电容器常用在超外差无线电接收机里,C_1 和 C_2 分处在高放回路和本振回路,同步调谐保证两回路的差频不变。

(2) 表示屏蔽(见图 4.7)。

(3) 表示一组封装在一起的元器件(见图 4.8)。

(4) 其他作用:表示一个复杂电路划分成若干个单元或印制电路分隔为几块小板的界限等,一般需要附加说明。

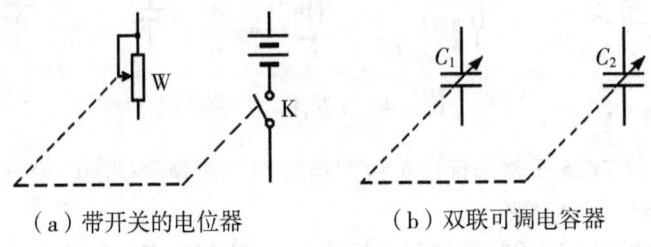

图 4.6 虚线表示机械连接

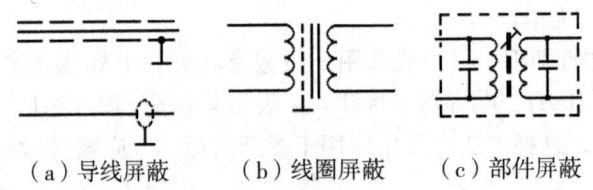

图 4.7 用虚线表示屏蔽

3. 电路图中的省略

在那些比较复杂的电路中,如果将所有的连线和接点都画出来,图形就会过于密集,线条太多反而不容易看清楚。因此,人们采取各种办法简化图形,使画图、读图都很方便。

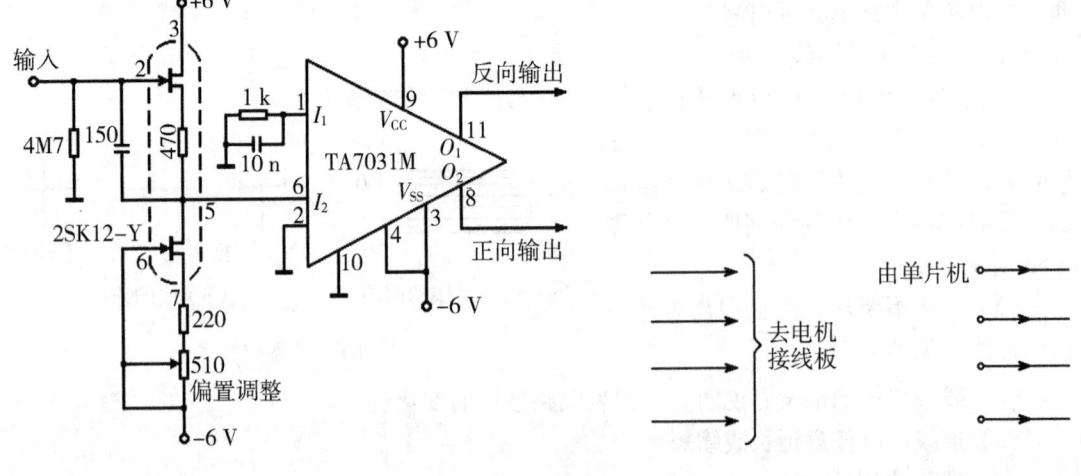

图 4.8 封装在一起的元器件 　　　　　图 4.9 线的中断

（1）线的中断。在图中距离较远的两个元器件之间的连线（特别是成组连线），可以不必画到最终去处，采用中断的办法表示，可以大大简化图形，如图 4.9 所示。

在这种线的断开处，一般应该标出去向或来源（也可用网络标号 Net Label 标明）。

（2）总线画法。需要在电路图中表示两点之间用一组线连接的时候，可以使用总线（BUS）来表示。在不引起误解的条件下，手工绘图可省略网络标号；但在使用计算机绘图软件时，必须使用网络标号，如图 4.10 所示。

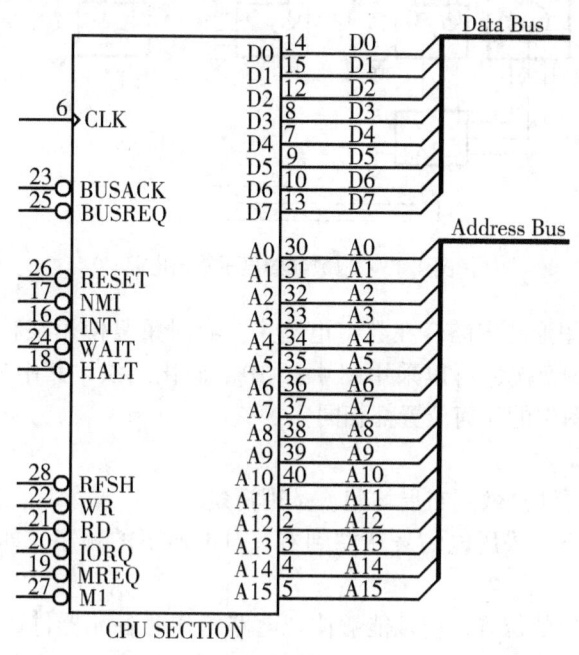

图 4.10　总线画法

（3）电源线省略。在分立元器件电路中，电源接线可以省略，只需标出接点，如图 4.11 所示。

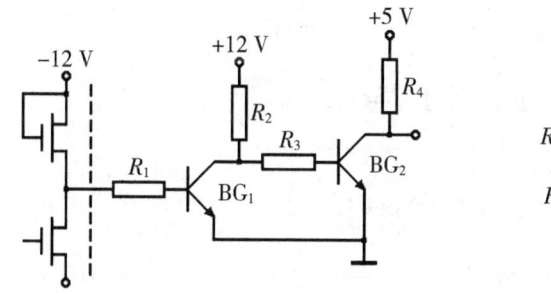
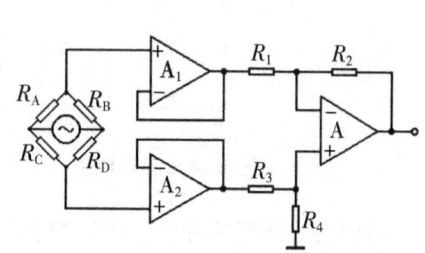

图 4.11　电源线省略　　　图 4.12　集成电路图中的电源线省略（高阻抗桥式放大器）

对于集成电路，由于管脚及工作电压都已固定，所以往往也把电源接点省略掉，如图 4.12 所示。

（4）同类省略。在复杂电路图特别是在数字电路图中，常常会遇到从形式到功能都相同的电路部分。数码管的接线就是一个典型的例子：可以只标出其中一路，其他部分采用简略画法或干脆完全省去。图 4.13 中数码管的接线，就属于简化型表示法。这种情况，应该确认不会发生误解，必要时加写附注。

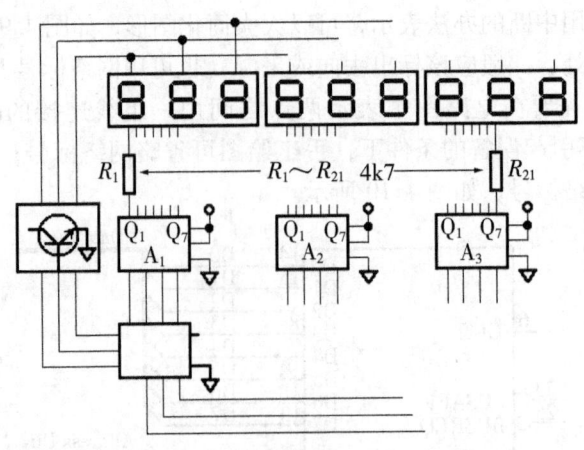

图 4.13　记数器的显示输出电路

（5）同种元器件图形的省略。在数字电路中，有时重复使用某种元器件，其电路功能也完全相同。对于这种情况，可以采用图 4.13 中的简化画法，其中从 R_1 到 R_{21} 的 21 支电阻，从阻值到它们在图中的几何位置都相同。

4. 电路图的绘制

绘制电路图时，要注意做到布局均匀，条理清楚。

（1）在正常情况下，采用电信号从左到右、自上而下的顺序，即输入端在图纸的左上方，输出端在右下方。

（2）每个图形符号的位置，应该能够体现电路工作时各元器件的作用顺序。在图 4.14 中，运放 A_4 作为反馈电路，将输出信号反馈到输入端，故它的方向与 A_1、A_2、A_3 不同。

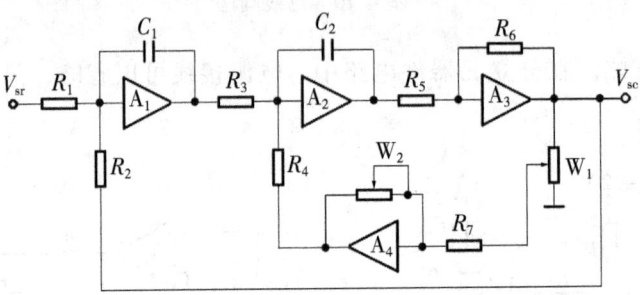

图 4.14　图形位置及其作用（控制系统模拟电路）

（3）把复杂电路分割成单元电路进行绘制时，应该标明各单元电路信号的来龙去脉，并遵循从左至右、自上而下的顺序。

（4）串联的元件最好画到一条直线上；并联时，各元件符号的中心对齐，如图 4.15 所示。

（5）根据图纸的使用范围及目的需要，设计者可以在电路图中附加以下并非必需的内容：

- 导线的规格和颜色；

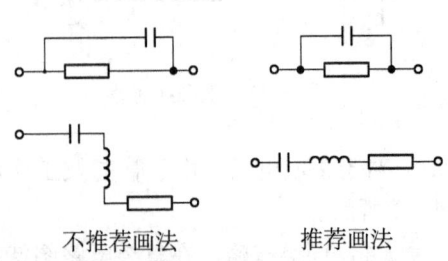

图 4.15　元器件串、并联时的位置

- 某些元器件的外形和立体接线图；
- 某些元器件的额定功率、电压、电流等参数；
- 某些电路测试点上的静态工作电压和波形；
- 部分电路的调试或安装条件；
- 特殊元件的说明。

4.3.3 方框图和流程图

方框图是一种使用非常广泛的说明性图形，它用简单的"方框"代表一组元器件、一个部件或一个功能模块，用它们之间的连线表达信号通过电路的途径或电路的动作顺序。方框图具有简单明确、一目了然的特点。图 4.16 是普通超外差式收音机的方框图，它能让我们一眼就看出电路的全貌、主要组成部分及各级电路的功能。

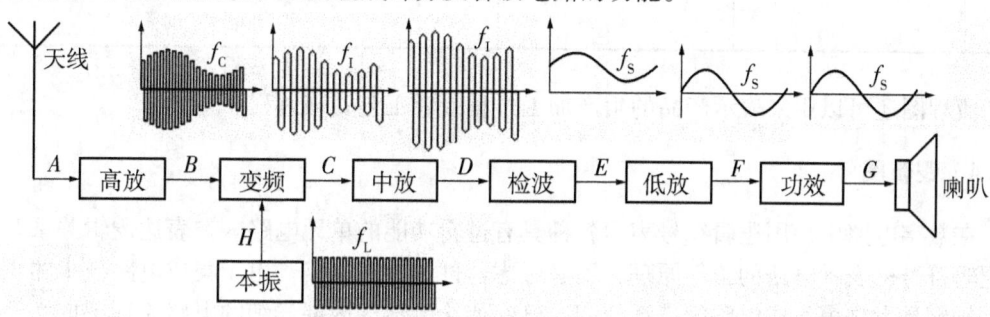

图 4.16 超外差式收音机方框图

方框图对于了解电路的工作原理非常有用。一般地，比较复杂的电路原理图都附有方框图作为说明。

绘制方框图，要在方框内使用文字或图形注明该方框所代表电路的内容或功能，方框之间一般用带有箭头的连线表示信号的流向。在方框图中，也可以用一些符号代表某些元器件，例如天线、电容器、扬声器等。

方框图往往也和其他图组合起来，表达一些特定的内容。

对于复杂电路，方框图可以扩展为流程图。在流程图里，"方框"成为广义的概念，代表某种功能而不管具体电路如何，"方框"的形式也有所改变，图形符号及其意义见表 4.2。流程图实际是信息处理的"顺序结构""选择结构"和"循环结构"以及这几种结构的组合。

表 4.2 一般流程图的图形符号及其意义

名称	符号	意义	备注
终端	⬭	起点或终点	信息处理的开始和结束
处理	▭	各种信息处理功能	顺序结构的某一环节

续表 4.2

名称	符号	意义	备注
判断	◇	分支选择或开关	选择结构的分支点或循环结构的条件
连接	○	连接	加入数字或符号,表示流程图之间的连接关系
方向	↓ →	流程指向	表示流程图内模块之间的连接关系。一般应该取从上到下、自左到右的方向

流程图还可以用来表示产品的生产加工过程或者工艺处理过程。

4.3.4 逻辑图

在数字电路中,用逻辑符号表示各种具有逻辑功能的单元电路。在表达逻辑关系时,采用逻辑符号来表示电路的工作原理,不必考虑器件的内部电路。由于集成电路技术的飞速发展,特别是大规模集成电路的广泛使用,已经使绘制器件内部详细的电路原理图成为繁琐而不必要的事情。实际工作中,数字电路原理图一般都用逻辑图代替。换句话说,通常所说的电路图实际上是由电路原理图和逻辑图混合组成的。

1. 常用逻辑符号

表 4.3 和表 4.4 给出了部分常见的逻辑符号和触发器的图形符号。其中,标准符号符合国家标准 GB/T4728 的规定,但其他符号不仅在译著中大量见到,很多人也习惯使用。

表 4.3 常见的门电路逻辑符号

名称	非门	二输入与门	二输入与非门	二输入或门	四输入与门	异或门
图形符号	A─▷○─F	A,B─□─F	A,B─□○─F	A,B─+─F	─□─F	A,B─⊕─F
软件中符号	NOT/7404	AND2/7408	NAND2/7400	OR2/7432	NAND4/7420	XOR/7486
图形符号	NOT 1	AND2 2	NAND2 3	OR2 4	NAND4 5	XOR 6
逻辑式	$F=\bar{A}$	$F=A \cdot B$	$F=\overline{A \cdot B}$	$F=A+B$	$F=A \odot B$	$F=A \oplus B$

表 4.4　触发器的图形符号

	中国	美国	日本	苏联	我国曾使用的非标准图形
RS 型触发器	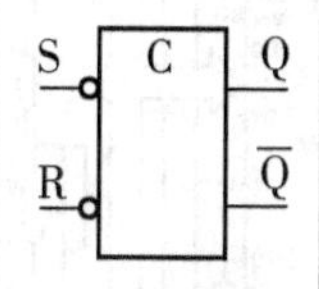	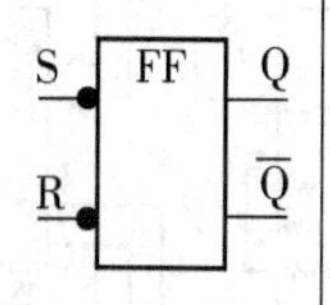	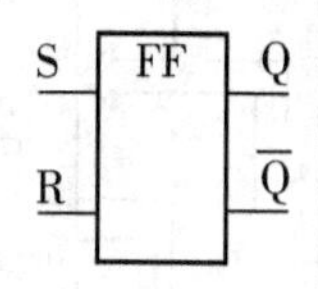	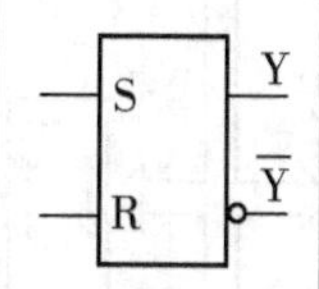	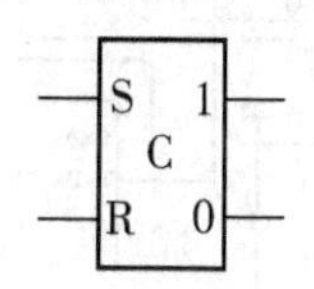
D 型触发器	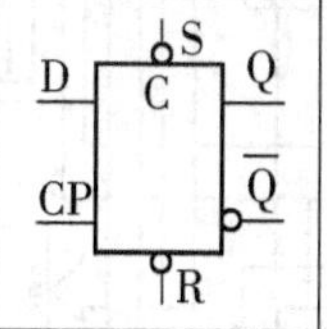	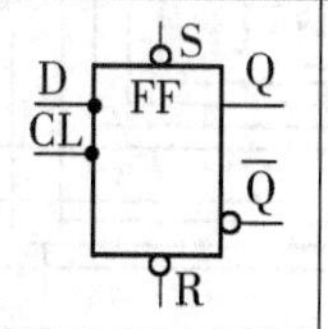	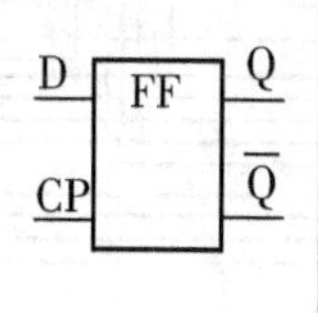	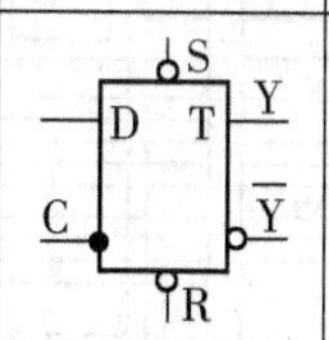	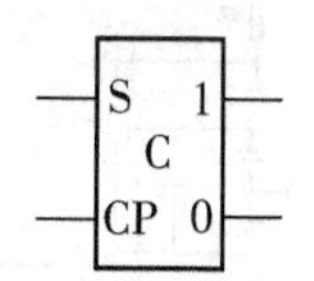
JK 型触发器	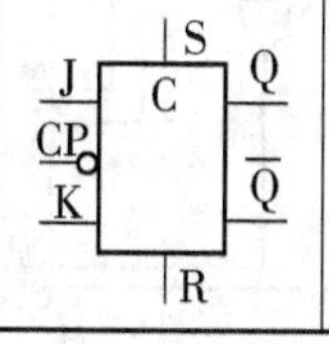	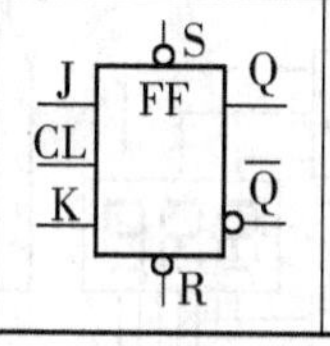	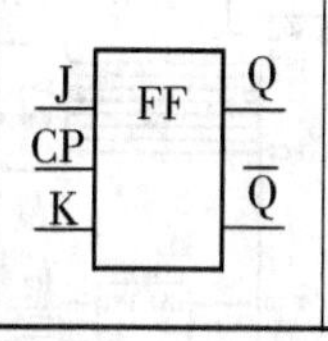	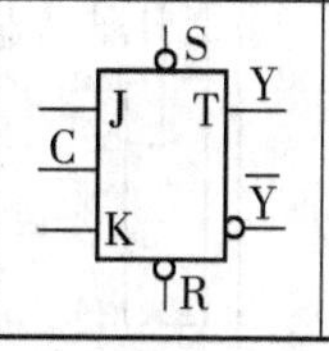	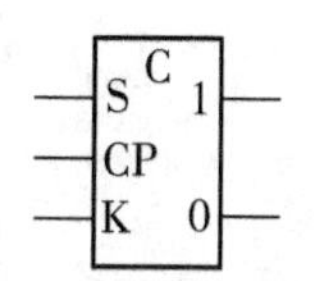

必须注意逻辑电路元件上符号"○"的作用。在输出端上，"○"表示"非""反相"的意思；在输入端上，加"○"表示信号对输入端起作用时的状态。具体地说，根据逻辑元件不同，"○"可以表示输入低电平有效、负脉冲起作用或电平下跳变时的下降沿产生响应。

2. 逻辑图的绘制方法

同电路原理图一样，绘制逻辑图要求层次清楚，布局均匀，便于读图。尤其是中、大规模集成电路组成的逻辑图，图形符号简单而连线很多，布局不当容易造成读图困难，产生误解。

绘制逻辑图的基本规则如下：

（1）要注意符号统一。在同一张图内，同种电路不得出现两种符号。应当尽量采用符合国家标准的符号，但大规模集成电路的管脚名称一般保留外文字母标注，如图 4.17 所示。

（2）信号流的出入顺序，一般要从左至右、自下而上（这一点与其他电路原理图有所不同）。凡有与此不符者，要用箭头表示出来。

（3）连线要成组排列。逻辑图中很多连线的规律性很强，应该将功能相同或关联的线排在一组，并与其他线保持适当距离，例如计算机电路中的数据线、地址线等。

（4）管脚名称和管脚标号，对于中、大规模集成电路来说，标出两者同样重要。但有时为了图上不太拥挤，可以只标出其中一种而用另一张图详细表示该芯片的管脚排列及功能。对于多只相同的集成电路，可以只标注其中的一只。例如图 4.18 中的 U42 和 U43，只标注了 U42 的管脚名称及标号。

3. 逻辑图的简化方法

前面介绍的简化电路原理图的方法，都适用于逻辑图。此外，由于逻辑图的连线多而有规律，可以采用一些特殊的简化方法。

（1）同组省略法。在同组的连线里，只画出第一条线和最后一条线，把中间线号的线省略掉。逻辑图的专业性很强，不会发生误解。

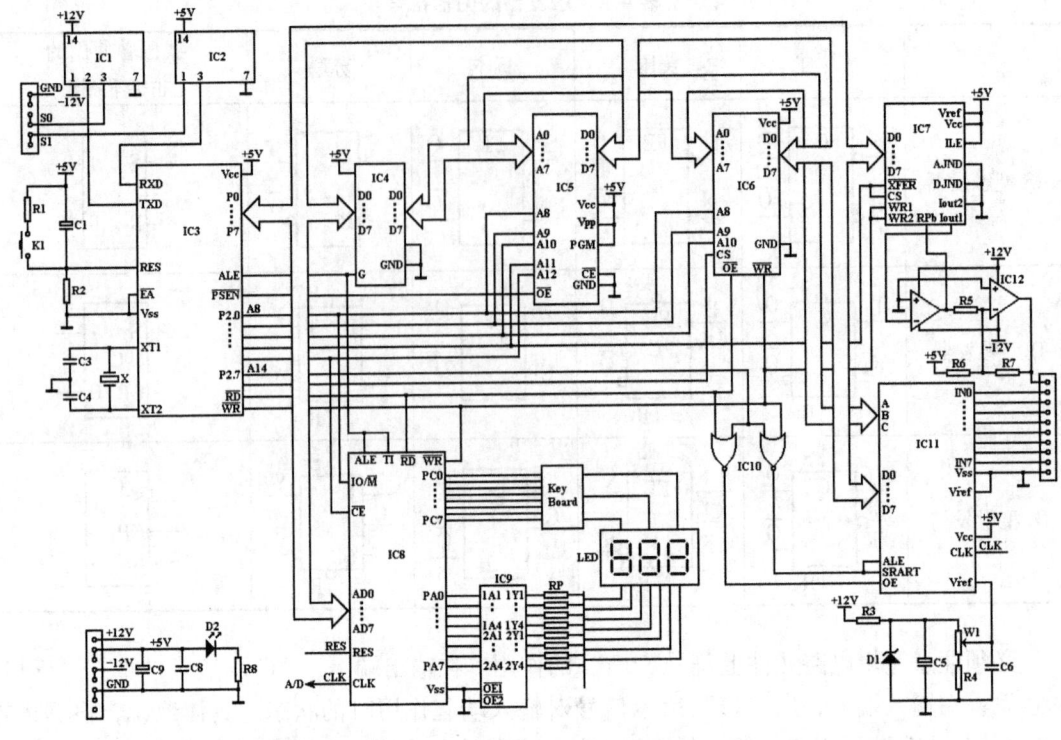

图 4.17 逻辑图例（MS-8031 单片机开发系统接口）

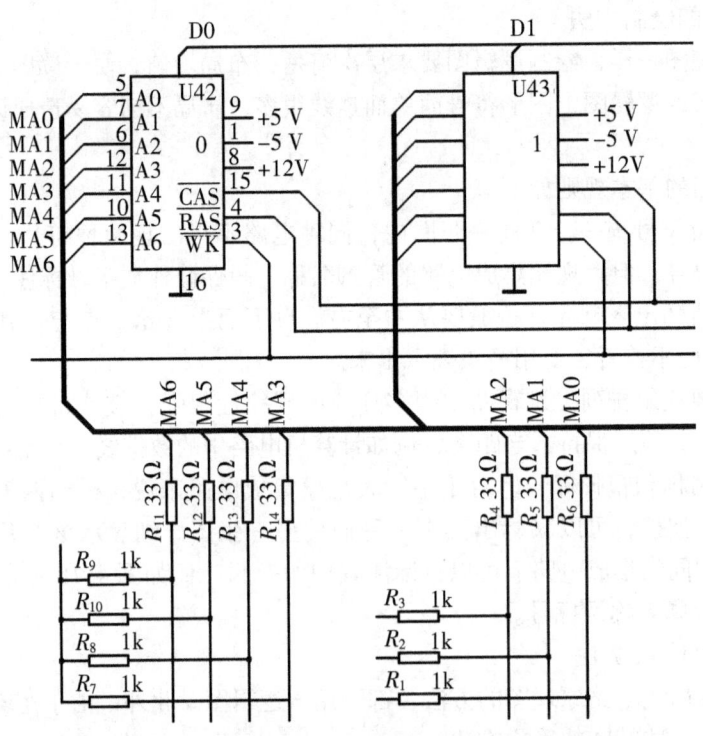

图 4.18 逻辑图简化示例

（2）断线表示法。对规律性很强的连线，在两端写上名称而省略中间线段。

（3）多线变单线。对于成组排列的连线，在电路两端画出多根连线，而在中间则用一根线代替一组线。也可以在表示一组线的单线上标出组内的线数。

4.3.5 实物装配图

实物装配图是工艺图中最简单的图，它以实际元器件的形状及其相对位置为基础，画出产品的装配关系。

这种图一般只用于教学说明或指导初学者制作入门。但与此同类性质的局部实物图，则在产品生产装配中仍有使用。例如，图4.19所示的是某仪器中的波段开关接线图，由于采用实物画法，把装配细节表达清楚，使用时一目了然，不易出错。

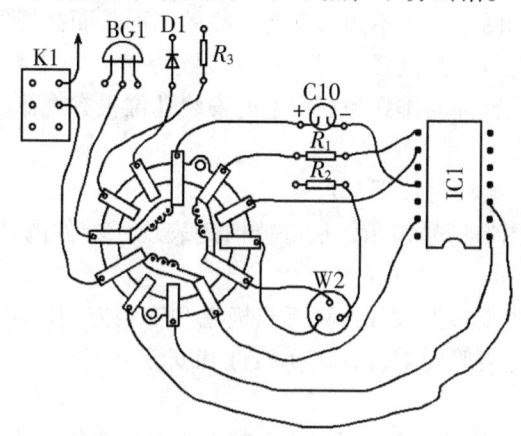

图 4.19　实物装配图（波形发生器波段开关局部接线）

4.3.6 印制板装配图

印制板装配图是用于指导工人装配焊接印制电路板的工艺图。印制板装配图一般分成两类：画出印制导线和不画出印制导线。现在一般都使用CAD软件设计印制电路板，设计结果通过打印机或绘图仪输出。在打印输出图纸时，可以根据需要设定"叠层打印"或"分层打印"。叠层打印电路板顶层标注层和焊接面印制导线的，可以作为画出印制导线的装配图使用，这种图纸一般适用于让初学者练习装配焊接；仅打印电路板顶层标注层的图纸，就可以作为不画出印制导线的装配图，这种图纸可以在装配生产线上指导工人进行插装、安排工序。

画出印制导线的印制板装配图如图4.20所示。在这张图里，印制导线按照印制板的实物画出，并在安装位置上画出了元器件。绘制这种印制板装配图，应该注意下列几点：

（1）元器件可以使用标准图形符号表示，也可以画出实物示意图样，还可以两者混合使用。

（2）有极性的元器件，如电解电容器、晶体管等，它们的极性一定要表示清楚。

（3）同类元器件可以直接标出参数、型号，也可以只标注代号，另外附表列出代号的内容。

（4）需要特别说明的工艺要求，例如焊点的大小、焊料的种类、焊接以后的保护处理等，应该加以注明。

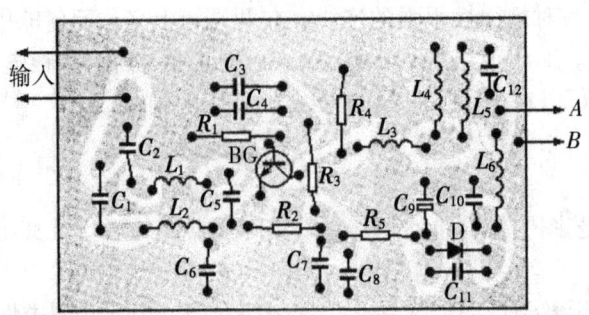

图 4.20　印制板装配图一

在另一种印制板装配图上，并不画出印制导线的图形，而是把安装元器件的板面作为正面，画出元器件的图形符号及其位置，用于指导装配焊接，如图 4.21 所示。这类印制板的电路一般是数字电路，元器件的排列和在板上的安装孔位很有规律，对照电路板的标注层图纸装配不会发生误解。

绘制这种装配图时，要注意以下几点：

（1）元器件全部用图形符号表示，最好能清楚表现元器件的外形轮廓和装配位置，不必画出细节。

（2）有极性的元器件要按照实际排列标出极性和安装方向。例如图 4.21 中二极管、三极管、电解电容、集成电路等元器件，表示极性和安装方向标志的半圆平面或色环不能画错。

（3）集成电路要画出管脚顺序的标志，且其大小要和实物成比例。

（4）一般在每个元器件上标出代号。

（5）对某些规律性较强的器件，如数码管等，也可以采用简化表示方法。

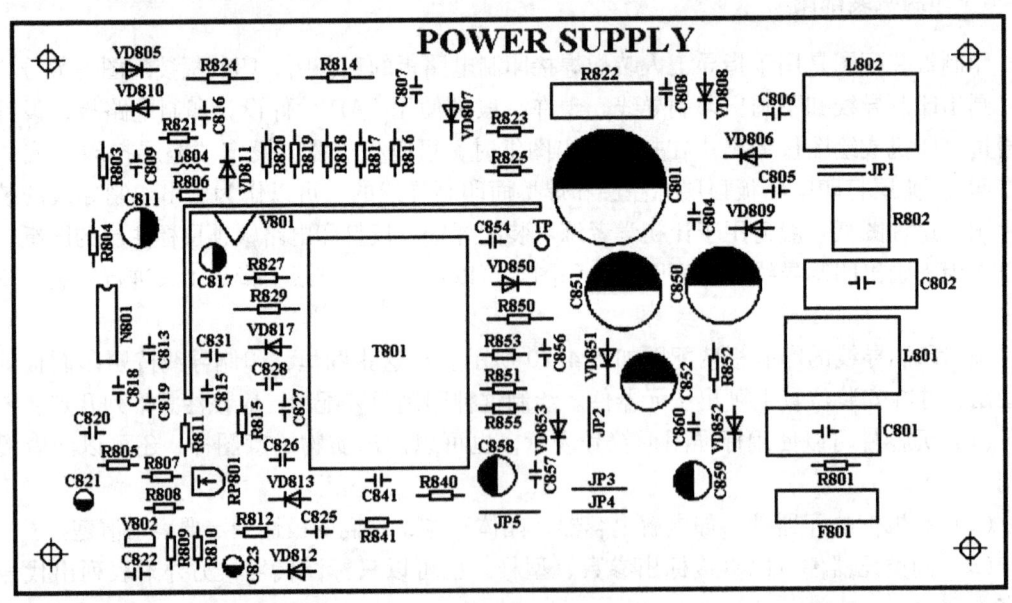

图 4.21　印制板装配图二

4.3.7 接线图

布线图是用来表示各零部件之间相互连接情况的工艺接线图,是整机装配时的主要依据。常用的布线图有直连型、简化型和接线表等,其主要特点及绘制方法如下。

1. 直连型接线图

这种接线图类似于实物图,将各个零部件之间的接线用连线直接画出来,对于简单电子产品既方便又实用。

（1）由于接线图主要是把接线关系表示出来,所以图中各个零件主要画出接线板、接线端子等与接线有关的部位,其他部分可以简化或者省略。同时,也不必拘泥于实物的比例,但各零件的位置及方向等一定要同实际的位置及方向对应。

（2）连线可以用任意的线条表示,但为了图形整齐,大多数情况下都采用直线表示。

（3）在布线图中应该标出各条导线的规格、颜色及特殊要求。如果没有标注,那就意味着由制作者任意选择。

图 4.22 是一个稳压电源的实体接线图。图中设备的前、后面板,采用从左到右连续展开的图形,便于表示各部件的相互连线。这是一个简单的图例,复杂的产品布线图可以依此类推。

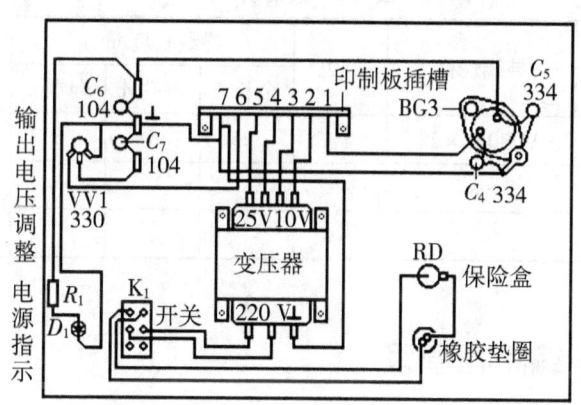

图 4.22 实体接线图举例（稳压电源）

2. 简化型接线图

直连型接线图虽有读图方便、使用简明的优点,但对于复杂产品来说,不仅绘图非常费时,而且连线太多并互相交错,容易看错。在这种情况下,可以使用简化型接线图。简化型接线图的主要特点如下:

（1）零部件以结构的形式画出来,即只画出简单轮廓,不必画出实物。元器件可以用符号表示,导线用单线表示,与接线无关的零部件无须画出来。

（2）导线汇集成束时,可以用单线表示,结合部位用圆弧或 45°线表示。用粗线表示线束,其形状及走向与实际的线束相似。

（3）每根导线的两端,应该标明端子的号码;如果采用接线表,还要给每条线编号。

在简化型接线图中,也可以直接标出导线的规格、颜色等要求。图 4.23 是一个控制实验装置的简化接线图。

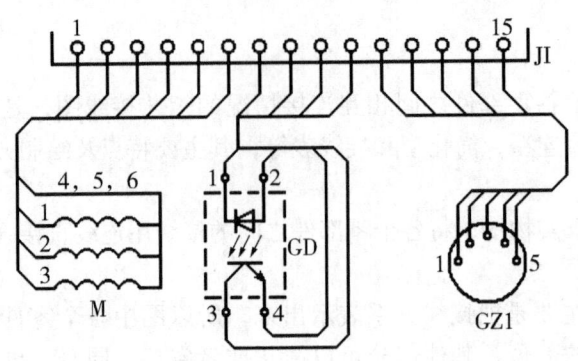

图 4.23　简化型接线图（步进电机实验装置）

3. 接线表

上述接线图也可以用接线表来表示。例如在图 4.23 中，先将各零部件标以代号或序号，再编出它们的接线端子的序号，采用如表 4.5 所示的表格，把编好号码的线依次填写进去。这种方法在大批量生产中使用较多。

表 4.5　接线表示例

序号	线号	导线规格	颜色	导线长度/mm			连接点	
				全长 L	剥端 A	剥端 B	Ⅰ	Ⅱ
1	1-1	AVR0.1×28	红	325	5	6	JI1	BD6
2	…	…	…					
…	…							

4.4　工艺文件的编制和管理

4.4.1　插件生产线工艺文件的编制

插件线是当前电子企业生产电路板时使用最广泛的装配生产方式。PCB 板经 SMT 自动贴装和 AI 自动机插后进到手工插件线，插件工人将整形好的元器件逐个按要求插入印制板的对应元器件引线孔中，元器件插齐后将带元器件的 PCB 板送入自动焊接机或手工浸焊机焊接、清洗，然后对焊过的电路板进行补焊、调试、维修和检测，这样就完成了一件电路板产品的组装。在不具备 SMT 和 AI 设备的企业，所有的元器件都在插接线上组装，在有 SMT 或 AI 设备的企业，也有部分元器件是不适应机插、机贴的，这些元器件也必须由插件线来完成组装。

插接线的生产工艺是比较简单的。可以先根据产量要求和设备状况确定生产线的人员数量，然后确定每个岗位的工作内容，编制出生产线的工艺流程，再编制每个岗位的作业指导书和技术要求，最后计算出生产节拍、产量和工时定额。在安排插接线插件装配时，先要熟悉产品（需生产的电路板），了解产品的构成、复杂程度、印制板的尺寸形状、用了哪些元器件，等等。然后根据插件线人数的多少、员工操作技能的熟练程度和生产量的多少确定每个员工的插装数量，一般情况下，每个岗位插装元器件的数量以 4~7 个为宜，因为太多容易出现错误。在安排各岗位的插装元器件时，主要应遵守下列原则：

（1）安排插装的顺序时，先安排体积较小的跳线、电阻、瓷片电容等，后安排体积较大的继电器、大的电解电容、安规电容、电感线圈等。

印制板上的位置应先安排插装离人体较远的一方、后安排插装离人体较近的一方，以免妨碍较远一方插装。

（2）带极性的元器件如二极管、三极管、集成电路、电解电容等，要特别注意标示出方向，以免装错。

（3）插装好的电路板是要用波峰机或浸焊炉焊接的，焊接时要浸助焊剂，焊接温度达 240℃ 以上，因此，电路板上如果有怕高温、助焊剂容易浸入的元器件要格外小心，或者安排手工补焊。

（4）有容易被静电击穿的集成电路时，要采取相应防静电措施防止元器件损坏。

生产线的人数、工序排列顺序、生产节拍和工作内容确定以后，就可以编制每个岗位的操作作业指导书了。

4.4.2 岗位作业指导书的编制

岗位作业指导书是指导生产员工进行生产的工艺文件，编制作业指导书要注意以下几方面。

（1）作业指导书必须写明产品名称规格型号、该岗位的工序号以及文件编号，以便查阅；

（2）必须说明该岗位的工作内容，是"插件"、检验还是补焊；

（3）写明本岗位工作所需要的原材料、元器件和设备工具的规格型号及数量，并且说明装配在什么位置；

（4）对图纸或实物样品加以指导，插件岗位可以画出印制板实物丝印图供本岗位员工用来对照阅读，装配岗位可以配置照片或画出接线图、装配图供本岗位员工对照示范；

（5）写明技术要求，以告诉员工具体怎样操作，以及注意事项；

（6）工艺文件必须有编制人、审核人和批准人签字。

装配岗位、检验岗位、调试岗位的作业指导书都是按以上方法进行编制。一般来讲，一件产品的作业指导书不止一份，有多少工序就有多少份作业指导书，因此，每一产品的作业指导书都会进行编号、审核、批准和汇总，并装订成册统一保管，以便生产时多次使用。

4.4.3 其他工艺文件的编制要求及文件的计算机管理

其他的工艺文件如产品工艺流程的编制方法与此类似，SMT、ICT 的贴片、测试程序在相应章节中给予讲述。因工艺文件是指导生产的，其图、文一定要清楚、准确、具体、易懂，便于工人使用，不能含糊不清。

随着计算机的广泛应用及其在处理、存储文字和图形功能的迅速发展，使工艺文件的制作、管理已经全部电子文档化。在当今的技术环境下，某些手工制作的工艺文件已很难使用或无法使用。如在现在的 PCB 制板设备中，沿用以前手工贴制的 PCB 板图就会遇到很大的麻烦。所以，掌握电子工艺文件的计算机辅助处理方法及过程是十分必要的。

电子工程图的计算机辅助处理过程主要可分为三步。

（1）电子工程图素材输入。根据所选用的计算机辅助处理软件的要求，进行电子工程图素材的输入。目前输入的方法基本上有两种，即图形法和语言法。图形法与我们在纸面上绘制电路图相类似，它用软件工具中提供的图形符号完成图中素材的连接描述。语言法是用所选软件工具可识别的程序语言，对电子工程图素材进行描述，即通常所说的将图"写出来"。总之，电子工程图素材输入是将工程图的基本信息告知软件工具，为以后的处理工作做准备。

（2）电子工程图的处理。这一阶段主要完成的工作是：按照标准对电子工程图素材进行加工，对工程图的正确性进行检查，形成标准的电子工程图。

（3）电子工程图的输出。按生产实际的需要，将电子文档形式的电子工程图输出为所需要的形式，如将其输出到工程绘图仪或打印机上，绘制或打印出电子工程图纸。

可以用来绘制电子工程图的计算机辅助处理软件很多，总结起来有三大类：
- 通用的计算机辅助设计软件，如 AUTO CAD 等。
- 电路设计 CAD 软件。
- 电路设计自动化软件。

可以用来编制工艺文件电子文档的应用软件也有很多种，目前在国内使用最为广泛的是通用办公自动化软件 Microsoft Office 和 WPS，它们的基本功能有：
- 用文字处理软件编写各种企业管理和产品管理文件。
- 用表格处理软件制作各种计划类、财务类表格。
- 用数据库管理软件处理企业运作的各种数据。
- 编制上述各种文档的电子模板，使电子文档标准化。

用计算机处理、存储工艺文件，毫无疑问，比较以前手工抄写、手工绘图的"白纸黑字"的工艺管理文件，省去了描图、晒图的麻烦，减少了存储、保管的空间，修改、更新、查询都成为举手之劳。但正是因为电子文档太容易修改更新而且不留痕迹，误操作和计算机病毒的侵害都可能导致错误，带来严重的后果。因此必须做好以下工作：

① 必须认真执行电子行业标准 SJ/T 10629.1～6—1995《计算机辅助设计文件管理制度》，建立 CAD 设计文件的履历表，对每一份有效的电子文档签字、备案；

② 定期检查、确认电子文档的正确性，刻成光盘，存档备份。

思考题与习题

1. 电子产品的设计文件有什么作用？
2. 电子产品的设计文件有哪些种类？各起什么作用？
3. 电子产品的工艺文件有哪些种类？有什么作用？
4. 请简述电子工程图的分类。
5. （1）请熟悉和记牢常用的图形符号，做到会识别、会使用。

   （2）自己到图书馆索阅电子类期刊杂志，练习和巩固图形符号的识别能力。

   （3）请熟记部分元件的国内外代号。下面是一些代号，请写出其名称：ANT，BX，SCR，AN。

   （4）举例总结并说明电子工程图中元器件的标注原则。请说明下面这些文字代表什么元件，什么规格参数？

R：Ω10，6Ω8，75，360，3k3，47k，820k，4M7

CJ 型：5p6，56，560

CD 型：5μ6，56，560

CBB 型：1n，4n7，10n，22n，220n，470n

CD 型：1m，2m2/50

6. （1）绘制电路原理图中的连线，应遵循什么原则？

（2）电路原理图中的虚线有哪些辅助作用？

（3）电路原理图中允许做哪些省略画法？

（4）电路原理图的绘制有哪些注意事项？

（5）请说明方框图的作用及绘制方法。

（6）什么叫逻辑图？请熟记各种标准的常用逻辑符号，并熟练掌握逻辑图的绘制方法。

（7）请熟悉各种电路原理图的灵活运用方法，并查阅书刊杂志，找出几例灵活运用的实例加以印证。

7. 分别举例说明实物装配图、印制板图、印制板装配图、布线图的作用、画法和工艺要求。

8. 工艺文件的电子文档化要注意哪些问题？怎样才能保证工艺文件的电子文档是安全可靠的？

9. 简述插接线工艺文件的编制原则。

10. 怎样编制岗位作业指导书？

第 5 章　装配与焊接工艺

教学基本要求

- 了解手工锡焊所需要的各种工具的用处和性能；
- 掌握手工锡焊的质量判别标准；
- 了解工厂锡焊所用的各种设备的特点；
- 能熟练使用手工焊接工具，并会对新电烙铁进行挂锡处理；
- 能熟练使用电烙铁给电子元器件引脚上锡和给导线头上锡；
- 能将电子元器件牢固地焊接到电路板上，焊点达到质量标准。

电子产品的电气连接，是通过对元器件、零部件的装配与焊接来实现的。安装与连接，是按照设计要求制造电子产品的主要生产环节。应该说，在传统的电子产品制造过程中，安装与连接技术并不复杂，往往不受重视，但以 SMT 为代表的新一代安装技术，主要特征表现在装配焊接环节，由它引发的材料、设备、方法改变，使电子产品的制造工艺发生了根本性革命。

产品的装配过程是否合理，焊接质量是否可靠，对整机性能指标的影响是很大的。经常听说，一些精密复杂的仪器因为一个焊点的虚焊、一个螺钉的松动而不能正常工作，甚至由于搬运、振动使某个部件脱落造成整机报废。所以，掌握正确的安装工艺与连接技术，对于电子产品的设计和研制、使用和维修都具有重要的意义。实际上，对于一个电子产品来说，通常只要打开机箱，看一看它的结构装配和电路焊接质量，就可以立即判定它的性能优劣，也能够判断出生产企业的技术力量和工艺水平。装配焊接操作，是考核电子装配技术工人的主要项目之一；对于电子工程技术人员来说，观察他能否正确地进行装配、焊接操作，也可以作为评价他的工作经验及其基本动手能力的依据。

5.1　电气安装

制造电子产品，可靠与安全是两个重要因素，而零件的安装对于保证产品的安全可靠是至关重要的。任何疏忽都可能造成整机工作失常，甚至导致更为严重的后果。

5.1.1　安装的基本要求

5.1.1.1　保证导通与绝缘的电气性能

电气连接的通与断，是安装的核心。这里所说的通与断，不仅是在安装以后简单地使用万用表测试的结果，而且要考虑在振动、长期工作、温度、湿度等自然条件变化的环境中，都能保证通者恒通、断者恒断。这样，就必须在安装过程中充分考虑各方面的因素，采取相应措施。图 5.1 是两个安装示例。

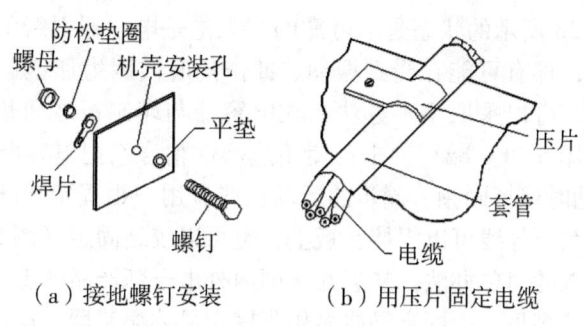

(a) 接地螺钉安装　　　(b) 用压片固定电缆

图5.1　电气安装示例

　　图5.1a表示一台仪器机壳为接地保护螺钉设置的焊片组件。安装中，靠紧固螺钉并通过弹簧垫圈的止退作用保证电气连接。如果安装时忘记装上弹簧垫圈，虽然在一段时间内仪器能够正常工作，但使用中的振动会使螺母逐渐松动，导致连接发生问题。这样，通过这个组件设置的接地保护作用就可能失效。

　　图5.1b表示用压片将电缆固定在机壳上。安装时应该注意，一要检查压片表面有无尖棱毛刺，二要给电缆套上绝缘套管。因为此处要求严格保证电缆线同机壳之间的绝缘。金属压片上的毛刺或尖角，可能刺穿电缆线的绝缘层，导致机壳与电缆线相通。这种情况往往会造成严重的安全事故。

　　实际的电子产品千差万别，有经验的工艺工程师应该根据不同情况采取相应的措施，保证可靠的电气连接与绝缘。

5.1.1.2　保证机械强度

　　电子产品在使用的过程中，不可避免地需要运输和搬动，会发生各种有意或无意的振动、冲击，如果机械安装不够牢固，电气连接不够可靠，都有可能因为加速运动的瞬间受力使安装受到损害。

　　如图5.2所示，把变压器等较重的零部件安装在塑料机壳上，图5.2a的办法是用自攻螺钉固定。由于塑料机壳的强度有限，容易在振动的作用下，使塑料孔的内螺纹被拉坏而造成外壳的损伤。所以，这种固定方法常常用在受力不大的场合。显然，图5.2b的方法将大大提高机械强度，但安装效率比前一种稍低，且成本也要略高一些。

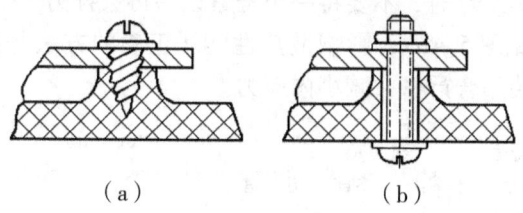

(a)　　　　　(b)

图5.2　安装的机械强度

　　又如图5.3所示，对于大容量的电解电容器来说，早期产品的体积很大，一般不能安装在印制电路板上，必须加装卡子（见图5.3a），或把电容器用螺钉安装在机箱底板上（见图5.3b、c）。近年来，电解电容器的制造技术不断进步，使比率电容（即电容量与其单位体积之比）迅速增大，小型化的大容量电容器已经普遍直接安装到印制板上。但是，与同步缩小体积的其他元器件相比较，大容量的电解电容器仍然是印制板上体积最大的元器件。考虑到机械强度，图5.3d所示的状态是不可靠的。无论是电容器引线的焊接点，还是印制板上铜箔与基板的粘接，都有可能在受到振动、冲击的时候因为加速运动的瞬间受力而被破坏。为解决这种问题，可以采取多种办法：在电容器与印制板之间垫入橡胶垫（图5.3e）或聚氯乙烯塑料垫（图5.3f）减缓冲击；使用热熔性粘合剂把电容器粘结在印制板上（图5.3g），使两者在振动时保持同频、同步的运动；或者用一根固定导线穿过印制板，绕过电容器把它压倒绑住，固定导线可以焊接在板上，也可以绞结固定（图5.3h），这在小批量产品的生产中是一种可取的简单办法。从近几年国内外电子新产品的工艺来看，采用热熔性粘合剂固定电容器的比较多见。而固定导线多用于固定晶体振荡器，这根导线是裸线，往往还要焊接在晶体的金属外壳上，同时起到电磁屏蔽的作用（图5.3i）；对晶体振荡器来说，更简单的屏蔽兼固定的方法，是把金属外壳直接焊接在印制板上，如图5.3j所示。

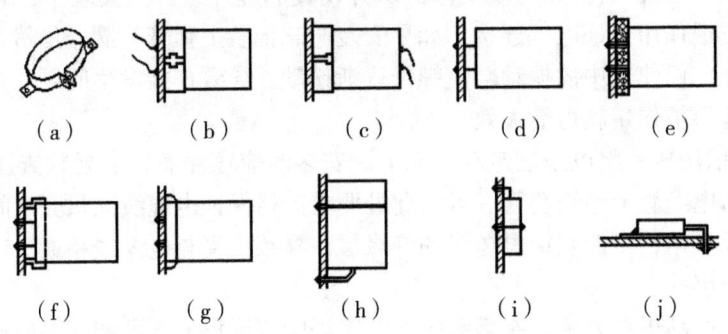

图5.3 电子产品装配的机械强度

5.1.1.3 保证传热的要求

在安装中，必须考虑某些零部件在传热、电磁方面的要求。因此，需要采取相应的措施。

在机壳上安装大功率晶体管时，利用金属机壳作为散热器的方法如图5.4a所示。安装时，既要保证绝缘的要求，又不能影响散热的效果，即希望导热而不导电。如果工作温度较高，应该使用云母垫片；低于100℃时，可以采用没有破损的聚酯薄膜作为垫片。并且，在器件和散热器之间涂抹导热硅脂，能够降低热阻、改善传热的效果。穿过散热器和机壳的螺钉也要套上绝缘管。紧固螺钉时，不要将一个拧紧以后再去拧另一个，这样容易造成管壳同散热器之间贴合不严（见图5.4b），影响散热性能。正确的方法是把两个（或多个）螺钉轮流逐渐拧紧，可使安装贴合严密并减小内应力。

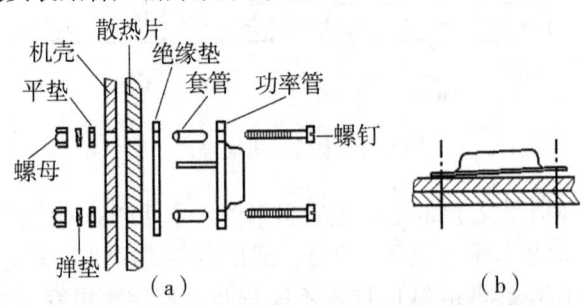

图5.4 功率器件散热器在金属机壳上的安装

5.1.1.4 接地与屏蔽要充分利用

接地与屏蔽的目的：一是消除外界对产品的电磁干扰；二是消除产品对外界的电磁干扰；三是减少产品内部的相互电磁干扰。接地与屏蔽在设计中要认真考虑，在实际安装中更要高度重视。一台电子设备可能在实验室工作很正常，但到工业现场工作时，各种干扰可能就会出现，有时甚至不能正常工作，这绝大多数是由于接地、屏蔽设计安装不合理所致。例如，如图5.5所示的金属屏蔽盒，为避免接缝造成的电磁泄漏，安装时在中间垫上导电衬垫，则可以提高屏蔽效果。衬垫通常采用金属编织网或导电橡胶制成。

5.1.2 THT元器件在印制电路板上的安装

传统元器件在印制板上的固定，可以分为卧式安装与立式安装两种方式。

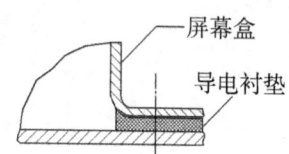

图5.5 金属屏蔽盒采用导电衬垫防止电磁泄漏

在电子产品开始装配、焊接以前，除了要事先做好对于全部元器件的测试筛选以外，还要进行两项准备工作：一是要检查元器件引线的可焊性，若可焊性不好，就必须进行镀锡处理；二是要根据元器件在印制板上的安装形式，对元器件的引线进行整形，使之符合在印制板上的安装孔位。如果没有完成这两项准备工作就匆忙开始装焊，很可能造成虚焊或安装错误，带来得不偿失的麻烦。

5.1.2.1 元器件引线的弯曲成形

为使元器件在印制板上的装配排列整齐并便于焊接，在安装前通常采用手工或专用机械把元器件引线弯曲成一定的形状——整形，如图5.6所示。

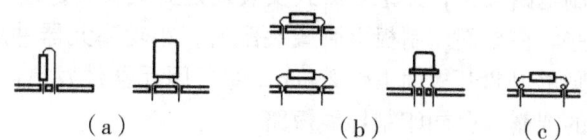

图5.6 元器件引线弯曲成形

在这几种元器件引线的弯曲形状中，图5.6a比较简单，适合于手工装配；图5.6b适合于机械整形和自动装焊，特别是可以避免元器件在机械焊接过程中从印制板上脱落；图5.6c虽然对某些怕热的元器件在焊接时散热有利，但因为加工比较麻烦，现在已经很少采用。

在THT电路板上插装、焊接有引脚的元器件，大批量生产的企业中通常有两种工艺过程：一是"长脚插焊"，二是"短脚插焊"。

所谓"长脚插焊"，如图5.7a所示，是指元器件引脚在整形时并不剪短，把元器件插装到电路板上后，可以采用手工焊接，然后手工剪短多余的引脚；或者采用浸焊、高波峰焊设备进行焊接，焊接后用"剪腿机"剪短元器件的引脚。"长脚插焊"的特点是，元器件采用手工流水线插装，由于引脚长，在插装过程中传递、插装以后焊接的过程中，元器件不容易从板上脱落。这种生产工艺的优点是设备的投入小，适合于生产那些安装密度不高的电子产品。

"短脚插焊"，如图5.7b所示，是指在对元器件整形的同时剪短多余的引脚，把元器件插装到电路板上后进行弯脚，这样可以避免电路板在以后的工序传递中脱落元器件。在整个工艺过程中，从元器件整形、插装到焊接，全部采用自动生产设备。这种生产工艺的优点是生产效率高，但设备的投入大。

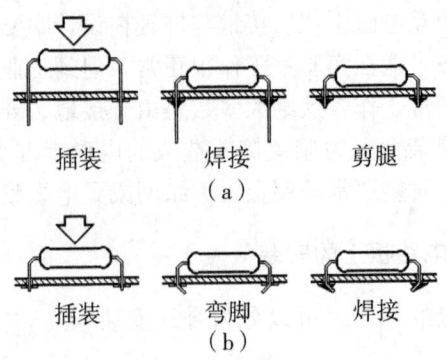

图 5.7　"长脚插焊"与"短脚插焊"

无论采用哪种方法对元器件引脚进行整形，都应该按照元器件在印制板上孔位的尺寸要求，使其弯曲成形的引线能够方便地插入孔内。为了避免损坏元器件，整形必须注意以下两点：

（1）引线弯曲的最小半径不得小于引线直径的 2 倍，不能"打死弯"。

（2）引线弯曲处距离元器件本体至少在 2 mm 以上，绝对不能从引线的根部开始弯折。对于那些容易崩裂的玻璃封装的元器件，引线整形时尤其要注意这一点。

5.1.2.2　元器件的插装

元器件插装到印制电路板上，无论是卧式安装还是立式安装，这两种方式都应该使元器件的引线尽可能短一些。在单面印制板上卧式装配时，小功率元器件总是平行地紧贴板面；在双面板上，元器件则可以离开板面 1～2 mm，避免因元器件发热而减弱铜箔对基板的附着力，并防止元器件的裸露部分同印制导线短路。

插装元器件还要注意以下原则：

（1）要根据产品的特点和企业的设备条件安排装配的顺序。如果是手工插装、焊接，应该先安装那些需要机械固定的元器件，如功率器件的散热器、支架、卡子等，然后再安装靠焊接固定的元器件。否则，就会在机械紧固时，使印制板受力变形而损坏其他已经安装的元器件。如果是自动机械设备插装、焊接，就应该先安装那些高度较低的元器件，例如电路的"跳线"、电阻一类元件，后安装那些高度较高的元器件，例如轴向（立式）插装的电容器、晶体管等元器件，对于贵重的关键元器件，例如大规模集成电路和大功率器件，应该放到最后插装，安装散热器、支架、卡子等，要靠近焊接工序，这样不仅可以避免先装的元器件妨碍插装后装的元器件，还有利于避免因为传送系统振动丢失贵重元器件。

（2）各种元器件的安装，应该尽量使它们的标记（用色码或字符标注的数值、精度等）朝上或朝着易于辨认的方向，并注意标记的读数方向一致（从左到右或从上到下），这样有利于检验人员直观检查；卧式安装的元器件，尽量使两端引线的长度相等对称，把元器件放在两孔中央，排列要整齐；立式安装的色环电阻应该高度一致，最好让起始色环向上以便检查安装错误，上端的引线不要留得太长以免与其他元器件短路，如图 5.8 所示。有极性的元器件，插装时要保证方向正确。

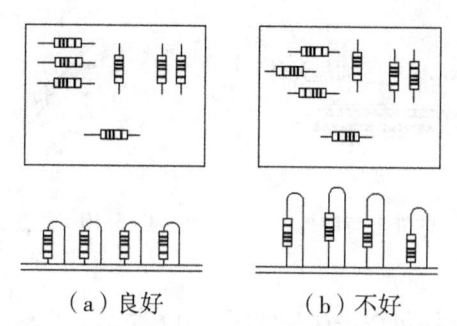

(a) 良好　　　　(b) 不好

图 5.8　元器件的插装

(3) 当元器件在印制电路板上立式装配时，单位面积上容纳元器件的数量较多，适合于机壳内空间较小、元器件紧凑密集的产品。但立式装配的机械性能较差，抗震能力弱，如果元器件倾斜，就有可能接触临近的元器件而造成短路。为使引线相互隔离，往往采用加套绝缘塑料管的方法。在同一个电子产品中，元器件各条引线所加套管的颜色应该一致，便于区别不同的电极。因为这种装配方式需要手工操作，除了那些成本非常低廉的民用小产品之外，在档次较高的电子产品中不会采用。

(4) 在非专业化条件下批量制作电子产品的时候，通常是手工安装元器件与焊接操作同步进行。应该先装配需要机械固定元器件，先焊接那些比较耐热的元器件，如接插件、小型变压器、电阻、电容等；然后再装配焊接比较怕热的元器件，如各种半导体器件及塑料封装的元件。

5.2　焊接工具

5.2.1　电烙铁分类及结构

根据用途、结构的不同，电烙铁可分为以下种类：
(1) 按加热方式分类：有直热式、感应式等；
(2) 按烙铁的发热能力（消耗功率）分类：有 20 W，30 W，…，500 W 等；
(3) 从功能分：有单用式、两用式、调温式、恒温式等。

此外，还有特别适合于野外维修使用的低压直流电烙铁和气体燃烧式烙铁。

5.2.1.1　直热式电烙铁

最常用的是单一焊接使用的直热式电烙铁，它又可以分为内热式和外热式两种。

1. 内热式电烙铁

内热式电烙铁的发热元件装在烙铁头的内部，从烙铁头内部向外传热，所以被称为内热式电烙铁，其外形如图 5.9 所示。它具有发热快、体积小、重量轻和耗电低等特点。内热式烙铁的能量转换效率高，可达 85%～90%。同样发热量和温度的电烙铁，内热式的体积和重量都优于其他种类。例如，20 W 内热式烙铁的实际发热功率与 25～40 W 的外热式烙铁相当，头部温度可达到 350℃ 左右；它发热速度快，一般通电两分钟就可以进行焊接。

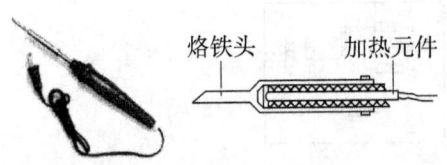

　　图5.9　内热式电烙铁的外形与结构　　　　图5.10　外热式电烙铁的外形与结构

2. 外热式电烙铁

外热式电烙铁的发热元件包在烙铁头外面，有直立式、Γ形等不同形式，其中最常用的是直立式，外形和结构见图5.10。外热直立式电烙铁的规格按功率分有30 W、45 W、75 W、100 W、200 W、300 W等，以100 W以上的最为常见；工作电压有220 V、110 V、36 V的几种，最常用的是220 V规格的。

3. 发热元件

电烙铁的能量转换部分是发热元件，俗称烙铁芯。它由镍铬发热电阻丝缠在云母、陶瓷等耐热、绝缘材料上构成。电子产品生产中最常用的内热式电烙铁的烙铁芯，是将镍铬电阻丝缠绕在两层陶瓷管之间，再经过烧结制成的。

4. 烙铁头

存储、传递热能的烙铁头一般都是用紫铜材料制成的。根据表面电镀层的不同，烙铁头可以分为普通型和长寿型。

普通内热式烙铁头的表面通常镀锌，镀层的保护能力较差。在使用过程中，因为高温氧化和助焊剂的腐蚀，普通烙铁头的表面会产生不沾锡的氧化层，需要经常清理和修整。

近年来，市场还可以买到一种长寿命电烙铁，烙铁头的寿命比普通烙铁头延长数十倍，这是手工焊接工具的一大进步。一把电烙铁备上几个不同形状的长寿命烙铁头，可以适应各种焊接工作的需要。长寿命烙铁头通常是在紫铜外面渗透或电镀一层耐高温、抗氧化的铁镍合金，所以这种电烙铁的使用寿命长，维护少。长寿命烙铁头看起来与普通烙铁头没有差别，最简单的判断方法是把烙铁头去靠近磁铁，如果两者之间有吸合磁力，说明烙铁头表面渗镀了铁镍，则是长寿命烙铁头；反之，则是普通烙铁头。

5. 手柄

电烙铁的手柄一般用耐热塑胶或木料制成。如果设计不良，手柄的温升过高会影响操作。

6. 接线柱

这是发热元件同电源线的连接处。必须注意：一般电烙铁都有三个接线柱，其中一个是接金属外壳的。如果要考虑防静电问题，接线时应该用三芯线将电烙铁外壳接保护零线。

5.2.1.2　感应式电烙铁

感应式电烙铁也叫速热烙铁，俗称焊枪，其结构如图5.11所示。它里面实际上是一个变压器，这个变压器的次级一般只有一匝。当变压器初级通电时，次级感应出的大电流通过加热体，使同它相连的烙铁头迅速达到焊接所需要的温度。

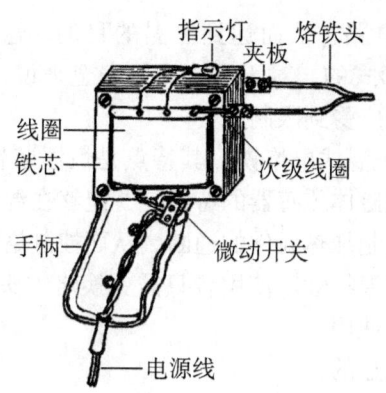

图 5.11 感应式电烙铁结构示意图

这种烙铁的特点是加热速度快。一般通电几秒钟，即可以达到焊接温度。因此，不需要像直热式烙铁那样持续通电。它的手柄上带有电源开关，工作时只需要按下开关几秒钟即可进行焊接，特别适合于断续工作的使用。

由于感应式电烙铁的烙铁头实际上是变压器的次级绕组，所以对一些电荷敏感器件，如绝缘栅型 MOS 电路，常会因感应电荷的作用而损坏器件。因此，在焊接这类电路时，不能使用感应式电烙铁。

5.2.1.3 吸锡器和两用式电烙铁

在焊接或维修电子产品的过程中，有时需要把元器件从电路板上拆卸下来。拆卸元器件是和焊接相反的操作，也叫作拆焊或解焊。常用的拆焊工具有吸锡器和两用式电烙铁。

（1）吸锡器

吸锡器是常用的拆焊工具，使用方便，价格适中。如图 5.12 所示，吸锡器实际是一个小型手动空气泵，压下吸锡器的压杆，就排出了吸锡器腔内的空气；释放吸锡器压杆的锁钮，弹簧推动压杆迅速回到原位，在吸锡器腔内形成空气的负压力，就能够把熔融的焊料吸走。在电烙铁加热的帮助下，用吸锡器很容易拆焊电路板上的元器件。

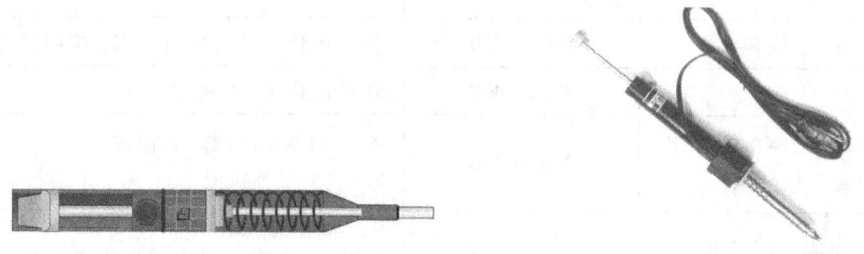

图 5.12 吸锡器　　　　图 5.13 两用式电烙铁示意图

（2）两用式电烙铁

图 5.13 所示是一种焊接、拆焊两用的电烙铁，又称吸锡电烙铁。它是在普通直热式电烙铁上增加吸锡结构组成的，使其具有加热、吸锡两种功能。

5.2.1.4 调温式电烙铁

调温式电烙铁有自动调温和手动调温两种。手动调温实际上就是将电烙铁接到一个可调电源（例如调压器）上，由调压器上的刻度可以设定烙铁的温度。

自动恒温电烙铁依靠温度传感元件监测烙铁头的温度，并通过放大器将传感器输出的信号放大，控制电烙铁的供电电路，从而达到恒温的目的。这种烙铁也有将供电电压降为24 V、12 V 低压或直流供电形式的，对于焊接操作安全来说，无疑是大有益处的，但相应的价格提高使这种电烙铁的推广受到限制。

图 5.14 所示的是另一种恒温式电烙铁。其特点是恒温装置在烙铁本体内，核心是装在烙铁头上的强磁体传感器。强磁体传感器的特性是，能够在温度达到某一点时磁性消失。这一特征正好作为磁控开关来控制加热元件的通断，从而控制烙铁头的温度。装有不同强磁传感器的烙铁头，具有不同的恒温特性。使用者只需更换烙铁头，便可在 260～450 ℃ 之间任意选定温度，最适合维修人员使用。

恒温式烙铁的优越性是明显的：

（1）断续加热，不仅省电，而且烙铁不会过热，寿命延长。

（2）升温时间快，只需 40～60 s。

（3）烙铁头采用渗镀铁镍的工艺，不需要修整。

（4）烙铁头温度不受电源电压、环境温度的影响。例如，50 W、270 ℃ 的恒温烙铁，当电源电压在 180～240 V 的范围内均能恒温，在电烙铁通电很短时间内就可达到 270 ℃。

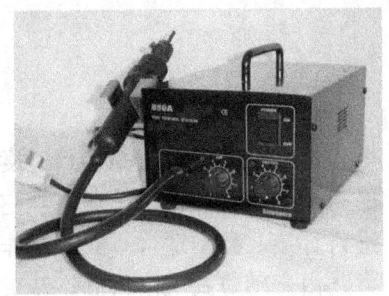

图 5.14 恒温式电烙铁示意图

5.2.2 电烙铁的合理使用

如果有条件，选用恒温式电烙铁是比较理想的。对于一般科研、生产，可以根据不同焊接对象选择不同功率的普通电烙铁，通常就能够满足需要。表 5.1 是选择烙铁的依据，可供参考。

表 5.1 选择烙铁的依据

焊接对象及工作性质	烙铁头温度/℃ （室温、220 V 电压）	选 用 烙 铁
一般印制电路板、安装导线	300～400	20 W 内热式、30 W 外热式、恒温式
集成电路	300～400	20 W 内热式、恒温式
焊片、电位器、2～8 W 电阻、大电解电容器、大功率管	350～450	35～50 W 内热式、恒温式 50～75 W 外热式
8 W 以上大电阻、φ2 mm 以上导线	400～550	100 W 内热式、150～200 W 外热式
汇流排、金属板等	500～630	300 W 外热式
维修、调试一般电子产品		20 W 内热式、恒温式、感应式、储能式、两用式

烙铁头温度的高低，可以用热电偶或表面温度计测量，也可以根据助焊剂的冒烟状态粗略地估计出来。如图 5.15 所示，温度越低，冒烟越小，持续时间越长；温度越高则与此相反。当然，对比的前提是在烙铁头上滴了等量的助焊剂。

实际工作中，要根据情况灵活运用电烙铁。不要以为，烙铁功率小就不会烫坏元器件。假如用一个小功率烙铁焊接大功率元器件，因为烙铁的功率较小，烙铁头同元器件接触以后不能提供足够的热量，焊点达不到焊接温度，不得不延长烙铁头的停留时间。这样，热量将传到整个器件上，并使管芯温度可能达到损坏器件的程度。相反，用较大功率的烙铁，则能很快使焊点局部达到焊接温度，不会使整个元器件承受长时间的高温，因此不容易损坏元器件。

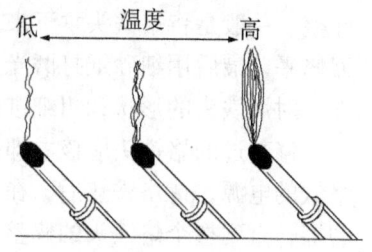

图5.15　观察冒烟估计电烙铁温度

5.2.3　烙铁头的形状与修整

5.2.3.1　烙铁头的形状

烙铁头一般用紫铜制成，现在内热式烙铁头都经过电镀。这种表面有镀层的烙铁头，如果不是特殊需要，一般不要用锉修整或打磨。因为电镀层的作用就是保护烙铁头不容易氧化生锈。

为了保证可靠方便的焊接，必须合理选用烙铁头的形状和尺寸。图5.16是几种常用烙铁头的外形。其中，圆斜面式是市售烙铁头的一般形式，适于在单面板上焊接不太密集的焊点；凿式和半凿式烙铁头多用于电气维修工作；尖锥式和圆锥式烙铁头适合于焊接高密度的焊点和小而怕热的元件，例如焊接SMT元器件；当焊接对象变化大时，可选用适合于大多数情况的斜面复合式烙铁头。

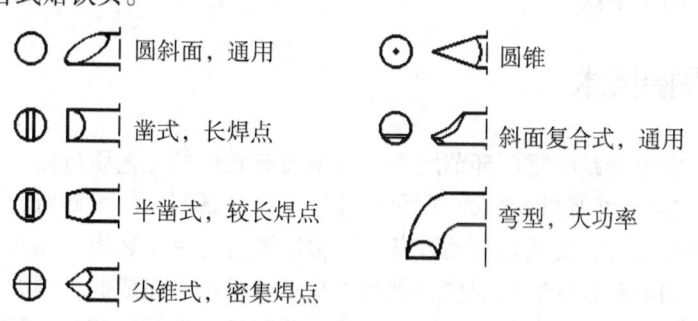

图5.16　各种常用烙铁头的形状

选择烙铁头的依据是，应使它尖端的接触面积小于焊接处（焊盘）的面积。烙铁头接触面过大，会使过量的热量传导给焊接部位，损坏元器件。一般说来，烙铁头越长、越粗，则温度越低，需要焊接的时间越长；反之，烙铁头越短、越尖，则温度越高，焊接的时间越短。每个操作者可以根据自己的习惯选用烙铁头。有经验的电子装配工人手中都准备有几个不同形状的烙铁头，以便根据焊接对象的变化和工作的需要随时选用。对于一般科研技术人员来说，复合型烙铁头能够适应大多数情况。

5.2.3.2　烙铁头的修整与镀锡

按照规定，电烙铁头应该经过渗镀铁镍合金，使它具有较强的耐高温氧化性能，但目前市售的一般低档电烙铁的烙铁头大多只是在紫铜表面镀了一层锌合金。镀锌层虽然也有一定的保护作用，但在经过一段时间的使用以后，由于高温及助焊剂的作用（松香助焊剂在常温时为中性，在高温下呈弱酸性），烙铁头往往出现氧化层，使表面凹凸不平，这时就需要修整。一般是将烙铁头拿下来，夹到台钳上用粗锉刀修整成自己要求的形状，然后再用细锉刀修平，最后用细砂纸打磨光。有经验的操作工人都会根据焊接对象的形状和焊点的密集程度，对烙铁头的形状和粗细进行修整。

修整过的烙铁头应该立即镀锡。方法是将烙铁头装好后，在松香水中浸一下；然后接通烙铁的电源，待烙铁热后，在木板上放些松香并放一段焊锡，烙铁头沾上锡，在松香中来回磨擦；直到整个烙铁头的修整面均匀地镀上一层焊锡为止。也可以在烙铁头沾上锡后，在湿布上反复磨擦。

应该记住，新的电烙铁通电以前，一定要先浸松香水，否则烙铁头表面会生成难以镀锡的氧化层。

5.2.3.3 电烙铁的灵活使用

一般的非专业焊接工，手头不可能有各种规格的烙铁。在不太大的范围内，用一把烙铁可以对付不同要求的焊接点，关键在于烙铁头的灵活选择。

烙铁头与温度的关系是：烙铁头越长，温度越低；烙铁头越粗，温度越低。当然，反之则是温度高了。这里所说的温度，是指连续焊接时烙铁尖的温度。

修整多次后变短的烙铁头，可在需要高温烙铁时用以代替功率较大的烙铁。为了热量集中，可以把它修得细一些。

如果手头只有一把大功率电烙铁，但需要焊接细小的或热容量小的焊点，可以用图 5.17 所示的办法，它相当于一把小功率烙铁。

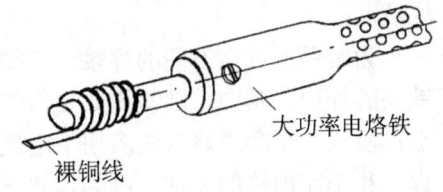

图 5.17 用裸铜丝缠接成烙铁焊头

5.3 手工焊接技术

焊接是制造电子产品的重要环节之一，如果没有相应的工艺质量保证，任何一个设计精良的电子产品都难以达到设计要求。在科研开发、设计试制、技术革新的过程中制作一两块电路板，不可能也没有必要采用自动设备，经常需要进行手工装焊。在大量生产中，从元器件的筛选测试，到电路板的装配焊接，都是由自动化机械来完成的，例如自动测试机、元件清洗机、搪锡机、整形机、插装机、波峰焊机、剪腿机、印制板清洗机等。这些由计算机控制的生产设备，在现代化的大规模电子产品生产中发挥了重要的作用，有利于保证工艺条件和装焊操作的一致性，提高产品质量。

5.3.1 焊接分类与锡焊的条件

5.3.1.1 焊接的分类

焊接技术在电子工业中的应用非常广泛，在电子产品制造过程中，几乎各种焊接方法都要用到，但使用最普遍、最有代表性的是锡焊方法。锡焊是焊接的一种，它是将焊件和熔点比焊件低的焊料共同加热到锡焊温度，在焊件不熔化的情况下，焊料熔化而浸润焊接面，依靠二者原子的扩散形成焊件的连接。其主要特征有以下三点：

(1) 焊料熔点低于焊件；
(2) 焊接时将焊料与焊件共同加热到锡焊温度，焊料熔化而焊件不熔化；
(3) 焊接的形成依靠熔化状态的焊料浸润焊接面，由毛细管作用使焊料进入焊件的间隙，形成一个合金层，从而实现焊件的结合。

除了含有大量铬、铝等元素的一些合金材料不宜采用锡焊焊接外，其他金属材料大都可以采用锡焊焊接。锡焊方法简便，只需要使用简单的工具（如电烙铁）即可完成焊接、焊点整修、元器件拆换、重新焊接等工艺过程。此外，锡焊还具有成本低、易实现自动化等优点，在电子工程技术里，它是使用最早、最广、占比重最大的焊接方法。

5.3.1.2 锡焊必须具备的条件

焊接的物理基础是"浸润"，浸润也叫"润湿"。要解释浸润，先从荷叶上的水珠说起：荷叶表面有一层不透水的蜡质物质，水的表面张力使它保持珠状，在荷叶上滚动而不能摊开，这种状态叫作不能浸润；反之，假如液体在与固体的接触面上摊开，充分铺展接触，就叫作浸润。锡焊的过程，就是通过加热，让铅锡焊料在焊接面上熔化、流动、浸润，使铅锡原子渗透到铜母材（导线、焊盘）的表面内，并在两者的接触面上形成 Cu_6Sn_5 的脆性合金层。

在焊接过程中，焊料和母材接触所形成的夹角叫作浸润角，如图 5.18 中的 θ，当 $\theta < 90°$ 时，焊料与母材没有浸润，不能形成良好的焊点（见图 5.18a）；当 $\theta > 90°$ 时，焊料与母材浸润，能够形成良好的焊点（见图 5.18b）。仔细观察焊点的浸润角，就能判断焊点的质量。

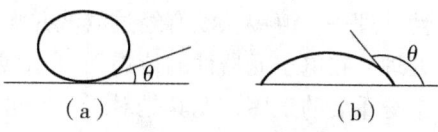

图 5.18 浸润与浸润角

显然，如果焊接面上有阻隔浸润的污垢或氧化层，不能生成两种金属材料的合金层，或者温度不够高使焊料没有充分熔化，都不能使焊料浸润。进行锡焊，必须具备的条件有以下几点：

1. 焊件必须具有良好的可焊性

所谓可焊性，是指在适当温度下，被焊金属材料与焊锡能形成良好结合的合金的性能。不是所有的金属都具有好的可焊性，有些金属如铬、钼、钨等的可焊性就非常差；有些金属的可焊性又比较好，如紫铜、黄铜等。在焊接时，由于高温使金属表面产生氧化膜，影响材料的可焊性。为了提高可焊性，可以采用表面镀锡、镀银等措施来防止材料表面的氧化。

2. 焊件表面必须保持清洁

为了使焊锡和焊件达到良好的结合，焊接表面一定要保持清洁。即使是可焊性良好的焊件，由于储存或被污染，都可能在焊件表面产生对浸润有害的氧化膜和油污。在焊接前务必把污膜清除干净，否则无法保证焊接质量。金属表面轻度的氧化层可以通过焊剂作用来清除，氧化程度严重的金属表面，则应采用机械或化学方法清除，例如进行刮除或酸洗等。

3. 要使用合适的助焊剂

助焊剂的作用是清除焊件表面的氧化膜。不同的焊接工艺，应该选择不同的助焊剂，如镍铬合金、不锈钢、铝等材料，没有专用的特殊焊剂是很难实施锡焊的。在焊接印制电路板等精密电子产品时，为使焊接可靠稳定，通常采用以松香为主的助焊剂。一般是用酒精将松香溶解成松香水使用。

4. 焊件要加热到适当的温度

焊接时，热能的作用是熔化焊锡和加热焊接对象，使锡、铅原子获得足够的能量渗透到被焊金属表面的晶格中而形成合金。焊接温度过低，对焊料原子渗透不利，无法形成合金，极易形成虚焊；焊接温度过高，会使焊料处于非共晶状态，加速焊剂分解和挥发速度，使焊料品质下降，严重时还会导致印制电路板上的焊盘脱落。

需要强调的是，不但焊锡要加热到熔化，而且应该同时将焊件加热到能够熔化焊锡的温度。

5. 合适的焊接时间

焊接时间是指在焊接全过程中，进行物理和化学变化所需要的时间。它包括被焊金属达到焊接温度的时间、焊锡的熔化时间、助焊剂发挥作用及生成金属合金的时间几个部分。当焊接温度确定后，就应根据被焊件的形状、性质、特点等来确定合适的焊接时间。焊接时间过长，易损坏元器件或焊接部位；过短，则达不到焊接要求。一般，每个焊点焊接一次的时间最长不超过 5 s。

5.3.2 焊接前的准备——镀锡

为了提高焊接的质量和速度，避免虚焊等缺陷，就应该在装配以前对焊接表面进行可焊性处理——镀锡。没有经过清洗并涂覆助焊剂的印制电路板，要按照前面介绍过的方法进行处理。在电子元器件的待焊面（引线或其他需要焊接的地方）镀上焊锡，是焊接之前一道十分重要的工序，尤其是对于一些可焊性差的元器件，镀锡更是至关紧要的。专业电子生产厂家都备有专门的设备进行可焊性处理。

镀锡也叫"搪锡"，实际就是液态焊锡对被焊金属表面浸润，形成一层既不同于被焊金属又不同于焊锡的结合层。由这个结合层将焊锡与待焊金属这两种性能、成分都不相同的材料牢固连接起来。

5.3.3 手工烙铁焊接的基本技能

使用电烙铁进行手工焊接，掌握起来并不困难，但是又有一定的技术要领。长期从事电子产品生产的人们是从四个方面来提高焊接的质量：材料、工具、方法、操作者。其中最主要的当然还是人的技能。没有经过相当时间的焊接实践和用心体验、领会，就不能掌握焊接的技术要领；即使是从事焊接工作较长时间的技术工人，也不能保证每个焊点的质量完全一致。只有充分了解焊接原理再加上用心实践，才有可能在较短的时间内学会焊接的基本技能。下面介绍的一些具体方法和注意要点，都是实践经验的总结，是初学者迅速掌握焊接技能的捷径。初学者应该勤于练习，不断提高操作技艺，不能把焊接质量问题留到整机电路调试的时候再去解决。

5.3.3.1 焊接操作的正确姿势

掌握正确的操作姿势，可以保证操作者的身心健康，减轻劳动伤害。为减少焊剂加热时挥发出的化学物质对人的危害，减少有害气体的吸入量，一般情况下，烙铁到鼻子的距离应该不少于 20 cm，通常以 30 cm 为宜。

电烙铁有三种握法，如图 5.19 所示。

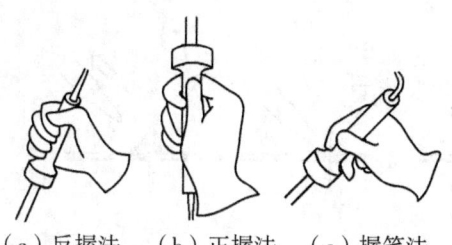
（a）反握法　（b）正握法　（c）握笔法

图 5.19　握电烙铁的手法示意

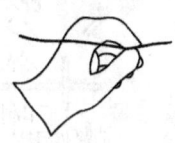
（a）连续焊接时　（b）断续焊接时

图 5.20　焊锡丝的拿法

反握法的动作稳定，长时间操作不易疲劳，适于大功率烙铁的操作；正握法适于中功率烙铁或带弯头电烙铁的操作；一般在操作台上焊接印制板等焊件时，多采用握笔法。

焊锡丝一般有两种拿法，如图 5.20 所示。由于焊锡丝中含有一定比例的铅，而铅是一种对人体有害的重金属，因此操作时应该戴手套或在操作后洗手，避免食入铅尘。

电烙铁使用以后，一定要稳妥地插放在烙铁架上，并注意导线等其他杂物不要碰到烙铁头，以免烫伤导线，造成漏电等事故。

5.3.3.2　手工焊接操作的基本步骤

掌握好电烙铁的温度和焊接时间，选择恰当的烙铁头和焊点的接触位置，才可能得到良好的焊点。正确的手工焊接操作过程可以分成五个步骤，如图 5.21 所示。

1. 步骤一：准备施焊（图 5.21a）

左手拿焊丝，右手握烙铁，进入备焊状态。要求烙铁头保持干净，无焊渣等氧化物，并在表面镀有一层焊锡。

2. 步骤二：加热焊件（图 5.21b）

烙铁头靠在两焊件的连接处，加热整个焊件全体，时间为 1～2 s。对于在印制板上焊接元器件来说，要注意使烙铁头同时接触两个被焊接物。例如，图 5.21b 中的导线与接线柱、元器件引线与焊盘要同时均匀受热。

3. 步骤三：送入焊丝（图 5.21c）

焊件的焊接面被加热到一定温度时，焊锡丝从烙铁对面接触焊件。注意：不要把焊锡丝送到烙铁头上。

4. 步骤四：移开焊丝（图 5.21d）

当焊丝熔化一定量后，立即向左上 45°方向移开焊丝。

5. 步骤五：移开烙铁（图 5.21e）

焊锡浸润焊盘和焊件的施焊部位以后，向右上 45°方向移开烙铁，结束焊接。从第三步开始到第五步结束，时间也是 1～2 s。

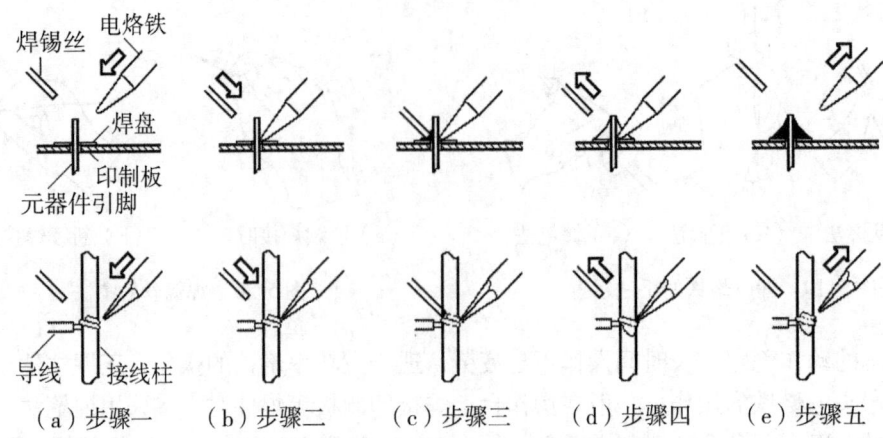

图 5.21 锡焊五步操作法

对于热容量小的焊件,例如印制板上较细导线的连接,可以简化为三步操作。
（1）准备：同以上步骤一；
（2）加热与送丝：烙铁头放在焊件上后即放入焊丝。
（3）去丝移烙铁：焊锡在焊接面上浸润扩散达到预期范围后,立即拿开焊丝并移开烙铁,并注意移去焊丝的时间不得滞后于移开烙铁的时间。

对于吸收低热量的焊件而言,上述整个过程的时间不过 2～4 s,各步骤的节奏控制、顺序的准确掌握、动作的熟练协调,都是要通过大量实践并用心体会才能解决的问题。有人总结出了在五步骤操作法中用数秒的办法控制时间：烙铁接触焊点后数一、二（约2 s）,送入焊丝后数三、四,移开烙铁,焊丝熔化量要靠观察决定。此办法可以参考,但由于烙铁功率、焊点热容量的差别等因素,实际掌握焊接火候并无定章可循,必须具体条件具体对待。试想,对于一个热容量较大的焊点,若使用功率较小的烙铁焊接时,在上述时间内,可能加热温度还不能使焊锡熔化,焊接就无从谈起。

5.3.3.3 焊接温度与加热时间

在介绍锡焊的机理和条件时,已经不止一次讲到,适当的温度对形成良好的焊点是必不可少的。这个温度究竟如何掌握呢？当然,根据有关数据,可以很清楚地查出不同的焊件材料所需要的最佳温度,得到有关曲线。但是,在一般的焊接过程中,不可能使用温度计之类的仪表来随时检测,而是希望用更直观明确的方法来了解焊件温度。

经过试验得出,烙铁头在焊件上停留的时间与焊件温度的升高是正比关系。同样的烙铁,加热不同热容量的焊件时,想达到同样的焊接温度,可以通过控制加热时间来实现。但在实践中又不能仅仅依此关系决定加热时间。例如,用小功率烙铁加热较大的焊件时,无论烙铁停留的时间多长,焊件的温度也升不上去,原因是烙铁的供热容量小于焊件和烙铁在空气中散失的热量。此外,为防止内部过热损坏,有些元器件也不允许长期加热。

加热时间对焊件和焊点的影响及其外部特征是什么呢？如果加热时间不足,会使焊料不能充分浸润焊件,形成松香夹渣而虚焊。反之,过量的加热,除有可能造成元器件损坏以外,还有如下危害和外部特征：

（1）焊点的外观变差。如果焊锡已经浸润焊件以后还继续进行过量的加热,将使助焊剂全部挥发,造成熔态焊锡过热,降低浸润性能；当烙铁离开时容易拉出锡尖,同时焊点表面发白,出现粗糙颗粒,失去光泽。

(2) 高温造成所加松香助焊剂的分解炭化。松香一般在210℃开始分解,不仅失去助焊剂的作用,而且在焊点内形成炭渣而成为夹渣缺陷。如果在焊接过程中发现松香发黑,肯定是加热时间过长所致。

(3) 过量的受热会破坏印制板上铜箔的粘合层,导致铜箔焊盘的剥落。因此,在适当的加热时间里,准确掌握加热火候是优质焊接的关键。

5.3.3.4 手工焊接操作的具体手法

在保证得到优质焊点的目标下,具体的焊接操作手法可以有所不同,但下面这些前人总结的方法,对初学者的指导作用是不可忽略的。

1. 保持烙铁头的清洁

焊接时,烙铁头长期处于高温状态,又接触助焊剂等弱酸性物质,其表面很容易氧化腐蚀并沾上一层黑色杂质。这些杂质形成隔热层,妨碍了烙铁头与焊件之间的热传导。因此,要注意用一块湿布或湿的木质纤维海绵随时擦拭烙铁头。对于普通烙铁头,在腐蚀污染严重时可以使用锉刀修去表面氧化层。对于长寿命烙铁头,则绝对不能使用这种方法。

2. 靠增加接触面积来加快传热

加热时,应该让焊件上需要焊锡浸润的各部分均匀受热,而不是仅仅加热焊件的一部分,更不要采用烙铁对焊件增加压力的办法,以免造成损坏或不易觉察的隐患。有些初学者用烙铁头对焊接面施加压力,企图加快焊接,这是不对的。正确的方法是,要根据焊件的形状选用不同的烙铁头,或者自己修整烙铁头,让烙铁头与焊件形成面的接触而不是点或线的接触。这样,就能大大提高传热效率。

3. 加热要靠焊锡桥

在非流水线作业中,焊接的焊点形状是多种多样的,不大可能不断更换烙铁头。要提高加热的效率,需要有进行热量传递的焊锡桥。所谓焊锡桥,就是靠烙铁头上保留少量焊锡,作为加热时烙铁头与焊件之间传热的桥梁。由于金属熔液的导热效率远远高于空气,使焊件很快就被加热到焊接温度。应该注意,作为焊锡桥的锡量不可保留过多,不仅因为长时间存留在烙铁头上的焊料处于过热状态,实际已经降低了质量,还可能造成焊点之间误连短路。

4. 烙铁撤离有讲究

烙铁的撤离要及时,而且撤离时的角度和方向与焊点的形成有关。图 5.22 所示为烙铁不同的撤离方向对焊点锡量的影响。

(a) 沿烙铁轴向 45° 撤离 (b) 向上方撤离 (c) 水平方向撤离 (d) 垂直向下撤离 (e) 垂直向上撤离

图 5.22 烙铁撤离方向和焊点锡量的关系

5. 在焊锡凝固之前不能动

切勿使焊件移动或受到振动,特别是用镊子夹住焊件时,一定要等焊锡凝固后再移走镊子，否则极易造成焊点结构疏松或虚焊。

6. 焊锡用量要适中

手工焊接常使用的管状焊锡丝，内部已经装有由松香和活化剂制成的助焊剂。焊锡丝的直径有0.5，0.8，1.0，…，5.0（mm）等多种规格，要根据焊点的大小选用。一般地，应使焊锡丝的直径略小于焊盘的直径。

见图5.23，过量的焊锡不但无必要地消耗了焊锡，而且还增加焊接时间，降低工作速度。更为严重的是，过量的焊锡很容易造成不易觉察的短路故障。焊锡过少也不能形成牢固的结合，同样是不利的。特别是焊接印制板引出导线时，焊锡用量不足，极容易造成导线脱落。

（a）焊锡过多　（b）焊锡过少　（c）合适的锡量
　　　　　　　　　　　　　　　　　合适的焊点

图5.23　焊点锡量的掌握

7. 焊剂用量要适中

适量的助焊剂对焊接非常有利。过量使用松香焊剂，焊接以后势必需要擦除多余的焊剂，并且延长了加热时间，降低了工作效率。当加热时间不足时，又容易形成"夹渣"的缺陷。焊接开关、接插件的时候，过量的焊剂容易流到触点上，会造成接触不良。合适的焊剂量，应该是松香水仅能浸湿将要形成焊点的部位，不会透过印制板上的通孔流走。对使用松香芯焊丝的焊接来说，基本上不需要再涂助焊剂。目前，印制板生产厂在电路板出厂前大多进行过松香水喷涂处理，无须再加助焊剂。

8. 不要使用烙铁头作为运送焊锡的工具

有人习惯到焊接面上进行焊接，结果造成焊料的氧化。因为烙铁尖的温度一般都在300℃以上，焊锡丝中的助焊剂在高温时容易分解失效，焊锡也处于过热的低质量状态。特别应该指出的是，在一些陈旧的书刊中还介绍过用烙铁头运送焊锡的方法，请读者注意鉴别。

5.3.4　焊点质量及检查

对焊点的质量要求，应该包括电气接触良好、机械结合牢固和美观三个方面。保证焊点质量最重要的一点，就是必须避免虚焊。

5.3.4.1　虚焊产生的原因及其危害

虚焊主要是由待焊金属表面的氧化物和污垢造成的，它使焊点成为有接触电阻的连接状态，导致电路工作不正常，出现连接时好时坏的不稳定现象，噪声增加而没有规律性，给电路的调试、使用和维护带来重大隐患。此外，也有一部分虚焊点在电路开始工作的一段较长时间内，保持接触尚好，因此不容易发现。但在温度、湿度和振动等环境条件的作用下，接触表面逐步被氧化，接触慢慢地变得不完全起来。虚焊点的接触电阻会引起局部发热，局部温度升高又促使不完全接触的焊点情况进一步恶化，最终甚至使焊点脱落，电路完全不能正常工作。这一过程有时可长达1～2年，其原理可以用"原电池"的概念来解释：当焊点受潮使水汽渗入间隙后，水分子溶解金属氧化物和污垢形成电解液，虚焊点两侧的铜和铅锡焊料相当于原电池的两个电极，铅锡焊料失去电子被氧化，铜材获得电子被还原。在这样的原电池结构中，虚焊点内发生金属损耗性腐蚀，局部温度升高加剧了化学反应，机械振动让其中的间隙不断扩大，直到恶性循环使虚焊点最终形成断路。

统计数字表明，在电子整机产品的故障中，有将近一半是由于焊接不良引起的。然而，要从一台有成千上万个焊点的电子设备里，找出引起故障的虚焊点来，实在不是容易的事。所以，虚焊是电路可靠性的重大隐患，必须严格避免。进行手工焊接操作的时候，尤其要加以注意。

一般来说，造成虚焊的主要原因是：焊锡质量差；助焊剂的还原性不良或用量不够；被焊接处表面未预先清洁好，镀锡不牢；烙铁头的温度过高或过低，表面有氧化层；焊接时间掌握不好，太长或太短；焊接中焊锡尚未凝固时，焊接元件松动。

5.3.4.2 对焊点的要求

1. 可靠的电气连接

焊接是电子线路从物理上实现电气连接的主要手段。锡焊连接不是靠压力，而是靠焊接过程形成的牢固连接的合金层达到电气连接的目的。如果焊锡仅仅是堆在焊件的表面或只有少部分形成合金层，也许在最初的测试和工作中不会发现焊点存在问题，但随着条件的改变和时间的推移，接触层氧化，出现脱离，电路产生时通时断或者干脆不工作，而这时观察焊点外表，依然连接如初。这是电子产品工作中最头疼的问题，也是产品制造中必须十分重视的问题。

2. 足够的机械强度

焊接不仅起到电气连接的作用，同时也是固定元器件，保证机械连接的手段。这就有个机械强度的问题。作为锡焊材料的铅锡合金，本身强度是比较低的，常用铅锡焊料抗拉强度为 $(3 \sim 4.7) \times 10^5 Pa$，只有普通钢材的10%。要想增加强度，就要有足够的连接面积。如果是虚焊点，焊料仅仅堆在焊盘上，自然就谈不上强度了。另外，在元器件插装后把引线弯折，实行钩接、绞合、网绕后再焊，也是增加机械强度的有效措施。

造成强度较低的常见缺陷是因为焊锡未流满焊点或焊锡量过少，还可能因为焊接时焊料尚未凝固就发生焊件振动而引起的焊点结晶粗大（像豆腐渣状）或有裂纹。

3. 光洁整齐的外观

良好的焊点要求焊料用量恰到好处，表面圆润，有金属光泽。外表是焊接质量的反映，注意：焊点表面有金属光泽是焊接温度合适、生成合金层的标志，这不仅仅是美观的要求。

焊点的外观检查，除用目测（或借助放大镜、显微镜观测）焊点是否合乎上述标准以外，还包括从以下几个方面对整块印制电路板进行焊接质量的检查：

- 没有漏焊；
- 没有焊料拉尖；
- 没有焊料引起导线间短路（即所谓"桥接"）；
- 不损伤导线及元器件的绝缘层；
- 没有焊料飞溅。

检查时，除目测外还要用指触、镊子拨动、拉线等办法检查有无导线断线、焊盘剥离等缺陷。

5.3.4.3 典型焊点的形成及其外观

在单面和双面（多层）印制电路板上，焊点的形成是有区别的，见图5.24a，在单面板上，焊点仅形成在焊接面的焊盘上方；但在双面板或多层板上，熔融的焊料不仅浸润焊盘上方，还由于毛细管作用，渗透到金属化孔内，焊点形成的区域包括焊接面的焊盘上方、金属化孔内和元件面上的部分焊盘，如图 5.24b 所示。

无论采用设备焊接还是手工焊接双面印制电路板，焊料都可能通过金属化孔流向元件面：在手工焊接的时候，双面板的焊接面朝上，熔融的焊料浸润焊盘后，焊料会由于重力的作用沿着金属化孔流向元件面；采用波峰焊的时候，双面板的焊接面朝下，喷涌的波峰压力和插线孔的毛细管作用也会使焊料流向元件面。焊料凝固后，孔内和元件面焊盘上的焊料有助于提高电气连接性能和机械强度。所以，设计双面印制板的焊盘，直径可以小一些，从而提高了双面板的布线密度和装配密度。不过，流到元件面的焊锡不能太多，以免在元件面上造成短路。

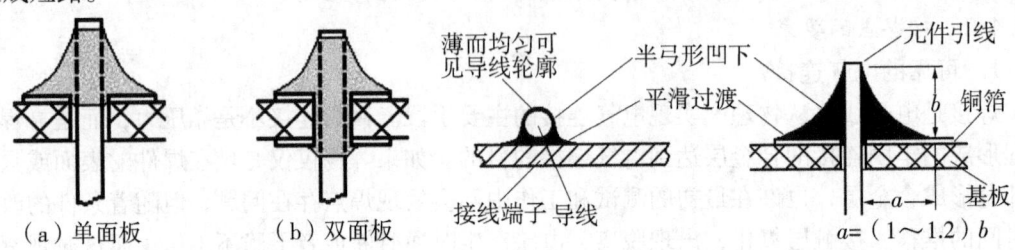

图 5.24　焊点的形成　　　　　　　　图 5.25　典型焊点的外观

参见图 5.25，从外表直观看典型焊点，对它的要求是：

（1）形状为近似圆锥而表面稍微凹陷，呈慢坡状，以焊接导线为中心，对称成裙形展开。虚焊点的表面往往向外凸出，可以鉴别出来。

（2）焊点上，焊料的连接面呈凹形自然过渡，焊锡和焊件的交界处平滑，接触角尽可能小。

（3）表面平滑，有金属光泽。

（4）无裂纹、针孔、夹渣。

5.3.4.4　通电检查

在外观检查结束以后认为连线无误，才可进行通电检查，这是检验电路性能的关键。如果不经过严格的外观检查，通电检查不仅困难较多，而且可能损坏设备仪器，造成安全事故。例如电源连接线虚焊，那么通电时就会发现设备加不上电，当然无法检查。

通电检查可以发现许多微小的缺陷，例如用目测观察不到的电路桥接，但对于内部虚焊的隐患就不容易觉察。所以根本的问题还是要提高焊接操作的技艺水平，不能把焊接问题留给检验工序去完成。

通电检查焊接质量的结果及原因分析如表 5.2 所示。

表 5.2　通电检查焊接质量的结果及原因分析

通电检查结果		原　因　分　析
元器件损坏	失效	过热损坏、烙铁漏电
	性能降低	烙铁漏电
导通不良	短　路	桥接、焊料飞溅
	断　路	焊锡开裂、松香夹渣、虚焊、插座接触不良等
	时通时断	导线断丝、焊盘剥落等

5.3.4.5 常见焊点缺陷及其分析

造成焊接缺陷的原因很多，在材料（焊料与焊剂）和工具（烙铁、工装、夹具）一定的情况下，采用什么样的操作方法、操作者是否有责任心，是决定性的因素。表5.3列出了印制电路板上各种焊点缺陷的外观、特点及危害，并分析了产生的原因；在接线端子上焊接导线时常见的缺陷如图5.26所示，供检查焊点时参考。

表5.3 印制电路板上各种焊点缺陷及分析

焊点缺陷	外观特点	危害	原 因 分 析
 虚焊	焊锡与元器件引线和铜箔之间有明显黑色界限，焊锡向界限凹陷	不能正常工作	1. 元器件引线未清洁好、未镀好锡或锡氧化； 2. 印制板未清洁好，喷涂的助焊剂质量不好
 焊料堆积	焊点呈白色、无光泽，结构松散	机械强度不足，可能虚焊	1. 焊料质量不好； 2. 焊接温度不够； 3. 焊接未凝固前元器件引线松动
 焊料过少	焊点表面向外凸出	浪费焊料，可能包藏缺陷	焊丝撤离过迟
 焊料过少	焊点面积小于焊盘的80%，焊料未形成平滑的过渡面	机械强度不足	1. 焊锡流动性差或焊锡撤离过早； 2. 助焊剂不足； 3. 焊接时间太短
 松香焊	焊缝中夹有松香渣	强度不足，导通不良，可能时通时断	1. 助焊剂过多或已失效； 2. 焊接时间不够，加热不足； 3. 焊件表面有氧化膜
 过热	焊点发白，表面较粗糙，无金属光泽	焊盘强度降低，容易剥落	烙铁功率过大，加热时间过长
 冷焊	表面呈豆腐渣状颗粒，可能有裂纹	强度低，导电性能不好	焊料未凝固前焊件抖动
 浸润不良	焊料与焊件交界面接触过大，不平滑	强度低，不通或时通时断	1. 焊件未清理干净； 2. 助焊剂不足或质量差； 3. 焊件未充分加热
 不对称	焊锡未流满焊盘	强度不足	1. 焊料流动性差； 2. 助焊剂不足或质量差； 3. 加热不足

续表 5.3

焊点缺陷	外观特点	危害	原因分析
松动	导线或元器件引线移动	不导通或导通不良	1. 焊锡未凝固前引线移动造成间隙； 2. 引线未处理好（不浸润或浸润差）
拉尖	焊点出现尖端	外观不佳，容易造成桥接短路	1. 助焊剂过少而加热时间过长； 2. 烙铁撤离角度不当
桥接	相邻导线连接	电气短路	1. 焊锡过多； 2. 烙铁撤离角度不当
针孔	目测或低倍放大镜可见焊点有孔	强度不足，焊点容易腐蚀	引线与焊盘孔的间隙过大
气泡	引线根部有喷火式焊料隆起，内部藏有空洞	暂时导通，但长时间容易引起导通不良	1. 引线与焊盘孔间隙大； 2. 引线浸润性不良； 3. 双面板堵通孔焊接时间长，孔内空气膨胀
铜箔翘起	铜箔从印制板上剥离	印制板已被损坏	焊接时间太长，温度过高
剥离	焊点从铜箔上剥落（不是铜箔与印制板剥离）	断路	焊盘上金属镀层不良

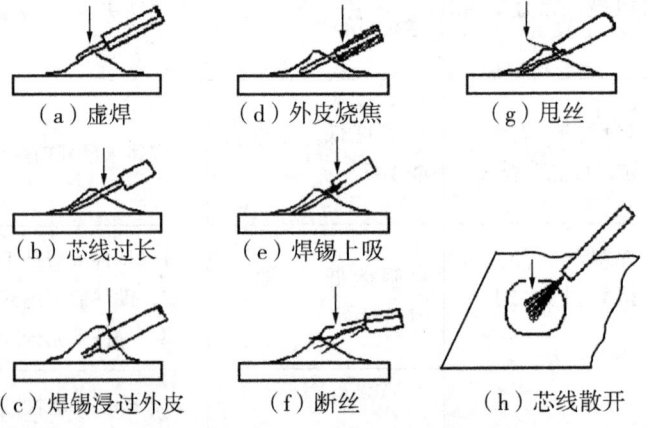

图 5.26 导线端子焊接缺陷示例

（a）虚焊　（d）外皮烧焦　（g）甩丝
（b）芯线过长　（e）焊锡上吸
（c）焊锡浸过外皮　（f）断丝　（h）芯线散开

5.3.4.6 SMT 印制板上的焊点

焊接 SMT 元器件，无论采用手工焊接，还是采用波峰焊或再流焊设备进行焊接，都希望得到可靠、美观的焊点。图 5.27 画出了 SMT 焊点的理想形状。其中，图 5.27a 是无引线 SMT 元件的焊点，焊点主要产生在电极焊端外侧的焊盘上；图 5.27b 是翼形电极引脚器件 SO/SOL/QFP 的焊点，焊点主要产生在电极引脚内侧的焊盘上；图 5.27c 是 J 形电极引脚器件 PLCC 的焊点，焊点主要产生在电极引脚外侧的焊盘上。良好的焊点非常光亮，其轮廓应该是微凹的慢坡形。

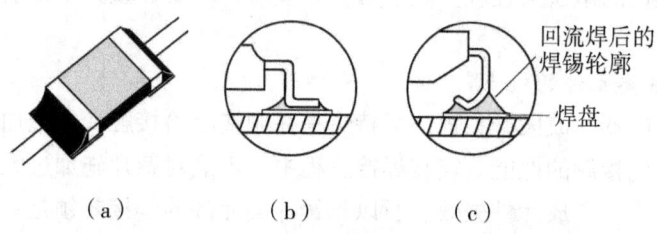

图 5.27　SMT 焊点的理想形状

5.3.5　手工焊接技巧

5.3.5.1　有机注塑元件的焊接

现在，大量的各种有机材料广泛地应用在电子元器件、零部件的制造中，这些材料包括有机玻璃、聚氯乙烯、聚乙烯、酚醛树脂等。通过注塑工艺，它们可以被制成各种形状复杂、结构精密的开关和插接件等，成本低、精度高、使用方便，但最大弱点是不能承受高温。在对这类元件的电气接点施焊时，如果不注意控制加热时间，极容易造成有机材料的热塑性变形，导致零件失效或降低性能，造成故障隐患。图 5.28 是钮子开关结构示意图以及由于焊接技术不当造成失效的例子，图中所示的失效原因为：

（1）图 5.28a 为施焊时侧向加力，造成接线片变形，导致开关不通。

（2）图 5.28b 为焊接时垂直施力，使接线片 1 垂直位移，造成闭合时接线片 2 不能导通。

（3）图 5.28c 为焊接时加焊剂过多，沿接线片浸润到接点上，造成接点绝缘或接触电阻过大。

（4）图 5.28d 为镀锡时间过长，造成开关下部塑壳软化，接线片因自重移位，簧片无法接通。

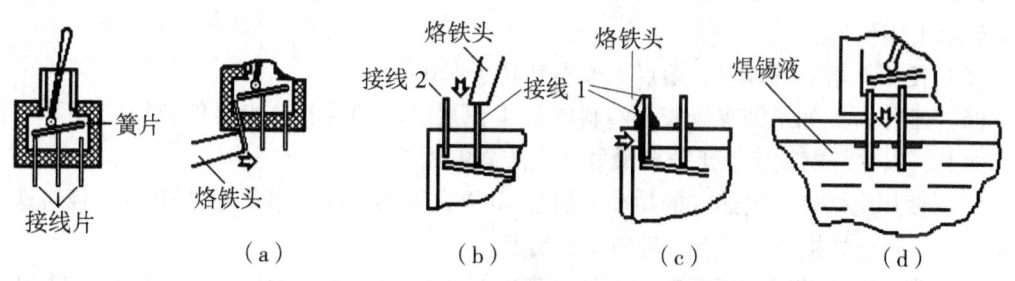

图 5.28　钮子开关结构以及焊接不当导致失效的示意图

正确的焊接方法应当是：

（1）在元件预处理时尽量清理好接点，一次镀锡成功，特别是将元件放在锡锅中浸镀时，更要掌握好浸入深度及时间。

（2）焊接时，烙铁头要修整得尖一些，以便在焊接时不碰到相邻接点。

（3）非必要时，尽量不使用助焊剂；必需添加时，要尽可能少用助焊剂，以防止浸入机电元件的接触点。

（4）烙铁头在任何方向上均不要对接线片施加压力，避免接线片变形。

（5）在保证润湿的情况下，焊接时间越短越好。实际操作中，在焊件可焊性良好的时候，只需要用挂上锡的烙铁头轻轻一点即可。焊接后，不要在塑壳冷却前对焊点进行牢固性试验。

5.3.5.2 焊接簧片类元件的接点

这类元件如继电器、波段开关等，其特点是在制造时给接触簧片施加了预应力，使之产生适当弹力，保证电接触的性能。安装焊接过程中，不能对簧片施加过大的外力和热量，以免破坏接触点的弹力，造成元件失效。所以，簧片类元件的焊接要领是：

（1）可焊性预处理；

（2）加热时间要短；

（3）不可对焊点任何方向加力；

（4）焊锡用量宜少而不宜多。

5.3.5.3 MOSFET 及集成电路的焊接

MOSFET，特别是绝缘栅型场效应器件，由于输入阻抗很高，如果不按规定程序操作，很可能使内部电路击穿而失效。

双极型集成电路不像 MOS 集成电路那样娇气，但由于内部集成度高，通常管子的隔离层都很薄，一旦受到过量的热也容易损坏。所以，无论哪种电路都不能承受高于 200℃ 的温度，焊接时必须非常小心。

焊接这类器件时应该注意：

（1）引线如果采用镀金处理或已经镀锡的，可以直接焊接。不要用刀刮引线，最多只需要用酒精擦洗或用绘图橡皮擦干净就可以了。

（2）对于 CMOS 电路，如果事先已将各引线短路，焊前不要拿掉短路线，对使用的电烙铁，最好采用防静电措施。

（3）在保证浸润的前提下，尽可能缩短焊接时间，一般不要超过 2 s。

（4）注意保证电烙铁良好接地。必要时，还要采取人体接地的措施（佩戴防静电腕带、穿防静电工作鞋）。

（5）使用低熔点的焊料，熔点一般不要高于 180℃。

（6）工作台上如果铺有橡胶、塑料等易于积累静电的材料，则器件及印制板等不宜放在台面上，以免静电损伤。工作台最好铺上防静电胶垫。

（7）使用电烙铁，内热式的功率不超过 20 W，外热式的功率不超过 30 W，且烙铁头应该尖一些，防止焊接一个端点时碰到相邻端点。

（8）集成电路若不使用插座直接焊到印制板上，安全焊接的顺序是：地端→输出端→电源端→输入端。

现代的元器件在设计、生产的过程中，都认真地考虑了静电及其他损坏因素，只要按照规定操作，一般不会损坏。不过，在使用时也不必如临大敌、过分担心。

5.3.5.4 导线连接方式

导线同接线端子、导线同导线之间的连接有三种基本形式：

1. 绕焊

导线和接线端子的绕焊，是把经过镀锡的导线端头在接线端子上绕一圈，然后用钳子拉紧缠牢后进行焊接，如图5.29所示。在缠绕时，导线一定要紧贴端子表面，绝缘层不要接触端子。一般取 $L = 1 \sim 3$ mm 为宜。

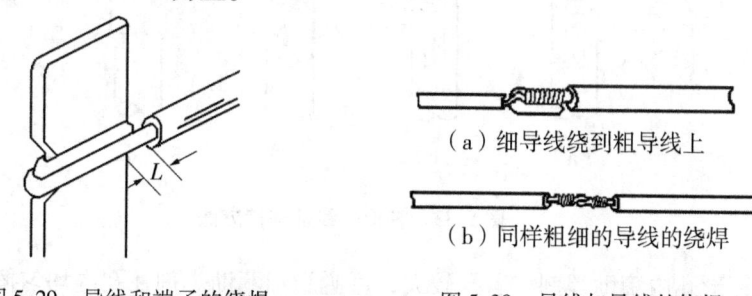

图5.29 导线和端子的绕焊　　图5.30 导线与导线的绕焊

导线与导线的连接以绕焊为主，如图5.30所示。操作步骤如下：
（1）去掉导线端部一定长度的绝缘皮；
（2）导线端头镀锡，并穿上合适的热缩套管；
（3）两条导线绞合，焊接；
（4）趁热把套管推到接头焊点上，用热风或用电烙铁烘烤热缩套管，套管冷却后应该固定并紧裹在接头上。

这种连接的可靠性最好，在要求可靠性高的地方常常采用。

2. 钩焊

将导线弯成钩形勾在接线端子上，用钳子夹紧后再焊接，如图5.31所示。其端头的处理方法与绕焊相同。这种方法的强度低于绕焊，但操作简便。

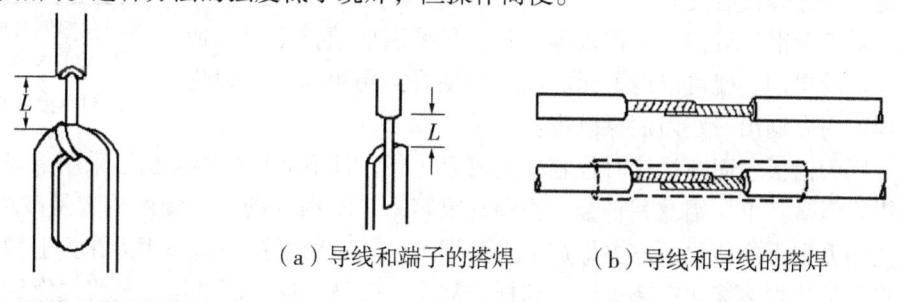

图5.31 导线和端子的钩焊　　图5.32 搭焊

3. 搭焊

如图5.32所示为搭焊。这种连接最方便，但强度及可靠性最差。图5.32a 是把经过镀锡的导线搭到接线端子上进行焊接，仅用在临时连接或不便于缠、钩的地方以及某些接插件上。

对调试或维修中导线的临时连接，也可以采用如图5.32b 所示的搭接办法。这种搭焊连接不能用在正规产品中。

5.3.5.5 杯形焊件焊接法

这类接点多见于接线柱和接插件，一般尺寸较大，如果焊接时间不足，容易造成"冷焊"。这种焊件一般是和多股软线连接，焊前要对导线进行处理，先绞紧各股软线，然后镀锡，对杯形件也要进行处理。操作方法见图 5.33。

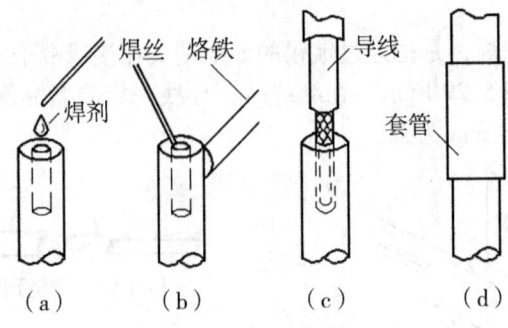

图 5.33　杯形接线柱焊接方法

（1）往杯形孔内滴助焊剂。若孔较大，用脱脂棉蘸助焊剂在孔内均匀擦一层。
（2）用烙铁加热并将锡熔化，靠浸润作用流满内孔。
（3）将导线垂直插入到孔的底部，移开烙铁并保持到凝固。在凝固前，导线切不可移动，以保证焊点质量。
（4）完全凝固后立即套上套管。

由于这类焊点一般外形较大，散热较快，所以在焊接时应选用功率较大的电烙铁。

5.3.5.6　平板件和导线的焊接

如图 5.34 所示，在金属板上焊接的关键是往板上镀锡。一般金属板的表面积大，吸热多而散热快，要用功率较大的烙铁。根据板的厚度和面积的不同，选用 50～300 W 的烙铁为宜。若板的厚度在 0.3 mm 以下时，也可以用 20 W 烙铁，只是要适当增加焊接时间。

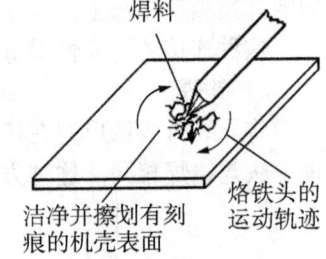

图 5.34　金属板表面的焊接

对于紫铜、黄铜、镀锌板等材料，只要表面清洁干净，使用少量的焊剂，就可以镀上锡。如果要使焊点更可靠，可以先在焊区用力划出一些刀痕再镀锡。

因为铝板表面在焊接时很容易生成氧化层，且不能被焊锡浸润，采用一般方法很难镀上焊锡。但事实上，铝及其合金本身却是很容易"吃锡"的，镀锡的关键是破坏铝的氧化层。可先用刀刮干净待焊面并立即加上少量焊剂，然后用烙铁头适当用力在板上做圆周运动，同时将一部分焊锡熔化在待焊区。这样，靠烙铁头破坏氧化层并不断地将锡镀到铝板上去。铝板镀上锡后，焊接就比较容易了。当然，也可以使用酸性助焊剂（如焊油），只是焊接后要及时清洗干净。

5.4　电子工业中的焊接技术

在工业化大批量生产电子产品的企业里，THT 工艺常用的自动焊接设备有浸焊机、波峰焊机以及清洗设备、助焊剂自动涂敷设备等和其他辅助装置，SMT 工艺采用的典型焊接设备是再流焊设备以及锡膏印刷机、贴片机等组成的焊接流水线。自动焊接的工艺流程如图 5.35 所示。

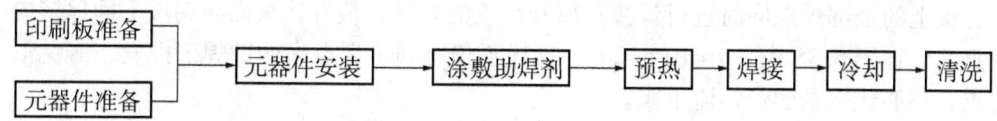

图 5.35　自动焊接工艺流程

在自动生产线上的整个生产过程，都是通过传送装置连续进行的。在自动化生产流程中，除了有预热的工序以外，基本上同手工焊接过程类似。

预热，是在电路板进入焊锡槽前的加热工序，可以使助焊剂达到活化点。可以是热风加热，也可以用红外线加热；涂助焊剂一般采用喷涂法或发泡法，即用气泵将助焊剂溶液雾化或泡沫化后均匀地喷涂或蘸敷在印制板上；冷却一般采用风扇强迫降温。

清洗设备，有机械式及超声波式两类。超声波清洗机由超声波发生器、换能器及清洗槽三部分组成，主要适合于使用一般方法难以清洗干净或形状复杂、清洗不便的元器件清除油类等污物。其主要效应是利用超声波复变压力的峰值大于大气压力时产生的空化现象，这是超声波用于清洗的工作原理。由于压力的迅速变化，在液体中产生了许多充满气体或蒸汽的空穴，空穴最终崩溃，能产生强烈的冲击波，作用于被清洗的零件。渗透在污垢膜与零件基体表面之间的这一强烈冲击，足以削弱污垢或油类与基体金属的附着力，从零件表面上清除掉油类或其他污物，达到清洗的目的。但近年来清洗设备和清洗工艺有淡出电子制造企业的趋势，这不仅是因为排放清洗剂废液涉及环保问题，还由于成本竞争要求减少清洗环节的能源消耗和加工时间。在大多数电子产品制造企业中，采用免清洗助焊剂进行焊接已经成为主流工艺。

5.4.1　浸焊

浸焊（Dip Soldering），是最早应用在电子产品批量生产中的焊接方法，浸焊设备的焊锡槽如图 5.36 所示。

1. 浸焊机工作原理

浸焊设备的工作原理是让插好元器件的印制电路板水平接触熔融的铅锡焊料，使整块电路板上的全部元器件同时完成焊接。印制板上的导线被阻焊层阻隔，不需要焊接的焊点和部位，要用特制的阻焊膜（或胶布）贴住，防止焊锡不必要的堆积。浸焊设备价格低廉，现

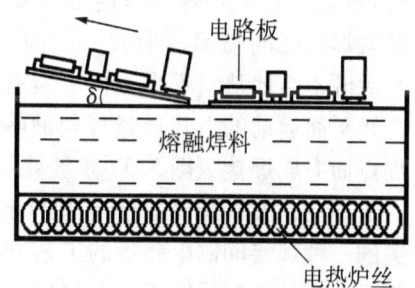

图 5.36　浸焊设备的焊锡槽示意图

在还在一些小型企业中使用，有经验的操作者同样可以保证焊接的质量。

2. 操作浸焊机注意事项

（1）焊料温度控制。一开始要选择快速加热，当焊料熔化后，改用保温档进行小功率加热，既防止由于温度过高加速焊料氧化，保证浸焊质量，也节省了电力消耗。

（2）焊接前，让电路板浸蘸助焊剂，应该保证助焊剂均匀涂敷到焊接面的各处。有条件的，最好使用发泡装置，有利于助焊剂涂敷。

（3）在焊接时，要特别注意电路板面与锡液完全接触，保证板上各部分同时完成焊接，焊接的时间应该控制在 3 s 左右。电路板浸入锡液的时候，应该使板面水平地接触锡液平

面,让板上的全部焊点同时进行焊接;离开锡液的时候,最好让板面与锡液平面保持向上倾斜的夹角,在图 5.35 中,$\delta \approx 10 \sim 20°$,这样不仅有利于焊点内的助焊剂挥发,避免形成夹气焊点,还能让多余的焊锡流下来。

(4)在浸锡过程中,为保证焊接质量,要随时清理刮除漂浮在熔融锡液表面的氧化物、杂质和焊料废渣,避免废渣进入焊点造成夹渣焊。

(5)根据焊料使用消耗的情况,及时补充焊料。

3. 浸焊机种类

常用的浸焊机有两种,一种是普通浸焊机,另一种是超声波浸焊机。

(1)普通浸焊机。普通浸焊机是在锡锅的基础上增加滚动装置和温度调节装置构成的。先将待焊工件浸蘸助焊剂,再浸入浸焊机的锡槽,由于槽内焊料在持续加热的作用下不停滚动,改善了焊接效果。

(2)超声波浸焊机。超声波浸焊机是通过向锡锅内辐射超声波来增强浸锡效果的,适于一般浸锡较困难的元器件焊接。超声波浸焊机一般由超声波发生器、换能器、水箱、焊料槽、加温设备等几部分组成。有些浸焊机还配有带振动头的夹持印制板的专用装置,振动装置使电路板在浸锡时振动,让焊料能与焊接面更好地接触浸润。超声波浸焊机和带振动头的浸焊机在焊接双面印制电路板时,能使焊料浸润到焊点的金属化孔里,使焊点更加牢固,还能振动掉粘在板上的多余焊料。

5.4.2 波峰焊

1. 波峰焊机结构及其工作原理

波峰焊机是在浸焊机的基础上发展起来的自动焊接设备,两者最主要的区别在于设备的焊锡槽。波峰焊(Wave Soldering)是利用焊锡槽内的机械式或电磁式离心泵,将熔融焊料压向喷嘴,形成一股向上平稳喷涌的焊料波峰,并源源不断地从喷嘴中溢出。装有元器件的印制电路板以直线平面运动的方式通过焊料波峰,在焊接面上形成浸润焊点而完成焊接。图 5.37 是波峰焊机焊锡槽示意图。

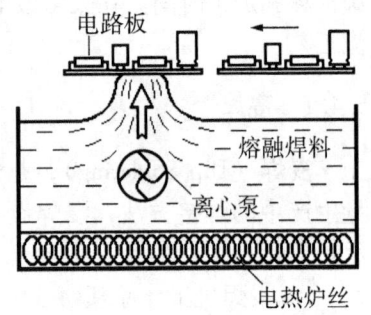

图 5.37 波峰焊机焊锡槽示意图

现在,波峰焊设备已经国产化,波峰焊成为应用最普遍的一种焊接印制电路板的工艺方法。这种方法适宜成批、大量地焊接一面装有分立元件和集成电路的印制线路板。凡与焊接质量有关的重要因素,如焊料与焊剂的化学成分、焊接温度、速度、时间等,在波峰焊机上均能得到比较完善的控制。图 5.38 是一般波峰焊机的内部结构示意图。

将已完成插件工序的印制板放在匀速运动的导轨上,导轨下面有装有机械泵和喷口的熔锡槽。机械泵根据焊接要求,连续不断地泵出平稳的液态锡波,焊锡熔液通过喷口,以波峰形式溢出至焊接板面进行焊接。为了获得良好的焊接质量,焊接前应做好充分的准备工作,如预镀焊锡、涂敷助焊剂、预热等;焊接后的冷却、清洗这些操作也都要做好。

波峰焊机的焊料液在锡槽内始终处于流动状态,使工作区域内的焊料表面无氧化层。由于印制板和波峰之间处于相对运动状态,所以助焊剂容易挥发,焊点内不会出现气泡。

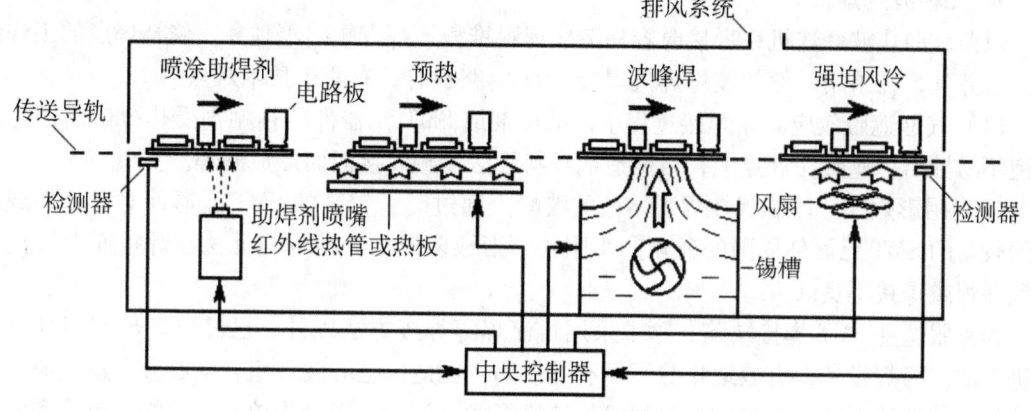

图 5.38 一般波峰焊机的内部结构示意图

2. 波峰焊工艺材料的调整

在波峰焊机工作的过程中,焊料和助焊剂被不断消耗,需要经常对这些焊接材料进行监测与调整。

(1) 焊料。波峰焊一般采用 Sn63/Pb37 的共晶焊料,熔点为 183℃。Sn 的质量分数应该保持在 61.5% 以上,并且 Sn/Pb 两者的质量分数比例误差不得超过 ±1%,主要金属杂质的最大质量分数范围见表 5.4。

表 5.4 波峰焊焊料中主要金属杂质的最大质量分数范围

金属杂质	铜(Cu)	铝(Al)	铁(Fe)	铋(Bi)	锌(Zn)	锑(Sb)	砷(As)
最大质量分数范围/‰	0.8	0.05	0.2	1	0.02	0.2	0.5

应该根据设备的使用情况,每隔三个月到半年定期检测焊料的 Sn/Pb 比例和主要金属杂质含量。如果不符合要求,可以更换焊料或采取其他措施。例如当 Sn 的含量低于标准时,可以添加纯 Sn 以保证含量比例。

(2) 助焊剂。波峰焊使用的助焊剂,要求表面张力小,扩展率 >85%;黏度小于熔融焊料,容易被置换;一般助焊剂的密度在 0.82~0.84 g/mL,可以用相应的溶剂来稀释调整,焊接后容易清洗。

假如采用免清洗助焊剂,要求密度 <0.8 g/mL,质量分数 <2.0%,不含卤化物,焊接后残留物少,不产生腐蚀作用,绝缘性好,绝缘电阻 $>1×10^{11}\Omega$。

应该根据电子产品对清洁度和电性能的要求选择助焊剂的类型:卫星、飞机仪表、潜艇通信、微弱信号测试仪器等军用、航空航天产品或生命保障类医疗装置,必须采用免清洗助焊剂;通信设施、工业装置、办公设备、计算机等,可以采用免清洗助焊剂,或者用清洗型助焊剂,焊接后进行清洗;一般要求不高的消费类电子产品,可以采用中等活性的松香助焊剂,焊接后不必清洗,当然也可以使用免清洗助焊剂。

(3) 焊料添加剂。在波峰焊的焊料中,还要根据需要添加或补充一些辅料:防氧化剂可以减少高温焊接时焊料的氧化,不仅可以节约焊料,还能提高焊接质量。防氧化剂由油类与还原剂组成。要求还原能力强,在焊接温度下不会炭化。锡渣减除剂能让熔融的铅锡焊料与锡渣分离,起到防止锡渣混入焊点、节省焊料的作用。

3. 几种波峰焊机

以前，旧式波峰焊机在焊接时容易造成焊料堆积、焊点短路等现象，修补焊点的工作量较大。并且，在采用一般的波峰焊机焊接 SMT 电路板时，有两个技术难点：

（1）气泡遮蔽效应。在焊接过程中，助焊剂或 SMT 元器件的粘贴剂受热分解所产生的气泡不易排出，遮蔽在焊点上，可能造成焊料无法接触焊接面而形成漏焊。

（2）阴影效应。印制板在焊料熔液的波峰上通过时，较高的 SMT 元器件对它后面或相邻的较矮的 SMT 元器件周围的死角产生阻挡，形成阴影区，使焊料无法在焊接面上漫流而导致漏焊或焊接不良。

为克服这些 SMT 焊接缺陷，除了采用再流焊等焊接方法以外，已经研制出许多新型或改进型的波峰焊设备，有效地排除了原有的缺陷，创造出空心波、组合空心波、紊乱波、旋转波等新的波峰形式。新型的波峰焊机按波峰形式分类，可以分为单峰、双峰、三峰和复合峰四种波峰焊机。

① 斜坡式波峰焊机。这种波峰焊机和一般波峰焊机的区别，在于传送导轨以一定角度的斜坡方式安装，如图 5.39a 所示。这样的好处是，增加了电路板焊接面与焊锡波峰接触的长度。假如电路板以同样速度通过波峰，等效增加了焊点浸润的时间，从而可以提高传送导轨的运行速度和焊接效率；不仅有利于焊点内的助焊剂挥发，避免形成夹气焊点，还能让多余的焊锡流下来。

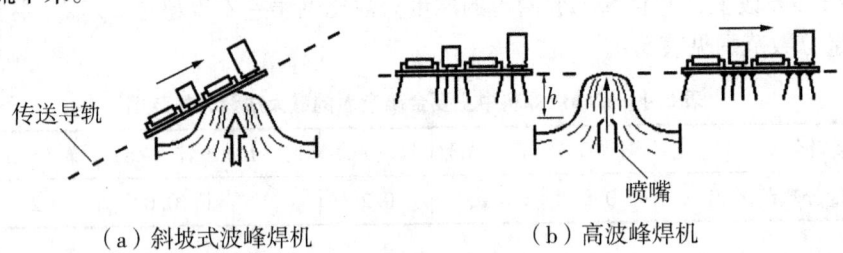

（a）斜坡式波峰焊机　　　（b）高波峰焊机

图 5.39　斜坡式波峰焊机和高波峰焊机

② 高波峰焊机。高波峰焊机适用于 THT 元器件"长脚插焊"工艺，它的焊锡槽及其锡波喷嘴如图 5.39b 所示。其特点是，焊料离心泵的功率比较大，从喷嘴中喷出的锡波高度比较高，并且其高度 h 可以调节，保证元器件的引脚从锡波里顺利通过。一般地，在高波峰焊机的后面配置剪腿机，用来剪短元器件的引脚。

③ 双波峰焊机。双波峰焊机是 SMT 时代发展起来的改进型波峰焊设备，特别适合焊接那些 THT+SMT 混合元器件的电路板。双波峰焊机的焊料波型如图 5.40 所示，使用这种设备焊接印制电路板时，THT 元器件要采用"短脚插焊"工艺。电路板的焊接面要经过两个熔融的铅锡焊料形成的波峰。这两个焊料波峰的形式不同，最常见的波形组合是"紊乱波"+"宽平波"，而"空心波"+"宽平波"的波形组合也比较常见；焊料熔液的温度、波峰的高度和形状、电路板通过波峰的时间和速度这些工艺参数，都可以通过计算机伺服控制系统进行调整。

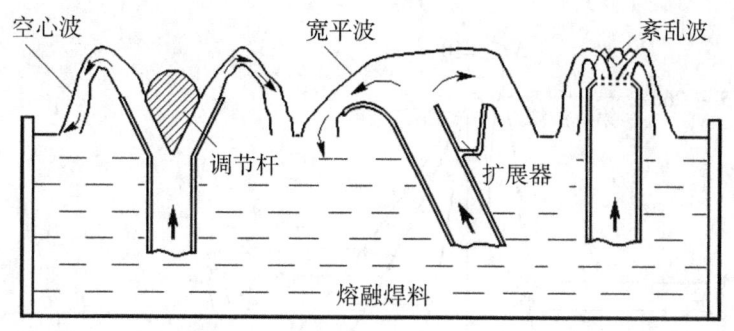

图 5.40 双波峰焊机的焊料波型

a. 空心波。顾名思义,空心波的特点是在熔融铅锡焊料的喷嘴出口设置指针形调节杆,让焊料熔液从喷嘴两边对称的窄缝中均匀地喷流出来,使两个波峰的中部形成一个空心的区域,并且两边焊料熔液喷流的方向相反。由于空心波的伯努利效应(Bernoulli Effect,一种流体动力学效应),它的波峰不会将元器件推离基板,相反使元器件贴向基板。空心波的波型结构,可以从不同方向消除元器件的阴影效应,有极强的填充死角、消除桥接的效果。它能够焊接SMT元器件和引线元器件混合装配的印制电路板,特别适合焊接极小的元器件,即使是在焊盘间距为0.2 mm的高密度PCB上,也不会产生桥接。空心波焊料熔液喷流形成的波柱薄、截面积小,使PCB基板与焊料熔液的接触面减小,不仅有利于助焊剂热分解气体的排放,克服了气体遮蔽效应,还减少了印制板吸收的热量,降低了元器件损坏的概率。

b. 紊乱波。在双波峰焊接机中,用一块多孔的平板去替换空心波喷口的指针形调节杆,就可以获得由若干个小子波构成的紊乱波。看起来像平面涌泉似的紊乱波,也能很好地克服一般波峰焊的遮蔽效应和阴影效应。

c. 宽平波。在焊料的喷嘴出口处安装了扩展器,熔融的铅锡熔液从倾斜的喷嘴喷流出来,形成偏向宽平波(也叫片波)。逆着印制板前进方向的宽平波的流速较大,对电路板有很好的擦洗作用;在设置扩展器的一侧,熔液的波面宽而平,流速较小,使焊接对象可以获得较好的后热效应,起到修整焊接面、消除桥接和拉尖、丰满焊点轮廓的效果。

④选择性波峰焊设备。近年来,SMT元器件的使用率不断上升,在某些混合装配的电子产品里甚至已经占到95%左右,按照以往的思路,对电路板A面进行再流焊、B面进行波峰焊的方案已经面临挑战。在以集成电路为主的产品中,很难保证在B面上只贴装耐受温度的SMC元件、不贴装SMD——集成电路承受高温的能力较差,可能因波峰焊导致损坏;假如用手工焊接的办法对少量THT元件实施焊接,又感觉一致性难以保证。为此,国外厂商推出了选择性波峰焊设备。这种设备的工作原理是:在由电路板设计文件转换的程序控制下,小型波峰焊锡槽和喷嘴移动到电路板需要补焊的位置,顺序、定量喷涂助焊剂并喷涌焊料波峰,进行局部焊接。

4. 波峰焊的温度曲线及工艺参数控制

理想的双波峰焊的焊接温度曲线如图5.41所示。从图中可以看出,整个焊接过程被分为三个温度区域:预热、焊接、冷却。实际的焊接温度曲线可以通过对设备的控制系统编程进行调整。

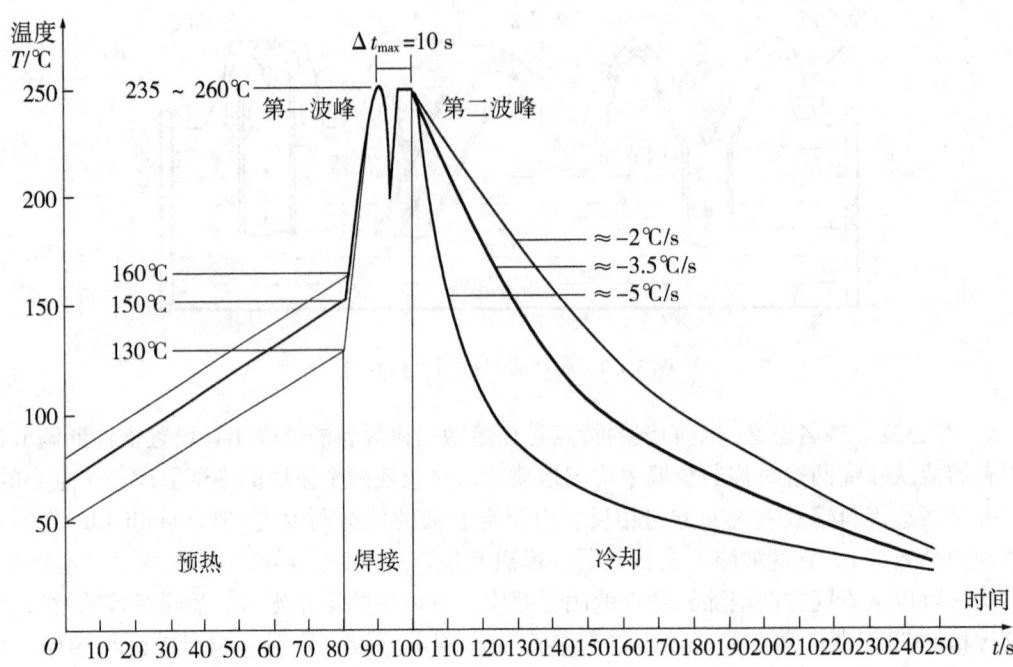

图 5.41 理想的双波峰焊的焊接温度曲线

在预热区内,电路板上喷涂的助焊剂中的溶剂被挥发,可以减少焊接时产生气体。同时,松香和活化剂开始分解活化,去除焊接面上的氧化层和其他污染物,并且防止金属表面在高温下再次氧化。印制电路板和元器件被充分预热,可以有效地避免焊接时急剧升温产生的热应力损坏。电路板的预热温度及时间,要根据印制板的大小、厚度、元器件的尺寸和数量,以及贴装元器件的多少而确定。在 PCB 表面测量的预热温度应该在 90~130℃ 之间,多层板或贴片元器件较多时,预热温度取上限。预热时间由传送带的速度来控制。如果预热温度偏低或预热时间过短,助焊剂中的溶剂挥发不充分,焊接时就会产生气体引起气孔、锡珠等焊接缺陷;如预热温度偏高或预热时间过长,焊剂被提前分解,使焊剂失去活性,同样会引起毛刺、桥接等焊接缺陷。为恰当控制预热温度和时间,达到最佳的预热温度,可以参考表 5.5 内的数据,也可以从波峰焊前涂覆在 PCB 底面的助焊剂是否有黏性来进行判断。

表 5.5 不同印制电路板在波峰焊时的预热温度

PCB 类型	元器件种类	预热温度/℃
单面板	THC + SMD	90~100
双面板	THC	90~110
双面板	THC + SMD	100~110
多层板	THC	110~125
多层板	THC + SMD	110~130

焊接过程是焊接金属表面、熔融焊料和空气等之间相互作用的复杂过程,同样必须控制好焊接温度和时间。如焊接温度偏低,液体焊料的黏性大,不能很好地在金属表面浸润和扩

散，就容易产生拉尖和桥接、焊点表面粗糙等缺陷；如焊接温度过高，容易损坏元器件，还会由于焊剂被炭化失去活性、焊点氧化速度加快，产生焊点发乌、不饱满等问题。测量波峰表面温度，一般应该在（250±5）℃的范围之内。因为热量、温度是时间的函数，在一定温度下，焊点和元件的受热量随时间而增加。波峰焊的焊接时间可以通过调整传送系统的速度来控制，传送带的速度，要根据不同波峰焊机的长度、预热温度、焊接温度等因素统筹考虑，进行调整。以每个焊点接触波峰的时间来表示焊接时间，一般焊接时间为3～4 s。

综合调整控制工艺参数，对提高波峰焊质量非常重要。合适的焊接温度和时间，是形成良好焊点的首要条件。焊接温度和时间，与预热温度、焊料波峰的温度、导轨的倾斜角度、传输速度都有关系。双波峰焊的第一波峰一般调整为每秒235～240℃，第二波峰一般设置为每3秒240～260℃。

5.4.3 再流焊

1. 再流焊工艺概述

再流焊（Re-flow Soldering），也叫作回流焊，是伴随微型化电子产品的出现而发展起来的锡焊技术，主要应用于各类表面安装元器件的焊接。这种焊接技术的焊料是焊锡膏。预先在印制电路板的焊接部位施放适量和适当形式的焊锡膏，然后贴放表面组装元器件，焊锡膏将元器件粘在PCB板上，利用外部热源加热，使焊料熔化而再次流动浸润，将元器件焊接到印制板上。

再流焊操作方法简单、效率高、质量好、一致性好、节省焊料（仅在元器件的引脚下有很薄的一层焊料），是一种适合自动化生产的电子产品装配技术。再流焊工艺目前已经成为SMT电路板安装技术的主流。

再流焊技术的一般工艺流程如图5.42所示。

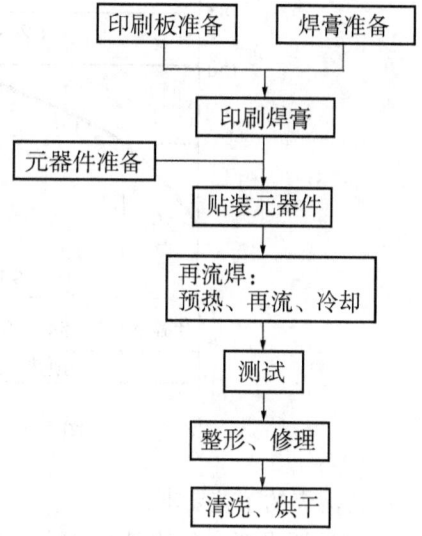

图5.42 再流焊技术的一般工艺流程

2. 再流焊工艺的特点与要求

与波峰焊技术相比，再流焊工艺具有以下技术特点：

- 元件不直接浸渍在熔融的焊料中，所以元件受到的热冲击小（由于加热方式不同，有些情况下施加给元器件的热应力也会比较大）。
- 能在前导工序里控制焊料的施加量，减少了虚焊、桥接等焊接缺陷，所以焊接质量好，可靠性高。
- 假如前导工序在PCB上施放焊料的位置正确而贴放元器件的位置有一定偏离，在再流焊过程中，当元器件的全部焊端、引脚及其相应的焊盘同时浸润时，由于熔融焊料表面张力的作用，产生自定位效应（Self-alignment），能够自动校正偏差，把元器件拉回到近似准确的位置。
- 再流焊的焊料是能够保证正确组分的焊锡膏，一般不会混入杂质。
- 可以采用局部加热的热源，因此能在同一基板上采用不同的焊接方法进行焊接。
- 工艺简单，返修的工作量很小。

在再流焊工艺过程中，首先要将由铅锡焊料、粘合剂、抗氧化剂组成的糊状焊膏涂敷到印制板上，可以使用自动或半自动丝网印刷机，如同油墨印刷一样将焊膏漏印到印制板上，也可以用手工涂敷。然后，同样也能用自动机械装置或手工，把元器件贴装到印制板的焊盘上。将焊膏加热到再流温度，可以在再流焊炉中进行，少量电路板也可以用手工热风设备加热焊接。当然，加热的温度必须根据焊膏的熔化温度准确控制（有些合金焊膏的熔点为223℃，则必须加热到这个温度）。加热过程可以分成预热区、焊接区（再流区）和冷却区三个最基本的温度区域，主要有两种实现方法：一种是沿着传送系统的运行方向，让电路板顺序通过隧道式炉内的三个温度区域；另一种是把电路板停放在某一固定位置上，在控制系统的作用下，按照三个温度区域的梯度规律调节、控制温度的变化。理想的再流焊的焊接温度曲线如图5.43所示。

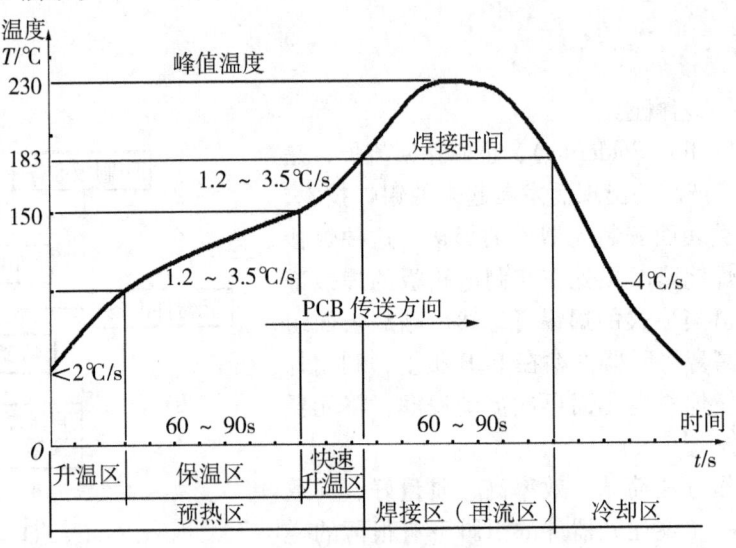

图 5.43　理想的再流焊的焊接温度曲线

再流焊的工艺要求：

（1）要设置合理的温度曲线。再流焊是 SMT 生产中的关键工序，假如温度曲线设置不当，会引起焊接不完全、虚焊、元件翘立（"竖碑"现象）、锡珠飞溅等焊接缺陷，影响产品质量。

（2）SMT 电路板在设计时就要确定焊接方向，应当按照设计方向进行焊接。

（3）在焊接过程中，要严格防止传送带震动。

（4）必须对第一块印制电路板的焊接效果进行判断，适当调整焊接温度曲线。检查焊接是否完全、有无焊膏熔化不充分或虚焊和桥接的痕迹、焊点表面是否光亮、焊点形状是否向内凹陷、是否有锡珠飞溅和残留物等现象，还要检查 PCB 的表面颜色是否改变。在批量生产过程中，要定时检查焊接质量，及时对温度曲线进行修正。

3．再流焊炉的结构和主要加热方法

再流焊炉主要由炉体、上下加热源、PCB 传送装置、空气循环装置、冷却装置、排风装置、温度控制装置以及计算机控制系统组成。

再流焊的核心环节是将预敷的焊料熔融、再流、浸润。再流焊对焊料加热有不同的方法，就热量的传导来说，主要有辐射和对流两种方式；按照加热区域，可以分为对 PCB 整体加热和局部加热两大类：整体加热的方法主要有红外线加热法、气相加热法、热风加热法、热板加热法；局部加热的方法主要有激光加热法、红外线聚焦加热法、热气流加热法、光束加热法。

（1）红外线再流焊（Infra Red Ray Re-flow）。加热炉使用远红外线辐射作为热源的，叫作红外线再流焊炉。现在国内企业已经能够制造这种焊接设备，所以红外线再流焊是目前使用最为广泛的SMT焊接方法。这种方法的主要工作原理是：在设备的隧道式炉膛内，通电的陶瓷发热板（或石英发热管）辐射出远红外线，热风机使热空气对流均匀，让电路板随传动机构直线匀速进入炉膛，顺序通过预热、焊接和冷却三个温区。在预热区里，PCB在100～160℃的温度下均匀预热2～3 min，焊膏中的低沸点溶剂和抗氧化剂挥发，化成烟气排出；同时，焊膏中的助焊剂浸润焊接对象，焊膏软化塌落，覆盖了焊盘和元器件的焊端或引脚，使它们与氧气隔离；并且，电路板和元器件得到充分预热，以免它们进入焊接区因温度突然升高而损坏。在焊接区，温度迅速上升，比焊料合金熔点高20～50℃，漏印在印制板焊盘上的膏状焊料在热空气中再次熔融，浸润焊接面，时间为30～90 s。当焊接对象从炉膛内的冷却区通过，使焊料冷却凝固以后，全部焊点同时完成焊接。图5.44是红外线再流焊机的外观和工作原理示意图。

红外线再流焊炉的优点是热效率高，温度变化梯度大，温度曲线容易控制，双面焊接电路板时，PCB的上、下温度差别明显；缺点是同一电路板上的元器件受热不够均匀，特别是当元器件的颜色和体积不同时，受热温度就会不同，为使深颜色的和体积大的元器件同时完成焊接，必须提高焊接温度。

现在，随着温度控制技术的进步，高档的红外线再流焊设备的温度隧道更多地细分了不同的温度区域，例如把预热区细分为升温区、保温区和快速升温区等。在国内设备条件最好的企业里，已经能够见到7～10个温区的再流焊设备。

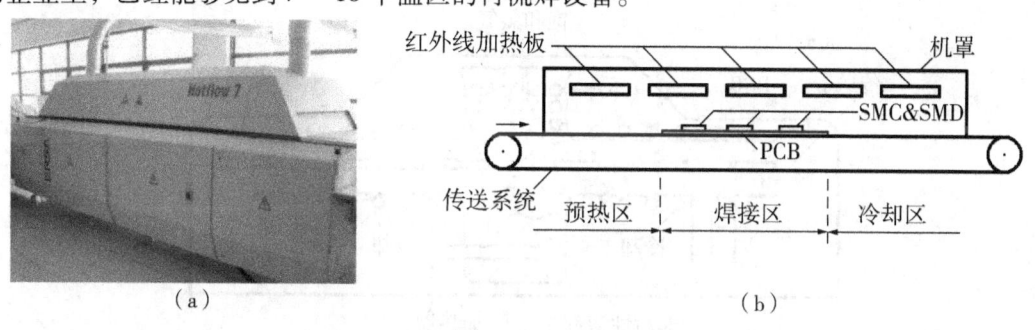

图5.44 红外线再流焊机的外观和工作原理示意图

红外线再流焊设备适用于单面、双面、多层印制板上SMT元器件的焊接，以及在其他印制电路板、陶瓷基板、金属芯基板上的再流焊，也可以用于电子器件、组件、芯片的再流焊，还可以对印制板进行热风整平、烘干，对电子产品进行烘烤、加热或固化粘合剂。红外线再流焊设备既能够单机操作，也可以连入电子装配生产线配套使用。

红外线再流焊设备还可以用来焊接电路板的两面：先在电路板的A面漏印焊膏，粘贴SMT元器件后入炉完成焊接；然后在B面漏印焊膏，粘贴元器件后再次入炉焊接。这时，电路板的B面朝上，在正常的温度控制下完成焊接；A面朝下，受热温度较低，已经焊好的元器件不会从板上脱落下来。这种工作状态如图5.45所示。

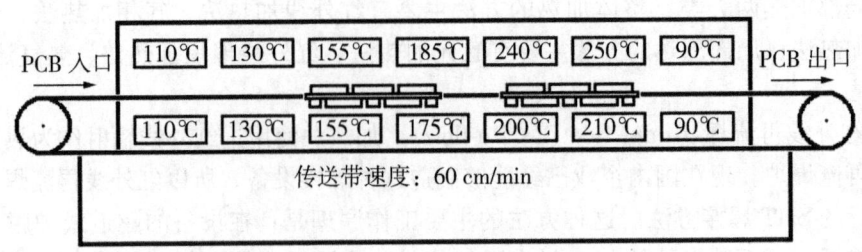

图 5.45　再流焊时电路板两面的温度不同

(2) 气相再流焊（Vapor Phase Re-flow）。这是美国西屋公司于 1974 年首创的焊接方法，在美国的 SMT 焊接中占有很高比例。其工作原理是：把介质的饱和蒸气转变成为相同温度（沸点温度）下的液体，释放出潜热，使膏状焊料熔融浸润，从而使电路板上的所有焊点同时完成焊接。这种焊接方法的介质液体要有较高的沸点（高于铅锡焊料的熔点），有良好的热稳定性，不自燃。美国 3M 公司配制的介质液体见表 5.6。

表 5.6　3M 公司配制的介质液体

介质	FC70（沸点 215℃）	FC71（沸点 253℃）
用途	Sn/Pb 焊料的再流焊	纯 Sn 焊料的再流焊
全称	$(C_5F_{11})_3N$ 全氟戊胺	

注：为了减少焊接时介质蒸气的耗散，还要采用二次保护蒸气 FC113 等。

气相再流焊的优点是焊接温度均匀、精度高、不会氧化。其缺点是介质液体及设备的价格高，工作时介质液体会产生少量有毒的全氟异丁烯（PFIB）气体。图 5.46 是气相再流焊的工作原理示意图。

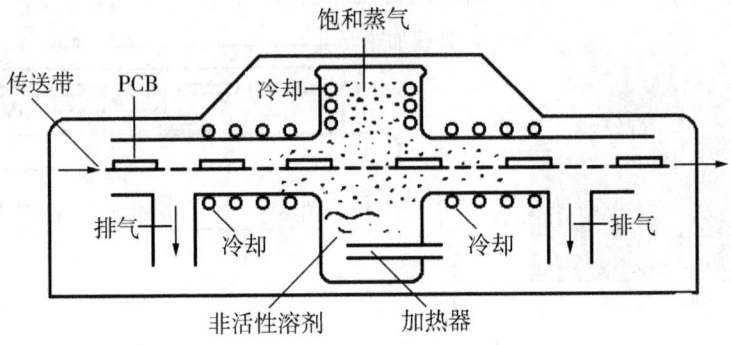

图 5.46　气相再流焊的工作原理示意图

(3) 热板传导再流焊。利用热板传导来加热的焊接方法称为热板再流焊。热板再流焊的工作原理见图 5.47。

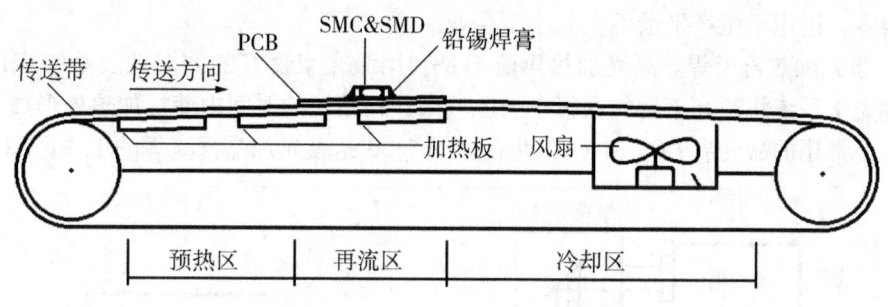

图 5.47 热板再流焊的工作原理

发热器件为板型，放置在传送带下，传送带由导热性能良好的材料制成。待焊电路板放在传送带上，热量先传送到电路板上，再传至铅锡焊膏与 SMC/SMD 元器件上，软钎料焊膏熔化以后，再通过风冷降温，完成 SMC/SMD 与电路板的焊接。这种设备的热板表面温度不能大于 300℃，适用于高纯度氧化铝基板、陶瓷基板等导热性好的电路板单面焊接，对普通覆铜箔电路板的焊接效果不好。

(4) 热风对流再流焊与红外热风再流焊。热风对流再流焊是利用加热器与风扇，使炉腔内的空气或氮气不断加热并强制循环流动，工作原理见图 5.48。这种再流焊设备的加热温度均匀但不够稳定，容易产生氧化，PCB 上、下的温差以及沿炉长方向的温度梯度不容易控制，一般不单独使用。

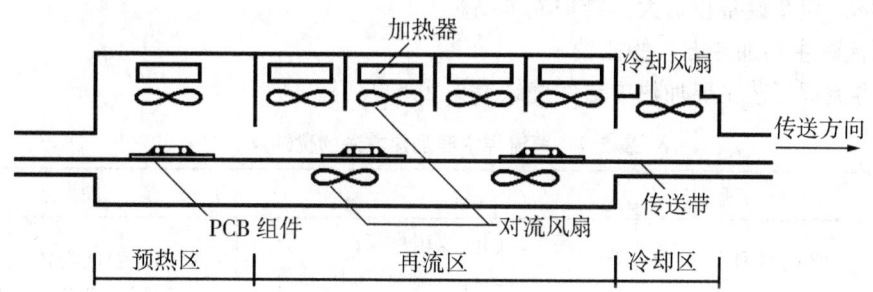

图 5.48 热风对流再流焊

改进型的红外热风再流焊是按一定热量比例和空间分布，同时混合红外线辐射和热风循环对流来加热的方式，也叫热风对流红外线辐射再流焊。这种方法的特点是各温区独立调节热量，减小热风对流，在电路板的下面采取制冷措施，从而保证加热温度均匀稳定，电路板表面和元器件之间的温差小，温度曲线容易控制。红外热风再流焊设备的生产能力高，操作成本低，是 SMT 大批量生产中的主要焊接设备之一。

图 5.49 是简易的红外热风再流焊设备。它是内部只有一个温区的小加热炉，能够焊接的电路板最大面积为 400 mm × 400 mm（小型设备的有效焊接面积会小一些）。炉内的加热器和风扇受计算机控制，温度随时间变化，电路板在炉内处于静止状态，连续经历预热、再流和冷却的温度过程，完成焊接。这种简易设备的价格比隧道炉膛式红外热风再流焊

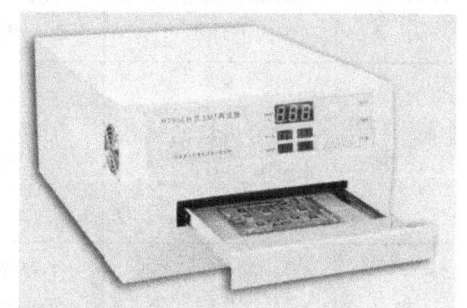

图 5.49 简易的红外热风再流焊设备

设备低很多,适用于生产批量不大的小型企业。

(5)激光加热再流焊。激光加热再流焊是利用激光束良好的方向性及功率密度高的特点,通过光学系统将激光束聚集在很小的区域内,在很短的时间内使被加热处形成一个局部的加热区,常用的激光有 CO_2 和 YAG 两种。图 5.50 是激光加热再流焊的工作原理示意图。

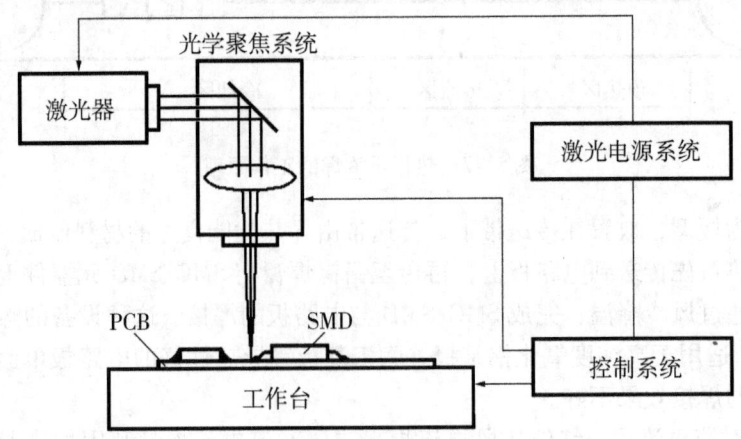

图 5.50 激光加热再流焊工作原理示意图

激光加热再流焊的加热,具有高度局部化的特点,不产生热应力,热冲击小,热敏元器件不易损坏。但是设备投资大,维护成本高。

4. 再流焊主要加热方法的比较

各种再流焊工艺主要加热方法的优缺点见表 5.7。

表 5.7 再流焊主要加热方法的优缺点

加热方式	原 理	优 点	缺 点
红外	吸收红外线辐射加热	①连续,同时成组焊接; ②加热效果好,温度可调范围宽; ③减少焊料飞溅、虚焊及桥接	材料、颜色与体积不同,热吸收不同,温度控制不够均匀
气相	利用惰性溶剂的蒸气凝聚时放出的潜热加热	①加热均匀,热冲击小; ②升温快,温度控制准确; ③同时成组焊接; ④可在无氧环境下焊接	①设备和介质费用高; ②容易出现吊桥和芯吸现象
热风	高温加热的气体在炉内循环加热	①加热均匀; ②温度控制容易	①容易产生氧化; ②强风会使元器件产生位移
热板	利用热板的热传导加热	①减少对元器件的热冲击; ②设备结构简单,价格低	①受基板热传导性能影响大; ②不适用于大型基板、大型元器件; ③温度分布不均匀
激光	利用激光的热能加热	①聚光性好,适用于高精度焊接; ②非接触加热; ③用光纤传送能量	①激光在焊接面上反射率大; ②设备昂贵

5. 再流焊设备的主要技术指标
- 温度控制精度（指传感器灵敏度）：应该达到±(0.1～0.2)℃；
- 传输带横向温差：要求±5℃以下；
- 温度曲线调试功能：如果设备无此装置，要外购温度曲线采集器；
- 最高加热温度：一般为300～350℃，如果考虑温度更高的无铅焊接或金属基板焊接，应该选择350℃以上；
- 加热区数量和长度：加热区数量越多、长度越长，越容易调整和控制温度曲线。一般中小批量生产，选择4～5个温区，加热长度1.8 m左右的设备，即能满足要求。
- 传送带宽度：根据最大和最宽的PCB尺寸确定。

5.4.4 无铅焊接的现状和发展

1. 问题的提出

到目前为止，电子产品中是含有金属铅元素的，而铅是一种有毒物质，一旦被人体吸收，将损害健康。铅在电子产品中主要用于与锡组成铅锡合金作为焊料。传统的电子产品在焊接组装时，无一不是用铅锡合金做焊料的。但在其他环节也会用到铅，如贴片用锡膏、元器件在出厂前引线浸锡、PCB板上的油墨、压电陶瓷材料等等。因为以上原因，结合目前人类越来越重视环保和健康，无铅焊接组装电子产品的课题理所当然地被提出来了。

2003年2月13日，欧盟WEEE和ROHS指令正式生效，规定自2006年7月1日起在欧洲市场上销售的电子产品必须是无铅产品。同时各成员国必须在2004年8月13日之前完成相应的立法工作。

日本是对无铅焊研究和生产较早的国家。松下公司1999年10月推出第一款无铅组装电子产品，并计划2003年3月31日前实现全制品无铅化。1999年10月，NEC公司推出无铅组装笔记本电脑。2000年3月，索尼公司推出无铅组装摄像机。其他大的电子公司如日立、东芝、夏普等也制订了各自的无铅化计划，各大公司并已基本上在国内实现无铅化制造。

1999年7月29日，美国环境保护署修改有害化学物质排出的报告义务基准值，对于铅及其化合物类有害物质，基准值由原来的10000磅减少至10磅。2000年1月，美国NEMI正式向工业界推荐标准化无铅焊料。

2003年3月，中国信息产业部经济运行司拟定《电子信息产品生产污染防治管理办法》，规定电子信息产品制造者应保证，自2003年7月1日起实行有毒有害物质的减量化生产措施；自2006年7月1日起投放市场的国家重点监管目录内的电子信息产品不能含有铅、镉、汞、六价铬、聚合溴化联苯或聚合溴化联苯乙醚等。

无铅化组装已成为电子组装产业的不可逆转的趋势。

2. 无铅焊接的技术难点

从上述可看出，无铅化电子组装主要指无铅化焊接，包括波峰焊和回流焊。需要解决的技术问题是焊料和焊接两个基本问题。

（1）焊料。目前电子行业使用的焊料通常是63%的锡和37%的铅组成的，这种合金焊料共晶熔点低，只有183℃；铅能降低焊料表面张力，便于润湿焊接面；成本低。

无铅焊料是由哪些成分组成的呢？目前，国际上并没有无铅焊料的统一标准。通常是以锡为基体，添加少量的铜、银、铋、锌或铟等。例如：美国推荐的锡、4%银、0.5%铜的焊料，日本推荐的锡、3.2%银、0.6%铜的焊料。应该指出，这些焊料中并不是一点铅都没有，通常规定其质量分数小于 0.1%。

使用无铅焊料带来的问题：熔点高（260℃以上），润湿差，成本高。

（2）焊接。由于焊料的成分和性能发生了变化，焊接过程中也出现了新的问题：

- 由于成分不同而出现焊料的熔点及性能不同，焊接温度和设备的控制变得比铅锡焊料复杂。
- 熔点的提高对设备和被焊接的元器件的耐热要求随之提高，对波峰炉材料、回流焊温区设置提出了新的要求。对被焊接的元器件如 LED、塑料件、PCB 板提出了新的耐高温问题。
- 由于无铅焊润湿性差，要求采用新的助焊剂和新的焊接设备，才能达到焊接效果。要提高助焊剂的活性，延长预热区等措施。

由于新焊料的成本较高，须设法减少焊料损耗，采用充氮工艺等。

3. 国内无铅焊电子组装的发展状况

在国内外无铅焊电子组装呼声日益高涨、有铅产品的禁用日期日益逼近之际，国内各电子产品制造商也十分关注和行动起来。焊接设备制造商日东公司、劲拓公司、科隆威公司等几乎所有的大中型公司，均从 20 世纪 90 年代开始研制、仿造无铅波峰焊设备，目前已形成一定的规模和水平。但从考查情况分析，国内生产的无铅焊设备还是以出口和供应国内的外资企业为主，内资企业包括一些大型企业，有的处于观望状态，有的在进行试点，有的在少量生产出口产品。之所以推进缓慢，主要是迫于成本压力。例如：一台普通波峰焊机售价 7 万元左右，一台无铅波峰焊机售价 18 万~28 万元，63 度铅锡焊料售价每公斤 50 元，无铅焊料的售价将近翻倍。又由于无铅电子产品还需元器件、原材料等其他方面条件的配合，也就更增加了这一项目推进的难度。但是，困难虽有，方向却是一定的，电子制造厂商们必须克服困难，实现这一跨越。

5.4.5 其他焊接方法

除了上述几种焊接方法以外，在微电子器件组装中，超声波焊、热超声金丝球焊、机械热脉冲焊都有各自的特点。例如新近发展起来的激光焊，能在几微秒的时间内将焊点加热到熔化而实现焊接，热应力影响小，可以同锡焊相比，是一种很有潜力的焊接方法。

随着计算机技术的发展，在电子焊接中使用微处理器控制的焊接设备已经普及。例如，微机控制电子束焊接已在我国研制成功。还有一种光焊技术，已经应用在 CMOS 集成电路的全自动生产线上，其特点是采用光敏导电胶代替焊剂，将电路芯片粘在印制板上用紫外线固化焊接。

随着电子工业的不断发展，传统的方法将不断改进和完善，新的高效率的焊接方法也将不断涌现。

思考题与习题

1. （1）集成电路有哪些封装形式？分别如何安装？

   （2）功率器件典型的安装方式有哪些？

2. （1）印制板通孔安装方式中，元器件引线的弯曲成形应当注意什么？具体地说，引线的最小弯曲半径及弯曲部位有何要求？

(2) 元器件插装时,应该注意哪些原则(提示:至少总结出四条)?
3. (1) 试总结焊接的分类及应用场合。
(2) 什么是锡焊?其主要特征是什么?
(3) 锡焊必须具备哪些条件?
4. (1) 如何进行焊接前镀锡?有何工艺要点?
(2) 在对导线镀锡时,应掌握哪些要点?
5. (1) 试叙述焊接操作的正确姿势。
(2) 焊接操作的五个基本步骤是什么?如何控制焊接时间?请通过焊接实践进行体验:焊接 1/8W 电阻;焊接 7805 三端稳压器;焊接万用表笔线的香蕉插头;用 $\phi 1$ 铁丝焊接一个边长 1.5 cm 的正立方体(先切成等长度的 12 段,平直后再施焊);用 $\phi 4$ 镀锌铁丝焊一个金字塔,边长 5 cm;发挥你的想象力和创造性,用铁丝焊接一个实物的立体造型(必要时,自己设计被焊构件的承载工装)。
(3) 总结焊接温度与加热时间的掌握。时间不足或过量加热会造成什么有害后果?
(4) 总结焊接操作的具体手法(提示:共八条)。
6. (1) 什么叫虚焊?产生虚焊的原因是什么?有何危害?
(2) 对焊点质量有何要求?简述不良焊点常见的外观以及如何检查。
(3) 什么时候才可以进行通电检查?为什么?
(4) 熟记常见焊点缺陷及原因分析。在今后的焊接工作中,如何避免这些缺陷的发生?(提示:参见表 5.3)。
7. (1) 手工焊接技巧有哪几项?
(2) 列举有机注塑元件的焊接失效现象及原因,并指出正确的焊接方法。
(3) 说明簧片类元件的焊接技巧。
(4) 列举 FET、MOSFET、集成电路的焊接注意事项。
(5) 请总结导线连接的几种方式及焊接技巧。
(6) 请总结杯形焊件的焊接方法,并焊一件香蕉插头表笔线。
(7) 请总结平板件和导线的焊接要点,并将一片铝片与铜导线锡焊在一起。
8. (1) 请叙述手工焊接贴片元器件与焊接 THT 元器件有哪些不同?
(2) 请说明手工贴片元器件的操作方法。
9. (1) 叙述什么叫浸焊,什么叫波峰焊?
(2) 操作浸焊机时应注意哪些问题?
(3) 浸焊机是如何分类的?各类的特点是什么?
(4) 画出自动焊接工艺流程图。
(5) 什么叫再流焊?主要用在什么元件的焊接上?
(6) 请总结再流焊的工艺特点与要求。
(7) 请列举其他的焊接方法。
(8) 免清洗焊接技术有哪两种?请详细说明。
10. 无铅焊接的特点及技术难点是什么?

第6章 SMT（贴片）技术

教学基本要求

● 掌握SMT元器件的特点，掌握表面安装元器件的基本要求及使用注意事项；
● 了解SMT安装结构及装配焊接工艺流程。

6.1 SMT（贴片）元器件

6.1.1 SMT元器件的特点

表面安装元器件也称作贴片式元器件或片状元器件，它有两个显著的特点：

（1）在SMT元器件的电极上，有些焊端完全没有引线，有些只有非常短小的引线；相邻电极之间的距离比传统的双列直插式集成电路的引线间距（2.54 mm）小很多，目前引脚中心间距最小的已经达到0.3 mm。在集成度相同的情况下，SMT元器件的体积比传统的元器件小很多；或者说，与同样体积的传统电路芯片比较，SMT元器件的集成度提高了很多倍。

（2）SMT元器件直接贴装在印制电路板的表面，将电极焊接在与元器件同一面的焊盘上。这样，印制板上的通孔只起到电路连通导线的作用，孔的直径仅由制作印制电路板时金属化孔的工艺水平决定，通孔的周围没有焊盘，使印制电路板的布线密度大大提高。

6.1.2 SMT元器件的种类和规格

表面安装元器件基本上都是片状结构。这里所说的片状是个广义的概念，从结构形状说，包括薄片矩形、圆柱形、扁平异形等；表面安装元器件同传统元器件一样，也可以从功能上分类为无源表面安装元件（Surface Mounting Component，SMC）、有源表面安装元件（Surface Mounting Device，SMD）和机电元件三大类。

表面安装元器件的详细分类见表6.1。

表面安装元器件按照使用环境分类，可分为非气密性封装器件和气密性封装器件。非气密性封装器件对工作温度的要求一般为0～70℃。气密性封装器件的工作温度范围可达到 −55～+125℃。气密性器件价格昂贵，一般使用在高可靠性产品中。

片状元器件最重要的特点是小型化和标准化。已经制定了统一标准，对片状元器件的外形尺寸、结构与电极形状等都做出了规定，这对于表面安装技术的发展无疑具有重要的意义。

表6.1 SMT元器件的分类

类别	封装形式	种类
无源表面安装元件（SMC）	矩形片式	厚膜和薄膜电阻器、热敏电阻、压敏电阻、单层或多层陶瓷电容器、钽电解电容器、片式电感器、磁珠等
	圆柱形	碳膜电阻器、金属膜电阻器、陶瓷电容器、热敏电容器、陶瓷晶体等
	异形	电位器、微调电位器、铝电解电容器、微调电容器、线绕电感器、晶体振荡器、变压器等
	复合片式	电阻网络、电容网络、滤波器等
有源表面安装元件（SMD）	圆柱形	二极管
	陶瓷组件（扁平）	无引脚陶瓷芯片载体LCCC、有引脚陶瓷芯片载体CBGA
	塑料组件（扁平）	SOT、SOP、SOJ、PLCC、QFP、BGA、CSP等
机电元件	异形	继电器、开关、连接器、延迟器、薄型微电机等

6.1.3 无源表面安装元件（SMC）

SMC包括片状电阻器、电容器、电感器、滤波器和陶瓷振荡器等。应该说，随着SMT技术的发展，几乎全部传统电子元件的每个品种都已经被"SMT化"了。

如图6.1所示，SMC的典型形状是一个矩形六面体（长方体），也有一部分SMC采用圆柱体的形状，这对于利用传统元件的制造设备、减少固定资产投入很有利。还有一些元件由于矩形化比较困难，是异形SMC。

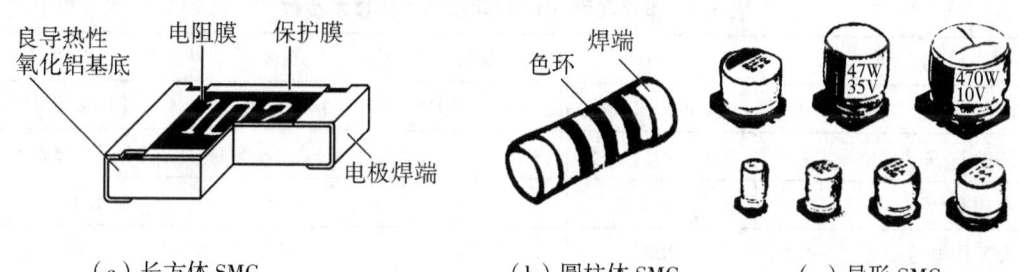

（a）长方体SMC　　　　（b）圆柱体SMC　　　　（c）异形SMC

图6.1 SMC的基本外形

从电子元件的功能特性来说，SMC特性参数的数值系列与传统元件的差别不大，标准的标称数值在第1章里已经做过详细介绍。长方体SMC是根据其外形尺寸的大小划分成几个系列型号的，现有两种表示方法，欧美产品大多采用英制系列，日本产品大多采用公制系列，我国还没有统一标准，两种系列都可以使用。无论哪种系列，系列型号的前两位数字表示元件的长度，后两位数字表示元件的宽度。例如，公制系列3216（英制1206）的矩形贴片元件，长 $L=3.2$ mm（0.12inch），宽 $W=1.6$ mm（0.06inch）。并且，系列型号的发展变化也反映了SMC元件的小型化进程：5750（2220）→4532（1812）→3225（1210）→3216

（1206）→2520（1008）→2012（0805）→1608（0603）→1005（0402）→0603（0201）。典型 SMC 系列的外形尺寸见表 6.2。

表 6.2 典型 SMC 系列的外形尺寸（单位：mm/inch）

公制/英制型号	L	W	a	b	T
3216/1206	3.2/0.12	1.6/0.06	0.5/0.02	0.5/0.02	0.6/0.024
2012/0805	2.0/0.08	1.25/0.05	0.4/0.016	0.4/0.016	0.6/0.016
1608/0603	1.6/0.06	0.8/0.03	0.3/0.012	0.3/0.012	0.45/0.018
1005/0402	1.0/0.04	0.5/0.02	0.2/0.008	0.25/0.01	0.35/0.014
0603/0201	0.6/0.02	0.3/0.01	0.2/0.005	0.2/0.006	0.25/0.01

注：公制/英制转换：1inch＝1000mil；1inch＝25.4mm，1mm≈40mil。

SMC 的元件种类用型号加后缀的方法表示，例如，3216C 是 3216 系列的电容器，2012R 表示 2012 系列的电阻器。1608、1005、0603 系列 SMC 元件的表面积太小，难以用手工装配焊接，所以元件表面不印刷它的标称数值（参数印在纸编带的盘上）；3216、2012 系列片状 SMC 的标称数值一般用印在元件表面上的三位数字表示：前两位数字是有效数字，第三位是倍率乘数（精密电阻的标称数值用四位数字表示，参阅第 1 章）。例如，电阻器上印有 114，表示阻值 110kΩ；表面印有 5R6，表示阻值 5.6Ω；表面印有 R39，表示阻值 0.39Ω。电容器上的 103，表示容量为 10000pF，即 0.01μF。圆柱形电阻器用三位或四位色环表示阻值的大小。

虽然 SMC 的体积很小，但它的数值范围和精度并不差（见表 6.3）。以 SMC 电阻器为例，3216 系列的阻值范围是 0.39Ω～10MΩ，额定功率可达到 1/4W，允许偏差有 ±1%、±2%、±5% 和 ±10% 等四个系列，额定工作温度上限是 70℃。

表 6.3 常用典型 SMC 电阻器的主要技术参数

系列型号	3216	2012	1608	1005
阻值范围/Ω	0.39～10M	2.2～10M	1～10M	10～10M
允许偏差/%	±1，±2，±5	±1，±2，±5	±2，±5	±2，±5
额定功率/W	1/4，1/8	1/10	1/16	1/16
最大工作电压/V	200	150	50	50
工作温度范围/额定温度/℃	−55～+125/70	−55～+125/70	−55～+125/70	−55～+125/70

片状元器件可以用三种包装形式提供给用户：散装、管状料斗和盘状纸编带。SMC 的阻容元件一般用盘状纸编带包装，便于采用自动化装配设备。

6.1.3.1 表面安装电阻器

表面安装电阻器按封装外形，可分为片状和圆柱状两种。图 6.2a 是片状表面安装电阻器的外形尺寸示意图，图 6.2b 是圆柱形表面安装电阻器的结构示意图。表面安装电阻器按制造工艺可分为厚膜型和薄膜型两大类。片状表面安装电阻器一般是用厚膜工艺制作的：在一个高纯度氧化铝（Al_2O_3，96%）基底平面上网印 RuO_2 电阻浆来制作电阻膜；改变电阻浆料成分或配比，就能得到不同的电阻值，也可以用激光在电阻膜上刻槽微调电阻值；然后再印刷玻璃浆覆盖电阻膜并烧结成釉保护层，最后把基片两端做成焊端。圆柱形表面安装电阻器可以用薄膜工艺来制作：在高铝陶瓷基柱表面溅射镍铬合金膜或碳膜，在膜上刻槽调整电阻值，两端压上金属焊端，再涂覆耐热漆形成保护层并印上色环标志。

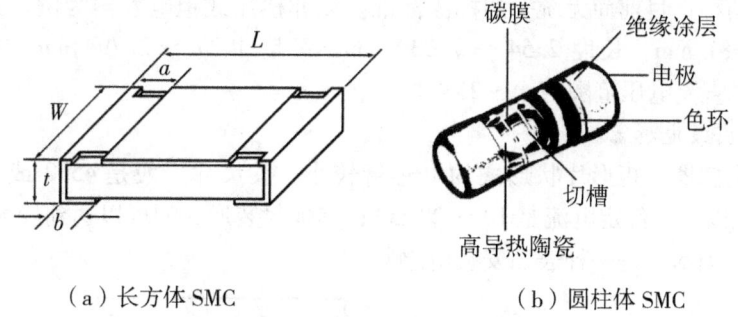

（a）长方体 SMC　　　　　　（b）圆柱体 SMC

图 6.2　表面安装电阻器的尺寸与结构示意图

6.1.3.2　表面安装电阻网络

表面安装电阻网络是电阻网络的表面安装形式。目前，最常用的表面安装电阻网络的外形标准有：0.150 英寸宽外壳形式（称为"SOP 封装"）有 8 根、14 根和 16 根引脚；0.220 英寸宽外壳形式（称为"SOMC 封装"）有 14 根和 16 根引脚；0.295 英寸宽外壳形式（称为"SOL 封装"）有 16 根和 20 根引脚。

6.1.3.3　表面安装电容器

1. 表面安装多层陶瓷电容器

表面安装陶瓷电容器以陶瓷材料为电容介质，多层陶瓷电容器是在单层盘状电容器的基础上构成的，电极深入电容器内部，并与陶瓷介质相互交错。电极的两端露在外面，并与两端的焊端相连。多层陶瓷电容器的结构如图 6.3 所示。

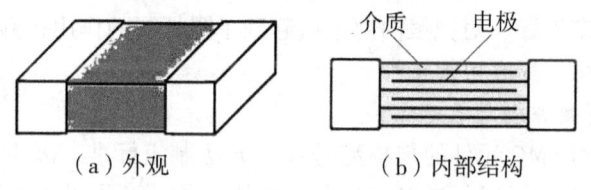

（a）外观　　　　　　（b）内部结构

图 6.3　多层陶瓷电容器的结构示意图

表面安装多层陶瓷电容器所用介质有三种：COG、X7R 和 Z5U。其电容量与尺寸、介质的关系见表 6.4。

表 6.4　不同介质材料的电容量范围

型号	COG	X7R	Z5U
0805C	10pF～560pF	120pF～0.012μF	
1206C	680pF～1500pF	0.016μF～0.033μF	0.033μF～0.10μF
1812C	1800pF～5600pF	0.039μF～0.12μF	0.12μF～0.47μF

表面安装多层陶瓷电容器的可靠性很高，已经大量用于汽车工业、军事和航天产品。

2. 表面安装钽电容器

表面安装钽电容器以金属钽作为电容器介质。除具有可靠性很高的特点外，与陶瓷电容器相比，其体积效率高。表面安装钽电容器的外形都是矩形，按两头的焊端不同，分为非模压式和塑模式两种，目前尚无统一的标注标准。以非模压式钽电容器为例，其尺寸范围为：宽度 1.27～3.81 mm，长度 2.54～7.239 mm，高度 1.27～2.794 mm。电容量范围是 0.1～100 μF。直流电压范围为 4～25 V。

6.1.3.4 表面安装电感器

表面安装电感器，矩形片状形式的电感量较小，其尺寸一般是 4532 或 3216（公制），电感量在 1 μH 以下，额定电流是 10～20 mA；其他封装形式的可以达到较大的电感量或更大的额定电流，图 6.4 是一种表面安装电感器。

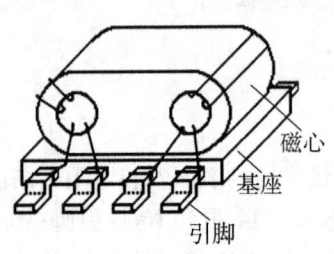
图 6.4　一种表面安装电感器

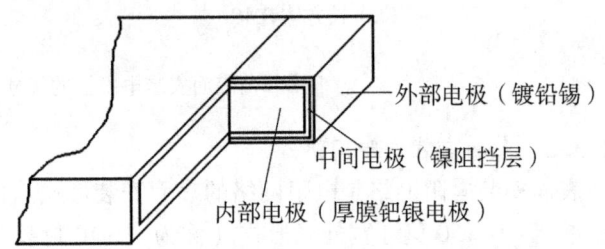
图 6.5　SMC 的焊端构成

6.1.3.5 SMC 的焊端结构

无引线片状元件 SMC 的电极焊端一般由三层金属构成，如图 6.5 所示。

焊端的内部电极通常是采用厚膜技术制作的钯银（Pd–Ag）合金电极，中间电极是镀在内部电极上的镍（Ni）阻挡层，外部电极是铅锡（Sn–Pb）合金。中间电极的作用是，避免在高温焊接时焊料中的铅和银发生置换反应而导致厚膜电极"脱帽"，造成虚焊或脱焊。镍的耐热性和稳定性好，对钯银内部电极起到了阻挡层的作用；镍的可焊接性较差，镀铅锡合金的外部电极可以提高可焊接性。

6.1.3.6 SMC 元件的规格型号表示方法

目前，我国尚未对 SMC 元件的规格型号表示方法制定标准，因生产厂商而不同。市场上销售的 SMC 元件，部分是国外进口，其余是用从国外厂商引进的生产线生产的，其规格型号的命名难免带有原厂商的烙印。下面各用一种贴片电阻和贴片电容举例说明。

例 1：1/8W，470Ω，±5% 的陶瓷电阻器。

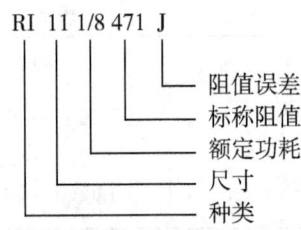

例2：1000pF，±5%，50V的瓷介电容器。

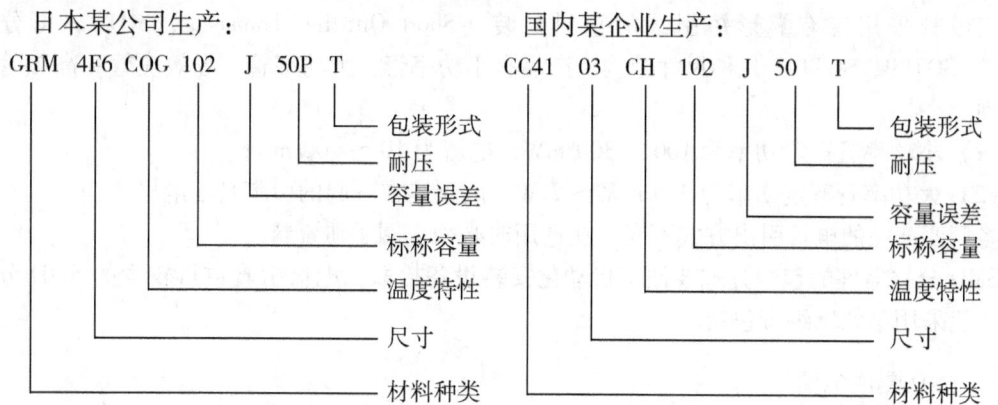

电子整机产品制造企业在编制设计文件和生产工艺文件、指导采购订货及元器件进厂检验、通过权威部门对产品的安全性认证时，都需要用到元器件的这些规格型号。

6.1.4 SMD 分立器件

SMD分立器件包括各种分立半导体器件，有二极管、三极管、场效应管，也有由两或三只三极管、二极管组成的简单复合电路。

6.1.4.1 SMD 分立器件的外形尺寸

典型SMD分立器件的外形尺寸如图6.6所示，电极引脚数为2～6个。

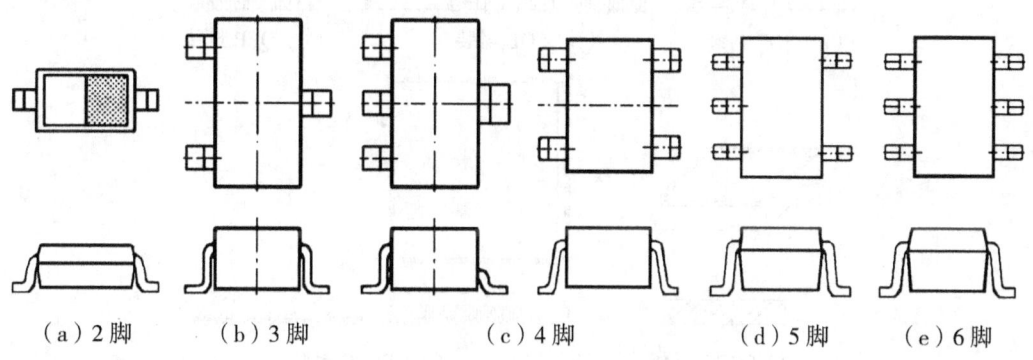

（a）2脚　　（b）3脚　　（c）4脚　　（d）5脚　　（e）6脚

图6.6 典型SMD分立器件的外形尺寸

二极管类器件一般采用二端或三端SMD封装，小功率三极管类器件一般采用三端或四端SMD封装，四端～六端SMD器件内大多封装了两只三极管或场效应管。

6.1.4.2 二极管

1. 无引线柱形玻璃封装二极管

无引线柱形玻璃封装二极管是将管芯封装在细玻璃管内，两端以金属帽为电极。通常用于稳压、开关和通用二极管，功耗一般为0.5～1 W。

2. 塑封二极管

塑封二极管用塑料封装管芯，有两根翼形短引线，一般做成矩形片状，额定电流150 mA～1 A，耐压50～400 V。

6.1.4.3 三极管

三极管采用带有翼形短引线的塑料封装（Short Out-line Transistor，SOT），可分为 SOT23、SOT89、SOT143 几种尺寸结构。产品有小功率管、大功率管、场效应管和高频管几个系列。

(1) 小功率管额定功率为 100～300 mW，电流为 10～700 mA；

(2) 大功率管额定功率为 300 mW～2 W，两条连在一起的引脚是集电极。

各厂商产品的电极引出方式不同，在选用时必须查阅手册资料。

SMD 分立器件的包装方式要便于自动化安装设备拾取，电极引脚数目较少的 SMD 分立器件一般采用盘状纸编带包装。

6.1.5 SMD 集成电路

SMD 集成电路包括各种数字电路和模拟电路的 SSI～ULSI 集成器件。由于工艺技术的进步，SMD 集成电路的电气性能指标比 THT 集成电路更好一些。常见 SMD 集成电路封装的外形如图 6.7 所示。与传统的双列直插（DIP）、单列直插（SIP）式集成电路不同，商品 SMD 集成电路按照它们的封装方式，可以分成下列几类：

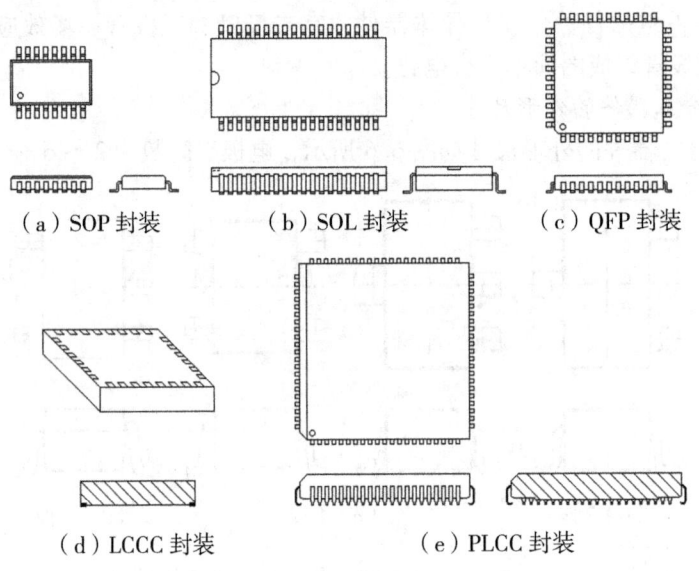

(a) SOP 封装　　(b) SOL 封装　　(c) QFP 封装

(d) LCCC 封装　　(e) PLCC 封装

图 6.7　常见 SMD 集成电路封装的外形

(1) SO（Short Out-line）封装。引线比较少的小规模集成电路大多采用这种小型封装。SO 封装又分为几种，芯片宽度小于 0.15 inch、电极引脚数目少于 18 脚的，叫作 SOP（Short Out-line Package）封装，见图 6.7a；其中薄形封装的叫作 TSOP 封装；0.25 inch 宽的、电极引脚数目在 20～44 以上的，叫作 SOL 封装，如图 6.7b 所示。SO 封装的引脚采用翼形电极，引脚间距有 1.27 mm、1.0 mm、0.8 mm、0.65 mm 和 0.5 mm。

(2) QFP（Quad Flat Package）封装。矩形四边都有电极引脚的 SMD 集成电路叫作 QFP 封装，其中 PQFP（Plastic QFP）封装的芯片四角有突出（角耳），薄形 TQFP 封装的厚度已经降到 1.0 mm 或 0.5 mm。QFP 封装也采用翼形的电极引脚形状，见图 6.7c。QFP 封装的芯片一般都是大规模集成电路，在商品化的 QFP 芯片中，电极引脚数目最少的有 20 脚，最多可能达到 300 脚以上，引脚间距最小的是 0.4 mm（最小极限是 0.3 mm），最大的是 1.27 mm。

（3）LCCC（Leadless Ceramic Chip Carrier）封装。这是 SMD 集成电路中没有引脚的一种封装，芯片被封装在陶瓷载体上，无引线的电极焊端排列在封装底面上的四边，电极数目为 18～156 个，间距 1.27 mm，其外形如图 6.7d 所示。

（4）PLCC（Plastic Leaded Chip Carrier）封装。这也是一种集成电路的矩形封装，它的引脚向内钩回，叫作钩形（J形）电极，电极引脚数目为 16～84 个，间距为 1.27 mm，其外形如图 6.7e 所示。PLCC 封装的集成电路大多是可编程的存储器，芯片可以安装在专用的插座上，容易取下来对它改写其中的数据；为了减少插座的成本，PLCC 芯片也可以直接焊接在电路板上，但用手工焊接比较困难。

从图 6.8 可以看出，SMD 集成电路和传统的 DIP 集成电路在内部引线结构上的差别。显然，SMD 内部的引线结构比较均匀，引线总长度更短，这对于器件的小型化和提高集成度来说，是更加合理的方案。

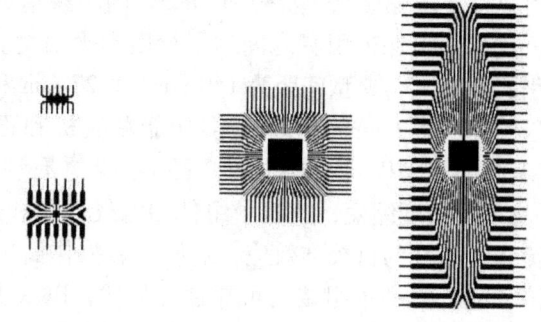

（a）SO-14 与 DIP-14　　（b）PLCC-68 与 DIP-68
　　引线结构比较　　　　　　　引线结构比较

图 6.8　SMD 与 DIP 器件的内部引线结构比较

引脚数目少的集成电路一般采用塑料管包装，引脚数目多的集成电路通常用防静电的塑料托盘包装。

6.1.6　SMD 的引脚形状

表面安装器件 SMD 的 I/O 电极有两种形式：无引脚和有引脚。无引脚形式有陶瓷芯片载体封装（LCCC），这种器件贴装后，芯片底面上的电极焊端与印制电路板上的焊盘直接连接，可靠性较高。有引脚器件贴装后的可靠性与引脚的形状有关。所以，引脚的形状比较重要。占主导地位的引脚形状有翼形、钩形和球形三种。图 6.9a、b、c 分别是翼形、钩形和球形引脚示意图。翼形引脚用于 SOT/SOP/QFP 封装，钩形引脚用于 SOJ/PLCC 封装，球形引脚用于下文介绍的 BGA/CSP/Flip Chip 封装。

翼形引脚的主要特点是：符合引脚薄而窄以及小间距的发展趋势，可采用包括热阻焊在内的各种焊接工艺来进行焊接，但在运输和装卸过程中容易损坏引脚。钩形引脚的主要特点是：空间利用率比翼形引脚高，它可以用除热阻焊外的大部分再流焊进行焊接，比翼形引脚坚固。在 SMD 的发展过程中，还有过一种引脚形状叫对接引脚，如图 6.9d 所示。对接引脚是将普通的 DIP 封装引脚截短后得到，对接引脚的成本低，引脚间布线空间相对比较大。但对接引脚焊点的拉力和剪切力比翼形或 J 形引脚低 65%。

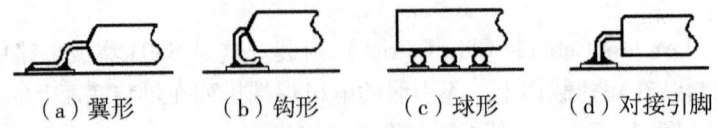

（a）翼形　　（b）钩形　　（c）球形　　（d）对接引脚

图 6.9　SMD 引脚形状示意图

6.1.7　大规模集成电路的 BGA 封装

BGA（Ball Grid Array）是大规模集成电路的一种极富生命力的封装方法。对于大规模集成电路的封装来说，20 世纪 90 年代前期主要采用 QFP（Quad Flat Package）方式，而 90 年代后期，BGA 方式已经大量应用。应该说，导致这种封装方式改变的根本原因是，集成电路的集成度迅速提高，芯片的封装尺寸必须缩小。

QFP 的电极间距的极限是 0.3 mm。在装配焊接电路板时，对 QFP 芯片的贴装精度要求非常严格，电气连接可靠性要求贴装公差是 0.08 mm。间距狭窄的 QFP 电极引脚纤细而脆弱，容易扭曲或折断，这就必须保证引脚之间的平行度和平面度。相比之下，BGA 封装的最大优点是 I/O 电极引脚间距大，典型间距为 1.0 mm、1.27 mm 和 1.5 mm（英制为 40mil、50mil 和 60mil），贴装公差为 0.3 mm。用普通多功能贴装机和再流焊设备就能基本满足 BGA 的组装要求。BGA 的尺寸比相同功能的 QFP 要小得多，有利于 PCB 组装密度的提高。采用 BGA 使产品的平均线路长度缩短，改善了组件的电气性能和热性能；另外，焊料球的高度表面张力导致再流焊时器件的自校准效应，这使贴装操作简单易行，降低了精度要求，贴装失误率大幅度下降，显著提高了组装的可靠性。显然，BGA 封装方式是大规模集成电路提高 I/O 端子数量、提高装配密度、改善电气性能的最佳选择。近年来，1.5 mm 和 1.27 mm 引脚间距的 BGA 正在取代 0.5 mm 和 0.4 mm 间距的 PLCC/QFP。

目前，使用较多的 BGA 的 I/O 端子数是 72～736，预计将可能达到 2000。

比较 QFP 和 BGA 封装的集成电路如图 6.10 所示。显然，图 6.10a 所示的 QFP 封装芯片，从器件本体四周"单线性"顺序引出翼形电极的方式，其电极引脚之间的距离不可能非常小。随之而来的问题是：提高芯片的集成度，必然使电路的输入/输出电极增加，但电极引脚间距的限制导致芯片的封装面积变大。

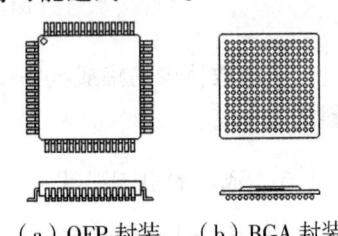

（a）QFP 封装　（b）BGA 封装

图 6.10　QFP 封装和 BGA 封装的集成电路比较

BGA 方式封装的大规模集成电路如图 6.10b 所示。BGA 封装是将原来器件 PLCC/QFP 封装的 J 形或翼形电极引脚，改变成球形引脚；把从器件本体四周"单线性"顺序列引出的电极，改变成本体底面之下"全平面"式的格栅阵排列。这样，既可以疏散引脚间距，又能够增加引脚数目。

BGA 方式能够显著地缩小芯片的封装表面积：假设某个大规模集成电路有 400 个 I/O 电极引脚，同样取电极引脚的间距为 1.27 mm，则正方形 QFP 芯片每边 100 条引脚，边长至少达到 127 mm，芯片的表面积要 160 cm^2 以上；而正方形 BGA 芯片的电极引脚按 20×20 的行列均匀排布在芯片的下面，边长只需 25.4 mm，芯片的表面积还不到 7 cm^2。相同功能的大规模集成电路，BGA 封装的尺寸比 QFP 的封装要小得多，有利于在 PCB 电路板上提高装配的密度。

正因为 BGA 封装有比较明显的优越性，所以大规模集成电路的 BGA 品种也在迅速多样化。现在已经出现很多种形式，如陶瓷 BGA（CBGA）、塑料 BGA（PBGA）、载带 BGA（TBGA）、陶瓷柱 BGA（CCGA）、中空金属 BGA（MBGA）以及柔性 BGA（Micro-BGA、µBGA 或 CSP）等，前三者的主要区分在于封装的基底材料，如 CBGA 采用陶瓷，PBGA 采用 BT 树脂，TBGA 采用两层金属复合等；而后者是指那些封装尺寸与片芯尺寸比较接近的小型封装的集成电路。

从装配焊接的角度看，BGA 芯片的贴装公差为 0.3 mm，比 QFP 芯片的贴装精度要求的 0.08 mm 低得多。这就使 BGA 芯片的贴装可靠性显著提高，工艺失误率大幅度下降，用普通多功能贴装机和再流焊设备就能基本满足组装要求。采用 BGA 芯片，使产品的平均线路长度缩短，改善了电路的频率响应和其他电气性能；另外，用再流焊设备焊接时，锡珠的高度表面张力导致芯片的自校准（自"对中"）效应，提高了装配焊接的质量。

目前可以见到的一般 BGA 芯片，焊球间距有 1.5 mm、1.27 mm、1.0 mm 三种；而 µBGA 芯片的焊球间距有 0.8 mm、0.65 mm、0.5 mm、0.4 mm 和 0.3 mm 多种。

正是由于上述优点，目前 200 条以上 I/O 端子数的大规模集成电路大多采用 BGA 封装方式，这种集成电路已经被大量使用在现代电子整机产品中。例如，电脑中的 CPU、总线控制器、数据控制器、显示控制器芯片等都采用 BGA 封装，其封装形式大多是 PBGA；移动电话（手机）中的中央处理器芯片也采用 BGA 封装，其封装形式多为 µBGA。

图 6.11 所示是几种典型的 BGA 结构。其中，图 6.11a 是 PBGA，图 6.11b 是柔性微型 BGA（µBGA），图 6.11c 是管芯上置的载带 TBGA，图 6.11d 是管芯下置的载带 TBGA，图 6.11e 是陶瓷 CBGA，图 6.11f 是一种 BGA 的外观照片，可见其球状引脚数目是 $15 \times 15 = 225$。

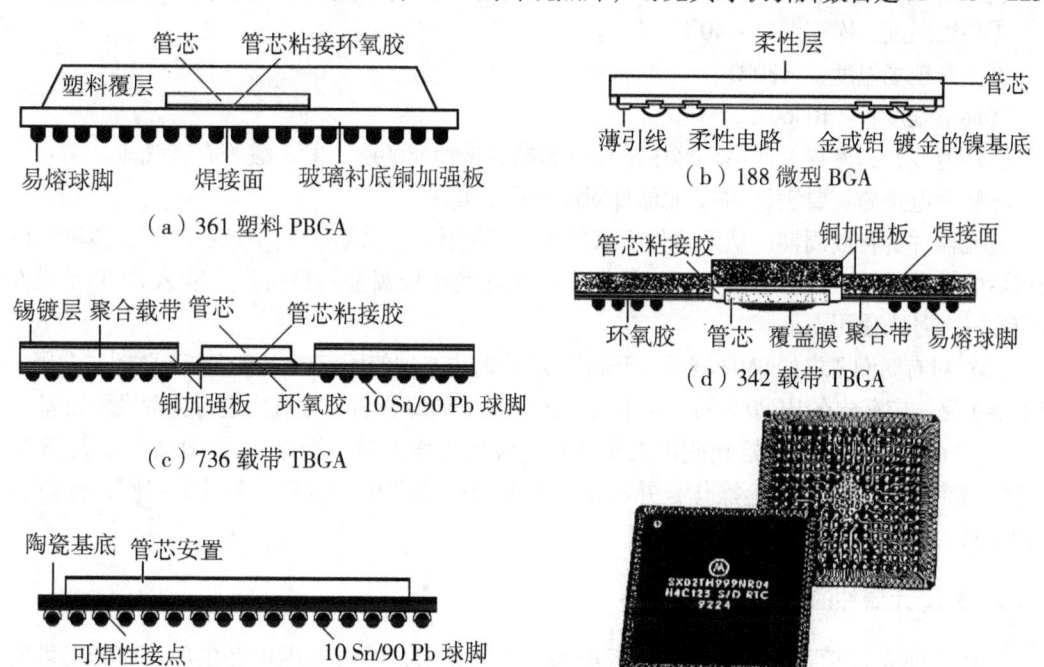

图 6.11　大规模集成电路的几种 BGA 封装结构

6.2 表面安装元器件的基本要求及使用注意事项

6.2.1 SMT 元器件的基本要求

表面安装元器件应该满足以下基本要求：

6.2.1.1 装配适应性

（1）SMT 元器件在焊接前要用贴装机贴放到电路板上，所以，元器件的上表面应该适用于真空吸嘴的拾取。

（2）表面组装元器件的下表面（不包括焊端）应保留使用胶粘剂的能力。

（3）尺寸、形状应该标准化，并具有良好的尺寸精度和互换性。

（4）包装形式适应贴装机的自动贴装。

（5）具有一定的机械强度，能承受贴装应力和电路基板的弯曲应力。

6.2.1.2 焊接适应性

（1）元器件的焊端或引脚的共面性好，适应焊接条件：

再流焊（235±5）℃，焊接时间（2±0.2）s；

波峰焊（260±5）℃，焊接时间（5±0.5）s。

（2）可以承受焊接后采用有机溶剂进行清洗，封装材料及表面标识不得被溶解。

6.2.2 使用 SMT 元器件的注意事项

（1）表面组装元器件存放的环境条件。

①环境温度：库存温度 <40℃。

②生产现场温度：<30℃。

③环境湿度：<RH60%。

④环境气氛：库存及使用环境中不得有影响焊接性能的硫、氯、酸等有毒气体。

⑤防静电措施：要满足 SMT 元器件对防静电的要求。

⑥元器件的存放周期：从元器件厂家的生产日期算起，库存时间不超过两年；整机厂用户购买后的库存时间一般不超过一年；假如是自然环境比较潮湿的整机厂，购入 SMT 元器件以后应在三个月内使用。

（2）对有防潮要求的 SMD 器件，开封后 72 小时内必须使用完毕，最长也不要超过一周。如果不能用完，应存放在 RH20% 的干燥箱内，已受潮的 SMD 器件要按规定进行去潮烘干处理。

（3）在运输、分料、检验或手工贴装时，假如工作人员需要拿取 SMD 器件，应该佩戴防静电腕带，尽量使用吸笔操作，并特别注意避免碰伤 SOP、QFP 等器件的引脚，预防引脚翘曲变形。

6.2.3 SMT 元器件的选择

选择表面安装元器件，应该根据系统和电路的要求，综合考虑市场供应商所能提供的规格、性能和价格等因素。主要从以下两方面选择。

6.2.3.1 SMT 元器件类型选择

（1）选择元器件时要注意贴片机的精度。

（2）钽和铝电容器主要用于电容量大的场合。

（3）PLCC 芯片的面积小，引脚不易变形，但维修不够方便。

（4）LCCC 的可靠性高但价格高，主要用于军用产品中，并且必须考虑器件与电路板之间的热膨胀系数是否一致的问题。

（5）机电元件最好选用有引脚的元件。

6.2.3.2 SMT 元器件的包装选择

SMC/SMD 元器件厂商向用户提供的包装形式有散装、盘状编带、管装和托盘，后三种包装的形式如图 6.12 所示。

（1）散装。无引线且无极性的 SMC 元件可以散装，例如一般矩形、圆柱形电容器和电阻器。散装的元件成本低，但不利于自动化设备拾取和贴装。

（a）盘状（纸/塑料）编带包装　（b）管式包装　（c）托盘包装

图 6.12　SMT 元器件的包装形式

（2）盘状编带包装。编带包装适用于除大尺寸 QFP、PLCC、LCCC 芯片以外的其他元器件，如图 6.12a 所示。SMT 元器件的包装编带有纸带和塑料带两种。

纸编带主要用于包装片状电阻、片状电容、圆柱状二极管、SOT 晶体管。纸带一般宽 8 mm，包装元器件以后盘绕在塑料架上。

塑料编带包装的元器件种类很多，各种无引线元件、复合元件、异形元件、SOT 晶体管、引线少的 SOP/QFP 集成电路等。

纸编带和塑料编带的一边有一排定位孔，用于贴片机在拾取元器件时引导纸带前进并定位。定位孔的孔距为 4 mm（元件小于 0402 系列的编带孔距为 2 mm）。在编带上的元件间距依元器件的长度而定，取 4 mm 的倍数。编带的尺寸标准见表 6.5。

表 6.5　SMT 元器件的包装编带的尺寸标准

编带宽度/mm	8	12	16	24	32	44	56
元器件间距/mm（4 的倍数）	2，4	4，8	4，8，12	12，16，20，24	16，20，24，28，32	24，28，32，36，40，44	40，44，48，52，56

（3）管式包装。如图 6.12b 所示，管式包装主要用于 SOP、SOJ、PLCC 集成电路、PLCC 插座和异形元件等，从整机产品的生产类型看，管式包装适合于品种多、批量小的产品。

（4）托盘包装。如图 6.12c 所示，托盘包装主要用于 QFP、窄间距 SOP、PLCC、BGA 集成电路等器件。

6.3　SMT 装配焊接技术

6.3.1　SMT 电路板安装方案

采用 SMT 的安装方法和工艺过程完全不同于通孔插装式元器件的安装方法和工艺过程。

目前，在应用 SMT 技术的电子产品中，有一些是全部都采用了 SMT 元器件的电路，但还可见到所谓的"混装工艺"，即在同一块印制电路板上，既有插装的传统 THT 元器件，又有表面安装的 SMT 元器件。这样，电路的安装结构就有很多种。

6.3.1.1 三种 SMT 安装结构及装配焊接工艺流程

1. 第一种装配结构：全部采用表面安装

印制板上没有通孔插装元器件，各种 SMD 和 SMC 被贴装在电路板的一面或两侧，如图 6.13a 所示。

2. 第二种装配结构：双面混合安装

如图 6.13b 所示，在印制电路板的 A 面（也称"元件面"）上，既有通孔插装元器件，又有各种 SMT 元器件；在印制板的 B 面（也称"焊接面"）上，只装配体积较小的 SMD 晶体管和 SMC 元件。

3. 第三种装配结构：两面分别安装

在印制板的 A 面上只安装通孔插装元器件，而小型的 SMT 元器件贴装在印制板的 B 面上，见图 6.13c。

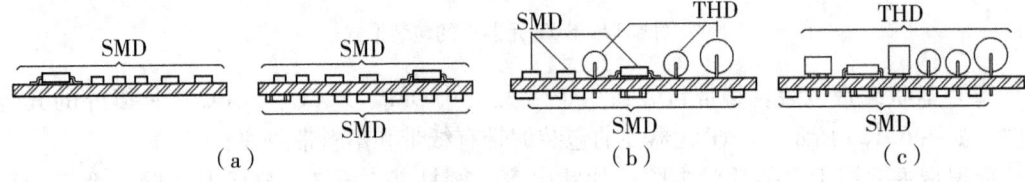

图 6.13　三种 SMT 安装结构示意图

可以认为，第一种装配结构能够充分体现出 SMT 的技术优势，这种印制电路板最终将会更便宜、体积更小。但许多专家仍然认为，后两种混合装配的印制板也具有很好的前景，因为它们不仅发挥了 SMT 贴装的优点，同时还可以解决某些元件至今不能采用表面装配形式的问题。

从印制电路板的装配焊接工艺来看，第三种装配结构除了要使用贴片胶把 SMT 元器件粘贴在印制板上以外，其余和传统的通孔插装方式的区别不大，特别是可以利用现在已经比较普及的波峰焊设备进行焊接，工艺技术上也比较成熟；而前两种装配结构一般都需要添加再流焊设备。

6.3.1.2 SMT 印制板波峰焊工艺流程

在上述第三种 SMT 装配结构下，印制板采用波峰焊的工艺流程如图 6.14 所示。

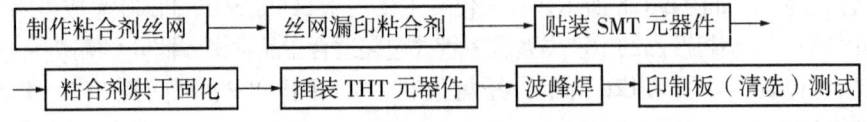

图 6.14　SMT 印制板波峰焊工艺流程

1. 制作粘合剂丝网

按照 SMT 元器件在印制板上的位置，制作用于漏印粘合剂的丝网。

2. 丝网漏印粘合剂

把粘合剂丝网覆盖在印制电路板上，漏印粘合剂。要精确保证粘合剂漏印在元器件的中心，尤其要避免粘合剂污染元器件的焊盘。如果采用点胶机或手工点涂粘合剂，则这前两道工序要相应更改。

3. 贴装 SMT 元器件

把 SMT 元器件贴装到印制板上，使它们的电极准确定位于各自的焊盘。

4. 固化粘合剂

用加热或紫外线照射的方法，使粘合剂烘干、固化，把 SMT 元器件比较牢固地固定在印制板上。

5. 插装 THT 元器件

把印制电路板翻转 180°，在另一面插装传统的 THT 引线元器件。

6. 波峰焊

与普通印制板的焊接工艺相同，用波峰焊设备进行焊接。在印制板焊接过程中，SMT 元器件浸没在熔融的锡液中。可见，SMT 元器件应该具有良好的耐热性能。假如采用双波峰焊接设备，则焊接质量会好很多。

7. 印制板（清洗）测试

对经过焊接的印制板进行清洗，去除残留的助焊剂残渣（现在已经普遍采用免清洗助焊剂，除非是特殊产品，一般不必清洗）。最后进行电路检验测试。

6.3.1.3　SMT 印制板再流焊工艺流程

印制板装配焊接采用再流焊工艺，涂敷焊料的典型方法之一是用丝网印刷焊锡膏（也称焊膏），其流程如图 6.15 所示。

图 6.15　丝网印刷焊锡膏的再流焊工艺流程

1. 制作焊锡膏丝网

按照 SMT 元器件在印制板上的位置及焊盘的形状，制作用于漏印焊锡膏的丝网。

2. 丝网漏印焊锡膏

把焊锡膏丝网覆盖在印制电路板上，漏印焊锡膏。要精确保证焊锡膏均匀地漏印在元器件的电极焊盘上。

注意：这两道工序所涉及的"焊锡膏丝网"和"丝网漏印"概念，将在下文介绍印刷机时进一步说明。

3. 贴装 SMT 元器件

把 SMT 元器件贴装到印制板上，有条件的企业采用不同档次的贴装设备，在简陋的条件下也可以手工贴装。无论采用哪种方法，关键是使元器件的电极准确定位于各自的焊盘。

4. 再流焊

用再流焊设备进行焊接，有关概念已经在前文中做过介绍。

5. 印制板清洗及测试

根据产品要求和工艺材料的性质，选择印制板清洗工艺或免清洗工艺。最后对电路板进行检查测试。

如果是第二种 SMT 装配结构（双面混合装配），即在印制板的 A 面（元件面）上同时还装有 SMT 元器件，则先要对 A 面经过贴装和再流焊工序；然后，对印制板的 B 面（焊接面）用粘合剂粘贴 SMT 元器件，翻转印制板并在 A 面插装引线元器件后，执行波峰焊工艺流程。

6.3.2 SMT电路板装配焊接设备

SMT电路板装配焊接的典型设备有锡膏印刷机、贴片机和再流焊炉。

6.3.2.1 锡膏印刷机

1. 再流焊工艺焊料供给方法

在再流焊工艺中，将焊料施放在焊接部位的主要方法有焊膏法、预敷焊料法和预形成焊料法。

（1）焊膏法：焊膏法将焊锡膏涂敷到PCB板焊盘图形上，是再流焊工艺中最常用的方法。焊膏涂敷方式有两种：注射滴涂法和印刷涂敷法。注射滴涂法主要应用在新产品的研制或小批量产品的生产中，可以手工操作，速度慢、精度低但灵活性高。印刷涂敷法又分直接印刷法（也叫模板漏印法或漏板印刷法）和非接触印刷法（也叫丝网印刷法）两种类型，直接印刷法是目前高档设备广泛应用的方法。

（2）预敷焊料法：预敷焊料法也是再流焊工艺中经常使用的施放焊料的方法。在某些应用场合，可以采用电镀法和熔融法，把焊料预敷在元器件电极部位的细微引线上或是PCB板的焊盘上。在窄间距器件的组装中，采用电镀法预敷焊料是比较合适的，但电镀法的焊料镀层厚度不够稳定，需要在电镀焊料后再进行一次熔融。经过这样的处理，可以获得稳定的焊料层。

（3）预形成焊料法：预形成焊料是将焊料制成各种形状，如片状、棒状、微小球状等，焊料中可含有助焊剂。这种形式的焊料主要用于半导体芯片的键合部分、扁平封装器件的焊接工艺中。

2. SMT印刷机及其结构

图6.16是SMT锡膏印刷机，它是用来印刷焊锡膏或贴片胶的，其功能是将焊锡膏或贴片胶正确地漏印到印制板相应的位置上。

SMT印刷机大致分为三个档次：手动、半自动和全自动印刷机。半自动和全自动印刷机可以根据具体情况配置各种功能，以便提高印刷精度。例如：视觉识别功能、调整电路板传送速度功能、工作台或刮刀45°角旋转动能（适用于窄间距元器件），以及二维、三维检测功能等。

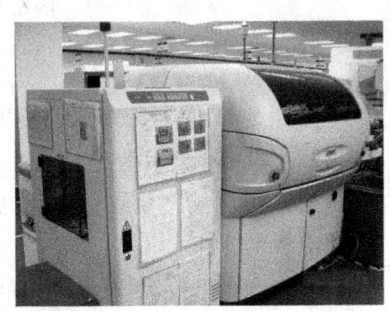

图6.16 SMT锡膏印刷机

无论是哪一种印刷机，都由以下几部分组成：

（1）夹持PCB基板的工作台。包括工作台面、真空或边夹持机构、工作台传输控制机构。

（2）印刷头系统。包括刮刀、刮刀固定机构、印刷头的传输控制系统等。

（3）丝网或模板及其固定机构。

（4）为保证印刷精度而配置的其他选件。包括视觉对中系统、擦板系统和二维、三维测量系统等。

3. 印刷涂敷法的丝网及模板

在印刷涂敷法中，直接印刷法和非接触印刷法的共同之处是其原理与油墨印刷类似，主要区别在于印刷焊料的介质，即用不同的介质材料来加工印刷图形；无刮动间隙的印刷是直接（接触式）印刷，采用刚性材料加工的金属漏印模板；有刮动间隙的印刷是非接触式印刷，采用柔性材料丝网或金属掩膜。刮刀压力、刮动间隙和刮刀移动速度是保证印刷质量的重要参数。

高档 SMT 印刷机一般使用不锈钢薄板制作的漏印模板，这种模板的精度高，但加工困难，因此制作费用高，适合于大批量生产的高密度 SMT 电子产品；手动操作的简易 SMT 印刷机可以使用薄铜板制作的漏印模板，这种模板容易加工，制作费用低廉，适合于小批量生产的电子产品。非接触式丝网印刷法是传统的方法，制作丝网的费用低廉，印刷锡膏的图形精度不高，适用于大批量生产一般的 SMT 电路板。

4. 漏印模板印刷法的基本原理

漏印模板印刷法的基本原理见图 6.17。

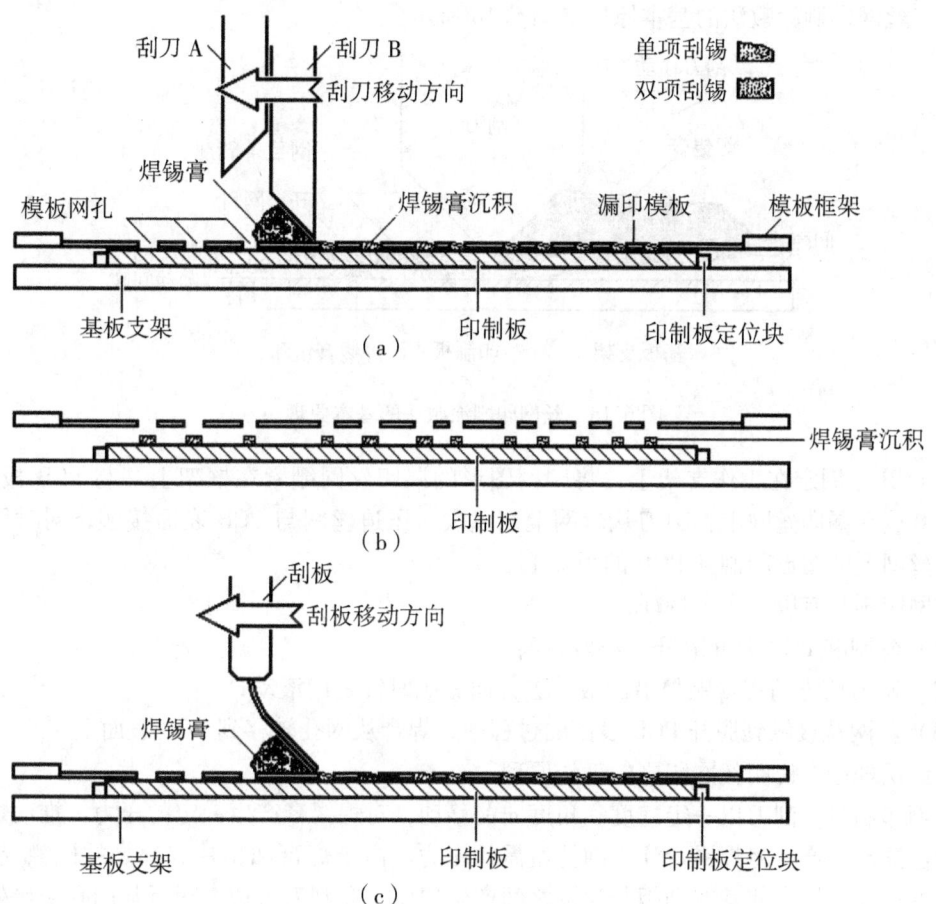

图 6.17 漏印模板印刷法的基本原理

如图 6.17a 所示，将 PCB 板放在工作支架上，由真空泵或机械方式固定，已加工有印刷图形的漏印模板在金属框架上绷紧，模板与 PCB 表面接触，镂空图形网孔与 PCB 板上的焊盘对准，把焊锡膏放在漏印模板上，刮刀（亦称刮板）从模板的一端向另一端移动，同时压刮焊膏通过模板上的镂空图形网孔印制（沉淀）在 PCB 的焊盘上。假如刮刀单向刮锡，沉积在焊盘上的焊锡膏可能会不够饱满；而刮刀双向刮锡，锡膏图形就比较饱满。高档的 SMT 印刷机一般有 A、B 两个刮刀：当刮刀从右向左移动时，刮刀 A 上升，刮刀 B 下降，B

压刮焊膏；当刮刀从左向右移动时，刮刀 B 上升，刮刀 A 下降，A 压刮焊膏。两次刮锡后，PCB 与模板脱离（PCB 下降或模板上升），如图 6.17b 所示，完成锡膏印刷过程。

图 6.17c 描述了简易 SMT 印刷机的操作过程，漏印模板用薄铜板制作，将 PCB 准确定位以后，手持不锈钢刮板进行锡膏印刷。

焊锡膏是一种膏状流体，其印刷过程遵循流体动力学的原理。漏印模板印刷的特征是：

（1）模板和 PCB 表面直接接触；

（2）刮刀前方的焊膏颗粒沿刮刀前进方向做顺时针走向滚动；

（3）漏印模板离开 PCB 表面的过程中，焊膏从网孔转移到 PCB 表面上。

5. 丝网印刷涂敷法的基本原理

用乳剂涂敷到丝网上，只留出印刷图形的开口网目，就制成了非接触式印刷涂敷法所用的丝网。丝网印刷涂敷法的基本原理如图 6.18 所示。

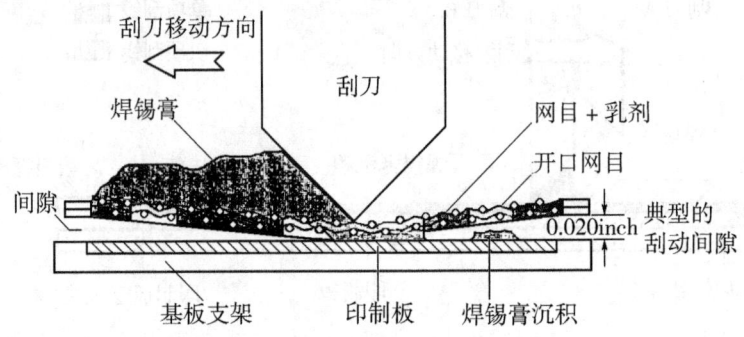

图 6.18 丝网印刷涂敷法的基本原理

将 PCB 板固定在工作支架上，将印刷图形的漏印丝网绷紧在框架上并与 PCB 板对准，将焊锡膏放在漏印丝网上，刮刀从丝网上刮过去，压迫丝网与 PCB 表面接触，同时压刮焊膏通过丝网上的图形印刷到 PCB 的焊盘上。

丝网印刷具有以下 3 个特征：

（1）丝网和 PCB 表面隔开一小段距离；

（2）刮刀前方的焊膏颗粒沿刮板前进方向做顺时针走向滚动；

（3）丝网从接触到脱开 PCB 表面的过程中，焊膏从网孔转移到 PCB 表面上。

下面从理论上说明丝网印刷的工作原理。

丝网印刷时，刮刀以一定速度和角度向前移动，对焊锡膏产生一定的压力，推动焊锡膏在刮刀前滚动，产生将焊锡膏注入网孔所需的压力。由于焊膏和贴片胶都是粘性触变流体，焊膏中的粘性摩擦力使其在刮板与丝网之间产生切变。在刮刀刃边缘附近与网孔交接处，焊膏切变速率最大，这就一方面产生使焊膏注入网孔所需的压力，另一方面切变率的提高也使焊膏黏性下降，有利于焊膏注入网孔。所以当刮刀速度和角度适当时，焊膏将会顺利地注入丝网的网孔。因此，刮刀速度、刮刀与丝网的角度、焊膏黏度和施加在焊膏上的压力，以及由此引起的切变率的大小是影响丝网印刷质量的主要因素。它们相互之间还存在一定制约关系，正确地控制这些参数，就能获得优良的焊锡膏印刷质量。

当刮刀完成压印动作后，丝网回弹脱离 PCB。结果就在 PCB 表面和丝网之间产生一个低压区，由于丝网焊膏上面的大气压与这一低压区存在压差，所以就将焊锡膏从网孔中推向 PCB 表面，形成印刷的焊锡膏图形。如果由于掩膜边界、PCB 上的通孔等与大气接触表面的影响,不能形成低压区,焊锡膏仍留在网孔中,就不能形成印刷的焊锡膏图形。实际上,对于成功的印刷,刮刀速度 v 和焊膏黏度 η 之间遵循下列关系:$\eta \cdot v \leqslant$ 某一恒定值。该恒定值由特定印刷条件决定,与丝网线径、丝网与 PCB 间隙等参数有关。当给定黏度超过某一值时,焊锡膏印刷就不能顺利进行。所以任何给定黏度的焊锡膏,在特定印刷条件下有一个最佳的刮刀速度,而刮刀倾角一般为 45°。

6. 印刷机的主要技术指标

(1) 最大印刷面积:根据最大的 PCB 尺寸确定。

(2) 印刷精度:根据印制板组装密度和元器件的引脚间距或球距的最小尺寸确定,一般要求达到 ±0.025 mm。

(3) 印刷速度:根据产量要求确定。

6.3.2.2 SMT 元器件贴装机

用贴装机或人工的方式,将 SMC/SMD 准确地贴放到 PCB 板上印好焊锡膏或贴片胶的表面相应位置上的过程,叫作贴装(贴片)工序。在目前国内的电子产品制造企业里,主要采用自动贴片机进行自动贴片,也可以采用手工方式贴片。手工贴片现在一般用在维修或小批量的试制生产中。

要保证贴片质量,应该考虑三个要素:贴装元器件的正确性、贴装位置的准确性和贴装压力(贴片高度)的适度性。

1. 贴片工序对贴装元器件的要求

(1) 元器件的类型、型号、标称值和极性等特征标记,都应该符合产品装配图和明细表的要求。

(2) 贴装元器件的焊端或引脚上不小于 1/2 的厚度要浸入焊膏,一般元器件贴片时,焊膏挤出量应小于 0.2 mm;窄间距元器件的焊膏挤出量应小于 0.1 mm。

(3) 元器件的焊端或引脚均应该尽量和焊盘图形对齐、居中。因为再流焊时的自定位效应,元器件的贴装位置允许一定的偏差。

2. 元器件贴装偏差范围

(1) 矩形元器件允许的贴装偏差范围。

如图 6.19a 的元器件贴装优良,元器件的焊端居中位于焊盘上。如图 6.19b 表示元件在贴装时发生横向移位(规定元器件的长度方向为"纵向"),合格的标准是:焊端宽度的 3/4 以上在焊盘上,即 $D_1 \geqslant$ 焊端宽度的 75%;否则为不合格。如图 6.19c 表示元器件在贴装时发生纵向移位,合格的标准是:焊端与焊盘必须交叠;如果 $D_2 \geqslant 0$,则为不合格。如图 6.19d 表示元器件在贴装时发生旋转偏移,合格的标准是:$D_3 \geqslant$ 焊端宽度的 75%;否则为不合格。如图 6.19e 表示元器件在贴装时与焊锡膏图形的关系,合格的标准是:元件焊端必须接触焊锡膏图形;否则为不合格。

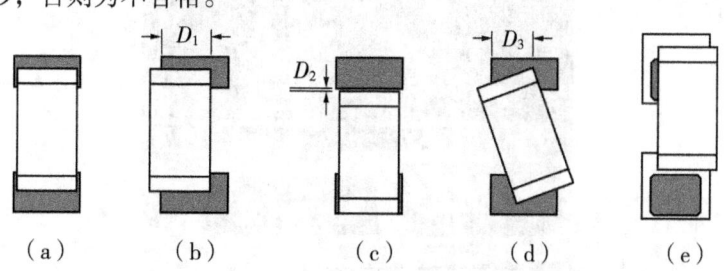

图 6.19 矩形元件贴装偏差

(2) 小外形晶体管（SOT）允许的贴装偏差范围：允许有旋转偏差，但引脚必须全部在焊盘上。

(3) 小外形集成电路（SOIC）允许的贴装偏差范围：允许有平移或旋转偏差，但必须保证引脚宽度的 3/4 在焊盘上。如图 6.20 所示。

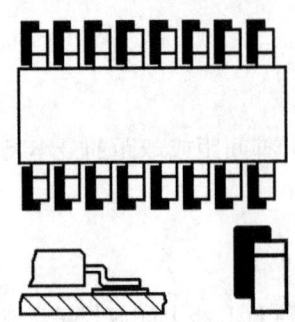
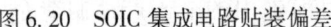

图 6.20　SOIC 集成电路贴装偏差

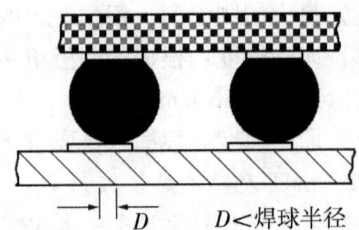

图 6.21　BGA 集成电路贴装偏差

(4) 四边扁平封装器件和超小型器件（QFP，包括 PLCC 器件）允许的贴装偏差范围：要保证引脚宽度的 3/4 在焊盘上，允许有旋转偏差，但必须保证引脚长度的 3/4 在焊盘上。

(5) BGA 器件允许的贴装偏差范围：焊球中心与焊盘中心的最大偏移量小于焊球半径，如图 6.21 所示。

3. 元器件贴装压力（贴片高度）

元器件贴装压力要合适，如果压力过小，元器件焊端或引脚就会浮放在焊锡膏表面，使焊锡膏不能粘住元器件，在传送和再流焊过程中可能会产生位置移动。

如果元器件贴装压力过大，焊膏挤出量过大，容易造成焊锡膏外溢粘连，使再流焊时产生桥接，同时也会造成器件的滑动偏移，严重时会损坏器件。

6.3.2.3　自动贴片机的主要结构

片状元器件贴装机，又称贴片机。自动贴片机相当于机器人的机械手，能按照事先编制好的程序把元器件从包装中取出来，并贴放到印制板相应的位置上。由于 SMT 的迅速发展，国外生产贴片机的厂家很多，其型号和规格也有多种，但这些设备的基本结构都是相同的。贴装机的基本结构包括设备本体、片状元器件供给系统、印制板传送与定位装置、贴装头及其驱动定位装置、贴装工具（吸嘴）、计算机控制系统等。为适应高密度超大规模集成电路的贴装，比较先进的贴装机还具有光学检测与视觉对中系统，保证芯片能够高精度地准确定位。图 6.22 是多功能贴片机。

图 6.22　多功能贴片机

(1) 设备本体。贴片机的设备本体是用来安装和支撑贴装机的底座，一般采用质量大、振动小、有利于保证设备精度的铸铁件制造。

(2) 贴装头，贴装头也叫吸—放头，是贴装机上最复杂、最关键的部分，它相当于机械手，它的动作由拾取—贴放和移动—定位两种模式组成。第一，贴装头通过程序控制，完成三维的往复运动，实现从供料系统取料后移动到电路基板的指定位置上。第二，贴装头的端部有一个用真空泵控制的贴装工具（吸嘴）。不同形状、不同大小的元器件要采用不同的吸嘴拾放：一般元器件采用真空吸嘴，异形元件（例如没有吸取平面的连接器等）用机械爪结构拾放。当换向阀门打开时，吸嘴的负压把 SMT 元器件从供料系统（散装料仓、管装料斗、盘状纸带或托盘包装）中吸上来；当换向阀门关闭时，吸盘把元器件释放到电路基板上。贴装头通过上述两种模式的组合，完成拾取—放置元器件的动作。贴装头还可以用来在电路板指定的位置上点胶，涂敷固定元器件的粘合剂。

贴装头的 $X-Y$ 定位系统一般用直流伺服电机驱动、通过机械丝杠传输力矩，磁尺和光栅定位的精度高于丝杠定位，但后者容易维护修理。

(3) 供料系统。适合于表面组装元器件的供料装置有编带、管状、托盘和散装等几种形式。供料系统的工作状态，根据元器件的包装形式和贴片机的类型而确定。贴装前，将各种类型的供料装置分别安装到相应的供料器支架上。随着贴装进程，装载着多种不同元器件的散装料仓水平旋转，把即将贴装的那种元器件转到料仓门的下方，便于贴装头拾取；纸带包装元器件的盘装编带随编带架垂直旋转，管状和定位料斗在水平面上二维移动，为贴装头提供新的待取元件。

(4) 电路板定位系统。电路板定位系统可以简化为一个固定了电路板的 $X-Y$ 二维平面移动的工作台。在计算机控制系统的操纵下，电路板随工作台沿传送轨道移动到工作区域内，并被精确定位，使贴装头能把元器件准确地释放到一定的位置上。精确定位的核心是"对中"，有机械对中、激光对中、激光加视觉混合对中以及全视觉对中方式。

(5) 计算机控制系统。计算机控制系统是指挥贴片机进行准确有序操作的核心，目前大多数贴片机的计算机控制系统采用 Windows 界面。可以通过高级语言软件或硬件开关，在线或离线编制计算机程序并自动进行优化，控制贴片机的自动工作步骤。每个片状元器件的精确位置，都要编程输入计算机中。具有视觉检测系统的贴装机，也是通过计算机实现对电路板上贴片位置的图形识别。

6.3.2.4 贴片机的主要指标

衡量贴片机的三个重要指标是精度、速度和适应性。

1. 精度

精度是贴装机技术规格中的主要指标之一，不同的贴装机制造厂家，使用的精度体系有不同的定义。精度与贴片机的对中方式有关，其中以全视觉对中的精度最高。一般来说，贴片的精度体系应该包含三个项目：贴装精度、分辨率、重复精度，三者之间有一定的相关关系。

(1) 贴装精度是指元器件贴装后相对于 PCB 上标准贴装位置的偏移量大小，被定义为贴装元器件焊端偏离指定位置最大值的综合位置误差。贴装精度由两种误差组成，即平移误差和旋转误差，如图 6.23 所示。平移误差主要因为 $X-Y$ 定位系统不够精确，旋转误差主要因为元器件对中机构不够精确和贴装工具存在旋转误差。确定地说，贴装 SMC 要求精度达到 ±0.01 mm，贴装高密度、窄间距的 SMD 至少要求精度达到 ±0.06 mm。

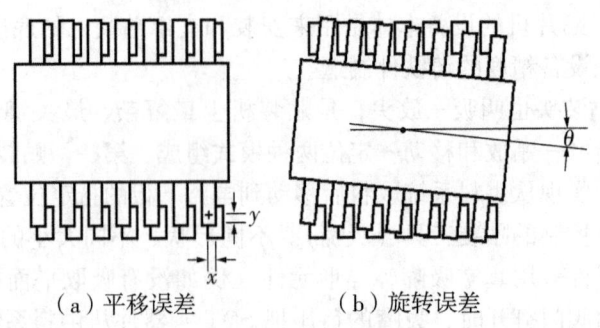

(a) 平移误差　　　　　　(b) 旋转误差

图 6.23　贴片机的贴装精度

（2）分辨率是描述贴装机分辨空间连续点的能力。贴装机的分辨率由定位驱动电机和传动轴驱动机构上的旋转位置或线性位置检测装置的分辨率来决定，它是贴装机能够分辨的距离目标位置最近的点。分辨率用来度量贴装机运行时的最小增量，是衡量机器本身精度的重要指标，例如丝杠的每个步进为 0.01 mm，那么该贴装机的分辨率为 0.01 mm。但是，实际贴装精度包括所有误差的总和，因此，描述贴装机性能时很少使用分辨率，一般在比较不同贴装机的性能时才使用它。

（3）重复精度描述贴片头重复返回标定点的能力。通常采用双向重复精度的概念，它定义为"在一系列试验中，从两个方向接近任一给定点时，离开平均值的偏差"，如图 6.24 所示。

2. 速度

影响贴装机贴装速度的因素有许多，例如 PCB 板的设计质量、元器件供料器的数量和位置等。一般高速机贴装速度高于 0.2s/Chip 元件，目前最高贴装速度为 0.06s/Chip 元件；高精度、多功能机一般都是中速机，贴装速度为 0.3～0.6s/Chip 元件。贴装机速度主要用以下几个指标来衡量。

（1）贴装周期。指完成一个贴装过程所用的时间，它包括从拾取元器件、元器件定心、检测、贴放和返回到拾取元器件的位置这一过程所用的时间。

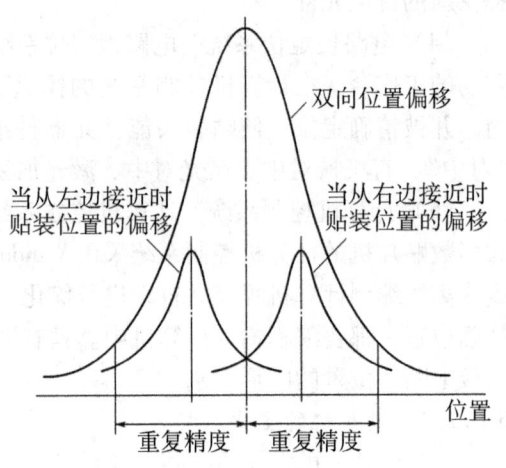

图 6.24　贴片机的重复精度

（2）贴装率。指在一小时内完成的贴装周期数。测算时，先测出贴装机在 50 mm×250 mm 的 PCB 板上贴装均匀分布的 150 只片式元器件的时间，然后计算出贴装一只元器件的平均时间，最后计算出一小时贴装的元器件数量，即贴装率。目前高速贴片机的贴装率可达每小时数万片。

（3）生产量。理论上每班的生产量可以根据贴装率来计算，但由于实际的生产量会受到许多因素的影响，与理论值有较大的差距。影响生产量的因素有生产时停机、更换供料器或重新调整 PCB 板位置等原因。

3. 适应性

适应性是贴装机适应不同贴装要求的能力，包括以下内容。

①能贴装的元器件的种类。贴装元器件种类广泛的贴装机,比仅能贴装 SMC 或少量 SMD 类型的贴装机的适应性好。影响贴装元器件类型的主要因素是贴装精度、贴装工具、定心机构与元器件的相容性,以及贴装机能够容纳供料器的数目和种类。一般高速贴片机主要可以贴装各种 SMC 元件和较小的 SMD 器件(最大约 25 mm × 30 mm);多功能机可以贴装从 1.0 mm × 0.5 mm ~ 54 mm × 54 mm 的 SMD 器件(目前可贴装的元器件尺寸已经达到最小 0.6 mm × 0.3 mm,最大 60 mm × 60 mm),还可以贴装连接器等异形元器件,连接器的最大长度可达 150 mm。

②贴装机能够容纳供料器的数目和种类。贴装机上供料器的容纳量通常用能装到贴装机上的 8 mm 编带供料器的最多数目来衡量。一般高速贴片机的供料器位置大于 120 个,多功能贴片机的供料器位置在 60 ~ 120 个之间。由于并不是所有元器件都能包装在 8 mm 编带中,所以贴装机的实际容量将随着元器件的类型而变化。

③贴装面积。由贴装机传送轨道以及贴装头的运动范围决定。一般可贴装的 PCB 尺寸,最小为 50 mm × 50 mm,最大应大于 250 mm × 300 mm。

④贴装机的调整。当贴装机从组装一种类型的电路板转换到组装另一种类型的电路板时,需要进行贴装机的再编程、供料器的更换、电路板传送机构和定位工作台的调整、贴装头的调整和更换等工作。高档贴装机一般采用计算机编程方式进行调整,低档贴装机多采用人工方式进行调整。

6.3.2.5 贴片机的工作方式和类型

按照贴装元器件的工作方式,贴片机有四种类型:顺序式、同时式、流水作业式和顺序 – 同时式。它们在组装速度、精度和灵活性方面各有特色,要根据产品的品种、批量和生产规模进行选择。目前国内电子产品制造企业里使用最多的是顺序式贴片机。

所谓流水作业式贴装机,是指由多个贴装头组合而成的流水线式的机型,每个贴装头负责贴装一种或在电路板上某一部位的元器件,见图 6.25a。这种机型适用于元器件数量较少的小型电路。

顺序式贴装机见图 6.25b,是由单个贴装头顺序地拾取各种片状元器件,固定在工作台上的电路板,由计算机进行控制作 X – Y 方向上的移动,使板上贴装元器件的位置恰位于贴装头的下面。

同时式贴装机,也叫多贴装头贴片机,是指它有多个贴装头,分别从供料系统中拾取不同的元器件,同时把它们贴放到电路基板的不同位置上,如图 6.25c 所示。

顺序 – 同时式贴装机,则是顺序式和同时式两种机型功能的组合。片状元器件的放置位置,可以通过电路板作 X – Y 方向上的移动或贴装头作 X – Y 方向上的移动来实现,也可以通过两者同时移动实施控制,如图 6.25d 所示。

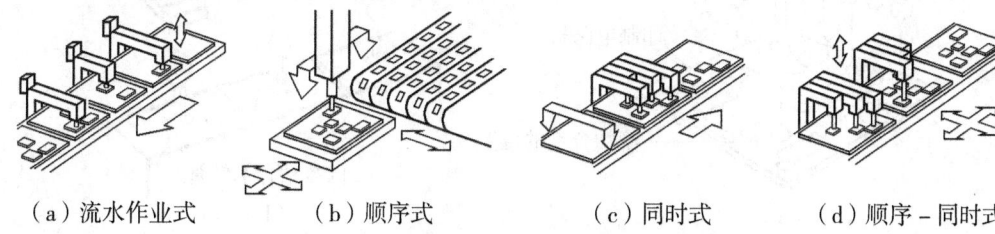

(a)流水作业式　　　(b)顺序式　　　(c)同时式　　　(d)顺序 – 同时式

图 6.25　片状元器件贴装机的类型

在选购贴片机时，必须考虑其贴装速度、贴装精度、重复精度、送料方式和送料容量等指标，使它既符合当前产品的要求，又能适应近期发展的需要。如果对贴片机性能有比较深入的了解，就能够在购买设备时获得更高的性价比。例如，要求贴装一般的片状阻容元件和小型平面集成电路，则可以选购一台多贴装头的贴片机如果还要贴装引脚密度更高的PLCC/QFP器件，就应该选购一台具有视觉识别系统的贴片机和一台用来贴装片状阻容元件的普通贴片机配合起来使用。供料系统可以根据使用的片状元器件的种类来选定，尽量采用盘状纸带式包装，以便提高贴片机的工作效率。

如果企业生产SMT电子产品刚刚起步，应该选择一种由主机加上很多选件组成的中、小型贴片机系统。主机的基本性能好，价格不太高，可以根据需要选购多种附件，组成适应不同产品需要的多功能贴片机。

6.3.2.6 SMT点胶机

与传统的THT技术在焊接前把元器件插装到电路板上不同，SMT技术是在焊接前把元器件贴装到电路板上。显然，采用再流焊工艺流程进行焊接，依靠焊锡膏就能够把元器件粘贴在电路板上传递到焊接工序；对于采用波峰焊工艺焊接双面混合装配、双面分别装配（第二、三种装配方式）的电路板来说，由于元器件在焊接过程中位于电路板的下方，所以必须在贴片时用粘合剂进行固定。用来固定SMT元器件的粘合剂叫作贴片胶。

1. 涂敷贴片胶的方法

涂敷贴片胶到电路板上的常用方法有点滴法、注射法和丝网印刷法。

（1）点滴法。这种方法说来简单，是用针头从容器里蘸取一滴贴片胶，把它点涂到电路基板的焊盘或元器件的焊端上。点滴法只能手工操作，效率很低，要求操作者非常细心，因为贴片胶的量不容易掌握，还要特别注意避免涂到元器件的焊盘上导致焊接不良。

（2）注射法。这种方法既可以手工操作，又能够使用设备自动完成。手工注射贴片胶，是把贴片胶装入注射器，靠手的推力把一定量的贴片胶从针管中挤出来。有经验的操作者可以准确地掌握注射到电路板上的胶量，取得很好的效果。

大批量生产中使用的由计算机控制的点胶机如图6.26所示。图6.26a是根据元器件在电路板上的位置，通过针管组成的注射器阵列，靠压缩空气把贴片胶从容器中挤出来，胶量由针管的大小、加压的时间和压力决定。图6.26b是把贴片胶直接涂到被贴装头吸住的元器件下面，再把元器件贴装到电路板指定的位置上。

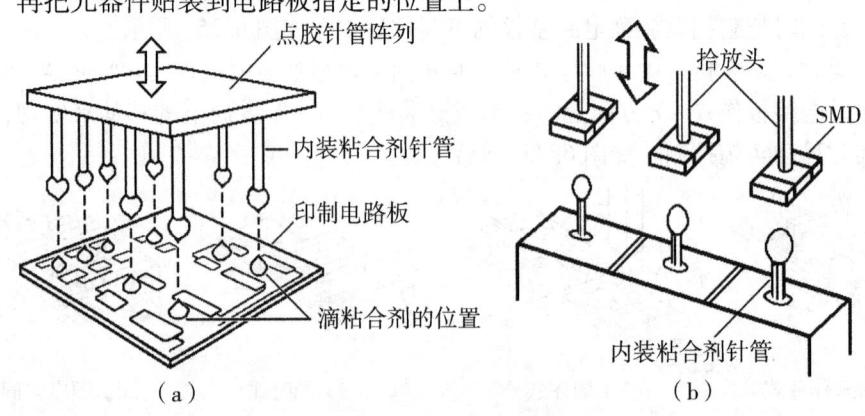

图6.26 自动点胶机的工作原理示意图

点胶机的功能可以用 SMT 自动贴片机来实现：把贴片机的贴装头换成内装贴片胶的点胶针管，在计算机程序的控制下，把贴片胶高速逐一点涂到印制板的焊盘上。

（3）丝网印刷法。用丝网漏印的方法把贴片胶印刷到电路基板上，这是一种成本低、效率高的方法，特别适用于元器件的密度不太高、生产批量比较大的情况。需要注意的关键是，电路基板在丝网印刷机上必须准确定位，保证贴片胶涂敷到指定的位置上，避免污染焊接面。

2．贴片胶的固化

涂敷贴片胶以后进行贴装元器件，这时需要固化贴片胶，把元器件固定在电路板上。固化贴片胶可以采用多种方法，比较典型的方法有三种：

（1）用电热烘箱或红外线辐射，对贴装了元器件的电路板加热一定时间；

（2）在粘合剂中混合添加一种硬化剂，使粘接了元器件的贴片胶在室温中固化，也可以通过提高环境温度加速固化；

（3）采用紫外线辐射固化贴片胶。

3．装配流程中的贴片胶涂敷工序

在元器件混合装配结构的电路板生产过程中，涂敷贴片胶是重要的工序之一，它与前后工序的关系如图 6.27 所示。其中，图 6.27a 是先插装引线元器件，后贴装 SMT 元器件的方案；图 6.27b 是先贴装 SMT 元器件，后插装引线元器件的方案。比较这两个方案，后者更适合用自动生产线进行大批量生产。

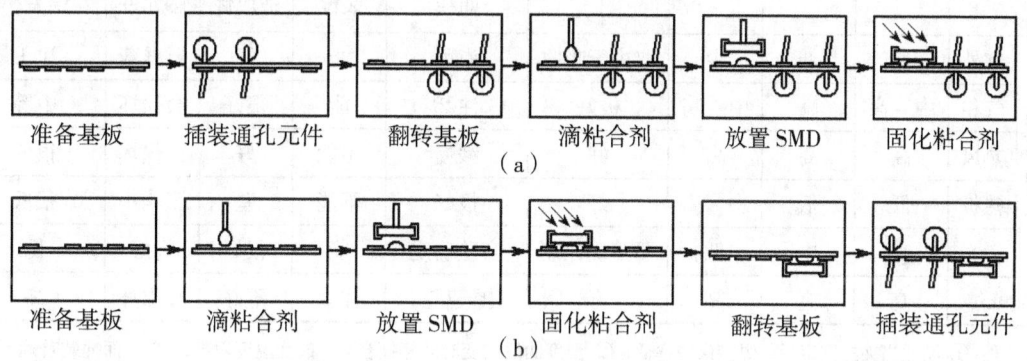

图 6.27　混合装配结构生产过程中的贴片胶涂敷工序

4．涂敷贴片胶的技术要求

有通过光照或加热方法固化的两类贴片胶，涂敷光固型和热固型贴片胶的技术要求也不相同。如图 6.28a 表示光固型贴片胶的位置，因为贴片胶至少应该从元器件的下面露出一半，才能被光照射而实现固化；如图 6.28b 热固型贴片胶的位置，因为采用加热固化的方法，所以贴片胶可以完全被元器件覆盖。

贴片胶滴的大小和胶量，要根据元器件的尺寸和重量来确定，以保证足够的粘结强度为准：小型元件下面一般只点涂一滴贴片胶，体积大的元器件下面可以点涂多个胶滴或点涂大一些的胶滴；胶滴的高度应该保证贴装元器件以后能接触到元器件的底部；胶滴也不能太大，要特别注意贴装元器件后不要把胶挤压到元器件的焊端和印制板的焊盘上，造成妨碍焊接的污染。

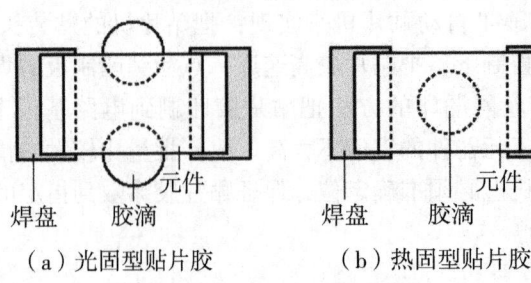

(a) 光固型贴片胶　　　　　　(b) 热固型贴片胶

图 6.28　贴片胶的点涂位置

6.3.2.7　SMT 焊接设备

用波峰焊与再流焊设备焊接 SMT 电路板的方法已经在前文进行了介绍，这里结合 SMT 电路板的组装方式做进一步的比较。一般情况下，波峰焊适用于混合组装（第二、第三种装配方式），再流焊适用于全表面组装（第一种装配方式）。表 6.6 比较了各种设备焊接 SMT 电路板的性能。

表 6.6　各种设备焊接 SMT 电路板的性能比较

焊接方法		初始投资	生产费用	生产效率	温度稳定性	工作适应性				
						温度曲线	双面装配	工装适应性	温度敏感元件	焊接误差率
再流焊	红外	低	低	中	取决于吸收	尚可	能	好	要屏蔽	注①
	气相	中-高	高	中-高	极好	注②	能	很好	会损坏	中等
	热风	高	高	高	好	缓慢	不能	好	会损坏	很低
	热板	低	低	中-高	好	极好	不能	差	影响小	很低
	激光	高	中	低	要精确控制	实验确定	能	很好	极好	低
波峰焊		高	高	高	好	难建立	注③	不好	会损坏	高

注：① 经适当夹持固定后，焊接误差率低；② 温度曲线改变时间停顿容易，改变温度困难；③ 一面插装普通元件，SMC 在另一面。

6.3.2.8　SMT 电路板的焊接检测设备

SMT 电路的小型化和高密度化，使检验的工作量越来越大，依靠人工目视检验的难度越来越高，判断标准也不能完全一致。目前，生产厂家在大批量生产过程中检测 SMT 电路板的焊接质量，广泛使用自动光学检测（AOI）或 X 射线检测技术及设备。这两类检测系统的主要差别在于对不同光信号的采集处理方式的差异。

1. AOI 自动光学检测系统

AOI 的工作原理与贴片机、SMT 印刷机所用的光学视觉系统的原理相同，基本有两种，即设计规则检验法（DRC）和图形识别方法。DRC 法是按照一些给定的设计规则来检查电路图形，它能从算法上保证被检测电路的正确性，统一评判标准，帮助制造过程控制质量，并具有高速处理数据、编程工作量小等特点，但它对边界条件的确定能力较差；图形识别法是将已经储存的数字化设计图形与实际产品图形相比较，按照完好的电路样板或计算机辅助设计时编制的检查程序进行比较，检查精度取决于系统的分辨率和检查程序的设定。这种方法用设计数据代替 DRC 方法中的预定设计原则，具有明显的优越性，但其采集的数据量较大，对系统的实时性反映能力的要求较高。

AOI 系统用可见光（激光）或不可见光（X 射线）作为检测光源，光学部分采集需要检测的图形，由图像处理软件对数据进行处理、分析和判断，不仅能够从外观上检查 PCB 板和元器件的质量，也可以在贴片焊接工序以后检查焊点的质量。AOI 的工作原理模型如图 6.29 所示。

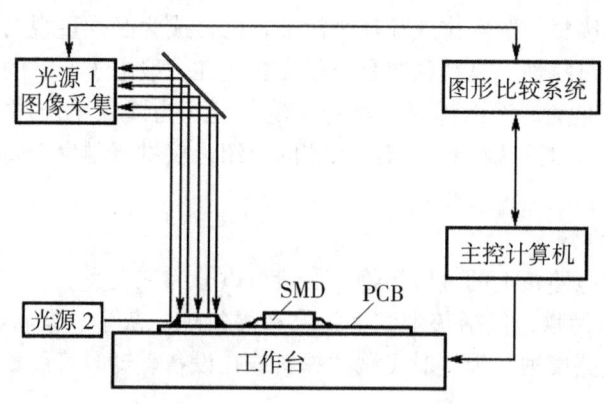

图 6.29　AOI 的工作原理模型

AOI 的主要功能如下：

（1）检查电路板有引线的一面，保证引线焊端排列和弯折适当；

（2）检查电路板正面，判断是否存在元器件缺漏、安装错误、外形损伤、安装方向错误等现象；

（3）检查元器件表面印制的标记质量等。

AOI 系统允许正常的产品通过，发现电路板装配焊接的缺陷，便会记录缺陷的类型和特征，并向操作者发出信号，或者触发执行机构自动取下不良部件送回返修系统。AOI 系统还会对缺陷进行分析和统计，为主控计算机调整制造过程提供依据。AOI 系统使用方便、调整容易。目前市场上出售的 AOI 系统，可以完成的检查项目一般包括元器件缺漏检查、元器件识别、SMD 方向检查、焊点检查、引线检查、反接检查等。参考价格在 0.6 万～17 万美元之间，能够完成的检查内容与售价有关，有些只能完成上述项目中的②、③项。

AOI 系统的不足之处是只能进行图形的直观检验，检测的效果依赖系统的分辨率。它不能检测不可见的焊点和元器件，也不能从电性能上定量地进行测试，条件好的企业一般更多地装备在线测试（ICT）设备。AOI 系统的另一个缺点是价格昂贵。

2．X 射线检测

PLCC、SOJ、BGA、CSP 和 FC 芯片的焊点在器件的下面，用人眼和 AOI 系统都不能检验，因此用 X 射线检测就成为判断这些器件焊接质量的主要方法，国内条件好的企业已经装备了这种设备。现在的 X 射线检测设备大致可以分成以下三种：

（1）X 射线传输测试系统——适用于检测单面贴装了 BGA 等芯片的电路板，缺点是不能区分垂直重叠的焊点。

（2）X 射线断面测试或三维测试系统——它克服了上述缺点，可以进行分层断面检测，相当于工业 CT 机。

(3) X 射线和 ICT 结合的检测系统——用 ICT 在线测试补偿 X 射线检测的不足之处，适用于高密度、双面贴装 BGA 等芯片的电路板。

6.3.2.9 清洗工艺、清洗设备和免清洗焊接方法

1. 清洗工艺和免清洗工艺

电路板在焊接以后，其表面或多或少会留有各种残留污物。为防止由于腐蚀而引起的电路失效，应该进行清洗，去除残留污物。但是，清洗工艺要消耗能源、人力和清洗材料，特别是清洗材料带来的废气、废水排放和环境污染，已经成为必须重视的问题。现在，除非是制造航天、航空类高可靠性、高精度产品，很多企业在一般电子产品的生产过程中，都改用了免清洗材料（主要是免清洗助焊剂）和免清洗工艺，为降低生产成本和保护环境做出了有益的尝试。在这里，对清洗材料和清洗工艺的介绍，仅供研制生产高可靠性、高精度电子产品的技术人员参考。

2. 残留污物的种类

仔细分析焊接后电路板上的残留污物，一般可以分为三大类。

(1) 颗粒性残留污物，包括灰尘、絮状物和焊料球。灰尘、絮状物会吸附环境中的潮气和其他污物导致电路腐蚀；焊接时飞溅的焊料球在设备震动时可能聚集在一起，造成电路短路。

(2) 极性残留污物，包括卤化物、酸和盐，它们来自助焊剂里的活化剂。极性残留污物会降低导体的绝缘电阻，并可能导致印制电路导线锈腐。

(3) 非极性残留污物，包括油脂、蜡和树脂残留物。非极性残留物的特性是绝缘的，虽然它们不会引起电路短路，但在潮湿的环境中会使电路板出现粉状或泡状腐蚀。

颗粒性残留污物，可以采用高压喷射或超声波等机械方式清除；而极性和非极性残留污物，应该使用溶剂在清洗设备中将其去除。

3. 溶剂的种类和选择

清除极性和非极性残留污物，要使用清洗溶剂。清洗溶剂分为极性溶剂和非极性溶剂两大类：极性溶剂包括酒精、水等，可以用来清除极性残留污物；非极性溶剂有氯化物和氟化物两种，如三氯乙烷、F-113 等，可以用来清除非极性残留污物。由于大多数残留污物是非极性和极性物质的混合物，所以，实际应用中通常使用非极性和极性溶剂混合后的溶剂进行清洗，混合溶剂由两种或多种溶剂组成。混合溶剂能直接从市场上购买，产品说明书会说明其特点和适用范围。

选择溶剂，除了应该考虑与残留污物类型相匹配以外，还要考虑一些其他因素：去污能力、性能、与设备和元器件的兼容性、经济性和环保要求。

4. 溶剂清洗设备

溶剂清洗设备用于清除电路板上的残留污物，按使用的场合不同，可分为在线式清洗器和批量式清洗器两大类，每一类清洗器中都能加入超声波冲击或高压喷射清洗功能。

这两类清洗设备的清洗原理是相同的，都采用冷凝-蒸发的原理清除残留污物。主要步骤是：将溶剂加热使其产生蒸气，将较冷的被清洗电路板置于溶剂蒸气中，溶剂蒸气冷凝在电路板上，溶解残留污物，然后，将被溶解的残留污物蒸发掉，被清洗电路板冷却后再置于溶剂蒸气中。循环上述过程数次，直到把残留污物完全清除。

在线式清洗器用于大批量生产的场合。它的操作是全自动的，它有全封闭的溶剂蒸发系

统,能够做到溶剂蒸气不外泄。在线式清洗器可以使用高压倾斜喷射和扇形喷射的机械去污,特别适用于表面安装电路板的清洗。

批量式清洗器适用于小批量生产的场合,如在实验室中应用。它的操作是半自动的,溶剂蒸气会有少量外泄,对环境有影响。

5. 水溶液清洗

水是一种成本较低且对多种残留污物都有一定清洗效果的溶剂,特别是在目前环保要求越来越高的情况下,有时只能使用水溶液进行清洗。水对大多数颗粒性、非极性和极性残留污物都有较好的清洗效果,但对硅脂、树脂和纤维玻璃碎片等电路板焊接后产生的不溶于水的残留污物没有效果。在水中加入碱性化学物质,如肥皂或胺等表面活性剂,可以改善清洗效果。除去水中的金属离子,将水软化,能够提高这些添加剂的效果并防止水垢堵塞清洗设备。因此,清洗设备中一般使用软化水。

6. 免清洗焊接技术

传统的清洗工艺中通常要用到CFC类清洗剂,而CFC对臭氧层有破坏作用,所以被逐渐禁用。这样,免清洗焊接技术就成为解决这一问题的最好方法。对于一般电子产品,采用免清洗助焊剂并在制造过程中减少残留污物,例如保持生产环境的清洁、工人戴手套操作避免油污、水汽沾染元器件和电路板、焊接时仔细调整设备和材料的工艺参数,就能够减除清洗工序,实现免清洗焊接。但对于高精度、高可靠性产品,上述方法还不足以实现免清洗焊接,必须采取进一步的技术措施。

目前有两种技术可以实现免清洗焊接,一种是惰性气体焊接技术,另一种是反应气氛焊接技术。

(1) 惰性气体焊接技术。在惰性气体中进行波峰焊接和再流焊接,使SMT电路板上的焊接部位和焊料的表面氧化被控制到最低限度,形成良好的焊料润湿条件,再用少量的弱活性焊剂就能获得满意的效果。常用的惰性气体焊接设备,有开放式和封闭式两种。

开放式惰性气体焊接设备采用通道式结构,适用于波峰焊和连续式红外线再流焊。用氮气降低通道中的氧气含量,从而降低氧化程度,提高焊料润湿性能,提高焊接的可靠性。但开放式惰性气体焊接设备的缺点是要用到甲酸物质,会产生有害气体;并且其工艺复杂,成本高。

封闭式惰性气体焊接设备也采用通道式结构,只是在通道的进出口设置了真空腔。在焊接前,将电路板放入真空腔,封闭并抽真空,然后注入氮气,反复抽真空、注入氮气的操作,使腔内氧气体积分数小于 5×10^{-6}。由于氮气中原有氧气的体积分数也小于 3×10^{-6},所以腔内总的氧气体积分数小于 8×10^{-6}。然后让电路板通过预热区和加热区。焊接完毕后,电路板被送到通道出口处的真空腔内,关闭通道门后,取出电路板。这样,整个焊接在全封闭的惰性气体中进行,不但可以获得高质量的焊接,而且可以实现免清洗。

封闭式惰性气体焊接可用于波峰焊、红外和强力对流混合的再流焊,由于在氮气中焊接,减少了焊料氧化,使润湿时间缩短,润湿能力提高,提高了焊接质量而且很少产生飞溅的焊料球,电路极少污染和氧化。由于采用封闭式系统,能有效地控制氧气及氮气浓度。在封闭式惰性气体焊接设备中,风速分布和送风结构是实现均匀加热的关键。

(2) 反应气氛焊接技术。反应气氛焊接是将反应气氛通入焊接设备中,从而完全取消助焊剂的使用,反应气氛焊接技术是目前正在研究和开发中的技术。

6.3.2.10 SMT 电路板维修工作站

对采用 SMT 工艺的电路板进行维修，或者对品种变化多而批量不大的产品进行生产的时候，SMT 维修工作站能够发挥很好的作用。维修工作站实际是一个小型化的贴片机和焊接设备的组合装置，但贴装、焊接片状元器件的速度比较慢。大多维修工作站装备了高分辨率的光学检测系统和图像采集系统，操作者可以从监视器的屏幕上看到放大的电路焊盘和元器件电极的图像，使元器件能够高精度地定位贴装。高档的维修工作站甚至有两个以上摄像镜头，能够把从不同角度摄取的画面叠加在屏幕上。操作者可以看着屏幕仔细调整贴装头，让两幅画面完全重合，实现多引脚的 SOJ、PLCC、QFP、BGA、CSP 等器件在电路板上准确定位。

SMT 维修工作站都备有与各种元器件规格相配的红外线加热炉、电热工具或热风焊枪，不仅可以用来拆焊那些需要更换的元器件，还能熔融焊料，把新贴装的元器件焊接上去。

目前，国内企业中常见的 SMT 维修工作站大多是进口设备，德国 ERSA 公司和美国 OK 公司制造的机型是知名品牌的维修工作站。图 6.30 是 ERSA 公司的 IR-550 维修工作站的外观。

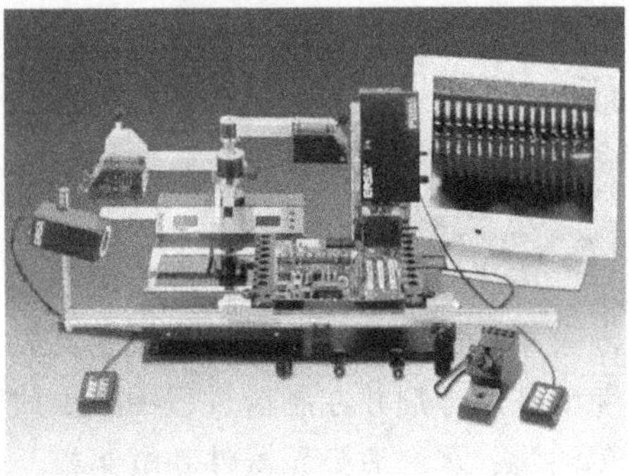

图 6.30 ERSA IR-550 维修工作站

6.3.2.11 SMT 生产线的设备组合

SMT 生产线的主要设备包括锡膏印刷机、点胶机、贴装机、再流焊炉和波峰焊机。辅助设备有检测设备、返修设备、清洗设备、干燥设备和物料存储设备等。按照自动化程度，SMT 生产线可以分为全自动和半自动生产线；按照生产规模的大小，又可以分为大型、中型和小型生产线。

全自动生产线是指整条生产线的设备都是全自动设备，通过电路板自动装载机（上板机）、缓冲连接线和自动卸板机，将所有生产设备连接成一条自动生产线；半自动生产线主要因为印刷机是半自动的，需要人工印刷或人工装卸电路板，使生产设备线不能自动连接或没有完全连接起来。

大型生产线具有较大的生产能力，单面贴装生产线上的贴装设备由一台多功能贴装机和多台高速贴装机组成；靠自动翻板机把两条单面贴装生产线连接起来，就构成了双面贴装生产线。

适合中小企业和研究单位使用的中、小型 SMT 生产线，可以是全自动或半自动线，满足多品种或单一品种的要求。如果生产量不大，其中的贴装设备一般选用较高速度的中、小型多功能贴片机；如果有一定的生产量，则由一台多功能贴装机和两台高速贴装机组成。中、小型 SMT 自动生产流水线设备配置平面图如图 6.31 所示。

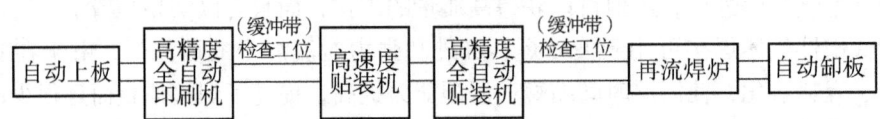

图 6.31 中、小型 SMT 自动生产流水线设备配置平面图

思考题与习题

1. 试比较 SMT 与通孔基板式 PCB 安装的差别。SMT 有何优越性?
2. 试分析表面安装元器件有哪些显著特点。
3. 试写出下列 SMC 元件的长和宽（mm）：1206，0805，0603，0402。
4. 试说明下列 SMC 元件的含义：3216C，3216R。
5. 片状元器件有哪些包装形式?
6. 请说明集成电路 DIP 封装结构具有哪些特点? 有哪些结构形式?
7. 试叙述 SMT 印制板波峰焊接的工艺流程。
8. 试叙述 SMT 印制板再流焊的工艺流程。
9. 试说明 SMT 装配过程中粘合剂涂敷工序在工艺流程中的位序。
10. 什么叫气泡遮蔽效应? 什么叫阴影效应? SMT 采用哪些新型波峰焊接技术?
11. 涂敷贴片胶有几种方法? 请详细说明。
12. 涂敷贴片胶有哪些技术要求?

第 7 章 电子产品的调试工艺

教学基本要求

- 掌握一般电子电路的调试方法，知道调试电路所需要使用的仪器设备；
- 掌握半导体收音机电路的工作原理和调试方法；
- 会使用调试电路所用的仪器设备，会调试收音机电路。

电子产品的调试工艺包括调整和测试两部分，通常统称为调试。装配工作只是把电子元器件按照电路要求连接起来，由于每个元器件特性的参数差异，其综合结果会使电路性能出现较大的偏差，使得整机电路的各项指标达不到设计的要求。所以在电子产品装配完成之后，必须通过调整与测试，以使整机产品达到规定的技术要求。

在电子行业有句话叫作"三分装七分调"，可见电子产品调整与测试的重要性。

7.1 电子产品的调试设备与调试内容

电子产品调试需要仪器设备和工具，最基本的仪器设备有信号源、万用表、示波器、直流稳压电源等。

7.1.1 电子产品调试通用仪器设备

常规的电子产品调试需配置一些通用的仪器设备，如信号源、万用表、示波器、可调直流稳压电源等。根据电子产品的不同还需要配置专用的仪器设备，如扫描仪、频谱分析仪、集中参数测试仪等。

对于特定的电子产品的调试，又可分为两种情况：一是对小批量多品种，一般是以通用仪器加上专用仪器，即可以完成对产品的调试工作；二是大批量生产，应以专用调试设备为主，主要是提高生产效率。

通用调试仪器是针对电子设备的一项电参数或多项电参数的测试而设计的，可检测多种产品的电参数，例如示波器、函数发生器等。

专用调试仪器是为一个或几个电子产品进行调试而专门设计的，其功能单一，可检测产品的一项或几项参数，如电冰箱测漏仪等。

7.1.2 电子产品的调试内容

具体说来，调试工作的内容有以下几点：
(1) 明确电子产品调试的目的和要求。
(2) 正确合理地选择和使用测试仪器仪表。
(3) 按照调试工艺对电子产品进行调整和测试。

（4）运用电路和元器件的基础理论知识去分析和排除调试中出现的故障。

（5）对调试数据进行分析和处理。

（6）编写调试工作总结，提出改进意见。

调整主要是对电路参数的调整，一般是对电路中的可调元器件，例如电位器、可调电容、可调电感等以及相关的机械部分进行调整，使电路达到预定的功能和性能要求。

测试主要是对电路的各项技术指标和功能进行测量和试验，并同设计指标进行比较，以确定电路是否合格。

调整与测试是相互依赖、相互补充的，在实际工作中，两者是一项工作的两个方面，测试、调整、再测试、再调整，直到实现电路的设计指标为止。

调试是对装配技术的总检查，装配质量越高，调试的直通率就越高，各种装配缺陷和错误都会在调试中暴露。调试又是对设计工作的检验，凡是在设计时考虑不周或存在工艺缺陷的地方，都可以通过调试来发现，并为改进和完善产品质量提供保证。

调试工作一般在装配车间进行，严格按照调试工艺文件进行调试。比较复杂的大型产品，根据设计要求，可在生产厂进行部分调试工作或粗调，然后在安装场所或试验基地按照技术文件的要求进行最后安装及全面调试工作。

7.1.3 电子产品的调试程序

由于电子产品的种类繁多，电路复杂，各种设备单元电路的种类及数量也不同，所以调试程序也不尽相同。

对一般电子产品来说，调试程序大致如下。

7.1.3.1 通电检查

先置电源开关于"关"位置，检查电源变换开关是否符合要求（是交流220V还是110V），保险丝是否装入，输入电压是否正确，然后插上电源插头，打开电源开关通电。

接通电源后，电源指示灯亮，此时应注意有无放电、打火、冒烟现象及有无异常气味，手摸感觉电源变压器有无过热。若有这些现象，立即停电检查。另外，还应检查各种保险、开关、控制系统是否起作用，各种风冷水冷系统能否正常工作。

7.1.3.2 电源调试

电子产品大都具有电源电路，调试工作首先要进行电源部分的调试，然后才能顺利进行其他项目的调试。电源调试通常分为如下两个步骤。

（1）电源空载

电源电路的调试通常先在空载状态下进行，目的是避免因电源电路未经调试而加载，引起部分电子元器件的损坏。

调试时，插上电源部分的印制板，测量有无稳定的直流电压输出，判断其值是否符合设计要求，并调节取样电位器使之达到预定的设计值；测量电源各级的直流工作点和电压波形，检查工作状态是否正常，有无自激振荡等。

（2）加负载时电源的细调

在初调正常的情况下，加上额定负载，再测量各项性能指标，观察是否符合额定的设计要求。当达到要求的最佳值时，选定有关调试元器件，锁定有关电位器等调整元器件，使电源电路具有加载时所需的最佳功能状态。

有时为了确保负载电路的安全，在加载调试之前，先在等效负载下对电源电路进行调度,以防匆忙接入的负载电路受到冲击。

7.1.3.3 分级分板调试

电源电路调好后,可进行其他电路的调试。这些电路通常按单元电路的顺序,根据调试的需要及方便,由前到后或从后到前依次插入各部件或印制电路板,对其应分别进行调试。首先检查和调整静态工作点,然后进行各参数的调整,直到各部分电路均符合技术文件规定的各项指标为止。注意,在调整调频部件时,为了防止工业干扰和强电磁场的干扰,调整工作最好在屏蔽室内进行。

7.1.3.4 整机调整

各部件调整好之后,把所有的部件及印制电路板全部插上,进行整机调整,检查各部分连接有无影响,以及机械结构对电气性能的影响等。整机电路调整好之后,测试整机总的消耗电流和功率。

7.1.3.5 整机性能指标的测试

经过调整和测试,确定并紧固各调整元器件。在对整机装调质量进一步检查后,对产品进行全参数测试,各项参数的测试结果均应符合技术文件规定的各项技术指标。

7.1.3.6 环境试验

有些电子产品在调试完成之后,需进行环境试验,以考验其在相应环境下正常工作的能力。环境试验包括温度、湿度、气压、振动、冲击和其他环境试验,应严格按照技术文件规定执行。

7.1.3.7 整机通电老化试验

大多数电子产品在测试完成之后,需进行整机通电老化试验,目的是提高电子产品工作的可靠性。老化试验应按产品技术条件的规定进行。

7.1.3.8 参数复调

经整机通电老化试验后,整机各项技术指标会有一定程度的变化,通常还需进行参数复调,使交付使用的产品具有最佳的技术状态。

调试工作对工作者的技术和综合素质要求较高,特别是样机调试工作是技术含量更高的工作,没有扎实的电子技术基础和一定的实践经验是难以胜任的。

7.2 电子产品的调试类型

电子产品的调试有两种类型:一种是样机产品调试,另一种是批量产品调试。

7.2.1 样机产品调试

样机产品调试,不单纯指电子产品试制过程中制作的样机,而是泛指各种试验电路。样机产品的调试过程如图 7.1 所示,其中故障检测占了很大比例,而且调试和检测工作都是由同一个技术人员完成的。样机产品调试不是一道生产工序,而是产品设计的过程之一,是产品定型和完善的必经环节。

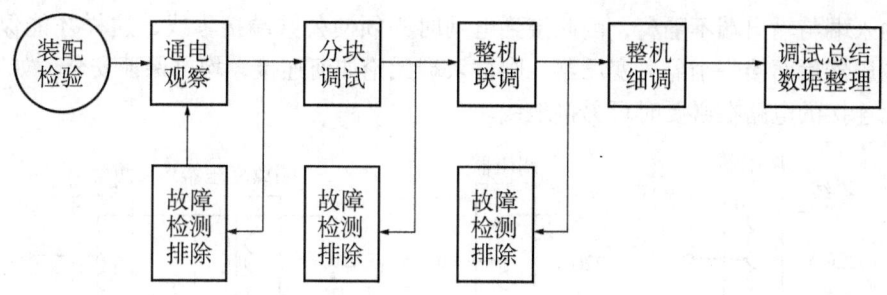

图 7.1 样机调试的过程

7.2.1.1 样机调试工作的技术准备

调试样机前一定要准备好样机的电路原理图、印制电路图、零件装配图、主要元器件接线图和产品的主要技术参数，如果不是自己设计的样机，还要先熟悉样机的工作原理、主要技术指标和功能要求。

7.2.1.2 样机调试工作的条件准备

根据样机的大小准备好调试场地和电源，准备好必需的仪器仪表及辅助设备，对测试仪器设备先进行检查保证其完好和测量精度。在调试有高压危险的电路时，应在调试场地铺设绝缘胶垫并在调试现场挂出警示标记。

7.2.1.3 在样机调试工作中要确认测试点和需调整元器件

如果对样机不熟悉，应先在装配图上标记出测试点和调整点，并尽可能给出测试参数范围和波形图等技术资料。

7.2.1.4 样机调试工作的调试要点

(1) 电源第一

对本身带电源的样机，一定要先调好电源，具体调试时可以按以下顺序进行：先空载初调，然后加载细调。

(2) 先静后动

进行样机调试时要先进行静态调试，后进行动态调试。对模拟电路而言，先不加输入信号，并将输入端接地，即可进行直流测试，包括测量各部分电路的直流工作点、静态电流等参数。若测量时发现参数不符合技术要求，要进行调整，使之符合设计要求。动态调试是指给电路加上输入信号，然后测量和调整电路。典型的模拟电子产品（如收音机、电视机等产品）的调试过程都是按这些顺序进行的。对数字电路来说，静态调试是指先不给电路送入数据而测量各逻辑电路的有关直流参数，然后再输入数据进行逻辑电路的输出状态测量和功能调整。

(3) 先分后合

对多级信号处理电路或多种功能组合电路，要采用先分级或分块调试，最后进行整理或整个系统调试的方法。这种方法一方面使调试工作条理清楚，另一方面可以避免因一部分电路失常影响或损坏其他电路。

(4) 使用稳压电源进行调试

样机在第一次通电时要采用外接的稳压电源，可避免意外损失。等电路正常工作后，再接入已调好的样机电源。

当调试设备需要使用调压变压器时，要注意调压器的接法，如图 7.2 所示。由于调压变压器的输入端与输出端不隔离,因此接到电网时必须使公共端接零线,这样才能保证安全。如果在调压器后面接一个隔离变压器,则输入端无论如何连接,均可保证安全,如图7.3所示。后面连接的电路在必要时可另接地线。

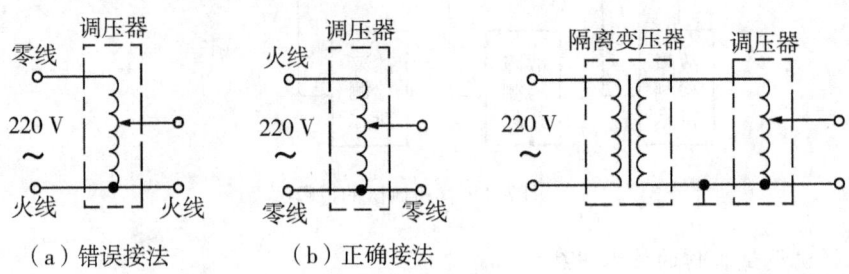

图7.2　调压器的接法　　　　　　　　图7.3　使用隔离变压器

7.2.2　批量产品的调试

批量产品调试是大规模生产过程中的一道工序,也是保证产品质量的重要环节。批量产品调试的过程如图7.4所示。

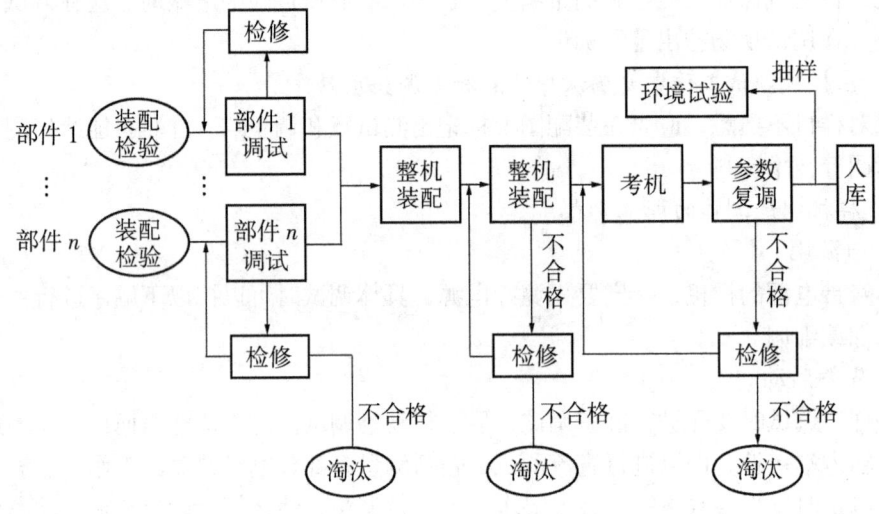

图7.4　批量产品调试的过程

采用高集成度专用集成电路和大规模、超大规模通用集成电路,采用高质量的电路元器件再加上SMT技术,高可靠性的制造技术使电子产品走出了传统的反复调整和测试的模式,进而向免调整、少测试的方向发展。

1. 批量产品调试的特点

批量产品调试在很大程度上是个操作问题,在调试过程中表现如下几方面的特点。

(1) 在正常情况下基本没有大的调整,不涉及产品工艺是否正确这样的问题。

(2) 批量产品调试仅解决元器件特性参数的微小差别,或是在可调元件的调整范围内对元件的参数加以调整,一般不会出现更换器件的问题。

(3) 由于在批量生产时往往采用流水作业,所以在产品调试中如果发现有装配性故障,则故障基本上带有普遍性。

（4）产品调试是装配车间的一个工序，调试要求和操作步骤完全按调试工艺卡进行，因此产品调试的关键是制定合理的工艺文件。产品调试的质量往往还同生产管理和质量管理水平有直接关系，而不仅是调试人员本身的技术水平问题。

2. 产品调试方案的内容

无论是整机调试还是部件调试，在具体生产线上都是由若干个工作岗位完成的，因此调试方案的制定是很重要的。

调试方案是指制订出一套适合某一类电子产品调试的内容及做法，使调试工作进行顺利并能取得良好的效果。它应包括以下基本内容：

（1）调试内容应根据国家或企业颁布的标准及待测产品的等级规格具体拟定。

（2）测试设备（包括各种测量仪器、工具、专用测试设备等）的选用。

（3）调试方法及具体步骤。

（4）测试条件与有关注意事项。

（5）调试安全操作规程。

（6）调试所需要的数据资料及记录表格。

（7）调试所需要的工时定额。

（8）测试责任者的签署及交接手续。

以上所有的内容都应在有关的工艺文件及表格中反映出来。

3. 制订调试方案的基本原则

对不同的电子产品，其调试方案是不同的，但是制订的原则方法具有如下共同点：

（1）根据产品的规格、等级及商品的主要走向，确定调试的项目及主要的性能指标。

（2）在深刻理解该产品的工作原理及性能指标的基础上，着重了解电路中影响产品性能的关键元器件及部件的作用、参数及允许变动的范围，这样不仅可以保证调试的重点，还可提高调试的工作效率。

（3）考虑好各个部件本身的调整及相互之间的配合，尤其是各个部分的配合，因为这往往影响到整机性能的实现。

（4）调试样机时，要考虑到批量生产时的情况及要求，即要保证产品性能指标在规定范围内的一致性，不然的话，将影响到产品的合格率及可靠性。

（5）要考虑到现有的设备及条件，使调试方法、步骤合理可行，使操作者安全方便。

（6）尽量采用先进的工艺技术，以提高生产效率及产品质量。

（7）在调试过程中，不要放过任何不正常现象，及时分析总结，采取新的措施予以改进提高，为新的调试工艺提供宝贵的经验与数据。

（8）调试方案的制订，要求调试内容订得越具体越好；测试条件要写得仔细清楚；调试步骤应有条理性；测试数据尽量表格化，便于观察了解及综合分析；安全操作规程的内容要具体，要求明确。

7.3 电子产品的测试方法

检测电子产品的关键在于采用合适的方法，以便发现、判断和确定产生故障的部位和原因，这样就可以对产品进行维修。检查故障的方法有很多，下面是一些最基本的检查方法。

7.3.1 观察法

观察法是凭人的感官对故障原因进行判断。

1. 设备不通电时的观察

在不通电的情况下，仪器设备面板上的开关、旋钮、刻度盘、插口、接线柱、探测器、指示电表和显示装置、电源插线、熔丝管插塞等都可以用观察法来判断有无故障。对仪器的内部元器件、零部件、插座、电路连线、电源变压器、排气风扇等也可以用观察法来判断有无故障。观察元件有无烧焦、变色、漏液、发霉、击穿、松脱、开焊、短线等现象，一经发现，应立即予以排除，通常就能修复设备。

2. 设备通电时的观察

在设备通电的情况下，凭感官的感觉对故障部位及原因进行判断，是查找故障的重要方法。

如果在不通电观察中未能发现问题，就应采用"通电观察"进行检查。通电观察法特别适用于检查元器件跳火、冒烟、有异味、烧熔丝等故障。为了防止故障的扩大，以及便于反复观察，通常要采用逐步加压法来进行通电观察。

采用逐步加压法时，可使用调压器来供电，其测试电路的接法示意图如图7.5所示。

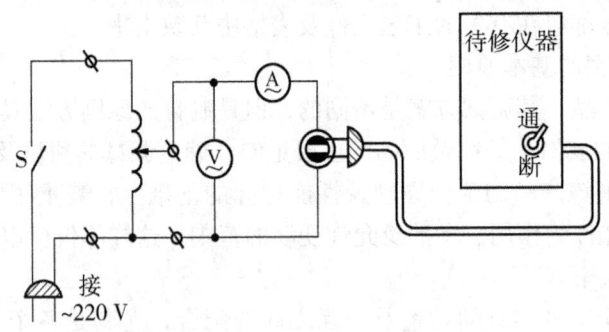

图 7.5　采用逐步加压法测试的线路连接示意图

在逐步加压的过程中，若发现设备中有元器件发红、跳火、冒烟，或整流桥很烫，或电解电容器发烫、有吱吱声，以及电源变压器和电阻器发烫、发黑、冒烟、跳火等现象时，应立即切断电源，并将调压器的输出退回到0V。如一时看不清楚损坏的器件，可以再开机进行逐步加压通电观察。

如果在加压不大的情况下（十几伏或几十伏），交流电流指示值已有明显增大，这表明仪器设备内部有短路故障存在。此时应将调压器的输出电压调回到0采用逐步加压法，然后将被修的仪器设备的电路分割，再进行开机逐步加压测试。当电流指示恢复正常时，说明被分割的电路有短路故障。

7.3.2 电阻法

在设备不通电的情况下，利用万用表的电阻档对设备进行检查，是确定故障范围和确定元件是否损坏的重要方法。

对电路中的晶体管、场效应管、电解电容器、插件、开关、电阻器、印制电路板的铜箔、连线都可以用测量电阻法进行判断。在维修时，先采用"测量电阻法"，对有疑问的电路元器件进行电阻检测,可以直接发现损坏和变值的元件,对元件和导线虚焊等故障也是一个有效的检测方法。

采用"测量电阻法"时,可以用万用表的 R×1 档检测通路电阻,必要时应将被测点用小刀刮干净后再进行检测,以防止因接触电阻过大造成错误判断。

采用"测量电阻法"时,要注意如下几点:

(1) 不能在仪器设备接通电源的情况下检测各种电阻。
(2) 检测电容器时应先对电容进行放电,然后脱开电容的一端再进行检测。
(3) 测量电阻元件时,如电阻和其他电路连通,应脱开被测电阻的一端,然后再进行检测。
(4) 对于电解电容和晶体管的检测,应注意测试表笔(棒)的极性,不能搞错。
(5) 万用表电阻档的档位选用要适当,否则不但检测结果不正确,甚至会损坏被测元器件。

7.3.3 电压法

测量电压法是通过测量被修仪器设备的各部分电压,与设备正常运行时的电压值进行对照,找出故障所在部位的一种方法。

检查电子设备的交流供电电源电压和内部的直流电源电压是否正常,是分析故障原因的基础,所以在检修电子仪器设备时,应先测量电源电压,往往会发现问题,查出故障。

对于已确定电路故障的部位,也需要进一步测量该电路中的晶体管、集成电路等各引脚的工作电压,或测量电路中主要节点的电压,看数据是否正常,这对于发现故障和分析故障原因,均极有帮助。因此,当被修仪器设备的技术说明书中,附有电路工作电压数据表、电子器件的引脚对地电压值、电路上重要节点的电压值等维修资料时,应先采用测量电压法进行检测。

对于电路中电流的测量,也通常采用测量被测电流所流过的电阻器的两端电压,然后借助欧姆定律进行间接推算。

7.3.4 替代法

替代法又称为试换法,是对可疑的元器件、部件、插板、插件乃至半台机器,采用同类型的部件通过替换来查找故障的方法。

在检修电子仪器设备时,如果怀疑某个元件有问题但又不能通过检测给出明确的判断,就可以使用与被怀疑器件同型号的元器件,暂时替代有疑问的元器件。若设备的故障现象消失,说明被替代元件有问题。若替换的是某一个部件或某一块电路板,则需要再进一步检查,以确定故障的原因和元件。替换法对于缩小检测范围和确定元件的好坏很有效,特别是对于结构复杂的电子仪器设备进行检查时最为有效。

替换法在下列条件下适用:①有备份件;②有同类型的仪器设备;③有与机内结构完全一样的零部件。用替代法检查的直接目的在于缩小故障部位的检查范围,也可以立即确定有故障的元件。

随着电子仪器设备所用器件集成度的增大,智能化仪器设备迅速增多,使用替换法进行检查逐渐具有重要的地位。在进行具体操作时,要脱开有疑问的有源元器件,使用好的元器件来替代,然后开机观察仪器的反应。对于有开路疑问的电阻器和电容器等元器件,可使用好的元器件直接在板上进行并联焊接,以确定该元器件的好坏。

在进行器件替代后,若故障现象仍然存在,说明被替代的元器件或单元部件没有问题,这也是确定某个元件或某个部件好坏的一种方法。

在进行替代元件的过程中,要切断仪器设备的电源,严禁带电进行操作。

7.4 电子整机产品的调整内容

7.4.1 电子整机产品电路静态工作点的调整

对于电子整机产品各级电路的调整,首先是对各级直流工作状态(静态)的调整,测量各级直流工作点是否符合设计要求。检查静态工作点也是分析判断电路故障的一种常用方法。

1. 晶体管静态工作点的调整

调整晶体管的静态工作点就是调整它的偏置电阻(通常调上偏电阻),使它的集电极电流达到电路设计要求的数值。调整一般是从最后一级开始,逐级往前进行。调试时要注意静态工作点的调整应在无信号输入时进行,特别是变频级,为避免产生误差,可采取临时短路振荡的措施,例如,将双连中的振荡连短路,或调到无台的位置。

各级调整完毕后,接通所有的各级的集电极电流检测点,即可用电流表检查整机静态电流。

2. 集成电路静态的调整

由于集成电路本身的结构特点,其"静态工作点"与晶体管不同,集成电路能否正常工作,一般看其各脚对地电压是否正确。因此只要测量各脚对地电压值并与正常数值进行比较,就可判断其"工作点"是否正常。但有时还需对整个集成块的功耗进行测试,除能判断其能正常工作外,还能避免可能造成电路元器件的损坏。测试的方法是将电流表接入供电电路中,测量电流值,计算出耗散功率,若集成块用正负电源供电,则应分别进行测量,得出总的耗散功率。

对于数字集成电路往往还要测量其输出电平的大小。例如各种门电路就是如此,图7.6为TTL电路的静态调整,R_L 为规定的假负载。

模拟集成电路的种类繁多,调整方法不一,以使用最广泛的集成运放为例,除一般的直流电压测试外,在使用中还要进行零位调整。如图7.7所示,W为外接调零电路,R_2 一般取 R_1 与 R_f 的并联值,如改变输入电阻 R_1,R_2,则需重新调零。

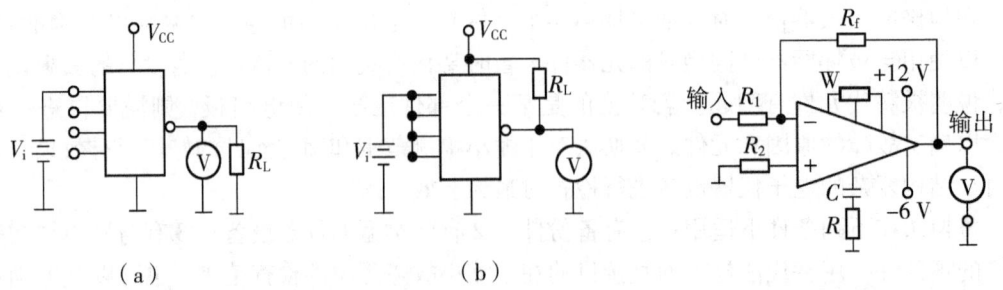

图7.6 TTL电路的静态调整　　　　图7.7 集成运放电路的静态调整

7.4.2 电子整机电路的动态特性调整

1. 波形的观察与测试

波形的观测是电子产品调试工作的一项重要内容。各种整机电路中都有波形的产生、变换和传输的电路。通过对波形的观测来判断电路工作是否正常，已成为测试与维修中的主要方法。观察波形使用的仪器是示波器。通常观测的波形是电压波形，有时为了观察电流波形，可采用电阻变换成电压或使用电流探头。

利用示波器进行调试的基本方法，是通过观测各级电路的输入端和输出端或某些点的信号波形，来确定各级电路工作是否正常。若电路对信号变换处理不符合设计要求，则说明电路某些参数不对或电路出现某些故障，应根据机器和具体情况，逐级或逐点进行调整，使其符合预定的设计要求。

这里需要注意的是，电路在调整过程中，相互间是有影响的。例如在调整静态电流时，中点电位可能发生变化，这就需要反复调整，以达到最佳状态。

示波器不仅可以观察各种波形，而且可以测试波形的各项参数，例如幅度、周期、频率、相位、脉冲信号的前后沿时间、脉冲宽度及调幅信号的调制度等。

2. 频率特性的测量

在分析电路的工作特性时，经常需要了解网络在某一频率范围内输出与输入之间的关系。当输入电压幅度恒定时，网络输出电压随频率而变化的特性称之为网络幅频特性。频率特性的测量是整机测试中的一项主要内容，如收音机中频放大器频率特性测试的结果反映了收音机选择性的好坏；电视接收机的图像质量好坏，主要取决于高频调谐器及中放通道的频率特性。

对频率特性的测量，一般有如下两种方法：

（1）点频法。测试时需保持输入电压不变，逐点改变信号发生器的频率，并记录各点对应的输出幅度的数值。在直角坐标平面描绘出的幅度 – 频率曲线，就是被测网络的频率特性。点频法的优点是准确度高，缺点是繁琐费时，而且可能因频率间隔不够密，而漏掉被测频率中的某些细节。

（2）扫频法。这种方法是利用扫频信号发生器来实现频率特性的自动或半自动测试。因为发生器的输出频率是连续变化的，因此，扫频法简捷、快速，而且不会漏掉被测频率特性的细节。但是，用扫频法测出的动态来讲对于点频法测出的静态特性来讲是存在误差的，因而测量不够准确。用扫频法测频率特性的仪器是"频率特性扫频仪"，简称扫频仪。

3. 瞬态过程的观测

在分析和调整电路时，在有些情况下，为了观测脉冲信号通过电路后的畸变，就会感到应用测量其特性的方法有些繁琐，不够直观。而采用观测电路的过渡特性（瞬态过程）则比较直观，而且能直接观察到输出信号的形状，适合于电路调整。

观测的方法如图 7.8 所示。一般在电路的输入端输入一个前沿很陡的阶跃波或矩形脉冲，而在输出端用示波器观测输出波形的变化，根据波形的变化，就可判断产生变化的原因，明确电路的调整方法。

如图 7.9 所示为方波信号通过放大器后的

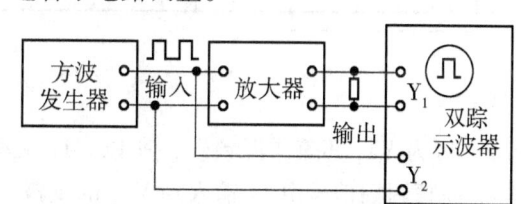

图 7.8 瞬态过程的观测

波形，图 7.9a 为正常波形；图 7.9b 表示高频响应不够宽；图 7.9c 表示低频增益不足；图 7.9d 表示低频响应不足。

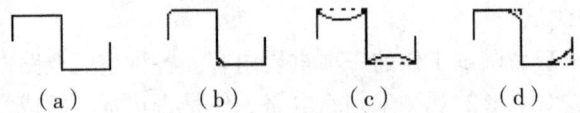

图 7.9　瞬态过程部分波形分析

7.5　超外差式收音机的调试

7.5.1　收音机电路的组成

一款中波调幅式超外差式收音机的电路原理如图 7.10 所示。根据电路功能可划分为以下几个部分。

1. 输入电路

输入电路由可变电容 C_1、补偿电容 C_2 和线圈 L_1 组成。磁性天线从空间接收无线电波后在 L_1 中产生感应电动势。调节可变电容 C_1 使 L_1、C_1、C_2 组成的串联谐振回路的谐振频率等于所需接收信号的载频而产生串联谐振，这时回路阻抗最小、回路电流最大，通过互感耦合在 L_2 两端产生较大互感电动势输送给变频管 VT_1。其他频率的信号因串联回路失谐而被抑制。

2. 变频电路

变频电路由本机振荡器、混频器和中频选频回路三部分组成。本机振荡器以 VT_1 为振荡管，可变电容 C_7、补偿电容 C_8、振荡线圈 L_3 和 C_5 组成本振回路。调节 C_7 可改变本振频率，使本振频率始终比输入回路的谐振频率高 465kHz。

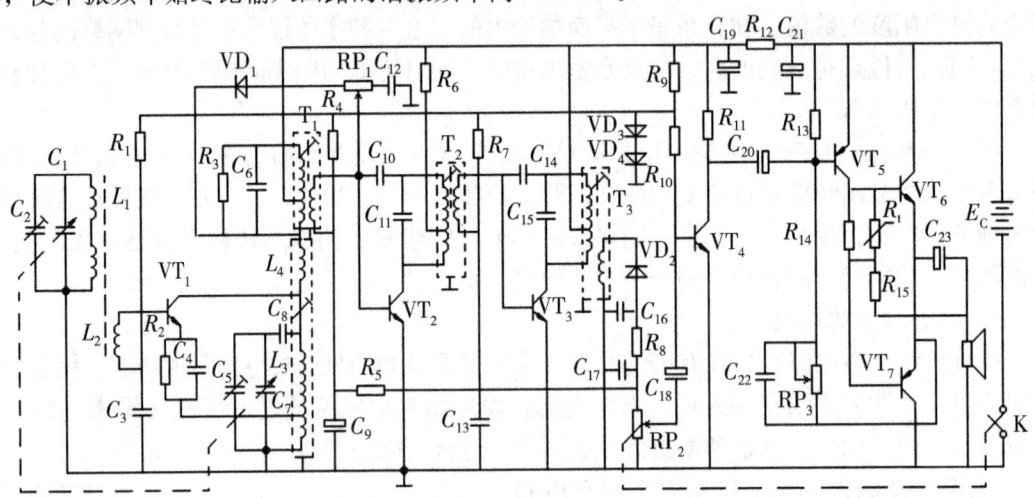

图 7.10　收音机原理图

因为 VT_1 还兼作混频管，所以 VT_1 又称为变频管。R_1、R_2 为偏置电阻，C_3 为旁路电容。高频调幅信号由 L_2 输入到 VT_1 的基极，本振信号由 C_4 耦合到 VT_1 的发射极。因为 VT_1 的静态工作点设置得比较低，因而这个电路具有非线性作用，VT_1 的集电极电流中产生了本振信号和高频调幅信号的差频信号、和频信号等。

在 VT_1 的集电极上接有中频变压器 T_1 和 C_6 组成的中频选频回路,它调谐于 465kHz。中频选频回路从 VT_1 的集电极电流中选出 465kHz 的差频信号——此处称为中频信号（仍是调幅信号），其他频率的信号因回路失谐而被抑制。

3. 中频放大电路

中频放大电路由两级 LC 单调谐放大电路组成。VT_2 为第一中放管,R_4、R_5、RP_2 为它的偏置电阻,C_9 为旁路电容。中频变压器 T_2 与 C_{11} 组成中频选频回路,也调谐于 465kHz,保证对中频信号有良好的选择性。VT_3 为第二中放管,其电路结构与 VT_2 相同。

4. 检波电路

检波器的作用是从 465kHz 的中频调幅信号解调出音频信号,VD_2 为检波二极管,C_{16}、C_{17}、R_8 组成 π 形低通滤波器,RP_2 为检波器的负载电阻,同时又兼做收音机的音量电位器。

从第二中放管 VT_3 输出的中频信号经中频变压器 T_3 耦合,在其次级线圈两端得到中频调幅信号。利用检波二极管 VD_2 的单向导电性削去中频调幅信号的正半周,在 VD_2 的正极得到中频调幅信号的负半周,经 C_{16}、C_{17}、R_8 滤去其中的中频成分,在 RP_2 两端得到包括音频信号成分和直流成分的电压,在 RP_2 的滑动端输出的信号经 C_{18} 通交隔直（使交流信号通过,阻隔直流信号）后音频信号耦合到下一级音频放大电路。R_9、R_{10} 是偏置电阻。

5. 自动增益控制电路 AGC

自动增益控制电路由 R_5、C_9 组成。RP_2 两端的电压经 R_5、C_9 滤波电路滤去音频信号后加到 VT_2 的基极去控制 VT_2 这一级的中放增益。

自动增益控制的原理是：晶体三极管当 IC 很小时都具有 IC↓→β↓ 的特性,称为反向 AGC 特性。静态时 VT_2 的基极电压由 R_4、R_5、RP_2 确定,这时 IC 不变→β 不变而保持放大器有较高增益。收音机接收的信号经检波后在 RP_2 两端产生一个音频信号成分和直流分量（对地是负电压）,经 R_5、C_9 滤波后加到 VT_2 基极,使 VT_2 的基极电压↓→IC↓→β↓→增益↓。收音机接收到的信号越强,经过自动增益控制电路后放大器的增益下降也越大,从而使检波器输出的信号大小基本不变。

6. 音频放大电路

音频放大电路共有三级,即前置放大电路、中间级和功率放大电路。前置放大由 VT_4 组成单管共射放大电路,中间级由 VT_5 组成单管共射放大电路,功率输出级由 VT_6、VT_7 组成 OTL 互补推挽电路。

7.5.2 收音机电路的调试

1. 各级静态工作点的调整

收音机的变频级、中放级和低放级晶体管的基极偏置取自简单的稳压电路,调整时先用万用表的直流电压档检测稳压电路,一般 VD_3、VD_4 串接压降为 1.3～1.4V,即认为稳压电路正常。

调前置级时,断开 VT_4 集电极（或 R_{10}）,串接直流电流表于断开点,调整 R_9 阻值,使表针指示在 0.7～0.9mA 范围内。然后依次断开 VT_3、VT_2、VT_1 的集电极通路,分别调整 R_7、R_5、R_1 的阻值,使各管的集电极电流在 0.6～0.8mA 范围内。

2. 中频特性的调试

中频特性的调试内容主要是调整中频放大电路的中频变压器（中周）的磁芯，应采用无感调节杆慢慢旋转磁芯。调试设备有两种：一是用高频信号发生器进行调试，二是用中频图示仪进行调试。调试方法有如下五种。

（1）用高频信号发生器进行调试的方法，这是一种精确的调整方法，如图 7.11 所示。高频信号发生器输出标准的调幅信号（$f=465\text{kHz}$，$M=30\%$），将输出信号幅度由小到大调节，当从喇叭听到声音时，再开始调节中周，从后级向前级逐级反复调整，直到波形失真最小，幅度指标最大时为止。

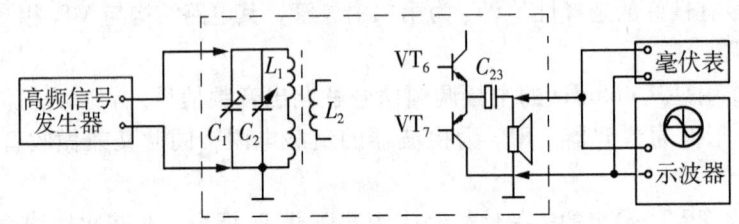

图 7.11 用高频信号发生器进行调试

（2）用中频图示仪进行调试的方法，这是目前广泛使用的一种方法，如图 7.12 所示。中频图示仪输出的扫频信号加到收音机的输入天线，调整中周（由后向前反复调整），使荧光屏上出现符合要求的中频谐振曲线为止。

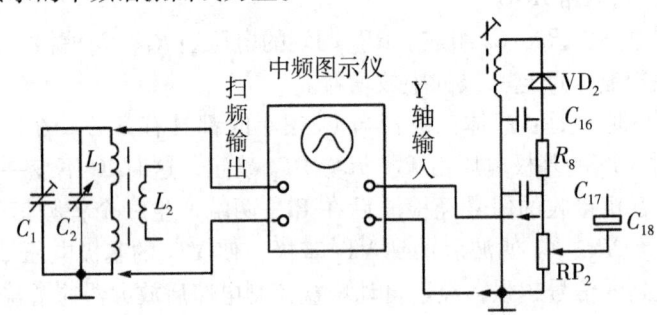

图 7.12 用中频图示仪进行调试

（3）频率范围的调试。以中波段收音机的调试为例，其调试内容是把中波段频率（一般为 535～1605kHz）调整在 515～1640kHz 范围并保持一定的余量。

调试方法如下：调试连接图如图 7.13 所示，通电后，把双联电容器全部旋入，指针应在刻度盘的起始点。然后将高频发生器调到 515kHz，用无感调节杆调振荡线圈的磁芯，使毫伏表读数达到最大。再将高频发生器调到 1640 kHz，把双联电容器全部旋出，用无感调节杆调并联在振荡连上的补偿电容 C_5，使毫伏表的读数达到最大。如此反复调整几次，直到频率范围调准为止。

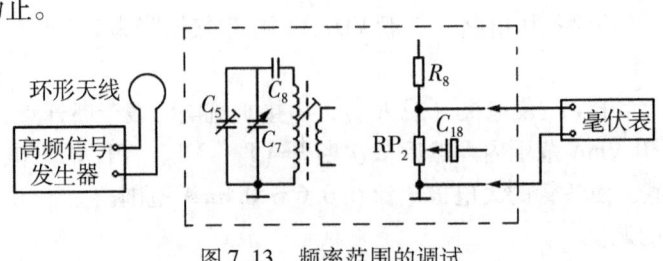

图 7.13 频率范围的调试

（4）统调。统调是通过调节双连电容使振荡回路与输入回路的频率差值保持在465kHz，一般在中波段的统调点通常取三个，称为三点统调，但实际上只要在频率范围的两端：600kHz 和 1500kHz 处实现跟踪，则中间的一点就会自动实现跟踪。

（5）检验跟踪点。检验跟踪点是用测试棒来鉴别统调是否准确。测试棒（又叫铜铁棒）是一根绝缘棒，一端装有铜环（或铜板、铜棒）作为铜头，另一端装一小段磁棒作为铁头。

检验方法是：先使收音机的指针放在统调位置上，并应准确调谐信号频率，使输出最大，再用测试棒分别依次测试。例如测试 600 kHz 时，先将测试棒的铜头靠近磁性天线，如输出增大，表示原来天线线圈的电感偏大，输入电路的谐振频率偏低，应将天线线圈沿磁棒由里向外移动；再用铁头靠近磁性天线，如输出增大，表示原来天线线圈的电感偏小，输入电路的谐振频率偏高，应将天线线圈向磁棒中心移动。如此反复调整，直到测试棒的两头分别靠近磁性天线时，输出都有所下降，就表明输入电路的谐振频率正好谐振在外来的信号频率上，达到了最好的跟踪。

思考题与习题

1. 电子产品为什么要进行调试？
2. 电子产品调试的主要内容是什么？
3. 以收音机为例，说明整机静态工作点的调试方法。
4. 以收音机为例，说明整机动态工作特性的调试方法。

第8章 电子产品的检验工艺

教学基本要求

- ●了解电子产品的检验项目；
- ●掌握电子产品的检验过程和方法；
- ●能按照检验工艺要求对收音机进行检验；
- ●能对检验结果做出正确判断。

电子产品的检验是电子产品制造过程中的最后一道工序，掌握电子产品的检验技能，对于生产电子产品的人员来说，是一项不可缺少的要求。

8.1 电子产品检验的目的和方法

8.1.1 电子产品检验的目的

电子产品的检验是利用一定的技术手段，按整机技术要求规定的内容对电子产品进行观察、测量和试验，测定出产品的质量特征，与国标、部标、企业标准或买卖双方制定的技术协议等公认的质量标准进行比较，然后做出产品是否合格的判定。电子产品的检验与电路的测量和调试有着本质的区别。

在市场竞争日益激烈的今天，电子产品的质量是企业的生命和灵魂，检验是把好电子产品质量关的重要工序，因此，检验是一项非常重要的工作，贯穿于产品的整个生产过程中。

电子整机检验工作应执行自检、互检和专职检验相结合的三级检验制度。这里讲的是电子整机产品的专职检验。

8.1.2 电子整机产品的检验方法

电子整机产品的检验方法分为全数检验和抽样检验。

1. 电子整机产品的全数检验

电子整机产品的全数检验（简称全检）是对所有产品进行逐个检验。电子产品经过全检后的质量可靠性高，但要消耗大量的人力、物力，会造成生产成本的增加。因此，除了对可靠性要求特别高的产品，如军工产品、航天产品、试制品以及在生产条件、生产工艺改变后生产的部分产品，才进行全数检验。

2. 电子整机产品的抽样检验

电子整机产品的抽样检验（简称抽检）根据统计方法所预先制定的方案，从待检验产品中抽取部分样品进行检验，根据这部分样品的检验结果，按抽样方案确定的判断原则，判定整批产品的质量水平，从而得出该产品是否合格的结论。

在电子整机产品批量生产的过程中，不可能也没有必要对所有生产产品都采用全数检验。抽样检验是目前生产中广泛采用的一种检验方法。抽样检验应在产品成熟、定型、工艺规范、设备稳定、工装可靠的前提下进行，抽样方案应按照国家标准 GB2828《逐批检查计数抽样程序及抽样表》和 GB2829《周期检查计数抽样程序及抽样表》制定。

所以电子产品的检验方法应根据电子产品的特点、要求及生产阶段等情况决定，既要能保证产品的质量，又要经济合理。

8.2 电子整机产品的检验项目

电子整机产品的检验项目是按照具体电子产品的具体要求确定的，但有一些检验项目是具有普遍意义的。

8.2.1 电子整机产品的普遍检验项目

1. 性能检验

性能检验是指对电子产品满足使用目的所具备的技术特性进行检验，包括电子产品的使用性能、机械性能、理化性能、外观要求等。

2. 可靠性检验

可靠性检验是指对电子产品在规定的时间内和规定的条件下完成工作任务的性能进行检验，包括电子产品的平均寿命、失效率、平均维修时间间隔等。

3. 安全性检验

安全性检验是指对电子产品在操作、使用过程中保证人身安全的程度进行检验。

4. 适应性检验

适应性检验是指对电子产品在自然环境条件下表现出来的适应能力进行检验，如对温度、湿度、酸碱度等反应程度。

5. 经济性检验

经济性检验是指对电子产品的生产成本、经营成本和维持工厂正常工作的消耗费用等是否满足要求进行检验。

6. 时间性检验

时间性检验是指对电子产品进入市场的适时性和售后能否及时提供技术支持和维修服务等进行检验。

8.2.2 电子整机产品的检验时间

8.2.2.1 入库前的检验

入库前的检验是保证产品质量可靠性的重要前提。产品生产所需的原材料、元器件等，在新购、包装、存放、运输过程中可能会出现变质和损坏或者本身就是不合格品，因此，这些物品在入库前应按产品技术条件、协议等进行外观检验，检验合格后方可入库。对判为不合格的物品则不能使用，并要进行隔离，以免产生混料现象。

另外，有些元器件比如晶体管、集成电路以及部分阻容元件等，在装接前还要进行老化筛选。

8.2.2.2 生产过程中的检验

生产过程中的检验指对生产过程中的各道工序进行检验，采用操作人员自检、生产班组互检和专职人员检验相结合的方式进行。

1. 自检

自检就是操作人员根据本工序工艺指导卡的要求，对自己所组装的元器件、零部件的装接质量进行检查，对不合格的部件进行及时调整和更换，避免流入下道工序。

2. 互检

互检就是下道工序对上道工序的检验。操作人员在进行本工序操作前，检查前道工序的装调质量是否符合要求，将有质量问题的部件及时反馈给前道工序，不能在不合格部件上进行本工序的操作。

3. 专职检验

专职检验一般为部件、整机装配与调试完成的后道工序进行。检验时根据检验标准，对部件、整机生产过程中各装调工序的质量进行综合检查。检验标准一般以文字、图纸形式表达，对一些不方便使用文字、图纸表达的缺陷，应使用实物建立标准样品作为检验依据。

8.2.2.3 整机检验

整机检验是指产品经过总装、调试合格之后，检查产品是否达到预定功能要求和技术指标。整机检验主要包括直观检验、功能检验和主要性能指标测试等内容。

1. 直观检验

直观检验内容包括：产品是否整洁；板面、机壳表面的涂覆层及装饰件、标志、铭牌等是否齐全，有无损伤；产品的各种连接装置是否完好；各金属件有无锈斑；结构件有无变形、断裂；表面丝印、字迹是否完整、清晰；量程是否符合要求；转动机构是否灵活；控制开关是否到位等。

2. 功能检验

功能检验是对产品设计所要求的各项功能进行检查。不同的产品有不同的检验内容和要求，例如对电视机应检验节目选择、图像质量、亮度、颜色、伴音等功能。

3. 主要性能指标测试

主要性能指标测试指通过使用符合规定精度的仪器和设备，查看产品的技术指标，判断产品是否达到国家或行业标准。现行国家标准规定了各种电子产品的基本参数及测量方法，检验中一般只对其主要性能指标进行测试。

8.3 电子整机产品的样品试验

电子整机产品的样品试验是为了全面了解产品的特殊性能，对于定型产品或长期生产的产品所进行的例行验证。为了能如实反映产品质量，试验的样品机应在检验合格的整机中随机抽取。试验包括环境试验、寿命试验。对超外差式收音机要进行整机的检验。

8.3.1 环境试验

环境试验是一种检验产品适应环境能力的方法，是评价、分析环境对产品性能影响的试验，通常在模拟产品可能遇到的各种自然条件下进行。环境试验的内容包括机械试验、气候试验、运输试验和特殊试验。

8.3.1.1 机械试验

电子整机产品在运输和使用的过程中，会不同程度地受到震动、冲击、离心加速以及碰撞、摇摆、静力负荷、爆炸等机械力的作用，这种机械力有可能使电子产品内部元器件的电气参数发生变化甚至损坏。

机械试验包括振动试验、冲击试验、离心加速度试验等项目。

1. 振动试验

振动试验是用来检查电子产品经受震动的稳定性。试验的方法是将样品固定在震动台上，经过模拟固定频率（50Hz）、变频（5～2000Hz）等各种震动环境进行试验，以检查电子产品在规定的震动频率范围内有无共振点，在一定加速度下能否正常工作，有无机械损伤、元器件脱落、紧固件松动等现象。

2. 冲击试验

冲击试验是用来检查产品经受非重复性机械冲击时的适应性。试验方法是将样品固定在试验台上，用一定的加速度和频率，分别在电子产品的不同方向冲击若干次，经过冲击试验后，再检查其主要的技术指标是否符合要求，有无机械损伤。

3. 离心加速度试验

离心加速度试验主要用来检查电子产品结构的完整性和可靠性。离心加速度是在运载工具突然加速或变更方向时产生的。离心力的方向与有触点的元器件（如继电器、开关）的触点脱开方向一致。当离心力大于触点的接触压力时，会造成元器件断路，导致产品失效。

8.3.1.2 气候试验

气候试验是用来检查电子产品在设计、工艺、结构上对气候的反应程度的一种试验，可以检查原材料、元器件和整机参数对气候变化的反应。气候试验可以查出电子产品在气候变化时产生的问题和原因，以便采取防护措施，达到提高电子整机产品可靠性及其对恶劣环境适应性的目的。气候试验包括高温试验、低温试验、温度循环试验、潮湿试验和低气压试验等项目。

1. 高温试验

高温试验用于考察高温环境对电子产品的影响，确定电子产品在高温条件下工作和储存的适应性。试验在高温箱（室）中进行，箱（室）内空气中的水蒸气不应超过$20g/m^2$（相当于温度为35℃时相对湿度为50%）。高温试验分为两种：一种是高温性能试验，即检验整机在某一固定的温度下通电24h后是否能正常工作；另一种是对电子产品在高温储存情况下进行的试验，即整机在某一温度下放置若干个小时，在室温下恢复一定时间后，检查产品的主要测试指标是否符合要求，有无机械损伤和塑料变形等现象。

2. 低温试验

低温试验用于检查低温环境对电子产品的影响，确定电子产品在低温条件下工作和储存的适应性。低温试验一般在低温箱中进行，并在一定温度下工作若干个小时，然后测量电子产品的工作特性，检查电子产品能否正常工作。另一种试验方式是电子产品在储存情况下进行的试验，即将产品在不通电的情况下，置入某一固定温度的低温箱中，若干小时后取出，在室温下恢复一段时间后通电，并检查其主要测试指标是否符合要求，有无机械损伤、金属锈蚀和漆层剥落现象等。

3. 温度循环试验

温度循环试验用以检查产品在较短时间内抵制温度剧烈变化的承受能力，看其是否会因热胀冷缩引起材料裂开、接插件接触不良、产品功能失效等现象。温度循环试验通常在高、低温箱中进行，在高低温箱中交替存放一定时间。温度变换时间的长短和循环次数，应按电子产品的《试验大纲》要求确定。

4. 潮湿试验

潮湿试验用于检查湿热对电子整机产品的影响，确定电子产品在湿热条件下工作和储存的适应性。试验在潮湿箱中进行，通常温度为（40±2）℃，相对湿度为95%±3%，试验时间按技术条件要求确定。例如，先将产品在上述潮湿环境中放置若干个小时，然后在常温下放置，擦去水滴，在15min内测量其绝缘电阻的值，其值应不低于某一固定值（2MΩ），放置24h后再通电检查，其主要测试指标应符合要求，不应出现金属锈蚀和塑料件变形等现象。

5. 低气压试验

低气压试验用于检查低气压试验对电子产品性能的影响。低气压试验中将产品放入具有密封性能的低温、低压箱中，以模拟高空气候环境，再用机械泵将容器内的气压降低到规定值，然后测量电子产品的参数是否符合技术要求。

8.3.1.3 运输试验

运输试验用于检查电子产品对包装、储存、运输环境条件的适应能力。可以在运输试验台上进行，也可直接做行车试验。目前工厂做运输试验时，一般是将已包装好的电子产品，按要求放置到卡车的后部，卡车负荷根据电子产品的《试验大纲》确定，卡车以一定的速度在三级公路（相当于乡间土路）上行驶若干公里后，打开包装箱，检查电子产品有无机械损伤，检查坚固有无松脱现象，然后再测试产品的主要技术指标是否符合整机技术条件。

8.3.1.4 特殊试验

特殊试验用于检查电子产品适应特殊工作环境的能力，包括烟雾试验、防尘试验、抗霉菌试验和抗辐射试验等。特殊试验不是所有电子产品都要做的试验，而只针对一些在特殊环境条件下使用的产品或用户的特殊要求。

8.3.2 寿命试验

寿命试验是用来考察电子产品寿命规律性的试验，它是电子产品最后阶段的试验。寿命试验是在规定条件下，模拟产品实际工作状态和储存状态，投入一定样品进行的试验。试验中要记录样品失效的时间，并对这些失效时间进行统计分析，以评估产品的可靠性、失效性、平均寿命等指标。

寿命试验分为工作寿命试验和储存寿命试验两种。因储存寿命试验的时间长，故一般采取工作寿命试验（又叫功率老化试验）。工作寿命试验是在给产品加上规定工作电压的条件下进行的试验，试验过程中应按技术条件规定，间隔一定时间进行参数测试。

电子整机产品要进行的项目很多，应根据电子产品的用途和使用条件来确定。只有对可靠性要求特别高，且需要在恶劣环境条件下工作的电子产品，才有必要对上述试验都做。在实际工作中，对于一种具体的电子产品应做多少项试验，做哪些项目的试验，应根据电子产品的《试验大纲》和供需双方共同制定的协议来确定。

8.3.3 超外差式收音机整机的检验

超外差式收音机整机的检验可按照下列步骤进行。

1. 开箱检查

开箱检查项目：包装检查、产品外观检查，检查收音机外观是否有破损。

检查方法：用目测法进行。

2. 机械性能检验

机械性能的检验项目：形状、开关、旋钮的操作灵活性、可靠性，整机机械结构及零部件的安装坚固性。

3. 电气性能检验

按照标准中波调幅式超外差式收音机的技术指标进行检验，操作步骤如下所述。

（1）接上电源，看开机能否正常接收电台。

（2）调频率刻度盘，看收音机的工作频率范围是否在标准范围（535～1605kHz）。

（3）检查整机输出功率是否满足：50mW（不失真），150mW（最大）。

检查方法：用相关的检测仪器和设备。

8.4 实际电子产品的检验分析

检验工作应执行自检、互检和专职检验相结合的三级检验制度。一般所讲的检验工作主要是指专职检验工作，即由企业的质量部门按标准规定的测试手段和方法，对原材料、元器件、零部件和整机进行的质量检测和判断。

8.4.1 电子产品检验的形式

电子产品检验的形式可按不同的情况或从不同的角度进行分类，如表8.1所示。

表8.1 电子产品质量检验形式分类

类 型	检验形式	特 征
按生产程序	进货检验	对外购原材料、外协件、配套件进行的入厂检验
	工序检验	产品加工过程中，每道工序完工后或数道工序完工后的检验；电子产品生产企业对成品（整机）的检验
按检验地点分	固定检验	把产品、零件送到固定的检验地点进行检验
	巡回检验	在产品加工或装配工作现场进行检验
按检验样品分	全数检验	对检验的产品、零部件进行逐件全部检验，一般只对可靠性要求特别高的产品（如军品）、试制产品及在生产条件、生产工艺改变后生产的部分产品进行全检
	抽样检验	对应检的产品、零部件，按标准规定的抽样方案，抽取一定样本数进行检验、判定
	免检	对经国家权威部门产品质量认证合格的产品或信得过产品在买入时无试验检验，接收与否可以以供应方的合格证或检验数据为依据

续表 8.1

类　型	检验形式	特　征
按检验人员分	专职检验	由专职检验人员进行的检验，一般为部件、成品（整机）的后道工序
	自检	操作人员根据本工序工艺指导卡要求，对自己所装的元器件、零部件的装接质量进行检验；或由班组长、班组质量员对本班组加工产品的检验
	互检	同工序工人互相检验或下道工序对上道工序的检验
按检验性质分	非破坏性检验	经检验后，不降低该产品的价值的检验
	破坏性检验	经检验后，无法使用或降低了价值的检验

8.4.2　电子产品检验的管理

电子企业质量检验的主要活动内容有两个方面：一是产品检验和试验，二是质量检验的管理工作。

为了保证质量管理体系的正常有效运行，必须做好质量检验的管理工作。质量检验管理工作内容主要包括以下三项：

（1）编制和实施质量检验和试验计划。其中包括编制质量检验计划，设计检验流程，编制检验规程，制定质量检验技术管理文件，设置检验站（组），配备人、财、物等资源。

（2）不合格品的管理。

（3）质量检验记录、检验状态标志、检验证书和印章的管理。

总之，只有同时做好电子产品的检验和试验工作及质量检验的管理工作，才能真正保证只有合格的原材料、外购件才能投入生产，只有合格的零部件才能转入下道工序或组装，只有合格的产品才能出厂或送到用户手中。

8.4.3　电子产品检验的工艺规范

在工业生产中将各种原材料、半成品加工成产品的方法和过程，称为工艺；形成的技术性文件称为工艺文件。

电子产品的检验工艺一般可分为元器件检验工艺、装配过程检验工艺和整机检验工艺三部分。电子产品一般的检验工艺流程及常用的检验方法如图 8.1 所示。

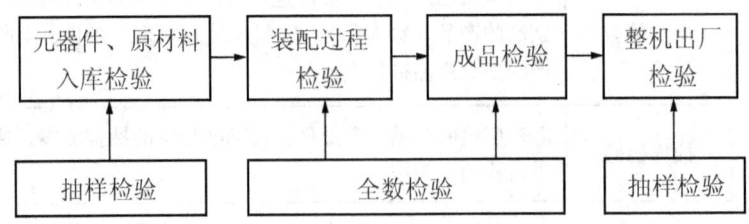

图 8.1　检验工艺流程及常用检验方法

为了保证各项检验工艺的顺利实施，需要制定各项检验工艺的规范。

1. 检验工艺规范

检验工艺规范主要依据产品的设计和生产工艺及相关的国际标准、国家标准、行业标准、企业标准等文件及资料来制定。

(1) 检验项目:根据设计文件和工艺文件标准等文件及资料的要求制定。
(2) 技术要求:根据确定的检验项目对应制定出检验的技术要求。
(3) 检验方法:根据检验的技术要求,按照规定的环境条件、测量仪表、工具和设备条件,对规定的技术指标按照规定测量方法进行检验。
(4) 检验方式:有两种,即全检和抽样检验。
(5) 缺陷分类:重缺陷和轻缺陷。
(6) 缺陷判据:按照国家标准 GB2828 和 GB2829。

2. 进货(来料)检验工艺规范

进货检验又称来料检验,是保证产品生产质量的重要前提。产品生产所需的原材料、元器件、零部件等,有的材料本身就不合格,有的在包装、存放、运输过程中可能会出现损坏和变质,因此,这些材料在进厂入库前应按产品技术条件、技术协议或定货合同进行外观检验和有关的性能指标的测试,检验合格后方可入库。对判为不合格的材料进行严格隔离,以免混料。

有些元器件在装接前不要进行老化筛选,如晶体管、集成电路、部分阻容元器件等,老化筛选应在进厂检验合格的元器件中进行。老化筛选内容一般包括温度老化实验、功率老化实验、气候实验及一些特殊实验。

检验工作要做好检验记录,填好检验报告。合格的做好标识送入元器件仓库。结构件、零件、部件、元器件仓库根据生产任务单发料,车间根据生产任务单领取材料进行生产。

【实例分析 1】晶体三极管进货检验规范。

晶体三极管进货检验规范见表 8.2 所示。

表 8.2 晶体三极管进货检验规范

(一) 适用范围:除特殊要求,均适用本范围;
(二) 使用工具:万用电表,静电环,游标卡尺

检验项目	MIL-STD-105E-I　CR:0　MA:0.65　MI:1.0	判定	
	缺点项目	主要	次要
1. 印刷文字	(1) 印刷文字检查包括科号、制造日期、制造厂商、脚位标记等; (2) 文字印刷错 —— 拒收; (3) 文字清晰度:以裸眼一看即可辨识为准,无法辨识 —— 拒收; (4) 二次印字 —— 拒收; (5) 印字(应位于印刷面之中央)偏移 —— 拒收; (6) 漏印:表面未做任何标识 —— 拒收	√ √ √ √	 √

续表 8.2

检验项目	MIL-STD-105E-I CR:0 MA:0.65 MI:1.0 缺点项目	判定 主要	判定 次要
2. 锡面与接脚	（1）脚与脚间因焊锡连脚 —— 拒收； （2）因成型或撞击而造成凹陷损坏的痕迹 —— 拒收； （3）污物或助焊剂残留在主体上，但不影响表面文字的辨识； （4）焊接处镀锡面有油污、沾漆等情形 —— 拒收； （5）焊接处镀锡面有氧化、腐蚀等情形 —— 拒收； （6）散热片部位如需焊接固定时，固定部位镀锡有露铜氧化情形 —— 拒收； （7）锡面灰暗无光泽（不是良好的导电面）—— 拒收	√ √ √ √ √ √	 √
3. 本体	（1）本体上龟裂大于侧边厚度 30% 以上 —— 拒收； （2）本体上缺角大于侧边厚度 20% 以上 —— 拒收； （3）本体上针孔大于 0.038 mm 以上 —— 拒收； （4）本体外形不得与说明书不符	√ √ √ √	
4. 切脚和弯折	（1）断脚、裂脚 —— 拒收； （2）切脚未成型及变形 —— 拒收； （3）接脚弯折角度错误 —— 拒收； （4）接脚受损而引起接脚形状不完整或有凸起毛边等情形 —— 拒收	√ √ √ √	
5. 电气测试	如采购单上有特殊要求，检验人员应将样本送工程单位，进行零件的直接试用，以测试其功能是否符合工程要求规格	√	
6. 机械特性	（1）根据说明书上所示的包装型号，量测机械尺寸必须在规定的范围内，每一批抽 3 件进行测量； （2）可焊性：零件经焊锡试验后，其外观无异状，且焊接处必须可连续覆锡 95% 以上，同时不可有机械上的损伤。视状况而定是否执行该项检验	√ √	
7. 包装	零件必须包装良好，不可因搬运移动而使零件有散落的尾箱，并避免将胶带直接粘帖于零件表面	√	

3. 过程（工序）检验工艺规范

过程检验在电子行业中俗称流水检验，一般分为 PCB 板装配检验、焊接检验、单板调试检验、组装合拢检验、总装调试检验及成品检验。通过严格的过程检验，才能保证合格产品进入下一道工序。对检查出的不合格品，应做出标识、记录、隔离、评价和处理，并通知有关部门，作为纠正或制订纠正措施的依据。

【实例分析 2】贴片元器件和接插片的检验规范。

（1）检验项目：贴片元器件、接插件。

（2）技术要求：按图检验贴片元器件、接插件的规格、型号、位号，不得错贴、错插、漏贴、漏插，特别是对有极性、方向性的元器件更应该注意检查，不得有误。贴片元器件和插件要求整齐、到位，不得有歪斜现象。检验合格后，进入下道工序——焊接。

（3）检验方法：目测法。

（4）检验方式：全检。

【实例分析3】焊点质量的检验规范。

（1）检验项目：焊点质量。

（2）技术要求：焊锡适量；焊点光滑；无毛刺、砂眼、气孔等现象；无虚焊、假焊现象；印制板焊点无拉尖、桥连和溅锡现象。若有不合格，要求补焊后检验。

（3）检验方法：目测法。

（4）检验方式：全检。

8.4.4 最终检验和出货检验工艺规范

最终检验和试验也称为成品检验或出厂检验，是产品完工后和入库前或发到用户手中之前进行的一次全面检验。

8.4.4.1 出货检验

出货检验一般在出厂前的一段时间进行，尤其是对电子产品而言，湿度往往会对成品的质量造成影响。出货检验有时与最终检验相同，有时会更加全面，有时则只检验某些项目，如外面检验、性能检验、寿命试验、特定检验项目、包装检验等。

8.4.4.2 成品检验

对电子整机产品生产企业而言，成品检验也称为整机检验，它是检查产品经过总装、调试之后是否能达到预定功能要求和技术指标的过程，主要包括直观检验、功能检验和对整机主要技术指标进行测试等内容。

直观检验项目包括产品是否整洁；面板、机壳表面的涂层及结构件、铭牌标记等是否齐全，有无损伤；产品的各种连接装置是否完好；合金构件有无锈蚀；量程覆盖是否符合要求，转动机构是否灵活；控制形状是否到位等。

功能检验是对产品设计所要求的各项功能进行检查，不同的产品有不同的检验内容和要求。测试产品的性能指标是整机检验的主要内容之一。通过检验查看产品是否达到了国家或企业的技术标准，检验中一般只对主要性能指标进行测试。

成品检验分为交收试验、定型试验和例行试验三种类型。

1. 交收试验

交收试验是在产品出厂和交付用户时，选择部分项目进行的检验和试验。为了保证产品的质量和企业的市场竞争能力，质量检验监督在交收试验时应进行监督检查，订货方可派代表参加，检验结果将作为确定产品能否出厂的依据。检验内容包括常温条件下的开箱检查项目和常温条件下的安全性、电气性、机械性能等检验。

【实例分析4】电子整机产品交收试验规范。

检验内容包括常温条件下的开箱检查项目和常温条件下的安全性、电气性、机械性能检验项目。这些内容，应由检验人员按照产品标准（或产品技术条件）的规定，对产品进行抽检，按GB2828采用一次正常抽样、一般检查水平进行检验。

（1）开箱检查：包装检查、产品外面检查。

（2）安全检查：安全标记、电源线、正常条件下的防触电、绝缘电阻及抗电强度等。

检查方法：用相关的检测仪器、设备。

（3）机械性能检验：形状、按键、旋钮的操作灵活性、可靠性，整机机械结构及零部件的安装紧固性。

检查方法：用目测和手感法进行。

2. 定型试验

产品在设计定型和生产定型后应进行定型检验，可以验证生产厂家是否有能力生产符合产品标准规定的产品。检验内容除包括交收试验的全部项目外，还应包括环境试验、可靠性试验、安全性试验和电磁兼容性试验等（为了保护用户、消费者人身安全和合法利益，环境试验、可靠性试验、安全性试验和电磁兼容性试验均为国家强制执行标准）。

试验时可在试制样品中按照国家抽样标准进行抽样，或将试制样品全部进行试验。试验目的主要是考核试制阶段中的试制样品是否已达到产品标准（技术条件）的全部内容。定型试验目前已较少采用，多采用技术鉴定的形式。

【实例分析5】电子整机产品 MP4 机定型试验检验规范。

（1）环境试验。依据国家标准 GB9384《广播收音机、广播电视接收机、磁带录音机、音频功率放大器（扩音机）的环境试验要求和试验方法》进行试验。环境试验标准主要包括气候试验和机械试验。

（2）可靠性试验。依据国家标准 GB5080.7《设备可靠性试验恒定失效与平均无故障时间的验证试验方法》进行试验。

（3）安全性试验。主要依据国家标准 GB8898《音频、视频及类似电子设备安全要求》进行试验。

在电子产品中，安全标准常采用 GB8898 第十章绝缘要求（电涌试验、温热处理、电阻和抗电强度标准进行试验）。

（4）电磁兼容性试验。电磁兼容性指标包括干扰特性、传导抗扰度和辐射抗扰度等方面。检验标准涉及国家标准 GB13837《声音和电视广播接收机及相关设备干扰特性允许值和测量方法》，GB9383《声音和电视广播接收及相关设备传导抗扰度特性测量方法及限值》、GB13838《声音和电视广播接收机及相关设备辐射特性允许值测量方法》。

3. 例行试验

例行试验内容与定型试验的内容基本相同。一般在下列情况之一时进行。

（1）正常生产过程中，定期或积累一定产量后，应周期性进行一次例行试验。

（2）长期停产后恢复生产时，出厂检验结果与上次型式检验有较大差异时，应进行例行试验。

（3）国家质量监督机构提出进行例行试验的要求。

例行试验检验项目有电性能参数测量、安全检验、可靠性试验、环境试验及电磁兼容性试验等。

以上所述产品检验的实施过程均要按企业形成文件的检验和试验程序、质量计划、检验和试验规程、检验工艺文件的具体要求进行。

8.5 电子产品检验工艺文件

电子产品检验工艺文件是产品工艺文件的重要组成部分,是检验工作的依据和指导。为确保检验的工作质量,必须对检验过程进行控制,即制定并保持检验的文件化程序,包括检验的管理程序以及具体实施检验的技术性程序,以便验证产品是否满足规定要求。

检验工艺文件可以作为产品整套工艺文件中的一部分,也可以单列出来。检验工艺文件属于质量体系程序文件,是产品质量手册的支持性文件,包含了检验活动全部要素的要求和规定,如编制检验计划、确定检验流程、编制检验规程等,通常把所有检验工艺文件汇总为检验手册。

8.5.1 检验手册的内容

检验手册的内容包括以下三部分。

1. 质量检验计划

质量检验计划即质量检验和试验计划,它是对检验涉及的活动、过程和资源做出的规范化的书面(文件)规定,用以指导检验活动正确、有序、协调地进行。

检验计划是生产企业对整个检验和试验工作进行的系统策划和总体安排的结果,一般以文字或图表的形式明确地规定检验站(组)的设置、配备资源(包括人员、设备、仪器、量具和检具)、选择检验和试验方式、方法和确定工作量。质量检验计划是指导各检验站和检验人员工作的依据,是企业质量工作计划的一个重要组成部分。

2. 检验流程图

企业中的流程图有生产或作业流程图、工艺(工序)流程图和检验流程图三种。其中,工艺流程图是其他流程图的基础和依据。检验流程图是用图形符号简洁明了地表示检验计划中确定的特定产品的检验流程、检验站调协和检验方式、方法和相互的顺序和程序的图纸。它是检验人员进行检验活动的依据,和其他检验规程等一起,构成完整的检验文件。

较简单的产品可以直接采用工艺流程图,并在需要控制和检验的部位、处所添加检验站和检验的具体内容,起到检验流程图的作用和效果。

对于比较复杂的产品,则需要在工艺流程图基础上编制检验流程图,以明确检验的要求和内容及其与各工序之间清晰、准确的衔接关系。

检验流程图对于不同的企业、不同的产品会有不同的形式和表示方法,不能千篇一律。但一个企业内部流程图的表达方式、图形符号要规范、统一,以便于准确理解和执行。

3. 检验规程

检验规程又称检验指导书,是产品生产制造过程中用以指导检验人员正确实施产品工序检查、测量、试验的技术文件。它是产品检验计划的重要部分,其目的是为重要零部件和关键工序的检验活动提供具体操作指导,是质量体系文件中的一种作业指导性文件,又可作为检验手册中技术性文件。其特点是表述明确,操作性强;其作用是使检验操作达到统一、规范。使检验人员按检验规程规定的内容、方法和程序进行检验,保证检验工作的质量,有效地防止错检、漏检等现象发生。

检验规程是进行检验工作的依据,是检验人员平时工作中接触最多的检验工艺文件,因此,每一个检验人员必须理解检验规程的意义,掌握检验规程的具体内容和实施方法。

检验规程常常以操作指导书的形式出现,内容一般应包括检测内容及技术要求、测试仪器、设备和量具、测试方法、抽样方案、样本大小、判定规则、必要示意图、注意事项等,以指导检验人员开展检验工作。作为关键步骤的补充,有的企业的检验操作规程除了操作指导书外,还增加了作业注意书。

8.5.2 电子产品检验质量原始记录

质量检验和试验的结果将以取得的质量数据(即测定值)的统计计算结果为依据。因此,所取得的质量数据是否符合实际、对数据的处理方法和检验结果的判定方法是否合适等都将直接影响检验结果。

8.5.2.1 产品检验过程中的测量误差及处理方法

在产品检验中,由于受检验方法、仪器设备、环境条件、所用材料以及检验人员素质等条件的限制,检验结果不可能和真实值完全一致,即使是技术很熟练的检验人员,用最完善的检验方法和最精密的仪器设备,对同一样品进行多次测试,其结果也不会完全一致。作为测试人员,必须要掌握误差的基本知识,能对原始数据进行科学的分析和处理,正确评价误差对测试结果的影响,从而得出客观的试验结论。

检验测试工作中的误差也分为系统误差、随机误差和粗大误差。需要指出的是,一般测量工作中的粗大误差在检验工作中称为过失误差。过失误差属责任事故,它使得测试结果明显偏离真值,这种测试结果应剔除不用。过失误差由两个原因造成,一是粗心大意,二是明知故犯,弄虚作假。这两种情况是可避免的。在实际工作中可采取校正仪器,对照试验,改进、改善试验方法,选购合格的原材料,严格按规定操作等措施消除和削弱系统误差对测试结果的影响,一般采用多次测量取平均值的方法能有效地消除或削弱随机误差对测试结果的影响。

8.5.2.2 检验结果的判定

标准中规定考核的以数量形式给出的指标或参数,均规定了极限数值,即规定了最小极限值和(或)最大极限值,或以基本数值和极限偏差的形式给出,它表示符合标准要求的数值范围的界限。

根据 GB1250—1989《极限数值的表示方法和判定方法》规定,在判定检测数据是否符合要求时,应将检验所得的测定值或其计算值与标准规定的极限数值作比较。比较的方法有全数值比较法和修约值比较法两种。

1. 全数值比较法

标准中对各种极限数值(包括有极限偏差的数值)未加说明时,均指采用全数值比较法。

全数值比较法是将检验所得的测定值或其计算不经修约的处理(或按 GB8170 作修约处理,但应表明它是经舍、进或未舍进而得),而用数值的全数字与标准规定的极限数值作比较,只要越出规定的极限数值(不论越出程度大小),都判定为不符合标准要求。示例如表 8.3 所示。

表8.3 全数值比较法示例表

极限参值	测定值或其计算值	修约值	是否符合标注要求
≥36×10	355	36×10（-）	不符
≤2.0	2.05	2.0（+）	不符
0.60～0.90	0.905	0.90（+）	不符
3.0±0.5	2.46	2.5（-）	不符

2. 修约值比较法

凡标准中规定采用修约值比较法的，应采用修约值进行比较。该方法是将测定值或其计算值按国家标准GB8170进行修约，修约位数与标准规定的极限数值书写位数一致，然后将修约后的数值与标准规定极限数值进行比较，以判定实际指标或参数是否符合标准要求。示例如表8.4所示。

表8.4 修约值比较法示例表

极限参值	测定值或其计算值	修约值	是否符合标注要求
≥36×10	355	36×10（-）	符合
≤2.0	2.05	2.0（+）	符合
0.60～0.90	0.905	0.90（+）	符合
3.0±0.5	2.46	2.5（-）	符合

3. 两种方法的比较和选用原则

由上述示例可以看出，全数值比较比修约值比较法相对严格。在一般的检验工作中建议按下述原则确定对检测结果的判定方法。

对附有极限值偏差的数值以及牵涉到安全性能指标、计量传递指标和其他重要指标，应优先采用全数值比较法。选用全数值比较法时，应考虑仪器的分辨率和精确度。

对于使用精度要求不高的产品，或虽然要求较高，但已有充分的测试和计量精度来保证的产品，可优先选用修约值比较法。

8.5.2.3 电子产品检验质量记录表

质量记录是质量体系文件最基础的组成部分，是质量活动的真实记载，是为满足质量要求的程序提供的客观依据，是反映产品质量及质量体系动作情况的记载。检验过程中所做的检测数据记录、仪器设备使用状况记录以及编制的检验报告等均属质量记录表。

原始记录是检验活动的第一手材料，原始记录是否真实、可靠、完整，将直接影响检验工作的质量。质量原始记录是采用规范化表格，对生产过程中的各类特性所做的记录。质量原始记录一般包括原材料、外购件、外协件检验记录，以及生产过程中的各项检验记录、成品检验记录、不合格处置记录（如返工、返修、报废等）和企业规定的其他记录。

原始记录表由封面和内页组成。封面包括产品名称、规格、型号、检验编号，生产企业等内容。

1. 原始记录表的封面格式

原始记录表的封面格式见表8.5所示。

表 8.5　检测原始记录表封面

```
检验编号：××××××××

×××型 MP4 机
检测原始记录




××××电子有限责任公司
```

2．原始记录表的内页组成

原始记录表的内页一般应有表 8.6 所示的内容。

表 8.6　检测原始记录表内页

检测原始记录

产品名称、样品编号_____　　　规格型号_____
检验依据_____　　　检验仪器_____
检验环境_____　　　检验日期_____

序号	检验项目	单位	技术要求	检验结果		
				1#	2#	3#

检测地点：　　　　　　　　　　　　　　　　测试员：

3．检验设备仪器表

检验设备仪器表主要包括测量设备名称、规格型号、设备仪器编号、计量有效日期、检验人员和校核人员签名等，放在整个原始记录的后面，如表 8.7 所示。

表 8.7 检验设备仪器表

序号	名称	规格型号	设备仪器编号	计量有效日期	检验人员和校核人员签名

8.5.3 检验报告

在所有项目检验结束后，检验人员要对所测数据进行处理，分析误差原因，对检验结果做出正确的判定，按编制要求编写检验报告。

对于不同的企业，检验报告格式和内容不尽相同，但基本要素相同，一般应包括如下所述几个部分。

1. 报告封面

包括企业名称、检验编号、产品名称、商标型号等内容。如表 8.8 所示。

表 8.8 检验报告封面

××检字第　　号   　　检验报告 产品名称_____ 商标型号_____ ××××电子有限责任公司

2. 报告首页

包括生产日期、规格型号、抽样方式、检验日期、依据标准、检验项目、检验概况、检验结论（合格或不合格）、主检、审批及批准等内容。如表 8.9 所示。

表 8.9　检验报告内页

××××电子有限责任公司　检验报告　　共　页第　页			
样品名称		规格型号	
抽样方式		样品数量	
生产日期		检验日期	
依据标准			
检验项目			
检验概况			
检验结论		（检验专用章） 　　年　月　日	
备注			
批准：　　　　　　检测：　　　　　　记录：			

3. 报告附页

内容包括检验项目、检验标准要求、检验结果、单项结论及检测人员（签名或盖章）等内容。如表 8.10 所示。

表 8.10　检验报告附页

××××电子有限责任公司　检验报告附页　　共　页第　页					
序号	检验项目	检验标准要求	单位	检验结果	单项结论

检测：　　　　　　记录：　　　　　　检验日期：

思考题与习题

1. 对电子整机产品检验的要求是什么？
2. 电子整机产品检验的主要内容有哪些？
3. 电子整机产品环境试验的主要内容有哪些？
4. 对收音机的检验有哪些步骤？
5. 检验报告包括哪些内容？
6. 检验手册包含哪些内容？
7. 电子产品检验工艺包含哪些内容？

第9章 电子整机产品的生产管理

教学基本要求

- 了解电子产品的特点、电子产品生产组织形式以及电子新产品的开发;
- 掌握电子产品生产管理中各类文件的概念、分类、作用及管理知识。

电子整机产品的生产管理是一门专门的学问,主要包括产品生产的组织形式、产品生产工艺的制定与管理及新产品开发的组织。

在经济全球化的今天,我国已成为全球最重要的电子产品生产基地,要使我国的电子产品走向世界,不仅要有雄厚的技术力量和技术能力,而且还要有一套与世界接轨的先进的管理体系。因此,从事电子行业的管理人员必须学习电子产品生产的管理知识。

9.1 电子产品生产特点及生产基本条件

9.1.1 电子产品的特点

电子产品种类繁多,且又各具特点,就整体而言,比较突出的有以下几点:

(1) 体积小、重量轻。这个特点使电子产品在知识、技术和信息的密集程度上高于其他产品,从而使电子产品生产的效率大大提高,降低了能源消耗,有较大的经济利益。

(2) 电子产品使用广泛。电子产品目前已广泛用于国防、科技、家庭日常生活及工农业生产各个领域,人们的工作和生活已经离不开电子产品。

(3) 电子产品设备的可靠性高。电子产品的故障率比较低,在科研、军事及航天等高新领域得到广泛的应用。

(4) 使用寿命长。绝大部分电子产品的使用寿命都在几千小时以上。

(5) 一些电子产品设备的精度高,控制系统复杂。电子设备的高精度和高度自动化是其可以应用到诸如航空航天这样的领域。例如,卫星通信地面站直径为3m的抛物面天线能自动跟踪万公里高空的人造卫星而不发生偏差,这离开电子产品几乎是不可能的。

(6) 技术综合性强。电子产品不仅涉及电子技术,还涉及精密机械、化学、光学、声学和生物等多学科知识。

(7) 产品更新快。随着电子技术的发展和新型电子器件的出现,电子产品的种类在不断地增加,性能也在不断地完善,甚至引领着人们的消费和需求。

9.1.2 电子产品生产的基本条件

电子产品的生产是指产品从研制、开发到推出的全过程。生产电子产品的基本条件包括生产企业既要设备情况、技术水平、工艺水平、生产能力、生产周期和生产管理水平等方面。电子产品要顺利投产，就必须满足生产条件对它的要求，否则，就不可能生产出优质的产品，甚至根本无法投产。

1. 生产企业的设备情况

生产企业应该具备与所生产电子产品相配套的、完善的仪器设备，以便于产品的研制、开发和批量生产。

2. 生产企业的技术水平和工艺水平

生产企业必须要有相关的技术人员，能够根据电子产品的特点和需方的要求生产出合格的电子产品。比较好的企业，还应该具备对电子产品进行研制和开发的能力，能对电子产品的性能进行完善和提高。

生产企业的工艺水平，也是生产出高质量电子产品的保证，这里既有电子产品生产工艺的设计与制定，也要有相关的设备作保障。

3. 生产能力和生产周期

产品定型后要进入批量生产阶段。生产企业既要具有一定规模的仪器设备、加工材料，还要有熟练的技术工人和合理的生产程序，才能生产出既符合设计要求又有一定生产规模的电子产品。在保证产品质量的前提下，合理安排生产工序，才能缩短生产周期，提高生产效率，降低生产成本。

4. 生产管理水平

在电子产品的生产过程中，科学管理已成为第一要素。管理不善将出现生产混乱、浪费严重、生产周期长等现象，导致生产效率低、生产成本上升；严重的还会使产品质量下降，破坏企业形象，最终导致企业破产。所以，加强生产管理，是保证企业生存的要素之一。

5. 生产电子产品对零部件和元器件的基本要求

在电子产品的生产过程中，对电子元器件等材料的基本要求如下所述。

（1）电子产品的零部件和元器件品种规格应尽可能少，尽量使用由专业厂生产的通用零部件或产品。这样便于生产管理，有利于提高产品质量并降低成本。

（2）电子产品中的机械零部件必须具有较好的结构工艺性，能够采用先进的工艺方法和流程。这样可使原材料消耗降低，加工工时缩短，便于实现工序自动化。

（3）电子产品中零部件和元器件的技术参数、形状和尺寸应最大限度地实现标准化和规格化，应尽可能采用生产专业厂以前定型批量生产过的零件，充分利用生产厂的先进技术和产品性能，使产品具有高可靠性和规范性。

（4）电子产品应尽可能少用或不用贵重材料。立足于使用国产材料，尽量使用来源多、价格低的材料，在保证产品质量的前提下，尽量降低产品成本。

（5）电子产品（含零部件）的精度应该与技术要求相适应，不允许盲目追求超过技术要求的高精度。在满足产品性能指标的前提下，电子产品（零部件）的精度等级应尽可能低，装配也应简易化，尽量不搞选配和修配，力求减少装配工人的体力消耗；对大批量生产而言，应尽可能实行流水线生产。

9.2 电子产品生产的组织形式

电子产品的生产在各个工序之间存在着相互制约的关系，首先在时间上存在着衔接配合关系，在每道工序生产的产品数量上存在着比例配套关系，在各道工序的人员数量安排上也存在着比例关系。所以只有科学地划分各道工序、合理地安排人员数量和产品定额、形成严密的组织形式，才能达到生产过程的协调统一，为企业带来良好的经济效益。

从电子产品本身的特点和产品生产的基本要求来看，电子产品的生产应按以下组织形式来进行。

（1）配齐完整的技术文件。
（2）配备合适的工艺装备。
（3）制定合理的各道工序的产品定额。
（4）制定出批量生产的工艺方案，它包括如下几方面：
①对生产性试制阶段的工艺、工艺装备验证情况的小结。
②对各个工序的设置理由和人员安排。
③专用设备和生产线的设计制造意见。
④对生产节拍的安排。
⑤对车间平面布置（设备摆放等）的安排。
⑥对车间生产环境（除尘、防静电、降噪等）的安排。
（5）进行工艺质量的分析评审，包括如下环节：
①根据产品的生产批量，进行各道工序生产能力的评审。
②对每道工序能影响产品生产的人员、设备、材料、方法和环境五个因素进行分析评审。
③对各个工序控制点保证产品质量能力的分析评审。
（6）生产过程总结，便于以后对该产品的生产过程进行改进和完善。

9.3 电子产品生产的标准和标准化

9.3.1 标准和标准化的定义

标准是人们从事标准化活动的理论总结，是对标准化本质特征的概括。我国国家标准《GB 3935.1—1983 标准化基本术语》对标准和标准化作了如下定义：

（1）标准是衡量事物的准则，是人们从事标准化活动的理论总结，是对标准化本质特征的概括。

（2）为适应科学发展和合理组织生产的需要，在产品质量、品种规格、零部件通用等方面规定的统一技术标准，叫作标准化。

（3）标准和标准化两者是密切关联的。要进行标准化工作，首先必须制定、发布和实施标准，标准是标准化活动的结果，也是进行标准化工作的依据，是标准化工作的具体内容。标准化的效果如何，也只有在标准被贯彻实施之后才能表现出来，它取决于标准本身的质量和被贯彻的状况。所以，标准是标准化活动的核心，而标准化活动则是孕育标准的摇篮。

9.3.2 电子产品生产中的标准化

标准化是组织现代化生产的重要手段，是科学管理的主要组成部分。为达到标准化的目的，在电子产品生产中必须使用统一标准的零部件，采用与国际接轨的质量标准。

标准化的具体做法归纳起来有如下五种：

（1）简化性。通过简化品种、规格、参数，达到简化设计、简化生产、简化管理、方便使用、提高产品质量、降低成本、实现专业化及自动化生产的目的。

（2）互换性。互换性是指产品的各个零件、部件、构件在尺寸、功能上可以和同类产品互相替换的性能。产品具有互换性是实现标准化的基础，制定互换性标准已成为标准化工作的一个重要方面。

（3）通用性。通用性是指产品在具有互换性的基础上，最大限度地扩大产品的零件、部件和构件使用范围的一种标准化形式。

（4）组合性。组合性是指可用组件构成电子产品，是创造新产品的过程。通过设计制造出各种组件，然后再将组件组装成产品。组合是标准化的具体应用，只有标准化的产品，才能进行组合。

（5）优选性。优选性是指经过对现有同类产品的分析和比较，从多种可行性方案中选取具有最佳功能产品的过程，也叫优化过程。在标准化的活动中，自始至终都贯穿着优化的思想。

9.3.3 电子产品生产管理标准

电子产品生产管理标准是运用标准化的方法，对企业生产过程中具有科学依据又经过实践证明行之有效的管理制度、管理方法、管理责权所制订的标准。电子产品生产管理标准主要包括如下几项：

（1）经营管理标准。经营管理标准是指对企业经营方针、经营决策以及各项经营管理制度等高层决策性管理所制定的标准。

（2）技术管理标准。技术管理标准是对企业的全部技术活动所制定的各项管理标准的总称，包括产品开发与管理制度、产品设计管理、产品质量控制管理等。

（3）生产管理标准。生产管理标准是对生产过程、生产能力及在整个生产过程中各种物资的消耗等制定的管理标准，包括生产过程管理标准、生产能力管理标准、物量标准和物资消耗标准。

（4）质量管理标准。质量管理标准是对控制产品质量的各种技术所制定的标准，是企业标准化管理的重要组成部分，是产品满足预期性能的保证。

（5）设备管理标准。设备管理标准是指为保证设备的正常生产能力和精度所制定的标准。此外，管理标准还包括劳动管理标准、物资管理标准、销售管理标准等。

9.3.4 标准的分级

根据标准适用范围的不同，可将标准分为国际标准、区域标准、国家标准、行业标准、地方标准和企业标准。

（1）国际标准。国际标准是指由国际标准化团体制定发布的标准，在世界范围内适用。目前世界上有两大国际标准化团体，即国际标准化组织（ISO）和国际电工委员会（IEC）。

（2）区域标准。区域标准指由区域性国家集团或标准化团体制定发布的标准，在该区域国家集团范围内适用。区域性集团标准化组织有欧洲标准化委员会（CEB）、欧洲电工标准化委员会（CENEL）等，发布的标准有欧洲标准（EN）等。

（3）国家标准。根据《中华人民共和国标准化法》规定，我国的国家标准又分为如下所示四级。

①国家标准。国家标准是在全国范围内统一的技术要求。强制性国家标准的代号为 GB，推荐性国家标准的代号为 GB/T。国家标准的编号由国家标准代号、国家标准发布顺序号和国家标准发布年号三部分构成。

②行业标准。行业标准是在全国某个行业范围内统一的技术要求。一般来说，行业标准的技术要求应该比国家标准高。

③地方标准。地方标准是在省、自治区、直辖市范围内统一的技术要求。地方标准一般比国家标准低。

④企业标准。企业标准是企业自己制定的标准，作为组织生产的依据。该产品已有国家标准或行业标准的，国家鼓励企业制定严于国家标准或者行业标准的企业标准，在企业内部适用。

国家标准、行业标准分为强制性标准和推荐性标准。强制性标准是必须执行的标准。不符合强制性标准的产品，国家禁止生产、销售和进口。推荐性标准是国家鼓励企业自愿采用的标准。

国家鼓励积极采用国际标准。采用国际标准是我国一项重要的技术经济政策，采用国际标准又可分为等同采用标准和修改采用标准。

9.3.5 企业标准化

企业标准化是指以提高经济效益为目标，以搞好生产、管理、技术和营销等各项工作为主要内容，制定、实施标准的一种有组织活动。企业标准是企业组织生产、经营活动的依据。

企业标准主要分为技术标准、管理标准和工作标准三大类。

1. 技术标准

技术标准主要包括技术基础标准、设计标准、产品标准、采购技术标准、工艺标准、工装标准、原材料及半成品标准、能源和公用设施技术标准、信息技术标准、设备技术标准、零部件和器件标准、包装和储运标准、检验和试验方法标准、安全技术标准、职业卫生和环境保护标准等。

2. 管理标准

管理标准主要包括管理基础标准、营销管理标准、设计与开发管理标准、采购管理标准、生产管理标准、设备管理标准、产品验证管理标准、不合格品纠正措施管理标准、人员管理标准、安全管理标准、环境保护和卫生管理标准、能源管理标准和质量成本管理标准等。

3. 工作标准

工作标准主要包括中层以上管理人员工作标准、一般管理人员工作标准和操作人员工作标准等。

技术标准、管理标准和工作标准三者是相互关联的，技术标准是主体，管理标准和工作标准都是为贯彻技术标准服务的，是使技术标准得到有效实施的保证。

9.4 生产工艺的制定和管理

9.4.1 生产工艺的制定

对现代电子产品而言，工艺不再仅仅是针对原材料的加工或生产过程中的操作，而是涉及产品的设计、制造、调试、管理的各个环节。电子产品的质量不仅与器件材料、仪器设备、电路的先进性有关，而且与工艺手段、科学的经营管理有关。

工艺是指生产者利用生产设备和生产工具，对各种原材料、半成品进行加工或处理，使之成为符合技术要求的产品的加工过程。工艺贯穿于产品设计和生产制造的全过程。但元器件的加工工艺和装配工艺是电子产品生产企业的主要工艺。

1. 工艺的基本构成

工艺主要由工序、安装、工位、工步、进度等构成。

（1）工序。工序是组成工艺的基本单元，是指一个工人（或几个工人）在一个工作地点对一个工件（或同时对几个工件）进行操作的工作。在电子产品生产工艺中，一般以工序为单位进行工时额定估算和生产成本核算。

（2）安装。产品在工位中占据并保持一个合适的位置，叫作安装。在一个工序中，产品可能只安装一次，也可能安装几次。

（3）工位。产品安装后，连同工装（夹具）一起在设备上占据并保持一个合适的位置，该位置称为工位。

（4）工步。在插件安装、焊接装配速度和进给量（安装速度）都不变的情况下，所完成的工位内容称为工步。

（5）进度。在工位上操作完成一次工作内容所需要的时间称为进度。工艺的各个组成单元之间存在着联系和约束关系，在实际生产中，应根据电子产品的特点反复调整，使它们构成最佳组合，以利于提高生产效率。

2. 生产工艺制定的原则

电子产品的生产工艺是以工艺文件的形式反映出来的。生产工艺的实质是一个从材料、零配件到合格产品的过程，因而生产工艺的制定应遵循以下原则：

（1）根据产品的批量和复杂程度制定生产工艺。

（2）根据企业在产品加工、装配和检验等方面的技术力量情况制定生产工艺制定。

（3）根据企业的技术装备情况制定生产工艺。

（4）根据原材料的供应、生产路线、生产过程、生产周期、生产调度等情况制定生产工艺。

（5）根据产品的特殊性来制定生产工艺。

（6）根据企业的管理办法（包括劳动力的组织管理、原材料的管理、技术设备的管理、质量监督的管理等方面）来制定生产工艺。

只有制定合理的生产工艺，企业才能实现优质、高效、低损耗及安全的生产，才能获得最佳的经济效益。

9.4.2 生产工艺的管理

1. 工艺管理的概念

企业的工艺管理是指在一定的生产方式和条件下，按一定的原则、程序和方法，科学地计划、组织、协调和控制各项工艺工作的全过程，是保证整个生产过程严格按工艺文件进行活动的管理科学。

2. 工艺管理的内容

（1）电子产品生产的工艺准备。工艺准备的主要内容包括产品生产工艺的合理性审查、设计和编制标准化的工艺文件。

（2）生产现场的工艺管理。生产现场的工艺管理包括人员、设备、物料等按要求定位；生产工具和设备摆放有序；流水线及工作场所清洁整齐等。

（3）工艺纪律的管理。工位上的操作人员必须严格按照工艺文件的规定进行操作，任何人不得违反工艺文件的规定，这是建立企业正常工作秩序的保证。

（3）生产管理。生产管理包括按产品生产要求合理安排工序，做好生产准备和调度工作，为实现均衡生产提供保证。

（5）质量管理。质量管理是指在生产过程中，做好各项质量检查资料的收集和质量监督工作。

3. 工艺管理的意义

电子产品质量差、市场竞争力不强，一直是困扰我国企业发展的一个重要问题。事实上，造成这种现象的大部分原因并非是我国电子产品的设计水平差，而是由于在生产过程中存在着许多问题，具体表现为工艺技术水平差和工艺管理水平不高。改变这种情况的唯一方法就是全面采用国际标准，强制推行 ISO 9000 质量保证体系，引入有利于我国企业发展的管理机制，使我国电子产品的质量达到国际先进水平。我国国家技术监督局早在 1992 年 10 月就决定，在我国采用 ISO 9000 质量管理和质量保证国际标准系列（GB/T 19000），这对企业提高质量管理水平，增加产品的竞争能力，具有十分重要的意义。

9.5 电子新产品的开发策略与原则

电子新产品有两个含义，一是指过去从未试制或生产过的产品，例如电子书的问世就是一个全新的电子产品，CD 机的问世就取代了录音机，MP3 的问世又取代了 CD 机，这都是新产品的例子；二是指产品在性能、结构、技术特征等方面与老产品有明显区别或有所提高的产品，如 MP4 就是在 MP3 基础上的发展，DVD 机就是在 VCD 机基础上的发展。所以，新产品可以是对产品的全新发明创造，也可以是对现有产品的改进或创新。

1. 新产品的分类

新产品通常分为如下几类：

（1）全新产品：应用新原理、新技术、新工艺设计制造出来的全新产品。

（2）对原有产品进行改进换代的新产品：对原产品在结构、性能等方面进行改进或对产品某些功能方面进行创新的产品。

（3）仿制新产品：对市场上出现的新产品进行局部改进和创新，但基本原理和结构是仿制的。

2．开发新产品的意义

开发新产品的能力是衡量国家科学技术水平和经济发展水平的重要标志，是不断提高人们物质、文化生活水平的基本途径。随着社会的不断进步和发展，人们的消费需求也在不断地变化，只有不断地开发新产品，才能适应社会对市场的需要。

另外，开发新产品是提高企业经济效益、提高企业竞争能力的重要保证。只有不断创新开发出新产品，争取在市场上占领领先地位，才能增强企业的竞争力，提高企业的经济效益。

3．开发新产品的策略

开发新产品是一项艰巨而复杂的任务，不仅需要投入大量的资金、技术力量，花费大量的时间，而且具有很大风险。因为不是任何新产品的开发都能取得成功，所以企业必须根据市场需求、竞争动态和企业自身能力，选择新产品开发的策略。

常用的新产品开发策略有如下几种：

（1）对现有产品的改造。依靠现有的设备和技术力量，改进现有产品。该策略的特点是开发费用低，取得成功的把握大，但只适用于对产品进行较小的改进。

（2）增加产品的花色品种。对同一产品开发出具有不同功效的多样化新产品。例如微波炉可以只有加温功能，也可以是既有加温又有烧烤功能；可以是采用机械操作机构，也可以是采用电脑板操作机构；可以采用不锈钢内胆，也可以采用陶瓷内胆。增加产品的花色品种，可以满足不同年龄、不同层次、不同爱好或不同需求的人们对电子产品的选择要求。

（3）仿制。仿制竞争者的新产品，是国内外常用的一种产品开发策略。仿制新产品可以大大缩短开发时间，节省开发经费，且开发新产品的成功率高。但必须注意，仿制不是简单的抄袭，而是在消化吸收已有产品的结构、原理、功能的基础上有所创新制造出来的新产品。

（4）全新产品的研制开发。根据市场的需求和电子技术的发展，组织技术力量有计划地研究开发全新的电子产品。全新产品的开发需要采用新工艺、新理论、新材料、新器件等先进性技术，产品的性能不仅能满足人们的需求，甚至能引领人们的消费需求。例如3G手机的问世，就是引领人们消费需求的典型产品。该策略对于抢先占据市场、扩大企业的知名度、追求短期利润有极大好处；但开发研制的时间长、研制费用高、对技术人员的要求也高，非一般企业所能为，还要防止盗版产品给企业带来的不利影响。

4．开发新产品的原则

新产品的开发是影响企业生存与发展的关键性工作，应注意遵循以下原则：

（1）根据市场需求，开发适销对路的产品。一定要根据市场的变化需求来开发新产品，适应市场的需要，提高产品在市场上的竞争力，这是保证企业提高经济效益的关键。

（2）根据本企业的能力确定新产品开发的方向。并不是市场需求的产品，企业都有能力开发，要根据企业自身的行业优势、技术能力、生产能力、资金能力和管理能力等寻求开发项目。

（3）注意新产品开发的动向。电子技术的发展日新月异，新技术、新工艺、新材料层出不穷，因而电子产品的开发要及时应用新的科学技术，并且要适应政策的导向。例如目前的产品开发就应该朝着节能低碳的方向发展。

（4）具备开发新产品的管理能力。企业必须在企业级的层面上建立新产品开发管理机构，由既懂技术又懂管理的人员担任新产品开发的管理工作，建立完善的管理制度，实现电子化管理。

9.6 试制新产品的组织管理

新产品的试制是实现产品的具体化和样品化的过程,是为实现产品大批量投产而进行的准备工作,是对产品设计和生产的一种真实检验。

9.6.1 试制新产品的三个阶段

新产品从研究设计到试制生产可划分为预先研究阶段、设计性试制阶段和生产性试制阶段。

1. 预先研究阶段

预先研究的任务是,在产品设计前突破复杂的关键技术课题,为确定设计任务书、选择最佳设计方案创造条件;可根据电子技术发展的新趋向,从技术、规格、结构、特征等角度出发,分析比较国内外同类产品,寻求把近代科学技术的成果应用于产品的设计,并采用新材料、新器件和新技术,为创造出更高水平的电子新产品奠定基础。该阶段的工作,一般按拟定研究方案、试验研究两道程序进行。

(1) 拟定研究方案是为了明确预先研究的目的,确定研究工作的方向和途径。其主要工作内容包括搜集国内外有关的技术文献、情报资料,必要时调查研究实际使用中的技术要求,编制研究任务书,拟定研究方案,提出专题研究课题,明确其主要技术要求,审查批准研究任务书和研究方案。

(2) 试验研究是为了通过研究探索工作解决关键技术课题,得出准确数据和结论。其主要内容包括对已确定的各项研究课题进行理论分析、计算,探讨解决问题的途径,减少盲目性;对设计制造试验研究需用的零件、部件、整件、必要的专用设备和仪器,展开试验研究工作;详细观察、记录和分析试验的过程与结果,掌握第一手资料;整理试验研究的各种原始记录,进行全面分析,编写预先研究工作报告;拟定预先研究工作结束时应达到的条件,具备整理成册的各种试验数据记录、各项专题的试验研究报告等原始资料。

2. 设计性试制阶段

凡自行设计的产品,一般都要经过设计性试制阶段。其任务是根据批准的设计任务书,进行产品设计,编制产品设计文件和必要的工艺文件,制造样机;并通过对样机的全面试验,检查鉴定产品性能,从而肯定产品设计与关键工艺。工作程序一般分为如下四个环节。

(1) 论证产品设计方案,确定试制产品的目的、要求及主要性能指标,批准下达设计任务书。其主要工作内容包括搜集国内外相关产品的设计、试制、生产的情报资料及样品,调研使用的需要情况及实际使用中的技术、技术要求和经验,确定试制产品目的以及会同使用部门编制设计任务草案;同时提出产品设计方案,论证主要技术指标,批准下达设计任务书。

(2) 确定产品的试制方案。其主要工作内容包括进行理论计算,按计算结果对产品或整个体系的各部分的分配参数通过必要的试验,落实设计方案,提出线路、结构、工艺技术关键的解决方案;再按图样管理制度编制初步设计文件,对需用的人力、物力进行成本核算。

(3) 进行技术设计和样机制造。根据对技术指标的修正意见并考虑生产时的数量,进一步调整分配各部分的参数；拟定标准化综合要求，编制技术文件，对结构设计进行公益性审查，制定工艺方案。样机制造主要包括编制产品设计工作图纸与必要的工艺文件，设计制造必要的工艺装置和专用设备，试验掌握关键工艺和新工艺，制造零、部、整件与样机，对样机进行调整，进行性能试验和环境试验，对是否可提交现场试验做出结论。

（4）归纳总结。设计性试制工作结束时，应写出新产品设计方案的论证报告、初步设计文件、技术设计文件、设计电路图纸、拟定的生产工艺方案及必要的工艺文件，整理出成册的各种试验的原始数据、试验方法与规程，提出必要的专用工艺装置、设备，写出产品结构的工艺性审查报告、标准化审查报告及产品的技术经济分析报告，写出样机现场试验报告，提出产品需用的原材料、协作配套件及外购件汇总表等。

3. 生产性试制阶段

生产性试制阶段的任务是补充编制工艺文件，设计制造生产所需用的工艺装置和设备，通过一定批量产品的生产，全面考验技术文件的正确性，进一步稳定和改进工艺，为大批量生产做好生产技术准备工作。

生产性试制工作结束时应提交如下文件：

（1）经过修改的产品设计文件及工艺文件。
（2）能满足成批生产需要的工艺装置、专用设备及其设计图纸。
（3）能初步确定成批生产时的流水线和劳动组织。
（4）提出产品的成本核算。

9.6.2 新产品的鉴定和定型

新产品的鉴定是试制工作结束时的一个必要步骤，其目的在于对前一个阶段的工作做出全面的评价和结论。产品的鉴定有利于进一步完善产品的设计，消除可能存在的隐患，并且可以有效避免产品大批量投产后可能出现的损失。

1. 新产品鉴定的内容

电子产品的鉴定，是指从技术和经济两方面对产品进行全面鉴定，即通过对产品的功能、成本的分析，对产品投资和利润目标的分析，以及对产品社会效益的评价，来鉴定判断该产品全面投产后的效益和发展前景。

对产品的审查鉴定一般应邀请使用部门、研究设计单位和有关单位的代表参加。重要新产品的鉴定和结论应报上级机关批准。

2. 申请新产品生产定型的标准

新产品生产定型的标准是具备生产条件，生产工艺经过了考验，试制生产的产品性能稳定，符合技术条件，生产和验收的各种技术文件完备。

9.7 ISO 9000 质量管理和质量标准

ISO（International Standardization Organization）是一个国际标准化组织，成立于1947年2月，其成员来自世界100多个国家的国家标准化团体。代表中国参加ISO的国家机构是中国国家技术监督局（CSBTS）。ISO的组织机构是一个非政府机构，但在联合国的控制之下。ISO负责制订除电工产品以外的各种产品的国际标准，目前已经制订了一万多项国际技术和管理标准。

9.7.1 ISO 9000 质量标准的产生

全球贸易竞争的加剧，使用户对产品质量提出了越来越严格的要求。许多国家都根据本国经济发展的需要，制定了各种质量保证制度。但由于各国的经济制度不一，所采用的质量术语和概念也不同，各种质量保证制度很难被互相认可或采用，影响了国际贸易的发展。

国际标准化组织 ISO 为满足国际经济交往中质量保证的客观需要，在总结各国质量保证制度经验的基础上，经过近十年的努力，于 1987 年 3 月首次发布了 ISO 9000 质量管理和质量保证标准系列。ISO 9000 提供了一个对企业进行评价的方法，分别对企业的诚实度、质量、工作效率和市场竞争力进行综合评价。

9.7.2 ISO 9000 质量管理标准的组成

ISO 9000 质量管理标准由如下五个部分组成：

（1）ISO 9000—1987《质量管理和质量保证标准——选择和使用指南》。
（2）ISO 9001—1987《质量体系——设计、开发和服务的质量保证模式》。
（3）ISO 9002—1987《质量体系——生产和安装的质量保证模式》。
（3）ISO 9003—1987《质量体系——最终检验和试验的质量保证模式》。
（4）ISO 9004—1987《质量管理和质量体系要素——指南》。

ISO 9000 阐述了应用本标准系列时必须采用的术语、质量工作目的、质量体系类别、质量体系环境及运用本标准系列的程序和步骤等。ISO 9001、ISO 9002 和 ISO 9003 是一组三项质量保证模式，是在合同环境下供需双方通用的外部质量保证要求文件。ISO 9004 是指导企业内部建立质量体系的文件，它阐述了质量体系的原则、结构和要素。

9.7.3 ISO 9000 质量管理标准的优越性

ISO 9000 质量管理标准具有科学性、系统性、实践性和指导性等特点，受到许多国家和地区的关注，到目前为止，已经有 140 多个国家和地区采用了这套标准系列。ISO 9000 质量管理标准的优越性主要体现在如下几个方面：

（1）ISO 9000 标准是系统性的标准，涉及的范围广泛，对各部门的职责权限进行了明确划分，使企业能有序地开展各项生产活动。

（2）ISO 9000 标准强调管理层的介入，明确规定了质量目标，并通过定期的评审，达到跟踪了解公司内部体系运作情况，及时采取措施确保公司的内部体系处于良好的运作状态的目的。

（3）ISO 9000 标准强调在过程中的纠正及预防措施，能消除产生不合格产品的潜在原因，防止不合格产品的再发生，从而有效地降低生产成本。

（4）ISO 9000 标准强调不断地进行审核及监督，能达到对企业的管理不断修正和完善的目的。

（5）ISO 9000 标准强调全体员工的参与及培训，能确保员工的素质满足工作的要求，并使每一个员工有较强的质量意识。

（6）ISO 9000 标准强调企业文化，以保证管理系统运行的正规性和连续性，能提高产品或服务的质量，降低生产或服务成本，建立客户对企业的信心，提高企业在市场上的竞争力。

9.7.4 我国的 GB/T 19000 质量标准

1. GB/T 19000 质量标准的组成

由于我国市场经济的迅速发展和国际贸易的增加,尤其是加入了世界关贸总协定以后,我国经济已全面置身于国际市场的大环境中,质量管理同国际惯例接轨已成为发展经济的重要内容。为此,中国国家技术监督局于 1992 年 10 月发布文件,决定等同采用 ISO 9000 标准,并颁布了 GB/T 19000 质量管理和质量保证标准系列。所谓"等同",就是将 ISO 9000 标准直接翻译成中文,包括编辑方法也不做任何改变。

GB/T 19000 质量标准系列由如下五项内容组成。

(1) GB/T 19000《质量管理和质量保证标准——选择和使用指南》(与 ISO 9000 对应)。

(2) GB/T 19001《质量体系——设计/开发、生产、安装和服务的质量保证模式》(与 ISO 9001 对应)。

(3) GB/T 19002《质量体系——生产和安装的质量保证模式》(与 ISO 9002 对应)。

(4) GB/T 19003《质量体系——最终检验和试验的质量保证模式》(与 ISO 9003 对应)。

(4) GB/T 19004《质量管理和质量体系要素——指南》(与 ISO 9004 对应)。

这五项标准适用于产品开发、制造和使用单位,对各行业都有指导作用。大力推行 GB/T 19000 标准系列,积极开展认证工作,提高企业管理水平,增强产品竞争能力,打破技术贸易壁垒,对于使我国工业成功与国际接轨,跻身国际市场,具有十分重要的意义,也是我国企业最主要的中心工作。

2. 建立和实施 GB/T 19000 质量标准质量管理体系的意义

GB/T 19000 质量管理体系是在全球公认的系统化和程序化的国际标准管理模式上建立起来的,建立并实施 GB/T 19000 质量管理体系的目的,就是要用 GB/T 19000 国家标准来规范我国各行各业的管理和服务行为,提高管理效能,加速与国际惯例接轨,促进经济的快速发展。建立并实施我国的 GB/T 19000 质量管理体系具有如下几个方面的意义:

(1) 有利于我国投资环境的进一步改善,提升环境质量。实施 GB/T 19000 标准有利于创新观念、创新体制、创新管理、创新服务,有利于我国在生产管理方面与国际管理接轨,进而提高我国在国际上的综合竞争能力。

(2) 有利于统一和规范服务与管理行为,提高综合服务管理水平。建立和实施 GB/T 19000 标准,能有效地将服务与管理规范化、标准化,充分体现工作的职责要求,进而更为有效地进行监督检查,简化工作程序,提高工作效率,提升服务水平。

(3) 有利于完善行政管理机制,提高部门之间工作的协调性。GB/T 19000 标准的实施将管理部门的职责与权限进行明确、清晰的界定,并在部门之间和跨部门的工作上设置了明显且操作性很强的接口,使各项工作开展起来责权明晰、步骤顺畅,有效地防止了令出多门、推诿扯皮等不良作风。

(4) 有利于实事求是地对部门和个人的业绩进行考核。GB/T 19000 标准将建立起完整的、可回溯的、可跟踪的质量管理记录,并对客户(服务对象)的满意度做出准确评价,可以比较真实地反映出部门和个人的工作业绩,上级部门据此能对单位和个人做出准确、客观、公正的评判。

思考题与习题

（1）电子产品有何特点？
（2）电子产品的生产有哪些要求？
（3）什么是标准化？标准和标准化之间有何关系？
（4）简述电子新产品的含义。
（5）新产品从研究到生产的整个过程可划分为哪几个阶段？
（6）什么是 ISO 9000？它由哪几部分构成？各部分有何作用？
（7）建立和实施 ISO 9000 质量管理体系有何意义？
（8）什么是 GB/T 19000？它与 ISO 9000 有何关系？

实　训

实训一　色环电阻、电容器的识别与测量

一、实训目的和任务

1. 根据色环电阻的色环读出电阻阻值和误差。
2. 用数字万用表对电容器进行质量检测。

二、实训学时

2 个学时。

三、与实训相关知识

（一）色环电阻的识别

普通色环电阻（误差 ±5% 以上）只有四个色环，第一、第二个色环代表数值，第三个色环代表倍率，第四个色环代表精度。

精密色环电阻（误差 ±2% 以内）有五个色环，第一、第二、第三个色环代表数值，第四个色环代表倍率，第五个色环代表精度。

各色环颜色代表的数值如下：

颜色	棕	红	橙	黄	绿	蓝	紫	灰	白	黑	金	银	无色
代表数值	1	2	3	4	5	6	7	8	9	0			
代表倍率	10^1	10^2	10^3	10^4	10^5	10^6	10^7	10^8	10^9	10^0	10^{-1}	10^{-2}	
代表误差	±1%	±2%			±0.5%	±0.25%	±0.1%	±0.05%			±5%	±10%	±20%

倍率环就是数值后面加零的数量，例如倍率环的颜色是橙色，即是 10^3 就是数值后面加 3 个零。

置万用表档位于电阻档的适当档位，指针校零后即可测量阻值。

（二）电容器质量的判断与检测

1. 质量判定

用万用表 R×1k 档，将表笔接触电容器（1μF 以上的容量）的两引脚，接通瞬间，表头指针应向顺时针方向偏转，然后逐渐逆时针回复，如果不能复原，则稳定后的读数就是电

容器的漏电电阻，阻值越大表示电容器的绝缘性能越好；若在上述的检测过程中，表头指针不摆动，说明电容器开路；若表头指针向右摆动的角度大且不回复，说明电容器已击穿或严重漏电，若表头指针保持在0Ω附近，说明该电容器内部短路。

2. 容量判定

检测过程同上，表头指针向右摆动的角度越大，说明电容器的容量愈大，反之则说明容量愈小。

3. 极性判定

将万用表选在Ω档的R×1k档，先测一下电解电容器的漏电阻值，然后将两表笔对调一下，再测一次漏电阻值。两次测试中，漏电阻值小的一次，黑表笔接的是电解电容器的负极，红表笔接的是电解电容器的正极。

4. 可变电容器碰片检测

用万用表的R×1k档，将两表笔固定接在可变电容器的定、动片端子上，慢慢转动可变电容器的转轴，如表头指针发生摆动说明有碰片，否则说明是正常的。

四、实训器材

一快焊接有20个左右不同数值色环电阻和电容的电路板，每个学生1块电路板，万用表1块。

五、实训内容和步骤

（1）老师提供给每个学生一块电路板，由学生写出这些色环电阻的数值与误差，用万用表测量每个电阻的阻值并记录下来，与色环读数比较是否在误差范围内。

电阻识别、测量技能训练表

由色环写出具体阻值				由具体阻值写出色环			
色环	阻值	色环	阻值	阻值	色环	阻值	色环
棕黑黑		棕黑红		0.5Ω		2.7Ω	
红黄黑		绿棕棕		1Ω		3Ω	
橙橙黑		棕黑绿		36Ω		5.6Ω	
黄紫橙		蓝灰橙		220Ω		6.8Ω	
灰红红		黄紫棕		470Ω		8.2Ω	
白棕黄		红紫黄		750Ω		24Ω	
黄紫棕		紫绿棕		1kΩ		47Ω	
橙黑棕		棕黑橙		1.2kΩ		39Ω	
紫绿红		橙橙橙		1.8kΩ		100Ω	
白棕棕		红红红		2kΩ		1MΩ	

要求：一分钟能正确识别10个为合格，15个为良好，20个为优秀。

（2）对各种电容器的类别、容量、额定电压和允许误差进行直观识别，将识别结果填入下表中。

电容器的直观识别记录表

序号	电容器类别	电容标称方法	标称容量	误差大小

（3）用数字式万用表的电容档对各种小容量的高频瓷片电容器、云母电容器、涤纶电容器进行测量，将测量结果填入下表中。

电容器容量的测量记录表

序号	电容器类别	电容器标称容量	电容器实际测量值	标称电容量误差

实训二　二极管、三极管的识别与检测

一、实训目的和任务

1. 了解二极管、三极管的类型、外观和相关标识；
2. 掌握用万用表检测二极管的极性；
3. 掌握用万用表判别三极管的管型和每个管脚。

二、实训学时

2个学时。

三、与实训相关知识

（一）二极管的判断

从外观上看，二极管两端中有一端会有白色或黑色的一圈，这圈就代表二极管的负极即N极。利用万用表根据二极管正向导通、反向不导通的特性即可判别二极管的极性。指针式万用表两根表笔加在二极管两端，当导通时（电阻小），黑表笔所接一端是正极即P极，红表笔所接一端是负极即N极。指针式万用表置于电阻档时，黑表笔接的是表内电池的正极，红表笔接的是表内电池的负极。若使用数字万用表则相反，红表笔是正极，黑表笔是负极，但数字表的电阻档不能用来测量二极管和三管，必须用二极管档。

（二）三极管的判断

1. 三极管的分类

半导体三极管可分为双极型三极管、场效应晶体管、光电三极管。本实训内容重点掌握双极型三极管。双极型三极管分为 PNP 型和 NPN 型两种；按照功率大小有大、中、小功率之分；按照频率有高频管、低频管、开关管之分；按照材料有硅管与锗管之分；按照结构有点接触型和面接触型之分；按照封装方式有金属封装和塑料封装。

2. 国产三极管的型号命名方式

国产三极管的型号命名通常由五个部分组成，第一部分"3"代表三极管，第二部分通常是 A、B、C、D 等字母，表示材料和特性，由此可知是硅管还是锗管，是 PNP 型还是 NPN 型，具体表示方法为：3A 代表 PNP 锗管（如 3AX21）；3B 代表 NPN 锗管（如 3BX81）；3C 代表 PNP 硅管（如 3CG21）；3D 代表 NPN 硅管（如 3DG130）。

3. 双极型三极管的主要参数

双极型三极管的主要参数可分为直流参数 I_{cbo}、I_{ceo} 等，交流参数 β、F_t 等，极限参数 I_{cm}、U_{ceo}、P_{cm} 三大类，具体可参见《模拟电子技术基础》。

4. 双极型三极管的测试

要准确了解三极管的参数，需用专门的测量仪器进行测量，如晶体管特性图示仪，当没有专用仪器时也可以用万用表粗略判断，本实训内容要求重点掌握用万用表（以指针表为例）进行管脚的判别。通常以下判别都是设在电阻1k档。

基极的判别：假定某一个管脚为基极，用黑表笔接到基极，红表笔分别接另外两个管脚，如果一次电阻大、一次电阻小说明假定的基极是错误的，找出两次电阻都小时说明假定的基极是正确的，如果没有找到两次电阻小只有两次电阻大，可以用红表笔接到假定的基极上，黑表笔分别接另外两个管脚，一定可以找出两次电阻都小的。

PNP 管与 NPN 管的判别：当基极找出来以后，用黑表笔接在基极上，红表笔接另外任意一个管脚，若导通说明基极是 P，此被测三极管即为 NPN 管，反之为 PNP 管。

集电极与发射极的判别：用指针万用表判别集电极和发射极，要设法令三极管导通起来，根据三极管导通的基本条件是必须在发射结上加正向偏置电压这一特性，我们可以在集电极与基极之间加一个分压电阻（大约100kΩ），且在集电极和发射极上通过万用表的两根表笔加上正确极性的电压，从而令发射结导通，此时万用表的两根表笔之间有电流通过，也即反映出电阻值小，根据这一原理可以判别三极管的集电极与发射极：接指针表的红表笔为发射极，接指针表的黑表笔为发射极。

对于 NPN 管，假定基极以外的某一个极为集电极，万用表的黑表笔接在假定的集电极管脚上，红表笔接在假定的发射极管脚上，用手指替代电阻同时接触到基极与假定的集电极之间，此时若万用表电阻档测出电阻较小，参照附图 2.1a 可知，假定的集电极是正确的。若万用表电阻档测出电阻较大，说明假定是错误的。

对于 PNP 管，假定基极以外的某一个极为集电极，万用表的红表笔接在假定的集电极管脚上，黑表笔接在假定的发射极管脚上，用手指替代电阻同时接触到基极与假定的集电极之间，此时若万用表电阻档测出电阻较小，参照附图 2.1b 可知，假定的集电极是正确的。若万用表电阻档测出电阻较大，说明假定是错误的。

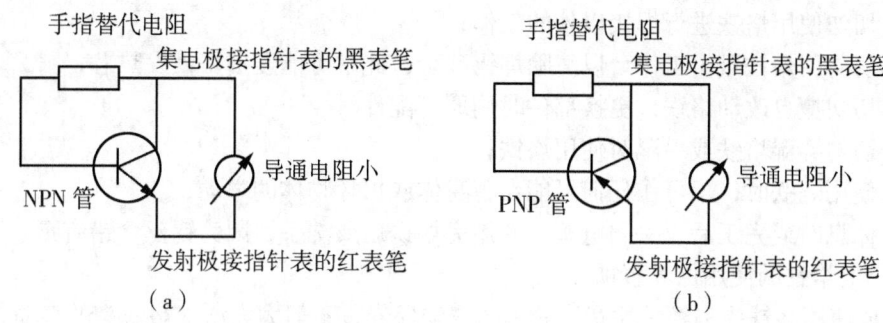

附图 2.1 集电极与发射集的判别

四、实训器材

万用表 1 块；

整流二极管 2CP 系列、检波二极管 2AP 系列、稳压管系列各 2 个；

三极管 PNP 管与 NPN 管各 3 个以上（例如：3DG6A、9012、9013、3AX31、3DK4、3CG5、BD137）。

五、实训内容和步骤

（1）用万用表判断二极管的正负极，对照二极管外形看看判断是否正确。

（2）用万用表判断三极管是 NPN 管还是 PNP 管，判断三极管的管脚，记下三极管的型号，画出管脚排列图，同学间相互检查判断是否正确。

实训三　手工焊接练习

一、实训目的和任务

1. 掌握电烙铁的使用与保养；
2. 掌握手工焊接步骤与要领；
3. 掌握焊点质量标准。

二、实训学时

8 个学时。

三、与实训相关知识

（一）电烙铁的使用安全事项

鉴于可能导致灼伤或火患，为避免损坏烙铁台及保持作业环境及个人安全，应遵守以下事项：

（1）切勿触及烙铁头附近的金属部分；

（2）切勿在易燃物体附近使用烙铁；

（3）更换部件或安装烙铁头时，应关闭电源，并待烙铁头温度降到室温；

（4）切勿使用烙铁进行焊接以外的工作；

（5）切勿用烙铁敲击工作台以清除焊锡残余，此举可能震损烙铁发热芯；

（6）切勿擅自改动烙铁，更换部件时用原厂配件；

（7）切勿弄湿烙铁或手湿时使用烙铁；

（8）使用烙铁时，不可作任何可能伤害身体或损坏物体的举动；

（9）休息时或完工后应关闭电源，使用完烙铁后要洗手，因为锡丝含铅有毒。

（二）电烙铁的使用保养事项

适当地使用烙铁头和经常注意烙铁头的清洁保养，不但大大增加烙铁头的寿命，保证烙铁头的润湿性，还可以把烙铁头传热性能完全发挥。焊接前要先润湿海绵，有利于烙铁头的清洁。焊接后不用烙铁时要先把烙铁温度调低到250℃再加一层焊锡保护烙铁头防止氧化。检查烙铁头是否松动，保持接地良好。不要对烙铁头施压太大，防止烙铁头受损变形。

（三）手工烙铁焊接作业顺序

（1）清洗海绵，至海绵表面洁净，无明显焊锡、松香残渣。

（2）检查选择烙铁嘴是否合适，较为通用的烙铁嘴是B型烙铁嘴。

（3）将烙铁温度设置到所需温度（通常在310～400℃之间，CHIP元件设置温度可以在260～300℃之间）。

（4）加热指示灯开始闪烁或可充分熔化锡丝时，便可开始焊接作业。

（5）将烙铁嘴接触焊接物件（PCB焊盘与被焊元件脚）进行加热。

（6）送锡丝至被焊接部位，使得焊锡丝开始熔化并经过2～4s形成合金层。

（7）拿走锡丝。

（8）沿45°角移开烙铁，待合金层冷却凝固方可触动焊接物件否则易导致虚焊。

（9）用完烙铁时加锡丝保护烙铁嘴防止氧化，关闭烙铁电源。

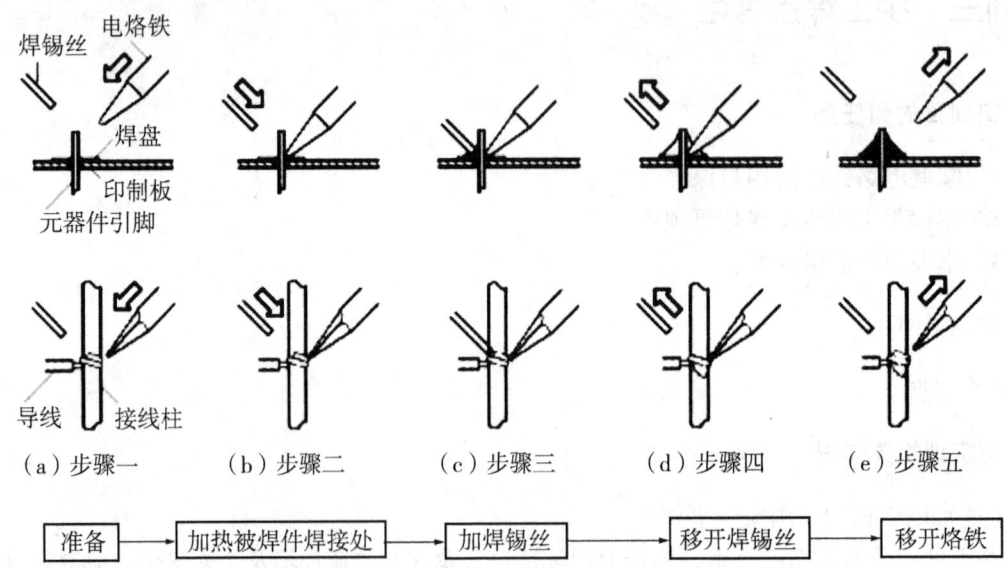

（四）手工焊点要求

焊点大小与焊盘相当，焊点形状呈凹圆锥形。焊点润湿角度一般要求为150°～300°，而且通过焊锡能看到引线的形状，焊锡表面均匀而有光泽。

四、实训器材

电烙铁 1 把、镊子、跳线、电阻、练习焊接专用电路板。

五、实训内容和步骤

（一）学生练习

按照手工焊接作业顺序，在焊接专用电路板上练习焊接跳线 20 根，教师逐个检查学生的焊接步骤、手势是否正确，焊点是否合乎要求。

（二）教师指导

教师点评焊接练习过程发生的问题和注意事项。

（三）反复练习

按照步骤继续练习，巩固提高，每个人至少练习焊接 600 个焊点。

实训四　波峰焊接

一、实训目的和任务

1. 掌握波峰机的构造和工作原理；
2. 掌握波峰机的开机、关机操作和参数调试；
3. 基本掌握分析改进焊接质量的方法。

二、实训学时

4 学时。

三、波峰焊接及设备相关知识

（一）波峰设备介绍

波峰焊（Wave Soldering）是利用焊锡槽内的机械式或电磁式离心泵，将熔融焊料压向喷嘴，形成一股向上平稳喷涌的焊料波峰，并源源不断地从喷嘴中溢出。装有元器件的印制电路板以直线平面运动的方式通过焊料波峰，在焊接面上形成浸润焊点而完成焊接。波峰焊机的构造如附图 4.1 所示，是由助焊剂喷雾系统、预热系统、焊锡炉、冷却系统、印制板输送系统和显示控制系统组成。

印制板经波峰机焊接时首先要经过助焊剂喷雾系统，当传感器检测到印制板进入波峰机后，控制系统打开位于印制板下方的喷嘴，在压缩空气的推动下助焊剂经喷嘴喷出雾状液体助焊剂，喷嘴自动沿前进方向的左右运动，使整块印制板都均匀地喷上助焊剂。

传输导轨将印制板继续往前送到预热区，预热区是由红外发热管或红外射灯组成的，预热温度由控制系统调整。印制板在预热区加热到 90～160℃，印制板上的助焊剂活性物质分解活化，与板上的氧化物和其他污染物反应生成残渣暂时附着在印制板上。

预热区的长短和预热温度的高低对焊接效果都有影响。经预热的印制板被传送导轨送到波峰炉，目前多数波峰机都采用双波峰，印制板先经较窄的紊乱波预焊以消除由于气泡遮蔽效应和阴影效应的影响，在经过宽平波峰的精焊而完成印制板的焊接。

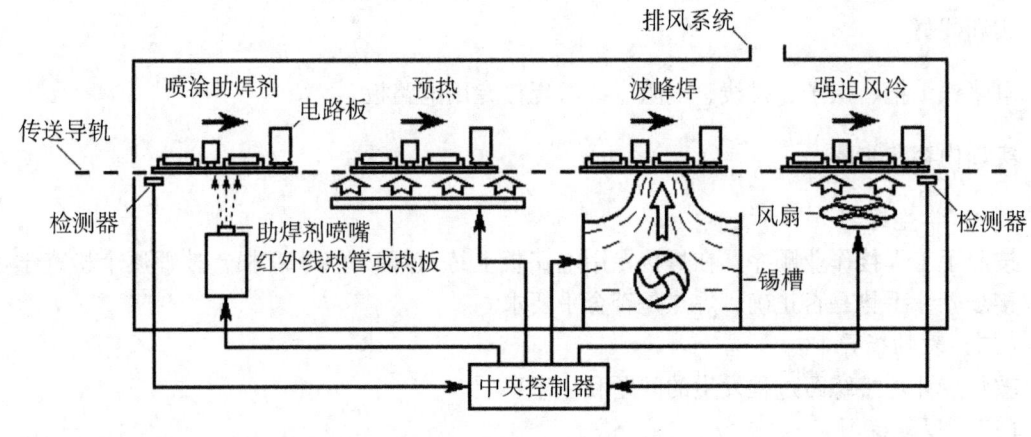

附图 4.1

冷却系统是将已经焊接好的印制板用风扇快速降温使焊锡尽快冷却，以便进入下道工序。

控制系统是对以上各部分进行控制调整的。

（二）波峰机的操作调整

设备开机前要做好各方面的检查：检查交流电源系统输入的三相电压是否完好，接线是否可靠。压缩空气的气压是否符合要求，气压应为 $(0.3\sim0.5)\times10^6$ Pa。各传动部分应运动自如，不被卡住。锡炉中的锡面应能覆盖住发热管，否则发热管易因过热而损坏。

（三）焊接材料

焊料（锡条）对焊接质量至关重要，波峰机一般用 Sn63/Pb37 的共晶焊料。焊料中的杂质要控制在一定范围，见附表 4.1。

附表 4.1　波峰焊焊料中主要金属杂质的最大质量分数范围（‰）

金属杂质	铜（Cu）	铝（Al）	铁（Fe）	铋（Bi）	锌（Zn）	锑（Sb）	砷（As）
最大质量分数范围	0.8	0.05	0.2	1	0.02	0.2	0.5

助焊剂对焊接质量影响也很大。通常使用的免清洗助焊剂要检查其活性程度、残留物是否导电、数量多少（一般控制为 2%～3%）、助焊剂的表面张力等。

波峰机的控制器是操作前必须仔细阅读和熟悉的。选定人工或自动开机控制模式，然后开机。注意在锡融化前不能开波峰机。

（四）参数调整

预热温度设定为 (120 ± 15)℃；锡炉温度设定在 (240 ± 10)℃范围内；传送速度 1.0～1.3 m/min；运输链宽度调至印制板宽度；运输链应高出波峰槽 5～8 mm，且与炉面成 4°～6°的仰角；波峰高度应能浸到印制板厚度的 2/3，但锡不能流到板面。

参数调整好后，先试焊 1～2 块板，进板时调整喷雾装置的节流阀和气阀，使喷雾效果最好，调整横移微调装置，使移动气缸的移动速度适度。根据试焊的质量再做适当调整，以达到最佳焊接效果。影响波峰焊机的焊接质量的因素除焊料和焊剂外，还有预热温度、锡炉温度、传送速度、波峰高度及仰角，也与要焊接的板材、板厚和板的面积大小有关。因此波峰机的最佳焊接质量是要反复调试才能达到的。调试好后，要记下各项参数的值，以便摸索出最快的调整方法。

四、波峰机的维护保养

波峰机是机电一体化设备，在电子产品生产企业中又是最常用的设备，维护保养是非常重要的。波峰机的维护保养主要有以下几点：

（1）每天对机器的运行参数进行记录，保证机器工作在最佳状态；
（2）每天对喷嘴、机器表面、传动链爪、传感器进行清洁，用以保持工作正常；
（3）每天清除炉渣至少一次，炉渣浮在锡炉表面，可能会引起焊接时粘到印制板上，但锡渣也可以盖住锡面起到减少焊锡的氧化作用；
（4）每周对锡槽的过滤网进行一次清洗；
（5）每月要给机器的传动部分加一次润滑油；
（6）每半年应对锡炉的锡成分进行一次化验，如果锡的成分不符合要求，要及时进行处理。
（7）因锡炉一般是由不锈钢焊成，长时间的高温会引起焊缝渗漏，因此波峰机用完应及时关机。

五、无铅波峰焊接的特点

由于铅锡共晶焊料中的铅具有毒性，对人体造成毒害，对环境造成污染，目前逐步向无铅方向发展。随着欧盟 WEEE 和 ROHS 两项指令的生效，电子产品无铅焊接问题所涉及的是一个范围极其广泛的技术领域，焊接设备、焊接材料、助焊剂、焊接工艺、电子元器件都将随之改变。波峰焊接设备将由于无铅焊接而发生大的变化。主要表现在工艺要求严格、设备变得复杂、成本增加。

由于无铅焊接用的是不含铅的焊料，焊料的熔点上升，设备的工作温度会提高，一般焊接温度在 260℃ 以上。由于温度的提高，会对锡炉的材料、波峰机的构造、预热区的长度等提出设计更改。由于焊料的成本成倍提高，节约焊料显得十分重要，由此引出了波峰机焊接充氮防氧化等工艺，因为无铅焊料的焊接效果不如铅锡焊料，波峰机的工艺参数控制要求也愈加严格。

实训五 SMT 实训

一、实训目的和任务

1. 掌握 SMT 生产工艺流程；
2. 了解 SMT 元器件的包装规格与包装方式；
3. 了解 SMT 材料锡膏的主要成分与储存和使用要求；
4. 了解表面贴装设备的基本构造和工作原理；
5. 了解表面贴装设备的开机、关机操作。

二、实训学时

8 学时。

三、实训相关知识

（一）SMT 生产工艺流程

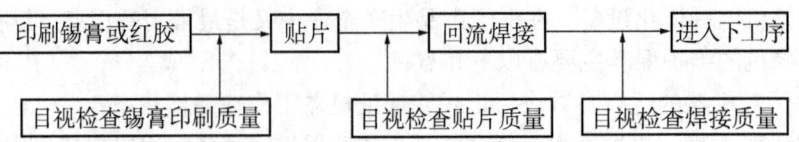

（二）SMT 元器件外形及引脚包装方式

编带包装料带盘及料带　　　　　　管式包装

托盘包装

附图 5.1

SMT 元器件多采用无脚或短引脚形式，常见的包装方式如附图 5.1 所示。

（三）SMT 材料——焊膏

焊膏由焊锡粉和糊状助焊剂组成。

1. 焊锡粉

焊锡粉的合金组分、颗粒形状和尺寸对焊膏的特性和焊接的质量（焊点的润湿、高度和可靠性）产生关键性的影响。

焊锡粉的合金成分和配比决定膏状焊料的温度特性（熔点和凝固点），可因此分为高温焊料、低温焊料、有铅焊料和无铅焊料。不同金属成分的焊粉，其性质与用途也不相同，必须慎重选择。合金粉对其中有害杂质（如锌、铝、镉、锑、铜、铁、砷、硫等）的含量有严格的限制。理想的焊锡粉应该是粒度一致的球状颗粒。焊锡粉的形状、粒度大小和均匀程度，对焊锡膏的性能影响很大：如果印制电路板上的图形比较精细，焊盘的间距比较狭窄，应该使用粒度大的焊锡粉配制的焊膏。焊锡粉中的大颗粒会影响焊膏的印刷质量和黏度，微小颗粒在焊接时会生成飞溅的焊料球导致短路。

对不同粒度等级的焊锡粉的质量要求

型号	多于 80% 的颗粒尺寸/μm	应少于 1% 的大颗粒尺寸/μm	应少于 10% 的微颗粒尺寸/μm
1 型	75～105	>150	<20
2 型	45～75	>75	
3 型	20～45	>45	
4 型	20～38	>38	

2. 助焊剂

助焊剂在 SMT 焊接中的作用是净化焊接面、提高润湿性、防止焊料氧化、保证工艺优良。适量的助焊剂是组成膏状焊料的关键材料，质量分数一般占焊膏的 8%～15%，其主要成分有树脂（光敏胶）、活性剂和稳定剂等。助焊剂的化学活性可分为 3 个等级：非活性（R）、中等活性（RMA，Middle Activated）和全活性（RA，Activated）。中等活性助焊剂的主要成分为松香添加有机活化剂（有机胺、有机卤化物）；而全活性的助焊剂的主要成分是松香添加无机活化剂。

助焊剂的成分不同，配制成的焊膏具有不同的性质和不同的用途：

在向印制电路板上涂敷焊膏时，助焊剂影响焊膏图形的形状、厚度及塌落度。

一般，采用模板印刷的焊膏，其助焊剂含量不超过 10%。在贴放元器件时，助焊剂影响黏度，助焊剂的含量高，黏度就小。

在回流焊过程中，助焊剂决定焊膏的润湿性、焊点的形状以及焊料球飞溅的程度。

焊接完成后，助焊剂残留物的性质决定采用免清洗、可不清洗、溶剂清洗或水清洗工艺。免清洗焊膏内的助焊剂含量不得超过 10%。

助焊剂的成分影响焊膏的存储寿命。

3. 不同工艺对焊膏的选择

涂敷焊膏的不同方法对焊膏黏度的要求

涂敷焊膏的方法	丝网印刷	模板印刷	手工滴涂
焊膏黏度/（Pa·s）	300～800	普通密度 SMD：500～900 高密度、窄间距 SMD：700～1300	150～300

4. 焊膏的保存与使用要求

（1）焊膏通常应该保存在 5～10℃ 的低温环境下，可以储存在电冰箱的冷藏室内。

（2）一般应该在使用的前一天从冰箱中取出焊膏，至少要提前 2h 取出来，待焊膏达到室温后，才能打开焊膏容器的盖子，以免焊膏在解冻过程中凝结水汽。假如有条件使用焊膏搅拌机，焊膏回到室温只需要 15min。

（3）观察膏，如果表面变硬或有助焊剂析出，必须进行特殊处理，否则不能使用；如果焊膏的表面完好，则要用不锈钢棒搅拌均匀以后再使用。如果焊锡膏的黏度大而不能顺利通过印刷模板的网孔或定量滴涂分配器，应该适当加入稀释剂，充分搅拌稀释以后再用。

（4）使用时取出焊膏后，应该盖好容器盖，避免助焊剂挥发。

（5）涂敷焊膏和贴装元器件时，操作者应该戴手套，避免污染电路板。

（6）把焊膏涂敷印制板上的关键是要保证焊膏能准确地涂覆到元器件的焊盘上。如涂敷不准确，必须擦洗掉焊膏再重新涂敷。擦洗免清洗焊膏不得使用酒精。

（7）印好焊膏的电路板要及时贴装元器件，尽量在4h内完成回流焊。

（8）免清洗焊膏原则上不允许回收使用，如果印刷涂敷的间隔超过1h，必须把焊膏从模板上取下来并存放到当天使用的焊膏容器里。

（9）回流焊的电路板，需要清洗的应该在当天完成清洗，防止焊膏的残留物对电路产生腐蚀。

（四）SMT设备的基本结构和工作原理

1. 印刷机的结构和工作原理

结构：印刷机主要由基板夹持机构（工作台）、机架、网板和刮板组件等部分组成，见实物设备。

原理：网板与PCB紧贴对准基点，在网板上涂上焊膏，刮板在网板上以一定速度和角度向前移动，对焊膏产生一定的剪切力和压力，推动焊膏在刮板前滚动，产生将焊膏注入网孔所需的压力，网板与PCB分离之后在PCB焊盘上留下了焊膏，其过程与用蜡纸和油墨印刷试卷类似。

2. 贴片机的结构与原理。

结构：贴片机通常由以下几个模块组成。

（1）PCB传送轨道与置件平台，要求高精度及高刚性结构。

（2）供料器，它要求能容纳较多喂料器（8mm Feeder）。

（3）贴装头。它是贴装机最复杂和最先进的部位，其基本功能是从供料器取料部位拾取元器件，并经定心和方位校正找到元器件精确地贴放到电路板的设定位置上。它和供料器一起贴装机的贴装能力。它由贴装工具（真空吸嘴）、定心爪、其他任选部位（如粘接剂分配器等）、电器检测夹具和摄像等部件组成。

（4）贴装工具（吸嘴）是贴装头的心脏，其功能是从供料器的取料部位拾取和牢固地吸持元器件，并把元器件贴放在电路板设定部位上。

（5）$X-Y$系统。对贴装系统和贴装率影响大，采用AC伺服马达驱动，控制精度可达±0.05 mm。

（6）计算机控制系统。它是贴装机的大脑——所有贴装操作的指挥中心，采用双CPU控制。

（7）真空系统及辅助系统

原理（工作过程）：进板PCB基准点确认，从料架上吸嘴取料，零件影像确认，旋转角度确认与校正，置件于PCB相应位置，生产完成出板。

3. 回流焊设备的结构与工作原理

回流焊设备包括：传送系统、加热系统（热风、红外、激光等各种方式）、控制系统等。再流焊接是预先在PCB焊接部位（焊盘）施放适量和适当形式的焊料，然后贴放表面组装元器件，经固化（采用焊膏时）后，再利用外部热源使焊接再流达到焊接要求而进行的焊接工艺。

四、实训内容与步骤

（1）认识SMT元器件的外观与包装方式；

（2）认识锡膏；

（3）观看印刷机实物结构并选择一款产品，老师示范演示印刷过程；
（4）观看贴片机实物结构并选择一款产品，老师示范演示贴片过程；
（5）观看回流焊机实物结构并选择一款产品，老师示范演示回流焊接过程；
（6）SMT 设备操作指导书及其安全规程。